INTERNET
LE GUIDE DE L'INTERNAUTE

Danny J. Sohier

INTERNET
Le guide de l'internaute

Les Éditions
LOGIQUES

Révision linguistique : Denise Sabourin, Claire Morasse
Mise en pages: Édiscript enr.
Graphisme de la couverture : Christian Campana
Photo de l'auteur : Isabelle Jutras

Internet — Le Guide de l'internaute

© Les Éditions LOGIQUES inc., 1996
Dépôt légal : Quatrième trimestre 1996
Bibliothèque nationale du Québec
Bibliothèque nationale du Canada

Distribution exclusive en Europe et en Afrique :
Duculot, département de De Boeck & Larcier s.a., Louvain-la-Neuve

ISBN Logiques 2-89381-399-2

Sommaire

Chapitre 1
Bienvenue dans Internet

Chapitre 2
Le courrier électronique

Chapitre 3
Le glorieux Web

Chapitre 4
Transfert de fichiers FTP

Chapitre 5
Les nouvelles Usenet

Chapitre 6
Communications Telnet

Chapitre 7
IRC - Internet Relay Chat

9

Bienvenue dans Internet

Une autre révolution se déclare sur la planète à la veille du deuxième millénaire. Non, il ne s'agit pas d'une révolution de l'informatique ou d'une révolution technologique. Quoique certaines personnes osent l'espérer, le qualificatif «éphémère» ne peut être utilisé pour décrire cette nouvelle vague. C'est la révolution des communications mondiales où chaque être humain possède maintenant la capacité d'être lu, vu et entendu. Jamais depuis le temps où l'homme a commencé à s'établir sur tous les continents, perdant graduellement le contact direct avec ses semblables, sommes-nous redevenus un village global. En effet, un nouveau lien dynamique se propage à travers la planète. Les cultures et les habitants sont maintenant en communion grâce à Internet. De nouveaux termes ont commencé à envahir notre quotidien: «surfer» sur le Web, autoroute électronique, Netscape, réalité virtuelle, java, cybercafés, interactivité, InfoBahn, etc. Les premiers concernés par ces nouveaux concepts ont été les chercheurs, les professeurs et les spécialistes de l'informatique qui travaillaient dans les universités ou dans les centres de recherches en tout genre. Toutefois, le «mal» s'est répandu aussi rapidement qu'une rumeur. En effet, certains privilégiés ne sont plus les seuls à avoir accès à ce réseau planétaire. Les décideurs, les écoliers, les retraités, les travailleurs autonomes, enfin des gens provenant de toutes les sphères de la société participent à son évolution.

Internet est de loin le plus grand réseau informatique du monde. Le dernier recensement effectué indique qu'il traverse les frontières de plus de 170 pays sur tous les continents. L'Antarctique est le dernier continent relié à Internet, plus précisément par le biais de la base américaine McMurdo depuis 1993. On compte dans Internet plus de 488 000 domaines (organisations) regroupant approximativement plus de 12,8 millions d'ordinateurs. Le réseau a plus que quintuplé dans les trois dernières années.

Network Wizards (*http://www.nw.com*) et l'Internet Society (*http://www.isoc.org*), organismes américains responsables de la promotion et des statistiques concernant Internet, estiment que, grâce à ce dernier, il est possible de joindre 82 millions de personnes à l'échelle du globe. À ce train d'enfer, nous aurons atteint le cap des 120 millions d'ordinateurs branchés à Internet, rejoignant plus de 250 millions de personnes d'ici à l'an 2000. Les États généraux sur l'éducation au Québec reconnaissent l'importance du réseau Internet et proposent qu'on mette des efforts importants à le rendre accessible aux écoliers. Le président des États-Unis, Bill Clinton, a mentionné dans sa remarque initiale lors du premier débat présidentiel en octobre 1996 que tous les écoliers de 12 ans devront être capables de naviguer dans Internet. Le même son de cloche nous parvient de l'Europe.

Mais il reste quelques points à démystifier avant de convaincre les gens que ce réseau n'est pas une invention diabolique... Les inquiets croient qu'une réalité semblable à celle relatée par George Orwell dans son roman *1984* est bel et bien à nos portes, et que Big Brother se cache derrière l'écran. D'autres pensent que ce réseau n'est pas pour eux, car on ne peut y traiter que des notions très avancées, ou encore que ce type de réseau ne les atteindra pas dans leur demeure, alors, à quoi bon? Enfin, plusieurs sont intéressés par le réseau mais ne savent pas comment s'y relier ou utiliser ses ressources. Autant d'éléments qui nécessitent des explications et des réponses précises.

Telle est la raison d'être du présent ouvrage. Vous y découvrirez l'origine de l'autoroute électronique ou Internet, et la description des nombreuses ressources auxquelles elle nous permet d'accéder. Ce livre s'adresse aux débutants, et à ceux qui n'utilisent qu'un ou deux outils d'Internet et qui désirent en connaître plus. Il peut également intéresser les administrateurs de réseau ou de site, souvent confrontés aux questions de leurs clients utilisateurs. Ce livre n'est pas conçu pour être lu d'une couverture à l'autre. Je vous conseille de bien lire les trois premiers chapitres, car ils vous donnent les explications des termes de base, du courrier électronique et du Web. Ce contenu représente la théorie concernant la majeure partie de l'utilisation pour le nouvel internaute. Dans les chapitres subséquents, vous découvrirez la façon d'utiliser les autres outils du réseau. Vous avez entre les mains un important livre de référence dans lequel vous trouverez une explication aux nouveaux termes que vous rencontrerez lors de vos voyages dans Internet.

Les nouvelles ressources interactives, multimédiatisées et multi-usagers vont également faire un tabac dans l'année qui vient. Je consacre deux chapitres aux ressources comme IRC (Internet Relay Chat), le téléphone Internet, les émissions radio en direct avec RealAudio, etc.

L'utilisateur d'Internet découvre chaque jour de nouvelles ressources de nature scientifique, technique ou culturelle, ou encore de nature plus générale. Ce phénomène de navigation dans les réseaux informatiques a amené la création d'un nouveau terme pour identifier ces coureurs de liens électroniques. Un peu comme les astronautes explorent l'espace, l'internaute explore un espace cybernétique (*cyberspace*) appelé Internet. Toutefois, cette appellation sera appelée à disparaître à moyen terme, car les «branchés» supplanteront les non-branchés.

Cet ouvrage est la compilation des connaissances acquises au cours de mon travail d'analyste informatique pour la bibliothèque de l'Université Laval, de chargé de cours au département de génie informatique de la même université, de conférencier, de chroniqueur pour le réseau de télévision québécoise TVA, et au contact quotidien de mes amis internautes depuis bientôt sept ans. Ce livre est un ouvrage de vulgarisation et d'introduction. Les notions nouvelles sont expliquées avec simplicité et humour. Nous espérons que vous saurez en tirer profit pour atteindre vos propres objectifs.

Bouclez votre ceinture, nous partons à la conquête de la nouvelle frontière électronique.

1.1 Historique d'Internet

Avant d'explorer les ressources d'Internet, il est essentiel de comprendre la nature de ce réseau planétaire. Pour y arriver, retournons vingt-huit ans en arrière.

1.1.1 Au début, ce n'était qu'un bout de fil de cuivre...

La définition d'un réseau informatique est simple, il s'agit de deux ordinateurs au minimum échangeant des informations. Les premiers réseaux informatiques furent reliés par des câbles coaxiaux en cuivre.

Deux hypothèses expliquent la création d'Internet. La première veut qu'Internet soit un des fruits de la guerre froide. En effet, en 1969, le département américain de la Défense construisit un réseau informatique expérimental pour tenter de contrecarrer les effets d'une guerre nucléaire! La Défense américaine voulait un réseau national pouvant subir des pannes de secteur à la suite d'explosions nucléaires, tout en restant fonctionnel. Le réseau se nommera ARPAnet (Advanced Research Projects Agency NETwork). L'idée principale derrière ce modèle repose sur deux prémisses, le fil reliant les ordinateurs est considéré comme non sécuritaire; le réseau dépend plutôt des ordinateurs reliés par ces fils. Pour transmettre de l'information de l'ordinateur A vers l'ordinateur B, il faut envoyer un «paquet» dans lequel on trouve l'information et l'adresse de l'ordinateur B. Les appareils situés entre A et B sont tous responsables de l'acheminement du message à bon port.

Supposons que le chemin normal d'un paquet soit A-F-D-H-B. Le paquet demeure indifférent aux pannes ou aux autres obstacles, car, si un ordinateur (D, par exemple) ne peut envoyer un paquet vers H, un autre chemin sera emprunté. À chaque seconde, le chemin de A vers B peut être modifié de manière à ce que A-F-D-H-B devienne A-F-E-G-B. Le protocole de transmission assume ce cheminement, sans aucune intervention de l'utilisateur.

La deuxième hypothèse sur la création d'Internet est beaucoup plus simpliste et mercantile. ARPAnet, toujours créé par la Défense américaine, aurait été conçu afin que les chercheurs travaillant pour le gouvernement puissent partager les ressources de quelques super-ordinateurs au lieu de faire chacun l'acquisition d'un ordinateur géant. Le résultat fut toutefois le même. Internet est né lorsque deux ordinateurs furent reliés, le premier à l'Université de la Californie à Los Angeles (UCLA), l'autre au SRI (Stanford Research Institute).

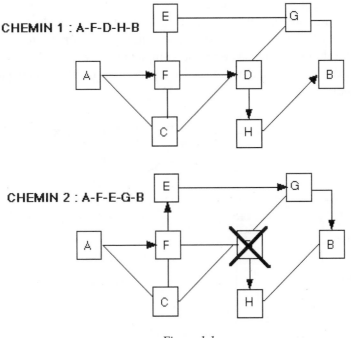

Figure 1.1
Redirection des informations dans Internet

Les analystes Elemer Shapiro et Bob Kahn dessinent en juillet 1969 le premier schéma de ce réseau.

```
      *  SRI
         |
         |
         |
      *  UCLA
```

L'avènement du réseau a lieu le 21 novembre 1969 alors qu'une première liaison, à l'aide d'une ligne téléphonique, s'effectue entre deux ordinateurs séparés par une distance de 600 km. C'est un succès. De plus, les deux ordinateurs relèvent d'une technologie différente, ce qui rend l'expérience encore plus formidable. Au même moment, l'Université de la Californie à Santa Barbara reçoit

15

l'équipement nécessaire pour être reliée aux deux autres sites, ce qui se produit au début de décembre 1969. L'an un du réseau ARPAnet se termine avec le branchement de l'Université du Utah à la fin du même mois. Le réseau compte alors quatre ordinateurs reliés de cette façon par des liens téléphoniques de 50 kilobits par seconde.

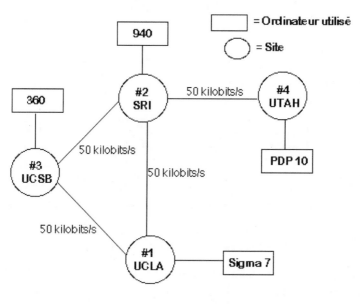

Figure 1.2
ARPAnet en 1969

Le protocole conçu pour ARPAnet est l'IP (ou Interenet Protocol). Si, pour le moment, nous n'avons pas à nous soucier d'éventuelles explosions nucléaires, un employé pourrait, par inadvertance, débrancher une pièce d'équipement du réseau. Les concepteurs du protocole IP étaient un peu pessimistes, mais ils avaient somme toute raison. L'idée que tous les ordinateurs dans le réseau sont des hôtes et qu'ils peuvent tous communiquer de façon autonome sans l'aide d'un serveur quelconque est révolutionnaire. L'IP est extrêmement simple à implanter, car les paquets utilisés contiennent peu d'informations (adresse envoyeur + information + adresse destinataire). En raison de sa simplicité, le protocole est facile à programmer dans tous les environnements réseaux (IBM, DEC, Apple, etc.). Cette politique est attrayante pour les différents niveaux du gouvernement et pour les universités, car elle n'oblige personne à faire l'acquisition d'appareils relevant d'une seule technologie. On peut acheter plusieurs types d'ordinateurs, mais tous fonctionnent avec le même protocole de communication, l'IP.

L'International Standard Organisation (ISO) a mis des années à concevoir l'ultime réseau, mais les gens étaient pressés. L'IP était présent et fonctionnel. Dix ans plus tard, au début des années quatre-vingt, les réseaux locaux ont fait leur apparition. Les premières stations UNIX arrivèrent sur le marché. La plupart des réseaux proposaient la version UNIX de l'université de Berkeley en Californie. Cette version était dotée originellement du protocole IP, ce qui a créé un énorme besoin. Plutôt que de se relier à un seul superordinateur, les utilisateurs désiraient se relier à ARPAnet pour avoir accès à toutes les ressources disponibles. Au même moment, d'autres organismes créèrent de grands réseaux utilisant le protocole IP. Des visionnaires envisageaient que tous les réseaux fonctionnant avec IP pourraient un jour être reliés...

Voici les faits les plus marquants de la décennie 70.

1970 - Au mois de décembre, 13 sites sont branchés à ARPAnet dont Harvard et MIT sur la côte est américaine.

1972 - Le NCSA (National Center for Supercomputers Applications) introduit Telnet, qui permet une meilleure connexion entre deux ordinateurs.

1973 - Le transfert de fichiers est facilité grâce à un nouveau protocole nommé FTP (File Transfer Protocol).

1973 - Premiers liens européens; des bases de l'armée de l'air américaine sont reliées en Angleterre et en Norvège.

1975 - La première version officielle du protocole TCP/IP (Transfer Control Protocol/Internet Protocol) est écrite.

1978 - L'Université du Wisconsin, en collaboration avec les laboratoires Bell, introduit le courrier électronique sous la forme du protocole UUCP.

1979 - Les universités de la Caroline du Nord et de Duke travaillent ensemble pour nous donner les nouvelles Usenet.

1.1.2 Internet, une nouvelle réalité

Au milieu des années quatre-vingt, un important réseau fait son apparition: le NSFnet (National Science Foundation NETwork), constitué de cinq supercentres informatiques. Bien des personnes désiraient exploiter ces centres; la NSF demanda donc la permission d'emprunter les voies utilisées par ARPAnet. La demande fut refusée. Les gens du réseau ARPAnet proposèrent plutôt de relier leur réseau à une autre infrastructure destinée aux universités américaines. La NSF décida de relier ces cinq centres par des liens à haute vitesse de 56 kbps. Au départ, les universités américaines ne pouvaient être toutes reliées directement à tous les centres. On décida alors de créer des réseaux régionaux. Chacun de ces réseaux était branché à un centre qui, lui, était connecté aux quatre autres. Théoriquement, n'importe quel ordinateur pouvait communiquer avec un autre. La théorie se transforma en réalité, et l'expérience fut couronnée de succès. C'est alors que NSFnet se relia au réseau ARPAnet. La solution était fonctionnelle. De là vient la première définition d'Internet. Un réseau de réseaux...

En 1987, les lignes commencèrent à être surchargées, et les demandes de branchement augmentèrent. On donna alors à la compagnie Merit Network le contrat de gérer et d'augmenter la bande passante du réseau. Parallèlement, l'accès n'était plus réservé aux chercheurs et aux spécialistes de l'informatique. Des professeurs, des étudiants et des administrateurs commencèrent à explorer les liens d'Internet. La bonne nouvelle fit le tour du globe. Des réseaux informatiques destinés à la recherche et à l'éducation furent créés partout dans le monde. Au Québec, on verra apparaître le RISQ (Réseau interordinateurs scientifique québécois). Au Canada, des réseaux naîtront dans toutes les provinces. Ces derniers furent reliés pour former CA*NET (CAnadien NETwok), le «bras canadien» d'Internet.

Ces divers réseaux régionaux furent interconnectés, et l'on vit pour la première fois le vrai visage d'Internet, soit un réseau informatique mondial utilisé pour échanger quotidiennement un important volume d'informations. Chaque région est désormais responsable du fonctionnement de son propre réseau. Internet demeure indépendant des pannes locales, comme le prévoit le protocole IP. Le succès d'Internet provoque une augmentation de son utilisation et une diversification de sa clientèle. Il oblige les administrateurs du réseau à faire face à des problèmes de développement de réseaux et à des demandes «pointues» de la part des clients, ainsi qu'à des questions concernant la sécurité d'emploi pour les administrateurs-réseaux.

Internet, c'est la réunion de tous les réseaux importants dans le monde. Des besoins divers ont fait naître des applications variées. L'utilisation d'Internet n'étant pas contrôlée par une organisation, la nature des applications répond précisément aux besoins des utilisateurs, car ceux-ci inventent ces applications de toutes pièces. On s'aperçoit qu'il existe des similitudes dans les besoins exprimés par des cultures pourtant très différentes. Internet, ce géant informatique, traverse donc les frontières géographiques, religieuses et raciales. Nous devenons un peu moins blanc ou noir, nord-américain ou européen, etc. Des personnes du monde entier se parlent directement sans l'aide d'un gouvernement ou des médias. C'est un des effets positifs les plus importants d'Internet, la première vraie place publique à l'échelle du globe.

Faits marquants des décennies 80 et 90.

1980 - Le modèle de référence ISO pour les réseaux informatiques est publié alors qu'ARPAnet roule sa bosse depuis 11 ans déjà.

1981 - Apparition du réseau Minitel en France.

1981 - Le réseau BITNET est créé par IBM. Il relie les infocentres de cette compagnie.

1981 - On compte 213 ordinateurs dans le réseau.

1981 - Apparition du modem 300 bps conçu par la compagnie Hayes.

1983 - EARNET (European Academic Research Network) est créé.

1984 - On compte 1 024 ordinateurs dans le réseau.

1986 - Le réseau NSFnet est fondé et fonctionne avec des liens de 56 kbps.

1986 - On compte 5 089 ordinateurs dans le réseau.

1987 - UUNET est la première compagnie à vendre des accès au courrier électronique et aux nouvelles Usenet.

1987 - La NSF donne un contrat pour gérer son réseau à un consortium formé par trois compagnies, Merit, MCI et IBM. Internic est alors créé.

1987 - On compte 28 000 ordinateurs dans le réseau.

1988 - Le Réseau interordinateurs scientifique québécois (RISQ) est créé pour relier les réseaux universitaires.

1988 - La vitesse des modems atteint 9 600 bps.

1989 - ARPAnet se dilue dans Internet et cessera d'exister peu après.

1989 - On compte 130 000 ordinateurs dans le réseau.

1989 - NSFnet augmente ses liens à 1,54 Mbps (T1) en réponse à la forte demande.

1990 - La compagnie The World offre le premier plein accès commercial au réseau Internet.

1990 - Archie (indexeur de sites FTP) est inventé par Alan Emtage et Peter Deutch de l'université McGill.

1990 - Wais est inventé par Brewster Kahle.

1991 - Gopher est inventé par Paul Lindner et Mark P. McCahill de l'université du Minnesota.

1991 - Qn compte 535 000 ordinateurs dans le réseau.

1992 - RENATER (Réseau national pour l'enseignement et la recherche) est créé.

1992 - WWW est inventé par Tim Berners-Lee, du Centre européen de la recherche nucléaire à Genève en Suisse.

1992 - On compte 992 000 ordinateurs dans le réseau.

1992 - Les liens prinicipaux du réseau Internet atteignent 45 Mbps (T3).

1993 - Le président des États-Unis possède une adresse de courrier électronique (*president@whitehouse.gov*).

1993 - Marc Andreessen et son équipe du NCSA lancent le navigateur Web Mosaic.

1993 - On compte 1 776 000 ordinateurs dans le réseau.

1994 - Le modem 14 400 bps devient réalité.

1994 - America Online est le premier grand système de tableau d'affichage à être branché sur Internet.

1994 - La compagnie Netscape lance son premier logiciel en décembre. Un mois plus tard, 75 % des internautes l'utilisent.

1994 - On compte 3 200 000 ordinateurs dans le réseau.

1995 - La vitesse de transmission double en une seule année: on navigue à 28 800 bps.

1995 - Le Web fait des ravages sur la planète.

1995 - Le gouvernement québécois fait son entrée sur Internet le 15 mai en présentant son site Web (*http://www.gouv.qc.ca*).

1995 - Netscape vend pour 2,1 milliards d'actions le 9 août.

1996 - La vitesse de croisière avec un modem est de 33 600 bps.

1996 - Les modems risquent de subir l'extinction avec l'arrivée du câblo-modem qui vole à 27 Mbps.

1996 - L'information circule à une vitesse de 122 Mbps entre les liens principaux du réseau.

1.2 La situation actuelle

Tentons maintenant d'évaluer l'étendue du réseau aujourd'hui. Quand et comment sommes-nous branchés à Internet? Quelles en sont les implications techniques, sociales et même légales? Combien d'internautes participent à ce réseau? Qui le gère?

1.2.1 Le branchement à Internet

Sommes-nous tous des experts de l'informatique? Non! Que signifie alors être relié à Internet? Plusieurs se demandent si leur ordinateur doit subir des modifications pour être connecté. La plupart d'entre vous – si vous travaillez dans une université ou dans un centre de recherche – êtes déjà branchés sur Internet, mais vous ne le savez peut-être pas! En fait, si l'organisme pour lequel vous travaillez est relié à Internet et que votre poste de travail est en relation avec le réseau local de l'entreprise, il y a fort à parier que vous faites partie des millions d'heureux portant la désignation d'internautes.

Que faire pour se brancher de la maison? D'abord, un conseil d'ami pour ceux qui ne possèdent qu'une seule ligne téléphonique et qui désirent accéder à Internet par cette voie. Si vous pensez utiliser cette ligne très souvent pour vos communications Internet, louez une autre ligne. Cela vous évitera de subir les foudres des membres de votre famille...

Les fournisseurs d'accès Internet sont mieux connus maintenant. Ce n'était pas le cas il y a seulement deux ans. On voit des annonces de fournisseurs paraître dans les médias. Les abonnés peuvent naviguer dans Internet, et les frais figurent sur la même facture que ceux du service téléphonique. Déjà, aux États-Unis, une des plus grandes compagnies de diffusion de câble offre à ses clients de se relier à Internet en même temps qu'au câble pour leur téléviseur. Partout en Amérique, le câblo-modem fait présentement son apparition.

Accès par le biais d'un réseau TCP/IP

Voici le branchement typique d'un utilisateur travaillant pour un organisme relié à Internet.

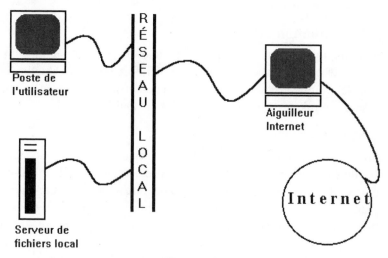

Figure 1.3
Branchement d'un utilisateur dans une entreprise

Le diagramme démontre que le poste de l'utilisateur est norma-lement relié au réseau local où sont situés des services, comme un serveur de fichiers. Normalement, un ordinateur équipé d'un ou de plusieurs modems à haute vitesse (19,2 kbps, 56 kbps, T1 ou T3) ou d'un routeur réseau fait le lien avec Internet. Cet aiguilleur se trouve quelque part dans le réseau. Sa localisation géographique ou logique n'a aucune importance. Ce n'est pas l'utilisateur qui est relié, mais le réseau dans lequel il se trouve. Il peut s'agir d'un lien avec un centre régional de concentration Internet ou d'un lien avec un autre organisme, lui-même branché à un centre. Finalement, votre organisme peut lui-même être le lien entre une autre entité et le centre régional. Ce modèle est le plus courant. Tous les centres sont connectés pour former finalement un réseau de réseaux. Le coût de cette connexion est généralement fixe. Il est déterminé par le nombre de lignes utilisées, la vitesse de transmission, le type d'équipement et d'organismes effectuant la liaison. Il ne faut pas s'étonner que des entreprises privées vouées à l'exploitation com-merciale d'Internet paient plus cher que les établissements d'ensei-gnement.

Accès de la maison grâce à un fournisseur SLIP/PPP

Le modèle désigné en titre est basé sur le service des fournisseurs Internet (Internet Services Providers) privés. Ces entreprises achè-tent des lignes à haut débit reliées à un centre régional. Elles ven-dent par la suite des abonnements de types différents à des particuliers ou à d'autres entreprises. Il s'agit tout simplement de posséder un ordinateur et un modem pour communiquer avec le fournisseur, qui est la porte d'entrée à Internet. Les coûts et les modalités d'abonnement diffèrent d'une entreprise à l'autre. Nous donnons une courte liste de fournisseurs à la fin du volume. Le type de lien offert s'appelle SLIP/PPP (Serial Line Internet Proto-col/Point to Point Protocol). Il permet à l'utilisateur d'émuler le pro-tocole TCP/IP réservé à une architecture de réseau local chez soi. C'est très important, car ce lien permet l'exploitation de toutes les ressources graphiques offertes aujourd'hui. Dans ce modèle, vous faites partie à part entière du réseau Internet. Le lien réseau typique retrouvé sur n'importe quel poste d'une organisation membre d'Internet est prolongé jusqu'à votre ordinateur personnel. Les protocoles les plus utilisés dans ces cas sont SLIP ou PPP (Serial Line Internet Protocol ou Point to Point Protocol). SLIP fut le premier protocole; c'est le plus répandu. Toutefois, PPP, considéré comme le petit nouveau, est en pleine ascension.

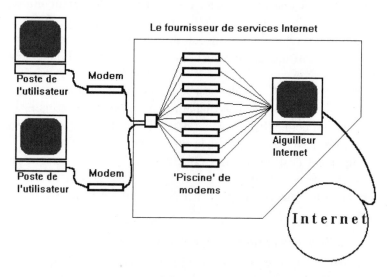

Figure 1.4
Architecture du modèle de connexion Internet par SLIP/PPP

Le modèle est simple. L'utilisateur se sert d'une ligne téléphonique normale ou d'une ligne réservée aux communications Internet. Le serveur SLIP/PPP administre la connexion en vérifiant l'identité de l'utilisateur et en lui assignant dynamiquement un numéro IP (voir la section 1.4.1) tiré d'une plage de numéros statiques. Supposons que le serveur possède cinq ports d'entrée; il dispose également de cinq numéros IP différents. Il assigne, pour la durée de la liaison, un de ses numéros à l'utilisateur qui demande une liaison. Par la suite, il l'attribue à un autre utilisateur. Notons toutefois que ce numéro vous permet d'avoir une identité propre dans Internet au lieu de celle du serveur comme dans le modèle suivant. Consultez la liste des fournisseurs à l'annexe A pour connaître les compagnies qui offrent ce service dans votre région.

Accès en mode terminal

Dans le cadre du modèle d'accès en mode terminal, votre ordinateur personnel est le miroir de ce qui se passe sur le serveur à l'autre bout du fil. Le serveur gère votre séance de travail directement, à l'aide de ses propres ressources. C'est lui qui effectue tout le traitement. Voici ce modèle.

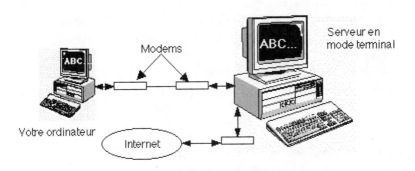

Figure 1.5
Accès en mode terminal

L'adresse Internet utilisée est celle du serveur. L'adresse Internet de l'utilisateur se trouve directement liée au serveur. Ce modèle est vétuste et rarement utilisé, car il demande trop d'efforts au serveur. En fait, c'est le modèle traditionnel des terminaux reliés à un central à l'aide de liens séries, à la différence que le terminal est votre ordinateur personnel et que le lien est téléphonique. Nous vous déconseillons ce modèle, car il ne permettra pas de profiter d'une réelle identité sur Internet. Faites plutôt affaire avec un fournisseur offrant le modèle SLIP/PPP.

Accès par le câblo-modem

L'accès par le câblo-modem constitue une approche nouvelle. Il s'agit d'utiliser le réseau de câblodistribution pour communiquer dans Internet. La vitesse de transmission varie présentement entre 500 kbps et 27 Mbps (1 Mbps=1000 kbps). Les frais d'utilisation sont légérement supérieurs à ceux d'un accès téléphonique. On parle d'environ 66 % de plus. Cependant, vous n'avez pas de limites en ce qui a trait au temps passé à naviguer, et la vitesse de croisière est largement augmentée.

Accès par un lien RNIS

RNIS (Réseau Numérique à Intégration de Service) est la réponse des compagnies de téléphonie à la demande d'un accès plus rapide. Il s'agit d'un ligne téléphonique numérique haute-vitesse qui permet des vitesse maximales de 128 kbps. Cependant, l'utilisateur doit se faire installer une seconde ligne qui ne sera utilisable que par le modem haute-vitesse. Les frais d'utilisation sont plus élevés qu'avec le câblo-modem. Ce type de connexion ne tient pas compte du nombre d'heures que vous passez dans Internet. La seule pièce d'équipement que l'utilisateur doit acheter est le modem haute-vitesse.

1.2.2 Les logiciels et l'équipement pour établir la communication dans Internet

Un branchement à Internet requiert certains préalables techniques. Outre le fait que des connexions majeures sont requises, un ordinateur personnel doit être équipé d'une certaine façon. *A priori*, l'ordinateur doit posséder une pièce de communication et un ou plusieurs logiciels pour effectuer la communication réseau. Ces conditions essentielles peuvent varier selon le type de connexion choisi.

Équipement dans un environnement réseau

Afin d'être relié au réseau local d'une université ou d'une entreprise, votre ordinateur doit posséder une carte de communication réseau. Celle-ci doit être compatible avec l'environnement réseau présent. Il peut s'agir d'une carte de type Token-Ring, Ethernet (à ne pas confondre avec le réseau), Arcnet, ou même d'un lien Apple-Talk.

Équipement pour un lien modem

Le modem 33 600 bps est la nouvelle norme pour naviguer dans Internet. Ces modems coûtent peu cher aujourd'hui. La vitesse minimale acceptable pour naviguer est maintenant fixée à 14 400 bps. Demandez également un modem qui permet la compression des données, ce qui donne l'impression que la vitesse de transmission peut augmenter, voire doubler, si votre fournisseur possède le même type de modem. N'achetez jamais un modem fonctionnant à 300, 1 200 ou 9 600 bps. Ces vitesses de transmission sont beaucoup trop faibles. La limite inférieure s'établit clairement à 14 400 bps. En dessous de ces seuils, vous perdez votre temps et votre argent!

Équipement pour un lien câblé

Pour établir un lien câblé, vous devez louer ou acheter un câblomodem dont la vitesse varie entre 500 kbps et 27 Mbps. Je vous conseille de le louer, car c'est un équipement dispendieux qui sera sans doute dépassé avant que vous en ayez amorti le coût. Vous aurez également à faire l'acquisition d'une carte réseau pour votre ordinateur. Demandez à votre câblodistributeur le prix de cet équipement.

Équipement pour un lien RNIS

Pour établir un lien RNIS, vous devez acheter un modem hautevitesse de 128 kbps et procéder à l'installation d'un ligne téléphonique réservée exclusivement à ce lien. Votre compagnie de téléphone vous renseignera sur les coûts de cet équipement.

Logiciel pour établir la connexion avec Internet

Dans le cas d'un lien SLIP/PPP, d'un accès câblé ou d'un RNIS, demandez au service à la clientèle de votre fournisseur d'accès le logiciel requis pour établir le lien avec Internet. Ce service a en effet pour rôle de vous offrir le logiciel, la documentation adéquate et les conseils vous permettant de configurer le branchement initial. Ces logiciels relèvent généralement du domaine public. Dans un premier temps, l'utilisateur établit la communication avec le logiciel. Par la suite, le logiciel de communication devient transparent, c'est-à-dire que l'utilisateur ne se rend plus compte qu'un logiciel de communication est en fonction sur son ordinateur. Il est alors libre d'utiliser les logiciels de son choix pour exploiter les ressources d'Internet. Comme nous l'expliquions précédemment, les logiciels peuvent être les mêmes que ceux utilisés au bureau.

1.3 Les implications sociales et légales

C'est vrai, je ne suis titulaire d'aucun diplôme en droit ou en sociologie et je ne prétends pas tout connaître sur le sujet. Je peux toutefois tâcher de décrire les implications de cette nouvelle technologie, voire une nouvelle dimension de la vie qui se profile à l'horizon. Les paragraphes qui suivent résument quelques cas vécus et font état de la législation actuellement en vigueur.

1.3.1 Les implications sociales

Dans ma jeunesse, il y a de cela bon nombre d'années, je fus fasciné par l'avènement de la câblodistribution. C'était vraiment fantastique. On passait de quelques chaînes à une multitude ! C'était un rêve qui prenait corps. J'ai grandi avec cette réalité et je m'y suis habitué. Aujourd'hui, il me serait pratiquement impossible de me passer des quelque 30 chaînes offertes par la câblodistribution. Je n'ai toutefois pas le courage d'acheter une antenne parabolique qui me permettrait d'obtenir plus de 300 chaînes; je serais incapable de m'occuper de mes loisirs, sans oublier mon travail et Internet!

Ce phénomène de changements technologiques n'est pas nouveau. Il ne constitue qu'un des nombreux exemples de l'adoption, par la population, de nouvelles habitudes créées à l'échelle d'une société entière. Lorsque j'étais enfant, je n'en croyais pas mes oreilles lorsque mon grand-père me racontait sa jeunesse. Avoir un téléviseur à la maison était un luxe incroyable. Il n'affichait que des images en noir et blanc par-dessus le marché!

Le reportage télévisé est un autre phénomène technologique de taille. Durant l'été de 1994, on a vu, en direct, le joueur de football O. J. Simpson s'enfuir sur les autoroutes de Los Angeles! Cela paraît incroyable, mais, d'ici quelques années, la population se plaindra si de tels événements ne sont pas présentés en direct. Et déjà, plus d'un an après cet événement, on pouvait, assis sagement devant l'écran de notre ordinateur, suivre le déroulement de ce procès. Lorsque l'on goûte à quelque chose de bon, on ne veut rien de moindre par la suite. Ainsi, je m'empêche d'aller travailler sur l'ordinateur de ma collègue de travail, car il est plus puissant que le mien. Je suis persuadé que, si j'utilise son appareil, mon propre ordinateur révélera des faiblesses importantes, au point que je me verrai obligé de le changer pour un autre, plus puissant.

Au moment où j'écris ces lignes, des élèves de niveau primaire et secondaire participent à des échanges d'informations dans Internet. Ces projets sont pris en charge par les commissions scolaires et se déroulent à la maison comme dans les salles de classe. Grâce à mon ordinateur, je peux communiquer avec un enfant de 10 ans se trouvant dans une école, au Manitoba ou dans l'Oklahoma ou encore au Québec, car il possède une adresse électronique Internet! Cette situation n'est pas sans rappeler le pas franchi grâce à l'avènement du câble de télédistribution. Les enfants savent ce que cela signifie d'avoir non seulement une adresse postale, mais également une adresse électronique. Ils vivent dans une réalité qui leur semble tout à fait naturelle, celle de posséder une adresse électronique quelconque. Ils grandiront dans un monde où la planète Terre deviendra bien plus petite qu'à mon époque. Pour eux, échanger un fichier avec une copine de Grande-Bretagne ne sera pas un casse-tête mais un acquis et une façon de fonctionner. Ces futurs adultes seront contrariés lorsqu'ils ne pourront consulter une base de données sur l'art chinois localisée sur un ordinateur à Hong Kong, de la même façon que je suis contrarié lorsqu'il y a une panne de satellite et que je ne peux regarder la chaîne française. Voilà la réalité où Internet peut nous amener dans le futur.

Notons que toutes les écoles n'offrent pas de tels projets, mais, même s'il concerne une minorité, le mouvement est appelé à s'élargir. Par exemple, le projet RESCOL (Réseau scolaire canadien) vise à donner aux écoles primaires et secondaires un accès à Internet. Visitez leur site Web à l'adresse ***http://www.rescol.ca***.

Vous devez comprendre que la prochaine génération est en train d'apprendre une nouvelle façon de fonctionner. Les révolutions actuelles d'Internet ne sont rien à côté de ce qui se prépare. Le message est clair. Comme ceux qui ont été dépassés par l'informatique, certains se laisseront dépasser par la facilité des communications mondiales.

On utilise également Internet pour s'afficher personnellement; par exemple dans le but de se trouver un emploi comme permet de le faire le Réseau Européen pour l'Emploi (*http://emporium. turnpike.net/~viredit/emploi/*).

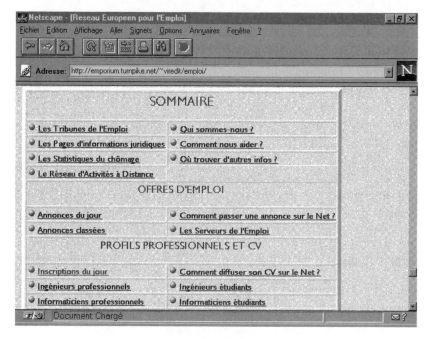

Figure 1.6
Services d'emploi dans Internet

L'influence des écoles de pensée traditionnelles des médias de masse diminue à cause d'Internet. Nous n'avons plus besoin de regarder la télévision, de lire les journaux ou d'écouter la radio pour savoir ce qui se passe dans le monde. On peut suivre l'actualité en direct. L'explosion survenue à Oklahoma City durant l'été de 1995 bénéficia d'une couverture médiatique énorme, mais qui pâlissait devant les témoignages en direct des personnes qui étaient branchées à Internet.

Les gouvernements se branchent à Internet pour promouvoir certaines idées partout dans le monde sans avoir à imprimer des dépliants de toutes sortes.

Figure 1.7
Site Web du gouvernement du Québec

Le succès d'Internet ouvre la porte à différentes manifestations de la nature humaine. Par conséquant, la pornographie, les fraudes et les recettes pour fabriquer des bombes font partie d'Internet. Toutefois, ces éléments étaient présents dans nos vies bien avant qu'on parle d'espace cybernétique. Il faut savoir faire la différence entre la réalité et le sensationnalisme transposé dans les médias.

1.3.2 Le phénomène francophone dans Internet

Quelle fausseté de dire que le réseau est navigable uniquement en anglais. C'est plus juste de dire qu'une bonne portion du cyberespace est occupée par la langue de Shakespeare. L'anglais domine le réseau depuis 1969 alors que la présence francophone a commencé à se faire sentir seulement qu'en 1988. Le cyberpatrimoine francophone n'est pas un voeu pieux. Il existe et il grandit. Il existe d'importants répertoires de sites francophones qui dirigent les internautes vers de l'information en français. On peut penser à la piste francophone (*http://www.toile.qc.ca/francophonie*) ou à Carrefour.Net (*http://carrefour.net*) par exemple. La révolution bat son plein partout où on parle la langue de Molière.

Le contenu francophone doit simplement être développé. Tout le monde doit faire sa part. Les entreprises doivent montrer le chemin en offrant des services en français, et les internautes doivent utiliser les termes francisés quand ils parlent d'Internet. Un «émail» demeure pour moi une substance qui donne du lustre à la baignoire ou au lavabo et non pas un courrier électronique. L'Office de la langue française du Québec propose un excellent site Web pour vous aider dans votre quête de la terminologie française concernant Internet (*http://www.olf.gouv.qc.ca*).

1.3.3 La génération @

Ce f@meux «@» dit «a commercial»; on le voit p@rtout. Ce «@» nous vient de l'@dresse de courrier électronique, où il sép@re l@ p@rtie design@nt le nom de l'utilis@teur de son nom de dom@ine. Depuis l'inst@ur@tion de cet us@ge du «@», les sites Web, les revues spéci@lisées, les publicités de toutes sortes s'empressent de substituer @u «a» ordinaire s@ contrep@rtie jugée plus br@nchée. On désire @insi @ffirmer une personn@lité @ctuelle. En bref, le «@» est superbement popul@ire d@ns l@ société d'@ujourd'hui. Ne soyez p@s trop effr@yé p@r ce petit signe, il n'est p@s m@lin. S@chez seulement où il se trouve sur votre cl@vier et joignez-vous @ la commun@uté br@nchée... :)

1.3.4 Les libertels

Les libertels (*Freenet* en anglais) sont de véritables coopératives d'internautes qui réussissent avec l'appui de compagnies à offrir un accès Internet pratiquement gratuit. Pour la majorité des libertels, les seuls frais engagés sont des frais d'administration lors de l'inscription initiale. L'accès offert par ces libertels s'effectue en mode terminal. Vous n'avez donc pas accès aux images véhiculées par le Web. Le libertel demeure tout de même une excellente porte d'entrée pour consulter sa boîte de courrier électronique et les informations textuelles du réseau. Un navigateur Web en mode texte est disponible. On perd certes une partie de l'expérience graphique créée par les documents Web, mais, en contrepartie, l'information circule drôlement plus rapidement de cette façon. Peter Scott de la compagnie Northern Lights a dressé la liste des libertels que vous pouvez consulter sur le site Web *http://duke.usask.ca/~scottp/ free.html*. On retrouve des libertels dans une dizaine de pays dont le Canada, les États-Unis, l'Italie et la Grande-Bretagne. Au moment où j'écris ces lignes, l'idée du libertel ne semble pas avoir capté l'attention des Français, des Suisses ou des Belges. Le premier libertel francophone est celui de Montréal (*http://www.libertel.montreal. qc.ca* ou *telnet://libertel.montreal.qc.ca*). Il fut inauguré durant l'été de 1996.

1.3.5 Les implications légales

Il est intéressant de se pencher sur l'aspect légal d'Internet. Bien des maux de tête attendent les législateurs lorsque tout le monde commencera à communiquer dans le grand réseau. Le droit existe-t-il dans la nouvelle frontière électronique? Nous retrouverons-nous comme dans le Far West, où la loi n'était respectée que lorsqu'elle penchait de notre côté? Au fond, la comparaison entre la nouvelle frontière électronique et la conquête de l'Ouest n'est pas si bête. À cette époque, la loi était peu respectée. Les gens étaient plus préoccupés de coloniser et d'explorer le pays que d'apprendre le code civil ou criminel. C'est un peu le même phénomène qui se produit dans Internet. Aucune loi concrète ne s'applique actuellement, nous en sommes à nos balbutiements dans ce domaine.

Internet n'est pas un simple réseau. Si vous vous rappelez bien, c'est un réseau de réseaux. L'important est de connaître ce qui est permis, toléré et interdit.

Situation n° 1

Les organismes qui ont un lien avec Internet peuvent rédiger un code d'éthique gouvernant les règles d'exploitation locale du réseau. Ces règles peuvent être simples aussi bien que compliquées. En premier lieu, on peut trouver une norme stipulant que «le réseau ne peut être utilisé à des fins personnelles». Dans un registre plus sérieux, on trouvera des règles comme celle-ci: «Il est strictement interdit d'échanger électroniquement du matériel de recherche sous peine de sanction directe.» Ce type de climat austère n'est pas sans rappeler les laboratoires de la Défense nationale. Il est impossible de contrôler complètement les actions des utilisateurs. Toutefois, il est relativement aisé, à l'aide de bons outils de détection, de savoir ce que font ces derniers sur un réseau. La règle de base demeure que les normes d'utilisation d'une institution concernent le droit lorsqu'elles font partie du code d'éthique du travail. Cela est encore plus évident lorsque l'employé s'engage à respecter toutes les clauses d'un tel code en signant un contrat avec l'employeur. Même si les règles d'utilisation d'Internet ne se retrouvent pas dans le code civil, l'employeur peut poursuivre un employé pour non-respect des clauses écrites.

Situation n° 2

L'utilisation d'Internet à des fins commerciales n'est pas tolérée sur des segments du réseau payés par les deniers publics comme dans le cas du Réseau interordinateurs scientifique québécois. Aucune entreprise ne peut utiliser un lien appartenant à une université pour effectuer des transactions entre succursales. Pour faire de telles transactions, elle doit acquérir un lien commercial.

Mais si un réseau de recherche stipule qu'il doit être «utilisé exclusivement à des fins de recherche», une entreprise a-t-elle le droit de faire parvenir des logiciels commerciaux à ce réseau? Oui, les logiciels, les mises à jour de logiciels ainsi que des conseils techniques envoyés par courrier électronique à une organisation de recherche peuvent circuler sur cette bretelle si cette dernière sert à l'accomplissement de la mission de recherche, même si tous ces services sont payés.

On ne peut évidemment pas contrôler le fait qu'un bit commercial traverse à un certain moment un réseau consacré à la recherche, causant une pluie de poursuites basées sur des règles d'utilisation ne touchant même pas la compagnie en question. Les gestionnaires d'Internet ont tenté de pallier ce problème en créant des aiguilleurs qui regroupent des réseaux commerciaux, et des aiguilleurs pour les réseaux de recherche et de développement. L'utilisateur potentiel doit même stipuler la raison de son utilisation lorsqu'il remplit sa demande de branchement à Internet pour être aiguillé sur les bons réseaux.

Situation n° 3

Internet est-il sous la tutelle du code civil ou du code criminel? De quel pays? Le problème est qu'Internet n'a pour ainsi dire aucune frontière distincte. Il n'appartient à aucun pays. C'est le fruit d'un effort de coopération entre des organismes fédéraux, des entreprises privées et des particuliers. Mais voilà, dès que quelque chose traverse une frontière, même un bit d'information, il est exposé aux différentes lois d'exportation et d'importation des deux pays en question; c'est-à-dire celui du point de départ et celui du point d'arrivée de l'information. Actuellement, rien ne contrôle le débit d'informations entre les pays, mais le droit existe, même s'il est complètement ignoré.

Heureusement, il existe une licence générale qui nous offre énormément de liberté. Sinon, nous ne pourrions pas assister à une conférence dans un autre pays sans avoir obtenu au préalable un visa d'importation. Cette règle générale touche pratiquement tout ce qui n'est pas confidentiel. Cela inclut donc la majorité des échanges dans Internet. Cependant, tout ce qui a trait aux éléments se trouvant sur la liste des interdictions d'exportation est interdit d'exportation, comme des plans d'équipement militaire ou des analyses sur le fonctionnement des ordinateurs à haut rendement.

Situation n° 4

Il faut également considérer la copie d'un logiciel ou d'une idée. Tout cela a trait aux droits d'auteur. Rappelez-vous toujours qu'une copie de logiciel peut être autorisée dans un pays mais refusée dans un autre…

Avant d'utiliser une partie d'un texte publié par un auteur dans Internet, demandez-en la permission à cet auteur. C'est la seule véritable façon de vous assurer de la légalité de votre acte. Si vous n'en êtes pas certain, vous pouvez demander à un avocat de vous préciser les droits au sujet de cet article. Cela devient encore plus complexe lorsque l'auteur réside à l'étranger. Je ne peux pas vous donner une réponse précise à ce sujet car il n'y en a pas. J'attire seulement votre attention sur le caractère épineux de cette question.

Situation n⁰ 5

Si vous voyez un objet dans un endroit public et qu'il ne semble appartenir à personne, il n'est pas nécessairement à vous. De la même façon, tout ce que vous voyez dans Internet ne vous revient pas forcément. Si un fournisseur de logiciels souffre d'un problème de sécurité et que vous décidez d'exploiter cette faille pour vous procurer un produit par Internet, vous devez tout de même payer une licence avant d'utiliser ce produit. Vous ne pouvez pas dire: «C'était là, je l'ai pris…»

Situation n⁰ 6

Au Canada et aux États-Unis, la distribution de virus est un acte criminel. Toutefois, si vous décidez d'infester un pays n'ayant aucune loi à ce sujet, la notion devient un peu plus floue. Les tentatives d'accès ainsi que les accès illégaux à des ordinateurs se trouvant ou non sur le réseau sont également punis par la loi en Amérique du Nord. Dans certaines universités, des *crackers* ou *hackers* (pirates informatiques) ont tenté de percer des systèmes sur les campus. Leurs efforts ont quelquefois abouti, mais il arrive encore plus souvent qu'ils soient démasqués. Des agents du corps policier local leur rendent alors une petite visite…

Situation n⁰ 7

Le harcèlement verbal, téléphonique et même électronique n'est pas toléré. Alors, n'espérez pas vous en tirer si vous envoyez un courrier électronique truffé de menaces de mort à l'adresse *president@ whitehouse.gov*. Même lorsque vous vous adressez à un groupe de discussion comme *rec.sport.hockey* et que vous épicez vos commentaires de menaces de mort, la police peut faire irruption chez vous. Le résultat est le même si vous envoyez sans cesse des demandes en mariage à une collègue de travail par le courrier électronique...

En résumé

Il n'est pas facile de parler du droit dans Internet. Je suis moi-même un peu inquiet à l'idée de me faire agripper par un avocat en désaccord avec ce que je viens d'écrire. Enfin, qu'à cela ne tienne, mon but était surtout de vous démontrer qu'il existe des règles dans Internet comme dans la vie quotidienne. Vous faites partie maintenant d'une société formée de membres distincts possédant chacun des droits incertains. Cette phrase est plutôt ambiguë, j'en suis conscient, mais elle reflète un peu la réalité. Une chose est sûre cependant: le droit qui régit vos actes dans Internet est celui pratiqué dans votre pays. Le droit étranger n'a pas préséance sur ce qui se passe chez vous.

Sites Web reliés au droit électronique

- Centre de recherche en droit public
  http://www.droit.umontreal.ca
- Electronic Frontier Foundation
  http://www.eff.org
- Office de la protection intellectuelle du Canada
  http://info.ic.gc.ca/ic-data/marketplace/cipo/welcome/ welcom_f.html
- L'Internet juridique
  http://www.argia.fr/lij

1.4 Les notions de base d'Internet

La présente section, très importante, porte sur le fonctionnement technique d'Internet. Ce fonctionnement n'est pas difficile à comprendre si l'on ne s'attarde pas aux détails. Je vous expliquerai donc les notions de base suivantes: le paquet d'information, le domaine, et la différence entre un numéro IP et une adresse Internet pour une machine et un utilisateur… Ces notions de base reviendront ensuite dans tous les chapitres.

1.4.1 Le numéro IP

Afin d'identifier un appareil dans Internet, l'ordinateur doit posséder une adresse quelconque ayant la particularité d'être unique. Le protocole de télécommunications TCP/IP (Transmission Control Protocol/Internet Protocol) remplit ce rôle à merveille. Une adresse IP est composée de 32 bits, représentés par quatre nombres décimaux. La représentation suivante en est un exemple:

10000100 11001011 01100011 00001010
est égale à *132.203.99.10*

Chaque appareil lié à Internet possède une adresse semblable. Il s'agit là d'un préambule nécessaire pour échanger n'importe quelle sorte d'information. Les quatre nombres sont séparés par un point afin qu'on puisse les identifier. Chacun de ces quatre nombres formant l'adresse complète a une signification très concrète. Généralement, les deux premiers nombres identifient l'organisation principale où se situe l'appareil. C'est-à-dire que tous les membres de cette organisation auront ces deux mêmes nombres au début de leur adresse. Le troisième nombre indique un des réseaux internes dans l'organisation, et le dernier identifie l'appareil de l'utilisateur. Voici un exemple:

132.203.99.10	==>	*132.203*	Université Laval
		99	Réseau de la bibliothèque
		10	Ordinateur de Pierre Tremblay
132.203.99.11	==>	*132.203*	Université Laval
		99	Réseau de la bibliothèque
		11	Ordinateur de Rachèle Jasmin
132.203.104.23	==>	*132.203*	Université Laval
		104	Réseau de la foresterie
		23	Serveur de fichier de la faculté
134.121.4.5	==>	*134.121*	Eastern Washington University
		4	Réseau administratif
		5	Ordinateur de Peter Monoghan

On ne travaille jamais avec la représentation binaire, mais bien avec la représentation décimale. C'est avec cette adresse que l'on peut facilement acheminer des informations dans Internet. L'attribution de ces numéros se fait localement en ce qui a trait aux numéros de réseaux locaux ainsi qu'aux numéros attribués aux appareils. L'attribution du préfixe représentant l'organisation est faite par le centre de distribution régional. Ceux qui sont branchés par modem se voient assigner dynamiquement une adresse IP chaque fois qu'ils se branchent au réseau. La compréhension de l'adresse IP est le premier élément du puzzle. Voyons maintenant ce que l'on en fait.

1.4.2 L'adresse Internet d'un appareil

En plus de posséder une adresse numérique (numéro IP), les ordinateurs qui composent les nœuds d'Internet possèdent des noms. Il est ainsi plus facile de se rappeler l'adresse de l'appareil exploitant le catalogue de la bibliothèque de l'Université Laval comme étant *ariane.ulaval.ca* que son numéro IP *132.203.250.33*. L'adresse Internet d'un ordinateur est composée du nom de domaine, du nom du ou des réseaux s'il y a lieu, et du nom propre de la machine. Décomposons le nom Internet de l'appareil suivant:

giants.bibl.ulaval.ca

ulaval.ca	nom de domaine (Université Laval);
bibl	nom du réseau (bibliothèque);
giants	nom donné à l'appareil par son utilisateur.

Pour ce qui est des utilisateurs qui accèdent à Internet par le biais d'un fournisseur, leur ordinateur possède une adresse générique qui change à chaque entrée dans le réseau. Elle ressemble à une adresse du type *ppp-021.fournisseur.internet*, où le nombre figurant dans le terme *ppp-021* indiquera le numéro séquentiel du modem utilisé chez le fournisseur.

Nous travaillons donc beaucoup mieux avec des mots qu'avec une combinaison de nombres. Le nom de l'appareil doit être le premier mot inscrit dans l'adresse, suivi du nom du ou des réseaux par ordre d'importance croissant et, finalement, du nom du domaine.

Comme l'adresse, les mots doivent être séparés de points et ne doivent pas contenir d'espaces libres.

1.4.3 L'adresse de courrier électronique et le pseudonyme (alias) Internet d'un utilisateur

Parlons des utilisateurs. Ont-ils une identité? Certes, et c'est une notion très facile à assimiler. L'adresse Internet d'un utilisateur est composée du nom d'utilisateur qu'il possède chez son fournisseur ou à l'intérieur de son organisation, suivi du nom de domaine de ce dernier. Le nom de l'utilisateur et celui du domaine sont séparés par le signe «@» afin qu'on puisse différencier les entités. Décomposons mon adresse Internet:

danny.sohier@giants.bibl.ulaval.ca.
danny.sohier   mon compte;
giants.bibl.ulaval.ca nom de l'appareil + réseau + domaine.

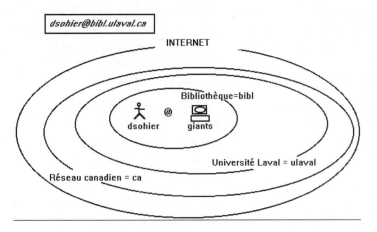

Figure 1.8
Représentation de l'adresse Internet d'un utilisateur

Certains ont trouvé que même ce type d'adresse était encore trop long. On a alors inventé la notion de pseudonyme (alias) Internet. Il s'agit d'un nom plus court utilisé pour désigner l'adresse Internet de l'utilisateur. Ainsi, l'adresse que j'inscris sur mes cartes professionnelles n'est pas celle que je viens d'indiquer. C'est plutôt *dsohier@bibl.ulaval.ca.*

> *dsohier*   abréviation de mon nom;
> *bibl.ulaval.ca*   bibliothèque de l'Université Laval.

1.4.4 Le paquet d'information

Le paquet d'information est ce qui circule dans les fils de télécommunication. Afin de mieux comprendre ce concept, utilisons l'analogie de l'envoi d'une lettre à un ami. Après avoir rédigé la lettre, vous l'insérez dans l'enveloppe que vous cachetez. Vous prenez bien soin d'écrire l'adresse du destinataire au recto et, finalement, vous inscrivez votre propre adresse au verso. Un paquet d'information fonctionne selon le même principe. Lorsque vous faites parvenir un fichier à un collègue dans une autre université, des paquets sont formés. Chaque paquet contient les deux adresses et un morceau du fichier. Un peu comme ceci:

INFORMATION

de: 132.203.99.10

à: 134.121.4.2

Paquet d'information IP

Figure 1.9
Paquet d'information IP

La grosseur de «l'enveloppe» est déterminée par le type d'installation présent sur votre site. La grosseur de l'information peut aller de 1 à 1 500 caractères. La moyenne est de 500. Cela permet à tout le monde d'envoyer de l'information. Plus le paquet est gros, plus il faut attendre longtemps pour envoyer de l'information.

1.4.5 Le port IP

Le port IP sert à différencier les types de trafic dans le réseau. Afin de mieux comprendre, pensez à un poste de radio qui a la capacité de recevoir toutes les ondes radio. De la même façon, un serveur peut offrir plusieurs services à la fois. Chacun de ces services écoute son propre port IP. Il répond seulement lorsque des paquets marqués du port approprié lui sont acheminés. Les autres services ignoreront ces paquets d'information.

Lorsque vous faites du transfert de fichiers à l'aide de FTP (File Transfer Protocol), le serveur vous offrant le service utilise le port IP 21. Tous les paquets d'information seront donc marqués du port 21.

C'est une façon simple de contrôler le trafic dans Internet ou dans n'importe quel réseau. Si un site décide de bloquer une ressource, il ne fait qu'interdire la transmission sur le port en question. Tous les paquets qui portent ce numéro de port seront éliminés. Le port IP est représenté par un nombre entre 1 et 32 767. On peut définir autant de services qu'on le veut. Par définition, certains de ces ports sont réservés à des tâches bien précises. Voici une liste des ports les plus utilisés:

Transfert de fichiers (FTP)	21
Communications Telnet	23
Consultation de DNS	53
Gopher	70
Web	80
Wais	210
Courrier électronique	25, 119, 175, 540
Service de bavardage Internet (Internet relay chat)	6667

1.4.6 Le domaine et le serveur de noms de domaine (serveur DNS)

La discussion technique est pratiquement terminée. Comme vous le voyez, le fonctionnement d'Internet n'est pas très compliqué. Le domaine est l'ensemble des utilisateurs d'une organisation. Toutes les adresses IP des utilisateurs de cette entreprise possèdent les deux mêmes premiers nombres (*132.203* pour l'Université Laval, par exemple). Pour les adresses Internet, on dit que l'on appartient au domaine *ulaval.ca*. Un nom de domaine se traduit de la droite vers la gauche. Ainsi, *ca* indique que le domaine se trouve au Canada, et *ulaval* est une abréviation pour l'Université Laval. On retrouve des domaines comme *francenet.fr, uqam.ca, aol.com, inria.fr*. Un nom de domaine est séparé par des points et ne doit pas contenir de caractères accentués ou spéciaux comme des blancs ou des signes de ponctuation.

Le serveur de noms de domaine (ou serveur DNS - *Domain Name Server* en anglais) est un appareil contenant la liste de tous les domaines du monde. Un serveur DNS se retrouve dans chacun des sites d'Internet. Il agit un peu comme le portier du site. Il contient également la table des adresses Internet ainsi que les adresses IP correspondantes de tous les utilisateurs de ce site. Chaque fois que l'on utilise une adresse Internet comme *ariane.ulaval.ca*, la demande est envoyée au serveur DNS, et ce système renvoie l'adresse IP de l'appareil que nous désirons joindre, *132.203.250.33* dans notre cas. Les noms de domaine sont déterminés par chacune des organisations. Chaque nom doit toujours comprendre le suffixe du domaine principal (du point de vue hiérarchique) dans lequel il se trouve.

Voici l'exemple d'une situation où le serveur DNS est utilisé. Il s'agit de l'envoi d'un courrier électronique provenant de mon appareil et destiné à *Peter.Monoghan@adm.utexas.edu*.

MOI	LOGICIEL DE COURRIER ÉLECTRONIQUE	Serveur DNS
1. J'écris le message		
2. Je l'envoie	3. Hé! DNS de mon site!	4. Oui?
	5. Quelle est l'adresse IP du DNS pour *utexas.edu*?	6. *114.90.5.1*
	7. Hé! *114.90.5.1* !	8. Oui?
	9. Quelle est l'adresse IP pour *adm.utexas.edu*?	10. *114.90.40.10*
	11. Envoi du courrier à l'adresse *114.90.40.10.*	

Une fois que cet appareil aura reçu le courrier, il l'acheminera vers l'utilisateur **Peter.Monoghan**. Le premier mot à droite dans l'adresse indique souvent le lieu géographique ou le lieu d'affaire du site en question. Voici une liste des suffixes des domaines les plus fréquemment utilisés.

CODE	SIGNIFICATION	EXEMPLE
edu	Les universités et collèges américains	*harvard.edu*
gov	Les organismes du gouvernement fédéral US	*nasa.gov*
com	Les entreprises américaines	*ibm.com*
mil	Les forces armées américaines	*pentagon.mil*
net	Ressources globales de nature réseau	*internic.net*
ca	Ressources canadiennes	*ulaval.ca*
fr	Ressources françaises	*jussieu.fr*
ch	Ressources suisses	*cern.ch*
be	Ressources belges	*ac.be*
uk	Ressources britanniques	*cambridge.uk*

Toutes les astuces pour nommer utilisateurs, appareils et domaines doivent être assimilées, car elles reviendront dans tous les chapitres suivants. De plus, à partir de maintenant, j'utiliserai couramment les notations Internet. Les adresses électroniques de certaines personnes citées figureront à l'occasion dans le présent ouvrage, ainsi que les adresses de sources disponibles dans Internet. Ne résistez pas, c'est la terminologie du métier et de la nouvelle frontière.

1.5 La gestion d'Internet

Un bon résumé d'Internet ne peut contourner une discussion sur la gestion globale du réseau. Y a-t-il une police d'Internet? Existe-t-il un groupe ayant un pouvoir absolu sur le fonctionnement du réseau? Que se passe-t-il en cas de panne?

1.5.1 À qui appartient Internet?

Internet est une gigantesque coopérative. Chaque internaute, organisation et fournisseur déboursent une certaine somme pour leur participation. Les sommes récoltées sont distribuées pour couvrir les coûts d'exploitation du réseau. On peut ainsi assurer la maintenance du réseau et accroître la vitesse de celui-ci. Il n'y a pas d'organisation qui récolte l'argent au sommet de la pyramide à des fins lucratives. Quelques organisations comme l'Internic (*http://www.internic.net*) et l'IETF (*Internet engineering task force*) donnent des directions techniques pour faire avancer technologiquement le réseau à court et à moyen terme, mais la portée d'action de ces «autorités» se limite à celle-là.

1.5.2 La police d'Internet

Lorsqu'un utilisateur déroge au comportement poli et aimable de l'internaute modèle, soit en envoyant des commentaires abusifs, soit en faisant des offres commerciales non sollicitées ou autres, la police d'Internet se met en marche et fait tout ce qui est en son pouvoir pour régler le cas de l'individu en question. Cette police obéit aux désirs concrets des utilisateurs d'Internet. La sanction peut varier selon le délit.

Cette police, c'est vous et moi, et tous les internautes qui veulent bien faire respecter un norme de conduite acceptée globalement. En fait, il n'y a pas réellement de police officielle. La paix règne dans Internet parce que les utilisateurs ne tolèrent pas les insurrections. Ainsi, dès qu'elle commet des écarts, une personne est rapidement remise à sa place. Compte tenu du nombre d'utilisateurs, un commentaire déplacé se solde par une avalanche de messages transmis par courrier électronique qui expliquent à cette personne que son comportement n'est pas apprécié. Si celle-ci persiste, les messages commencent alors à être acheminés vers l'administrateur du site ou vers le supérieur de la personne fautive. S'il s'agit d'un particulier, les messages seront envoyés à l'administrateur de l'entreprise lui fournissant un accès. S'il s'agit d'une personne qui possède un accès privé, on enverra le message au centre régional de distribution. Les internautes protègent leur environnement et ils sont doublement tenaces lorsqu'il s'agit de faire taire quelqu'un. La foule sert de police. Nous sommes en présence d'une démocratie au sens réel du terme: celle où le peuple (les utilisateurs) exerce pleinement sa souveraineté.

Le réseau Internet est effectivement un excellent lieu, probablement le meilleur, pour échanger librement, sur la place publique, idées, opinions et autres. Il est possible de le faire en restant poli, en n'insultant personne et en défendant ses opinions, tout en gardant un esprit ouvert. Soyez simplement un bon citoyen. Les mouvements de foule ne se produisent pas souvent. Un cas semblable s'est produit, en 1993, lorsqu'un groupe néo-nazi a commencé à envoyer des messages électroniques dénigrant différentes races, religions et cultures, et, qui plus est, dans un langage plutôt ordurier. Le groupe émettait à partir d'une université allemande. Quelques jours plus tard, après une avalanche de messages transmis par courrier électronique envoyée à l'administrateur de ce réseau, l'accès de ce groupe fut annulé. Une victoire pour les utilisateurs d'Internet.

Voilà donc la règle de base: respectez les autres, et on vous sourira! Par ailleurs, chacun a droit à une deuxième chance. Si vous faites quelque chose qui dérange, faites en sorte de corriger votre erreur...

1.5.3 Internic et l'IETF

INTERNIC

On ne peut découper au couteau la hiérarchie décisionnelle d'Internet et espérer avoir bien cerné la question. Ce réseau résulte d'un effort coopératif. Toutefois, il existe des organisations qui veillent au fonctionnement global et d'autres qui ont des responsabilités locales. Examinons d'abord ce qui se passe au niveau mondial pour revenir ensuite à ce qui se passe dans notre coin de pays.

La plus importante organisation est sûrement Internic. Ce nom désigne l'union de deux centres d'informatique réseau (NIC: Network Information Center). Cette organisation, sans but lucratif, a reçu la mission de gérer le plus important segment d'Internet. Internic est formée des entreprises AT&T et Network Solutions Incorporated (NSI). Chacune a un rôle important à jouer. AT&T gère la base de données d'Internet, et NSI a la lourde responsabilité d'attribuer et d'inscrire les informations sur les domaines d'Internet dans la grande base de données. Consultez leur site Web à l'adresse ***http://www.internic.net.***

Le rôle d'Internic consiste à promouvoir le réseau et à s'assurer que la croissance de ce dernier ne devienne son pire obstacle. Internic donne également des cours, des séminaires et organise des rencontres partout dans le monde pour les experts chargés de gérer les réseaux. Internic peut être comparée à un gigantesque kiosque de renseignements d'Internet. Elle peut répondre pratiquement à n'importe quelle question concernant le réseau: la façon de s'y relier, la sécurité d'Internet, les noms de domaine, les ressources utilisées, l'historique du réseau, les statistiques s'y rapportant, les guides techniques, etc. Elle répond à la communauté mondiale. Tout ce que vous désirez savoir sur Internet se trouve là.

IETF

IETF est le sigle pour Internet Engineering Taskforce (*http://www.ietf.org*). Quand on parle des gurus d'Internet, c'est d'eux qu'il est question. Il s'agit d'une communauté mondiale de spécialistes en télécommunications qui n'ont qu'un seul but, assurer la croissance du réseau Internet. Pour ce faire, des groupes d'analystes remettent périodiquement des recommandations sur les meilleures façons d'utiliser les ressources physiques du réseau. Les documents contenant ces recommandations se nomment RFC (Requests For Commentaries); il en existe actuellement plus de 2 000. Ils sont responsables de l'émission des standards officiels pour les ressources Internet. Présentement, rédiger un nouveau schéma d'adressage à l'échelle de la planète est une de leurs tâches prioritaires, car le nombre d'adresses IP ne peut combler les besoins futurs du Réseau. Toutes les initiatives de l'IETF sont largement acceptées par le reste de la communauté.

1.5.4 L'attribution des adresses Internet

On l'a vu, chaque utilisateur, appareil et organisation sont connus sous une adresse Internet. Ces adresses sont attribuées d'une façon unique. Lorsqu'un nouveau site se branche sur le réseau, le centre de distribution régional attribue à ce site une plage de numéro IP. À son tour, l'administrateur du nouveau site attribue les numéros de la plage à chacun de ses utilisateurs. C'est le site qui détermine son nom de domaine. Le centre régional valide la syntaxe du nom et le fait parvenir à l'Internic pour que l'adresse du nouveau site soit distribuée partout dans le monde grâce à la base de données d'Internet.

Lorsqu'un nouveau centre régional désire se brancher ou qu'un centre manque de plages de numéros IP, il s'adresse à la branche responsable des inscriptions de l'Internic. C'est l'IANA (Internet Address Naming Authority) qui gère l'attribution mondiale des numéros IP. La création d'un domaine Internet ne se fait pas sans une visite au site Web de l'IANA à l'adresse *http://www.iana.org/iana.*

1.5.5 La gestion des dommages

Cette gestion se fait suivant le même principe que le réseau téléphonique. Chacun est responsable de son propre segment de réseau. Je suis responsable des dommages se produisant à l'université au même titre que l'administrateur du Réseau interordinateurs scientifique québécois est responsable des dommages dans son établissement. C'est très simple. Les collègues ne se font pas prier pour nous aider lorsqu'une détérioration dépasse un peu notre compétence, surtout si celle-ci entraîne la rupture d'un lien primordial dans le réseau.

1.5.6 La gestion d'Internet au Québec et en Amérique

Le Québec est sous la tutelle du RISQ (Réseau interordinateurs scientifique québécois *http://www.risq.qc.ca*) au niveau des institutions universitaires et des centres de recherches, et sous la tutelle des compagnies qui offrent des liens aux fournisseurs Internet privés au niveau commercial et résidentiel. Une nouvelle institution qui désire se brancher doit se renseigner auprès du RISQ ou auprès d'un fournisseur Internet. Voici les coordonnées du RISQ:

Réseau interordinateurs scientifique québécois
1801, avenue McGill College
Bureau 800
Montréal (Québec)
H3A 2N4
Téléphone: (514) 840-1230
Télécopieur: (514) 840-1244
Adresse électronique: *info-risq@risq.qc.ca*

Voici un aperçu du RISQ. Vous vous rendrez compte que les segments convergent vers le CRIM (Centre de recherche informatique de Montréal) et que, par la suite, les liens sont établis avec CA*NET (CAnadian NETwork). L'ensemble du réseau CA*NET devrait se joindre à un nouveau réseau appelé CANARIE (CAnadian Network for the Advancement of Research, Industry and Education) ou devenir ce réseau. Une compagnie sans but lucratif, nommée CANARIE inc., a été formée dans le but d'assurer la meilleure croissance possible du réseau national à haute vitesse.

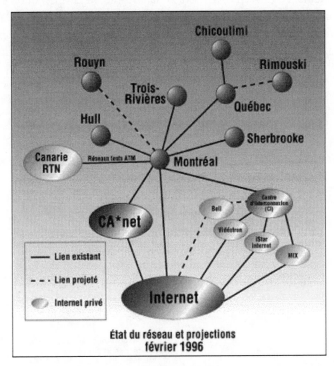

Figure 1.10
Réseau interordinateurs scientifique québécois[1]

---

1. Utilisé avec la permission du Réseau interordinateurs scientifique québécois (RISQ).

1.5.7 La gestion d'Internet en France et en Europe

Internet en Europe

En Europe, le raz-de-marée Internet est très récent. Il est dû, comme en Amérique, à l'avènement du World Wide Web. À titre d'exemple, voilà plus de deux ans, en septembre 1994, il n'y avait aucun fournisseur d'accès à Paris, et la plupart des Français n'avaient jamais entendu parler d'Internet. Depuis, plus de 300 000 internautes ont accès au réseau, et plus d'une centaine de fournisseurs privés offrent maintenant des branchements de type SLIP/PPP dans toute l'Europe. Internet est devenu le leitmotiv de la presse française. Des cybercafés ont vu le jour à Paris, à Nice et à Marseille, la ville de Paris en tête, et les premiers magazines français sur le sujet ont envahi les kiosques à journaux.

RENATER et Ebone

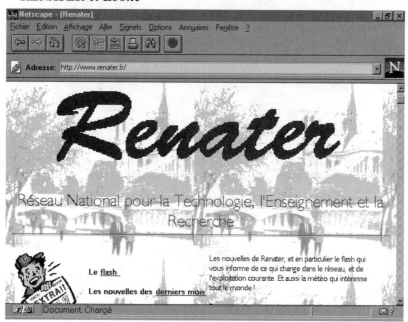

Figure 1.11
Réseau National de Télécommunications pour la Technologie,
l'Enseignement et la Recherche du Minitel à Internet

Le développement d'Internet en France a pour particularité d'avoir été mené, dans un premier temps, sous l'égide de l'État. C'est en effet par le biais de France Télécom et Transpac que le gouvernement français a mis sur pied RENATER (*http://www.renater.fr*), le REseau NATional pour l'Enseignement et la Recherche qui est en quelque sorte l'équivalent français du NSFnet américain avec, en plus, des réseaux régionaux connectés tels que RERIF, ARAMIS, R3T2, etc. Une différence toutefois: RENATER a été exclusivement financé par l'État.

Figure 1.12
Le musée du Louvre

RENATER interconnecte depuis 1992 les grands centres français à des débits allant jusqu'à 34 Mbit/s. Ces très hauts débits font de ce service le premier réseau européen de la recherche. RENATER offre également un service commercial d'accès à Internet pour tous nommé GIX (Global Internet Exchange *http://www.renater.fr/gix*).

L'arrivée d'Internet au pays du Minitel s'est faite avec une longueur d'avance comparativement à d'autres pays: en effet, les Français connaissent et utilisent déjà la télématique. Elle fait partie de leur quotidien et, à ce titre, ne suscite pas les mêmes craintes que celles soulevées par l'arrivée d'une nouvelle technologie. C'est peut-être en partie ce qui explique le foisonnement d'idées qui se bousculent pour peupler et développer l'espace virtuel francophone du réseau.

Ainsi, il existe déjà en France de nombreux sites Web qui ont pour but de promouvoir les différents aspects culturels du pays. On peut penser entre autres aux Champs-Élysées virtuels (*http:// www.iway.fr/champs_elysees*), au musée du Louvre (*http:// www.louvre.fr*) et à la ville de Paris (*http://www.paris.org*).

Internet, c'est un monde à bâtir. C'est le «Far West» de cette fin de millénaire, et plus que jamais, grâce à sa grande flexibilité, c'est l'imagination qui en est le maître d'œuvre. Francophones de tous horizons, à vos claviers!

1.6 Quelques chiffres sur Internet

Les statistiques qui figurent dans la présente section peuvent ne plus refléter la réalité actuelle. Tout change rapidement dans le domaine de l'Internet. La plupart des informations ont été recueillies ici et là dans le réseau. Toutefois, la Société Internet (Internet Society) publie périodiquement des statistiques portant sur le réseau. Son site Web se trouve à l'adresse *http://www.isoc.org*. La compagnie Network Wizards (*http://www.nw.com*) est un endroit qui offre également de bonnes statistiques générales à propos d'Internet.

Les domaines d'Internet

La notion de domaine a déjà été expliquée dans la section 1.4.6. Ajoutons simplement qu'un domaine indique une organisation quelconque et l'ensemble de ses utilisateurs. Le recensement des domaines a commencé officiellement en 1988. On dénombrait alors 900 noms de domaine différents. Ces domaines peuvent représenter une petite PME ou une université. Le 1er juin 1994, ce nombre était passé à 46 000. Le recensement de juillet 1996 nous place à plus de 488 000 réseaux différents branchés à Internet. Et chacun de ces derniers peut représenter quelques-uns ou plusieurs milliers d'usagers!

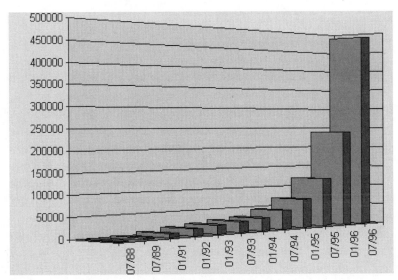

Figure 1.13
Évolution des domaines d'Internet

Cette croissance vient du monde des affaires qui constitue plus de la moitié des domaines Internet. Voyez à la figure 1.14 la liste des principaux domaines du réseau Internet en 1996.

Les hôtes d'Internet

Il est bon de connaître le nombre de domaines ou d'organisations présents dans Internet. Mais de combien d'appareils est formé ce géant? Au tout début, Internet comptait deux hôtes. C'est évident! Un hôte est simplement un ordinateur possédant une identité dans le réseau. Chaque hôte peut servir à une ou à plusieurs personnes. On peut retrouver plusieurs hôtes dans un domaine...

En août 1981, Internet était encore assez petit. On parlait de 213 ordinateurs formant les nœuds d'Internet. On ne connaît pas le nombre exact de domaines correspondant, mais il devait approcher la cinquantaine. Deux ans plus tard, le nombre de nœuds franchissait le cap des 500. C'est en 1987 que la révolution s'est produite. Il faut aussi noter qu'elle est parallèle à l'essor de l'ordinateur personnel. Le nombre passa de 29 000 hôtes en décembre 1987 à 160 000

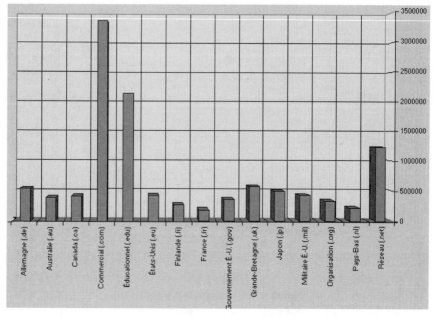

Figure 1.14
Composition des domaines d'Internet

en décembre 1989. En juillet 1994, le recensement montrait qu'Internet était composé de 3 200 000 appareils, alors que, deux ans plus tard, nous retrouvons plus de 12 800 000 ordinateurs branchés au réseau. Au moment où vous lisez ces lignes, le nombre aura franchi le cap des 18 millions.

Les utilisateurs d'Internet

Comme nous le mentionnions précédemment, un hôte peut accueillir un ou plusieurs utilisateurs. Mon ordinateur personnel, à l'université, est considéré comme un hôte, mais il ne sert qu'à une personne. L'ordinateur central, gérant le catalogue informatisé de la bibliothèque de l'université, est utilisé par plus de 200 usagers. Une moyenne a déjà été calculée l'an dernier, au sujet du nombre d'utilisateurs par hôte. L'étude a démontré qu'un hôte typique est employé en moyenne par huit à dix utilisateurs. Faisons un calcul rapide: 12,8 millions d'hôtes

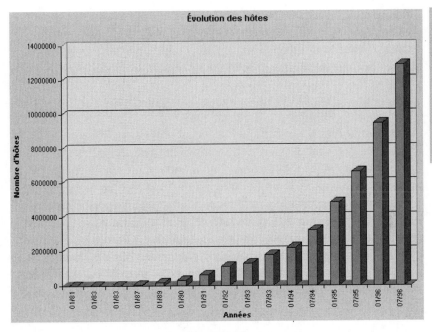

Figure 1.15
Évolution des hôtes d'Internet

pour en moyenne 6 comptes utilisateurs donnent environ 80 millions d'utilisateurs! Cela en fait, des internautes!

Mais il ne faut pas imaginer que 80 millions de grands utilisateurs d'Internet restent collés quotidiennement à leur ordinateur. Toutes les ressources d'Internet ne sont pas exploitées par ces millions de personnes. Le quart des utilisateurs ne sait probablement même pas qu'il utilise Internet; il ne sait peut-être même pas de quoi il s'agit! Cette ressource novatrice reste malheureusement très méconnue. À l'Université Laval, un réseau de bureautique sert au partage de fichiers, à l'impression et au courrier électronique. Ce réseau compte 2 000 personnes et il est branché sur Internet. J'estime, en étant généreux, que la moitié d'entre elles connaissent le potentiel de la connexion réseau. L'autre moitié s'acharnera sur le traitement de texte ou sur le chiffrier, sans avoir pensé au réseau mondial. En outre, plusieurs utilisent le courrier électronique sans se rendre compte qu'ils travaillent avec le plus grand réseau du monde. Croyez-moi, si 80 millions de personnes utilisaient vraiment Internet chaque jour intensivement, le réseau mourrait de surcharge électronique en quelques secondes: ce serait une apocalypse électronique !

Les pays d'Internet

Le réseau Internet est officiellement présent dans 170 pays, soit 64 de plus que l'an dernier. Cette statistique date de juillet 1996. Ce sont le Japon et l'Allemagne qui montrent présentement la plus grande croissance. Pourquoi officiellement? Parce qu'une personne située dans un pays n'ayant aucune liaison peut appeler avec une ligne téléphonique un service Internet dans un autre pays... Le pays comptant le plus grand nombre de domaines, d'hôtes et d'utilisateurs n'est pas le Liechtenstein. Il s'agit bien sûr des États-Unis, avec plus de 6,6 millions d'ordinateurs et plus de la moitié des domaines Internet. Plusieurs pays n'ont qu'un ou deux domaines à

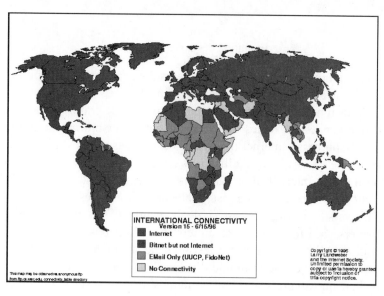

Figure 1.16
Carte des pays d'Internet préparée par l'ISOC

l'intérieur de leurs frontières. Peu à peu, les pays en voie de déve-loppement commencent à se relier au réseau. Souvent, la connexion est rudimentaire et ne sert qu'au courrier électronique. Le reste de la communauté mondiale ne tardera sûrement pas à se relier à Internet. Voyez la figure 1.16, préparée par l'*Internet Society* (*http://www.isoc.org*), une carte des pays présents dans Internet.

1.7 Conclusion

Vous en savez maintenant un peu plus sur Internet et son fonction-nement. Pour assimiler toutes ces connaissances, il ne faut pas se décourager et, surtout, ne pas essayer de tout se rappeler. Il y a trop de données. C'est rare, mais il arrive que je m'y perde moi aussi. Pourtant, je me considère comme un grand utilisateur (traduction libre du terme *power-user*) de toutes les ressources d'Internet.

Le courrier électronique

Le courrier électronique (*E-mail*) est un des vieux routiers du réseau Internet. Avec cette ressource, vous pouvez échanger des idées avec des correspondants quelle que soit leur situation géographique, et ce en quelques secondes sans aucuns autres frais que votre abonnement mensuel au réseau Internet. Le courrier électronique est souvent la raison des premiers pas sur l'autoroute de l'information de n'importe quel utilisateur. Que ce soit à des fins administratives, professionnelles ou personnelles, l'utilisation du courrier électronique est devenue monnaie courante dans pratiquement toutes les organisations dotées d'un réseau. Le courrier électronique est peut-être même la seule application qu'un utilisateur a besoin de connaître dans toute la gamme des applications réseaux; ses autres tâches peuvent se limiter à des applications bureautiques. Songez que le monde du courrier électronique est encore plus vaste que celui d'Internet. En effet, tous les réseaux d'Internet ont accès au courrier électronique. Toutefois, certains réseaux ne sont pas qualifiés comme membres à part entière d'Internet en raison du fait que leur seul accès se fait par une passerelle de courrier électronique. C'est le cas de certains pays du tiers-monde. Le courrier électronique est vraiment l'outil de base pour joindre tous et chacun dans le monde... La poste traditionnelle porte le sobriquet de *snail mail* (Courrier escargot) sur Internet à cause de son immobilisme relatif par rapport au courrier électronique.

De plus en plus, le courrier électronique est reconnu comme une application bureautique et non comme une application réseau. Le débat reste ouvert. Je crois que c'est un outil important de la bureautique qui fonctionne par le biais d'un réseau que tout le monde devrait maîtriser dès le début. On commence à noter une diminution du courrier interne sur papier dans les grandes entreprises possédant un réseau. C'est normal et c'est surtout écologique, un sujet qui me tient beaucoup à cœur (***http://www.greenpeace.org***).

J'encourage tous les utilisateurs à bien maîtriser et à exploiter cette merveilleuse ressource, car elle présente de nombreux avantages. Avant de se lancer dans la présentation du courrier électronique, il est bon de savoir pourquoi il existe tant de logiciels de courrier électronique sur le marché. Le courrier électronique est né sous différentes formes pour satisfaire les besoins des utilisateurs de toutes les plateformes à un moment donné. Des programmes différents de courrier électronique se retrouvaient sur IBM, Macintosh, UNIX, etc. D'autres formes de courrier électronique ont émergé avec l'arrivée des réseaux locaux. Lorsque tous ces environnements ont commencé à être liés par un même fil, le courrier électronique a évolué en fonction de la nécessité d'échanger des messages entre ces univers disparates. Le logiciel utilisé dans un site donné n'est certainement pas le logiciel utilisé dans un autre. On retrouve bien souvent plus de deux ou trois logiciels de courrier électronique dans le même site. Toutefois, il semble que les messages réussissent facilement à arriver à bon port.

La plupart des logiciels de courrier électronique ont été conçus pour exploiter les facilités techniques dans des environnements bien précis. Ces logiciels offrent plusieurs avantages axés sur le type de réseau local. L'envoi de documents multimédias, tels des messages verbaux ou même vidéo, est possible dans certains environnements. Des fonctions d'envoi de documents à retardement ou ayant une durée de vie précise sur le serveur de courrier sont possibles. Je ne discuterai pas de ces caractéristiques. Je parlerai plutôt de ce qui est disponible en général sur Internet. Si vous travaillez sur un réseau local relié à Internet, votre courrier destiné à l'extérieur de votre réseau est fort probablement acheminé grâce à une passerelle de courrier. Celle-ci échange le courrier entre votre univers et celui d'Internet.

Par exemple, j'utilise le logiciel *EUDORA* de la compagnie Qualcomm; cette application se spécialise dans un environnement du type TCP/IP. Cet environnement est le même que celui d'Internet. Une version existe pour Windows 3.1, Windows 95, Macintosh et même pour le Newton. Je ferai mes démonstrations à l'aide de la toute nouvelle version 3.0 pour Windows 3.1. Vous constaterez que les interfaces sont exactement les mêmes pour les autres environnements. Donc, soyez attentif. Un logiciel de base, appelé *Eudora Lite*, est offert gratuitement par la compagnie par le biais de son site

Web. Une version professionnelle est proposée à un prix raisonnable. Les différences entre la version professionnelle et la version «légère» se trouvent sur les plans du support à la clientèle, de la correction grammaticale des messages et dans le filtrage automatique de messages qui sont inexistants dans la version gratuite. Renseignez-vous en consultant le site Web de la compagnie à l'adresse ***http://www.eudora.com***. Également, il y a fort à parier que votre fournisseur Internet puisse vous offrir une version du logiciel *Eudora* à petits frais. Selon la compagnie, il y a environ 10 millions d'adeptes de ce logiciel mondialement.

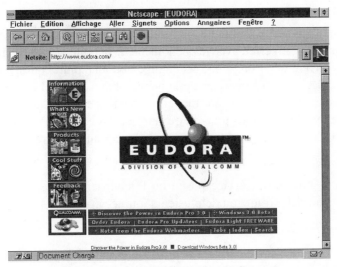

Figure 2.1
Site Web de la compagnie Qualcomm, fabricante de *Eudora*

Une dernière note avant de se plonger dans le vif du sujet et **elle s'adresse aux inconditionnels du navigateur de Netscape**. Un excellent module dédié au courrier électronique existe à l'intérieur de ce navigateur. Je le trouve à la hauteur, mais il semble que la majorité des internautes préfèrent toujours *Eudora*. Malgré tout, je décris les différentes fonctions du courrier électronique Netscape au chapitre 3 consacré au Web.

2.1 Les avantages et désavantages du courrier électronique

Analysons les bienfaits et les méfaits du courrier électronique. Je vous propose donc les points suivants comme éléments de référence. Nous comparerons quelques caractéristiques propres à trois moyens de communication: le téléphone, le courrier sur papier et le courrier électronique. Toutes ces comparaisons sont adéquates dans la mesure où votre ou vos destinataires sont reliés à Internet et possèdent une adresse électronique.

LE TEMPS DE TRANSMISSION

• *Téléphone*

La transmission est immédiate. Toutefois, il s'agit de joindre son destinataire. En effet, avec le phénomène de la boîte vocale, il arrive plus souvent que l'on joigne cet engin diabolique plutôt qu'une personne. De plus, à l'intérieur de la même organisation, il est probable que vous laissiez un rappel automatique. Lorsqu'on vous rappelle, c'est à votre tour d'être hors du bureau. Ainsi, c'est un match de ping-pong qui commence, à votre grand désarroi.

• *Courrier sur papier*

Si vous utilisez le service postal ou le courrier interne, attendez-vous à un délai d'une ou de plusieurs journées.

• *Courrier électronique*

Sans être immédiat, la transmission est tout de même très rapide. À l'intérieur de votre propre organisation, un message arrivera à destination dans les deux à trois secondes qui suivent son envoi. Sur Internet, comptez un délai d'une quinzaine de secondes. Le principal avantage du courrier électronique sur le téléphone est que vous n'avez pas à attendre que l'autre personne soit à son bureau pour envoyer votre message.

LA PRÉCISION D'UN MESSAGE

• *Téléphone*

La précision d'un message transmis par téléphone n'est pas garantie. Il arrive parfois qu'en parlant avec son interlocuteur, on s'éloigne du contenu du message et même que l'on oublie certains points. De plus, à moins que votre interlocuteur prenne des notes, il peut oublier certains détails.

• *Courrier sur papier*

Si votre rédaction est bonne, votre message reflète bien vos idées. De plus, le message est écrit et a une meilleure chance de ne pas être oublié. Finalement, beaucoup de gens se sentent plus à l'aise en écrivant un message, surtout lorsqu'il comporte des points précis et importants.

• *Courrier électronique*

Mêmes avantages que le courrier sur papier.

L'ENVIRONNEMENT

• *Téléphone*

L'environnement ? Eh bien oui, le respect de l'environnement caractérise la nouvelle façon de vivre sur notre planète. Le téléphone est un excellent moyen pour envoyer des messages sans gaspiller de papier.

• *Courrier sur papier*

Ouch ! Le courrier sur papier ne gagnera pas dans cette catégorie, vous vous en doutez bien. Bien sûr, il est possible de recycler le papier, mais on peut faire encore plus. Au départ, en n'utilisant aucun papier, on économise de l'argent, mais on en épargne également au moment du recyclage. Une diminution de la consommation de papier signifie moins de dépenses, moins de produits chimiques déversés dans l'environnement et moins d'arbres coupés.

• *Courrier électronique*

Le courrier électronique constitue un excellent substitut au courrier sur papier, sauf si vous faites comme certains de mes collègues qui impriment la majorité de leurs messages afin de les lire !:(

LE FACTEUR FINANCIER

• *Téléphone*

S'il s'agit d'un appel dans votre région, il n'y a pas de problème. Toutefois, si votre message est destiné à quelqu'un qui se trouve à l'étranger, les frais s'accumulent...

• *Courrier sur papier*

Le courrier interne ne coûte pas grand-chose, si l'on excepte le salaire des employés. Un envoi par la poste est une autre affaire. Un envoi prioritaire l'est encore plus !:)

• *Courrier électronique*

À moins que vous exploitiez Internet à un taux horaire en tant que particulier, votre envoi de courrier électronique sur Internet ne vous coûte rien. Un site quelconque dépense un montant fixe annuel pour sa connexion sur Internet, qu'on envoie un bit ou 100 tétra-octets d'information.

LA DISTRIBUTION GÉNÉRALE

• *Téléphone*

Voici le scénario: vous devez faire part d'un événement à plus de 10 personnes! À moins que vous ayez un ou une secrétaire à votre service, la tâche sera longue pour vous.

• *Courrier sur papier*

Gaspillage de papier, d'encre en poudre de votre imprimante laser, et d'argent.

• *Courrier électronique*

Rédigez une copie de votre message, inscrivez toutes les adresses et envoyez. Simple et efficace.

LA SÉCURITÉ

• *Téléphone*

À moins que votre ligne ou celle de votre interlocuteur ne soit sur écoute électronique, il n'y a rien à craindre.

• *Courrier sur papier*

Il est difficile de frauder en se faisant passer pour quelqu'un d'autre: il faudrait falsifier les documents et les signatures. C'est relativement sécuritaire.

• *Courrier électronique*

Nul besoin d'un membre de l'équipe de *Mission impossible* pour falsifier son identité sur Internet. N'importe qui, avec un minimum de connaissances, peut le faire. Je l'ai fait moi-même, un certain 1er avril. Si vous recevez un courrier électronique de *president@ loto.quebec.ca* stipulant que vous venez de gagner un million de dollars, n'allez pas dépenser cette somme tout de suite...

LE TYPE D'ENVOI

• *Téléphone*

Pour l'instant, on ne peut envoyer par téléphone que des messages verbaux. On est à l'abri des messages publicitaires en masse.

• *Courrier sur papier*

Par courrier sur papier, on peut tout envoyer, des fleurs, un vase, des documents, des films, etc, et on peut recevoir des dépliants publicitaires en volume important.

• *Courrier électronique*

Par courrier électronique, on peut envoyer des documents, des graphiques, des éléments multimédias. Malheureusement, les messages publicitaires se font de plus en plus nombreux.

En conclusion, les avantages du courrier électronique par rapport à ses concurrents sont nombreux. Si vos destinataires ont la chance de posséder une adresse électronique, je vous conseille d'utiliser ce moyen facile, économique, rapide et écologique. Il n'est pas question de renier le téléphone ou le courrier sur papier, mais il s'agit d'être plus efficace avec le courrier électronique.:)

2.2 La nétiquette du courrier électronique

La nétiquette Internet est un ensemble de règles non écrites adoptées par la majorité des internautes. Elles servent à mieux communiquer.

Certaines permettent également de réduire le trafic sur Internet. Il n'y a personne pour les faire respecter. Cependant, les citoyens du cyberespace se chargent de rappeler les gens à l'ordre lorsqu'ils dépassent la limite tracée par ces règles implicites.

2.2.1 La politesse

Soyez courtois lors de vos envois et tentez de ne pas utiliser un langage excessif. La perception des termes «racisme», «abusif», «harcèlement» et «respect d'autrui» change avec chaque personne. Souvenez-vous de ma règle d'or: lorsque quelqu'un proteste, prenez ses commentaires en considération. Saluez vos destinataires et utilisez un langage alerte. Il est facile de mettre de la vie dans un texte.

2.2.2 Soyez précis dans vos échanges

Comme pour n'importe quel document écrit, ne tournez pas autour du pot. Exprimez-vous clairement avec des termes concrets. N'écrivez pas de longs paragraphes pour exprimer une idée simple.

2.2.3 Diffusez sagement vos réponses

Plusieurs logiciels vous offrent la possibilité d'inclure le message original dans votre réponse. C'est une particularité très pratique. Il faut cependant savoir comment l'utiliser. Voici quelques règles utiles:

- Ne renvoyez pas le message intégral si l'expéditeur ne vous demande qu'une simple réponse du genre oui ou non.
- Ajoutez les réponses aux questions posées ou aux opinions exprimées tout de suite après celles-ci. De cette façon, la personne qui lit votre réponse ne se posera pas de questions concernant vos intentions.
- Coupez les morceaux de texte inutiles pour votre réponse. Vous y gagnerez en clarté, surtout si le message doit être acheminé plusieurs fois entre vous et votre interlocuteur.

2.2.4 La confidentialité

Une des caractéristiques du courrier électronique est la possibilité de faire suivre le courrier à d'autres utilisateurs. Demandez à l'expéditeur son autorisation. *A priori*, un courrier électronique doit êtretraité comme un document confidentiel qui vous est destiné personnellement. Protégez l'intimité de votre interlocuteur. Il est impossible de savoir qui lit ces messages ultimement. Un conseil: n'archivez pas ces derniers s'ils sont confidentiels. C'est de cette façon que la majorité des preuves contre Oliver North ont été récoltées dans l'affaire Iran-Contra.

2.2.5 Le ton

Votre voix ne traverse pas encore les réseaux informatiques. Mais il est quand même possible de donner un certain ton à vos envois. Ainsi, l'utilisation de lettres majuscules indique une voix vive pour ne pas dire criarde. EST-CE CLAIR? Calmez-vous, je ne voulais pas vous invectiver, ce n'était qu'un exemple. Ce style est facile à manier et vous offre la possibilité de monter le ton, sans avoir recours à un langage excessif.

2.2.6 La largeur de votre texte

Gardez une largeur de colonne d'environ 60 caractères pour éviter que des mots ne se perdent dans la marge de droite de l'écran de votre destinataire.

2.2.7 Faites attention aux sarcasmes

En rédigeant un message, votre humeur dicte un peu votre style de rédaction. Il est difficile d'exprimer des sarcasmes, car cette expression se trouve dans le ton de voix et dans le langage corporel de la personne la manifestant. Toutefois, ce qui semble être un commentaire anodin pour vous peut ne pas l'être pour votre destinataire. Soyez clair, encore une fois...

2.2.8 L'utilisation des ¨/$"("*$&"/?$

Il est parfois préférable d'utiliser ces signes pour exprimer des sentiments, disons vifs, à votre interlocuteur plutôt que de se répandre en invectives. Admettons qu'il s'agit d'un style plus comique et bénin pour s'exprimer.

2.2.9 L'utilisation des binettes (*smileys*)

Vous avez déjà vu ces signes:) et: (dans le livre. Il s'agit de binettes (*smileys* en anglais). Regardez-les la tête penchée vers la gauche et vous comprendrez. C'est une excellente manière de communiquer ses humeurs. Voici un exemple:

Ce fut tout un party de Noël

Ce fut tout un party de Noël;*)

La deuxième expression est beaucoup plus éloquente que la première. Un petit répertoire non officiel est publié à la fin de ce livre pour vous aider à traduire vos états d'âme. [:-) (L'enfant au walkman…)

2.2.10 Messages commerciaux

On ne pourra pas passer à côté. La commercialisation du réseau bat son plein, ce qui amène un tas d'avantages. Malheureusement, un grand désavantage est la réception non sollicitée de messages commerciaux dans notre boîte de courrier électronique. Tentez d'éviter l'envoi de tels messages qui provoquent des réactions amères chez l'internaute. Utilisez plutôt les espaces publicitaires disponibles sur les sites Web les plus populaires. Vous obtiendrez ainsi des réponses positives venant d'une clientèle intéressée par vos produits.

2.2.11 Attaque au «SPAM»

Pardon? «SPAM» n'est-il pas une marque de jambon en conserve populaire en Amérique du Nord? «Comment pouvons-nous être attaqué par du jambon sur Internet?» se demanderont certains. Ce terme est utilisé lors de l'inondation volontaire d'une boîte de courrier électronique par un petit vilain qui en veut au destinataire. Imaginez-vous recevoir des milliers de messages un beau matin. Votre boîte est pleine et vous ne pouvez plus recevoir de messages. Notez que l'auteur de l'inondation peut être traduit en justice dans certains pays pour ce type d'acte.

2.3 L'adresse et la signature électronique

Avant d'aller plus loin, il est important que vous connaissiez votre adresse de courrier électronique. Si vous ne la connaissez pas, demandez-la au service à la clientèle de votre fournisseur Internet ou de votre responsable réseau. Il se fera un plaisir de vous la donner. Vous aurez de la difficulté à travailler sans elle. Si vous possédez une carte professionnelle, pensez à y faire inscrire votre adresse. L'adresse de courrier électronique est séparée en deux parties par le signe «@» (a commercial). Votre nom d'utilisateur se trouve à gauche. Deux formes sont généralement acceptées, soit le prénom et le nom séparés par un point, ou la première lettre du prénom suivie du nom de la personne. Le domaine Internet de votre fournisseur ou de votre compagnie forme la partie droite de votre adresse.

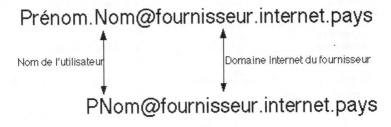

Figure 2.2
Adresse de courrier électronique

La signature électronique est une notion un peu différente de l'adresse électronique. Une signature est personnalisée. Il s'agit du bout de texte avec lequel la plupart des utilisateurs d'Internet terminent leurs messages. Dans ce texte, vous pouvez inclure votre nom au long, votre lieu de travail, et même votre numéro de téléphone. Vous pouvez également ajouter une maxime ou un proverbe illustrant un peu votre philosophie. Certains insèrent même de petits dessins créés à l'aide des caractères ASCII.

Voici une signature simple:

```
Jean Tremblay
administration, UQAM
internet: Jean.tremblay@adm.uqam.ca
```

Voici une signature un peu plus complexe:

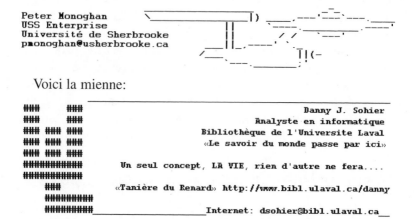

```
Peter Monoghan
USS Enterprise
Université de Sherbrooke
pmonoghan@usherbrooke.ca
```

Voici la mienne:

```
####      ####                              Danny J. Sohier
####      ####                         Analyste en informatique
#### #### ####                   Bibliothèque de l'Universite Laval
#### #### ####                       «Le savoir du monde passe par ici»
#### #### ####
##############          Un seul concept, LA VIE, rien d'autre ne fera....
##############
     ####              «Tanière du Renard» http://www.bibl.ulaval.ca/danny
  ##########
  ##########_____Internet: dsohier@bibl.ulaval.ca__
```

Comme vous pouvez le constater, il y a une certaine liberté de manœuvre. Créez votre signature dans un fichier texte et incorporez-la à la fin de votre message. Ainsi, les gens pourront un peu mieux vous connaître. Toutefois, évitez les signatures trop longues. Il serait ennuyeux que votre signature excède votre message en longueur. Il est recommandé de s'en tenir à une dizaine de lignes au maximum.

2.4 Le fonctionnement du courrier électronique

Nous étudierons ici brièvement le fonctionnement du courrier électronique. Cette analyse ne relève pas du monde technique, et vous n'avez pas besoin de connaître à fond les détails de cette ressource pour l'exploiter. Il est néanmoins bon de savoir comment un message peut se rendre du point A au point B.

Le courrier électronique ne ressemble pas aux autres services d'Internet. Il est différent, car les deux interlocuteurs n'ont pas besoin d'être présents en même temps pour s'en servir. C'est un service en différé. Le courrier normal est envoyé d'un bureau de poste à un autre jusqu'au moment où le postier le livre chez vous. Le courrier électronique fonctionne de la même manière. Il chevauche différents serveurs sur Internet pour finalement arriver à destination. Je vous épargne la discussion sur ce qui détermine son chemin exact. TCP/IP s'en charge pour nous. Voici une petite illustration pour montrer le trajet d'un message électronique envoyé à une collègue étrangère:

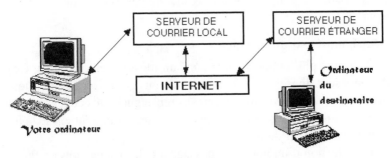

Figure 2.3
Trajet d'un courrier électronique sur Internet

2.4.1 Le protocole POP

Le protocole POP (*PostOffice Protocol*) fut créé pour gérer l'inter-action entre un logiciel de courrier électronique et un serveur de courrier. Cette gestion couvre le transfert unique des messages et la destruction subséquente de ces derniers sur le serveur. Car une fois qu'ils se trouvent sur votre ordinateur, il n'y a plus de raison qu'ils se trouvent encore sur le serveur. Les logiciels *Eudora* et *Navigateur* de Netscape utilisent ce protocole.

Quelle est l'implication de ce protocole pour l'utilisateur? Vous devez posséder un compte sur le serveur de courrier POP et un mot de passe. Ce compte est présenté dans le même format qu'une adresse de courrier électronique (***utilisateur@serveur.pop***). Le mot de passe est demandé à chaque démarrage de votre logiciel de cour-rier électronique. L'utilité du mot de passe est évidente: vous ne voulez pas que tout le monde puisse lire votre courrier. Générale-ment, votre adresse de courrier électronique et votre adresse de compte POP sont identiques. Cependant, il peut arriver que ces deux adresses diffèrent. Nous verrons dans la section 2.6.2, qui traite de la configuration d'*Eudora,* comment faire face à cette situation.

71

2.5 Les caractéristiques d'un courrier électronique

Il ne faut pas confondre les caractéristiques d'un message électronique et celles d'un logiciel qui en fait la gestion. Commençons par regarder le contenu d'un message et, par la suite, nous verrons les caractéristiques générales d'un logiciel de gestion de courrier électronique.

2.5.1 L'en-tête d'un message

On retrouve plusieurs éléments dans un message électronique. Ces derniers sont divisés en deux parties distinctes. Il s'agit de l'en-tête du message, où l'on retrouve tous les renseignements concernant la logistique du message, et le corps du message, qui contient le texte rédigé par l'auteur du message.

La rédaction d'un nouveau message a lieu lorsque vous en faites la demande à votre logiciel de courrier électronique. La fonction est décrite sous différents synonymes: RÉDIGER, NOUVEAU, ÉCRIRE, COMPOSER, etc. L'en-tête du message est généralement rempli au début. On suit en cela dans l'en-tête que l'on précise les destinataires et le titre du message. C'est le même principe que pour une lettre, dont l'adresse doit être inscrite sur l'enveloppe. La figure 2.4 est un exemple d'en-tête standard à utiliser lorsque vous composez un message dans le monde d'Internet.

Les champs **To: (À:)**, **CC:** et **(BCC:) (CCI:)** servent à inscrire des adresses de courrier électronique. On peut en écrire une seule ou plusieurs. Dans le cas de plusieurs adresses, il faut séparer chacune d'elles par une virgule. On peut également signaler l'adresse d'une liste de distribution dans ces champs. Une liste de distribution est une liste contenant des adresses électroniques de destinataires. Par exemple, vous pouvez avoir créé une liste de tous vos collègues travaillant dans votre domaine. Au lieu d'inscrire tous les noms dans votre adresse, vous vous contentez d'indiquer à votre logiciel où se trouve cette liste.

Chaque champ possède une fonction distincte. Les adresses prioritaires sont inscrites dans le champ **À:**. Les personnes directement visées par votre message doivent y être signalées. En anglais, il s'agit du champ **TO:**. Les lettres **CC:** sont l'abréviation de «copie

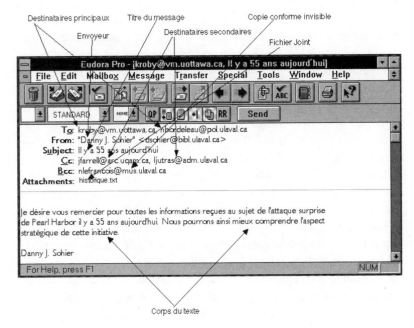

Figure 2.4
En-tête et corps d'un message

conforme». Il s'agit de la même rubrique que sur les lettres d'affaires, qui indique l'envoi d'une copie identique du message à la personne mentionnée. Cette personne sait qu'elle n'est pas visée directement par le contenu de l'envoi, car son nom ne se retrouve pas dans le champ principal.

CCI: (**BCC:** en anglais) est l'abréviation du terme «copie conforme invisible». Les personnes qui reçoivent ce message ne connaissent pas les autres destinataires et, vice-versa, les destinataires principaux et secondaires ne connaissent pas l'existence de cette copie.

Le champ **DE:** (**FROM:** en anglais) doit normalement indiquer par défaut votre adresse électronique. Ce champ ne peut être modifié par l'auteur. Il est statique.

C'est dans le champ **SUJET:** que vous pouvez titrer votre message. Faites l'effort de lui donner un titre reflétant le contenu du message, car c'est le seul moyen de se le rappeler lorsqu'on regarde tous les messages à la fois. Il est plus facile par la suite de les retrouver et de les traiter correctement. De plus, c'est grâce à cette phrase que vous pouvez inciter les gens à lire votre courrier.

Finalement, il est possible de joindre un fichier à votre message en indiquant dans le champ **Attachments:** le nom de ce fichier. La plupart des logiciels vous permettent de sélectionner le nom d'un fichier à l'aide d'un gestionnaire prévu à cet effet. C'est le cas d'*Eudora* avec l'option *Attach file* du menu déroulant *Message.* Nous verrons cela un peu plus loin.

L'en-tête qui vous est présenté par votre logiciel de courrier électronique peut être différent afin de refléter diverses options. Nous verrons quelques-unes de ces options un peu plus loin.

L'en-tête d'envoi est simple. L'en-tête d'un message reçu l'est un peu moins. Lorsque le message parcourt les différents serveurs de courrier, l'en-tête est modifié au fur et à mesure. De cette façon, certains champs sont ajoutés et d'autres supprimés. Cela a pour but de marquer le trajet du message à travers Internet pour que, lors d'une éventuelle réponse, le message arrive plus rapidement. De même, si le message n'arrive pas à destination, pour une raison ou une autre, on peut savoir où se trouve le problème. Regardons un courrier type arrivé dans ma boîte postale:

```
Received: by REDIRECTEUR.ULAVAL.CA; Thu, 21 Jul 96 17: 34:
58 EDT
Received: from hades.ulaval.ca by hermes.ulaval.ca
(5.0/SMI-SVR4)
id AA01684; Thu, 21 Jul 1996 17: 32: 51 +0500
Received: from ccis01.baylor.edu by baylor.edu (PMDF
V4.2-14 #5363) id
<01HEZ3LP1NN4ADIFKJ@baylor.edu>; Thu, 21 Jul 1996 16: 32:
01 CDT
Received: by ccis01.baylor.edu; id AA17439; Thu, 21 Jul
1996 16: 31: 49 -0500
Date: Thu, 21 Jul 1996 16: 31: 48 -0800
From: Hugh Hagen <Hugh.Hagen@baylor.edu>
Subject: Info request
To: dsohier@bibl.ulaval.ca
Message-Id: <9407212131.AA17439@ccis01.baylor.edu>
Mime-Version: 1.0
```

```
Content-Type: TEXT/PLAIN; charset=US-ASCII
Content-Transfer-Encoding: 7BIT
Comment: This message was sent using Mail Drop version
1.0b11.
content-length: 1524
```

C'est un peu moins clair, n'est-ce pas? Le champ **Received**: montre le chemin parcouru par le message lors de son trajet dans Internet. Le nombre de ces lignes montre le nombre de serveurs de courrier qui ont traité le message. Ensuite, on peut voir les champs habituels **Date:**, **From: (DE:)**, **Subject: (Sujet:)**, **To: (À:).** Puis, de nouveaux champs plus obscurs apparaissent. **Message-Id:** donne le numéro de série du message; il s'agit d'un numéro unique émis par le serveur de courrier de l'expéditeur. Ce numéro permet aux serveurs de courrier de différencier les messages. Les autres champs n'ont pas à être considérés, car ils peuvent être présents ou non; tout dépend du type de serveur en fonction sur votre site. D'autres champs obscurs peuvent également être affichés. Le seul autre champ qui apparaît pratiquement toujours est **content-length**. Il indique le volume du message en nombre de caractères.

2.5.2 Le corps d'un message

Examinons maintenant le contenu du message (figure 2.4). Il n'y a pas de grands secrets à révéler, heureusement. Généralement, un courrier ne dépasse pas 6 000 caractères. Dans le cas contraire, le serveur compresse les informations et les envoie comme un fichier joint. La question des accents français n'est plus problématique aujourd'hui. Ce fut néanmoins un combat technologique de longue date dans Internet. Le protocole le plus souvent utilisé auparavant était SMTP (*Simple Mail Transfer Protocol*). Il utilisait 7 bits pour transférer ces informations. En utilisant 7 bits, on ne peut utiliser que les codes ASCII 0 à 127. Les lettres accentuées commencent, par une étrange coïncidence, à 128. C'est pourquoi les gurus d'Internet ont inventé un nouveau protocole pour le courrier électronique. Il s'agit de MIME (*Multi-Purpose Internet Mail Extensions*). Ce nouveau véhicule de transport permet l'échange de caractères spéciaux autres que ceux compris entre 0 et 127 dans l'ensemble

ASCII. Vous pouvez utiliser sans crainte toute la gamme de caractères trouvés dans le standard international ISO-LATIN-1. MIME permet également l'échange d'éléments multimédias comme des graphiques animés ou des messages verbaux.

2.6 Les fonctions principales du logiciel *Eudora Pro*

Que peut-on faire avec les messages qui nous parviennent et ceux que l'on compose? Sont-ils détruits cinq secondes après leur lecture ou sont-ils condamnés à demeurer pour toujours sur le disque dur de notre ordinateur? Comment fait-on pour créer un carnet d'adresses? Est-ce «sorcier» de joindre un fichier? Quelles sont les configurations de base? Les logiciels de gestion de courrier électronique nous offrent plusieurs possibilités.

2.6.1 Description de l'interface

Lors du démarrage du logiciel *Eudora Pro,* la chemise de courrier contenant le courrier reçu est affichée à l'écran, au haut duquel se trouvent une barre d'outils et des menus déroulants.

Vous pouvez y lire le nom de l'expéditeur, la date et le titre de chaque message. Un point noir indique si le message a été lu ou non. Vous pouvez déterminer l'ordre de présentation des messages en appuyant sur un des boutons de tri surmontant chacune des colonnes. Cliquez avec le bouton gauche pour obtenir un ordre ascendant et avec le bouton droit pour afficher les messages dans un ordre descendant.

Le statut de la chemise se trouve dans le coin inférieur gauche de la fenêtre. Trois nombres sont inscrits (**18/34K/17K**) de manière à vous indiquer, dans cet ordre, le nombre de messages dans la chemise, l'espace exprimé en kilo-octets occupé par ces messages sur votre disque dur, et enfin, l'espace occupé par les messages situés dans les autres chemises de courrier.

La barre d'outils regroupe les fonctions utiles à la gestion de votre courrier. Les boutons correspondants sont affichés au même endroit dans toutes les chemises de courrier. Pour effectuer une opération sur un ou plusieurs messages, sélectionnez-les d'abord à l'aide de la souris et cliquez sur le bouton de votre choix.

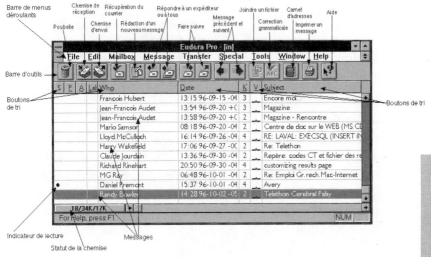

Figure 2.5
Interface du logiciel *Eudora Pro*

BOUTON	DESCRIPTION BRÈVE
Poubelle	Insertion dans la chemise «Poubelle» des messages sélectionnés.
Chemise de réception	Afficher des messages reçus.
Chemise d'envoi	Afficher des messages envoyés.
Rédaction d'un nouveau message	Afficher la fenêtre pour rédiger un nouveau message.
Répondre à un expéditeur	Afficher la fenêtre pour rédiger une réponse à l'expéditeur d'un message.
Répondre à tous	Afficher la fenêtre pour rédiger une réponse à tous les destinataires d'un message.
Faire suivre	Afficher la fenêtre pour faire suivre un message à autrui.
Message précédant ou suivant	Déplace le curseur sur le message précédent ou suivant.
Joindre un fichier	Ce bouton est en fonction lors de la rédaction d'un message.

C
H
A
P
I
T
R
E

2

Correction grammaticale	Ce bouton est en fonction lors de la rédaction d'un message et sert à corriger.
Carnet d'adresses	Accès au carnet d'adresses.
Imprimer un message	Imprime rapidement le message sélectionné.

2.6.2 Configuration du logiciel *Eudora Pro*

Il faut configurer votre logiciel avant de correspondre avec des internautes. Les informations importantes demandées par Eudora se résument à votre nom, votre adresse de courrier électronique et l'adresse Internet de votre serveur de courrier électronique. Pour avoir accès aux écrans de configurations, déroulez le menu *Tools* et sélectionnez *Options...*

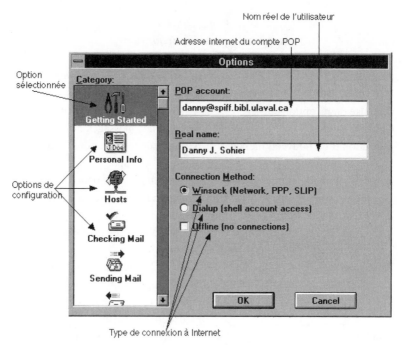

Figure 2.6
Configuration initiale du logiciel *Eudora*

De nombreux paramètres et options peuvent être mis au point dans *Eudora*. Nous ne verrons que les plus importants. Je vous laisse le soin de consulter le guide de l'utilisateur transmis avec le logiciel afin de connaître tous les fins détails de cette configuration.

Avec l'option **Getting Started**, l'utilisateur doit inscrire son adresse de compte POP (section 2.4.1) ainsi que son véritable nom. Il doit également indiquer son type de connexion au réseau Internet. La plupart le font par *Winsock,* ce qui indique un lien complet à Internet.

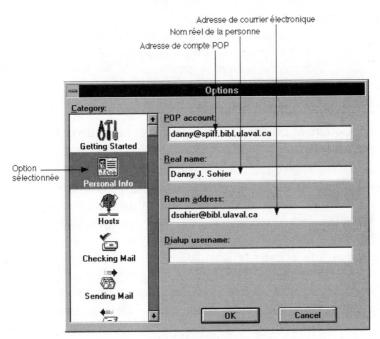

Figure 2.7
Configuration de l'adresse de retour

Dans le cas où votre adresse de courrier électronique serait différente de votre adresse de compte POP, sélectionnez l'option **Personnal Info** afin de corriger cette situation. Inscrivez votre adresse de courrier électronique dans le champ **Return Address**. De cette façon, tous vos destinataires verront cette adresse dans l'entête de vos messages et ils utiliseront cette adresse pour vous répondre. La traduction entre l'adresse POP et l'adresse de courrier électronique se fait au niveau du serveur de domaine.

Cliquez sur le bouton **OK** une fois les modifications effectuées, et vous êtes maintenant prêt à envoyer du courrier.

2.6.3 Comment écrire et envoyer un nouveau message

Vous devez faire apparaître la fenêtre de rédaction pour écrire votre nouveau message. Soit vous appuyez sur le bouton *Rédaction d'un nouveau message* comme l'illustre la figure 2.5; soit vous sélectionnez l'option *New message* du menu déroulant ***Message***. La fenêtre qui apparaît alors à l'écran (figure 2.4) vous permet de remplir l'entête et le corps du message. Appuyez sur le bouton ***Send*** pour envoyer votre message. Notez qu'une copie du message que vous venez d'envoyer se trouve dans la chemise d'envoi.

2.6.4 Comment répondre à un message et faire suivre son courrier

Sélectionnez le message désiré à l'aide de la souris et cliquez sur le bouton approprié. La figure 2.5 donne une description de la barre d'outils. Il s'agit maintenant de différencier les quatres options possibles.

Dans le cas d'une réponse, vous devez choisir entre deux boutons. Dans les deux cas, une fenêtre de rédaction est affichée à l'écran avec le message original déjà inscrit dans le corps du texte. Les lignes du message sont précédées du signe > pour indiquer qu'il s'agit d'une réponse. Le préfixe **RE:** est ajouté au titre pour indiquer également qu'il s'agit d'une réponse. C'est dans les champs d'adressage que la différence entre une réponse à l'expéditeur et une réponse à tous est illustrée. Si vous cliquez sur le bouton portant l'icône d'une enveloppe, il s'agit d'une réponse à l'expéditeur, et c'est cette seule adresse qui sera inscrite par défaut dans le champ d'adressage principal. Le bouton portant l'icône de deux enveloppes signifie que vous allez envoyer la réponse à tous les destinataires visés par l'envoi original sauf, bien sûr, les adresses qui se trouvaient dans le champ **CCI:** (Copie conforme invisible). Vous pouvez également sélectionner les options **Reply** ou **Reply to all** du menu déroulant **Message** pour effectuer ces opérations.

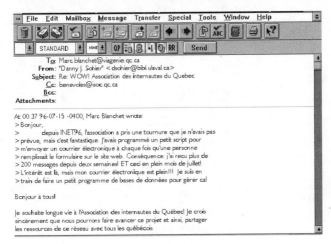

Figure 2.8
Réponse à plusieurs utilisateurs

C
H
A
P
I
T
R
E

2

Un suivi ou une redirection de courrier signifie que vous faites parvenir la copie d'un message à un autre utilisateur. Deux boutons qui se ressemblent beaucoup vous secondent pour effectuer ces opérations. Encore une fois, un message doit être sélectionné auparavant. Le premier bouton vous permet de *faire suivre un message*. Une fenêtre de rédaction sera affichée avec le message orginal inscrit automatiquement dans le corps du texte précédé de signes >. Ajoutez des commentaires au besoin et inscrivez les adresses de courrier électronique dans l'en-tête du message. Appuyez sur le bouton **SEND** pour envoyer le message. *La redirection*, commandée avec le deuxième bouton, est légèrement différente. Une fenêtre de rédaction est affichée avec le message original inscrit dans le corps du texte sans les signes >. De plus, l'adresse de l'expéditeur, qui reflète généralement votre adresse, est modifiée afin d'indiquer que vous n'êtes pas l'auteur original de ce message. L'adresse de ce dernier est mentionnée. Inscrivez les adresses de vos destinataires dans l'en-tête du message et appuyez sur le bouton **SEND** pour acheminer le courrier.

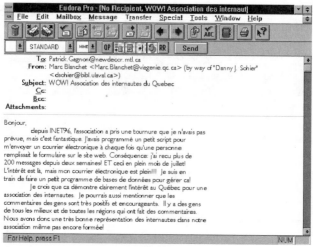

Figure 2.9
Redirection d'un message

Ces options sont également accessibles à l'aide des options **Forward** et **Redirect** du menu **Message**.

2.6.5 Récupération du courrier

Le courrier qui vous est destiné réside sur le serveur de courrier. Votre logiciel de courrier vous permet de récupérer vos messages et de les amener sur votre ordinateur. Votre boîte de courrier est protégée par un mot de passe. Au démarrage de votre logiciel, il vous sera demandé pour contrôler votre accès.

Après que le serveur a contrôlé votre identité, vos nouveaux messages sont transférés dans la chemise de réception. Vous pouvez lire un message en cliquant deux fois sur ce dernier. Le logiciel *Eudora* vérifie toutes les 15 minutes si vous avez reçu du courrier. Vous pouvez modifier ce délai en déroulant le menu **Tools** et en sélectionnant **Options...**. Procédez ensuite à la sélection de l'option **Checking Mail** afin de modifier le paramètre **Check for mail every...** à votre convenance.

Figure 2.10
Demande du mot de passe

2.6.6 Les chemises de courrier

Le concept des chemises est utilisé dans tous les logiciels de courrier électronique pour classer les messages reçus, envoyés et archivés. Dans *Eudora*, trois chemises existent par défaut: la chemise d'envoi, de réception et celle de la corbeille. Comme leur nom

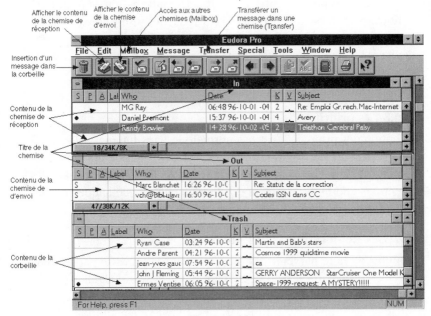

Figure 2.11
Les chemises de courrier électronique

l'indique, les messages envoyés et reçus se retrouvent respectivement dans les deux premières chemises. La corbeille est utilisée
pour stocker les messages à effacer.

Dans le cas de l'archivage, on peut créer autant de chemises que
l'on veut. On peut ainsi classer nos communications par intérêt ou
même par interlocuteur. Déroulez simplement le menu *Mailbox*
pour avoir une vue d'ensemble des chemises de courrier. Pour en
créer une nouvelle, sélectionnez l'option *New...* dans le même
menu. On vous demandera le nom de la nouvelle chemise. Pour
transférer un message, sélectionnez un message à l'aide de la souris
et déroulez le menu *Transfer*. Pointez la chemise vers laquelle vous
désirez acheminer votre courrier. C'est une excellente façon de
gérer ses messages.

2.6.7 L'option de confirmation

Lorsque vous désirez être assuré de l'arrivée à bon port de votre
message, vous pouvez utiliser l'option de confirmation de réception.
Cliquez sur le bouton RR lors de la rédaction d'un nouveau message, d'une réponse, d'un suivi ou d'une rédaction. Quand vous
activerez cette option, le destinataire sera informé de votre demande
par son logiciel de courrier, et il sera entièrement laissé à sa discré-
tion d'acquiescer à cette requête.

2.6.8 Les priorités

L'option des priorités n'est pas normalisée dans Internet. Elle sert à
catégoriser les messages envoyés en leur donnant une étiquette pré-
cisant l'importance du message. On retrouve des étiquettes allant des
mentions «normal» à «urgent». Il faut un environnement de courrier
électronique un peu plus spécialisé pour obtenir cette option.

2.7 Les fichiers joints et l'encodage

En plus de faire parvenir des messages en format texte par le courrier électronique, on peut également envoyer des documents créés
par des applications de traitement de texte ou de chiffrier, des
images, des sons, etc. La plupart des courriers électroniques vous
donnent l'impression d'envoyer ces fichiers en dehors du message

original. Ce n'est qu'une illusion. En fait, ils sont inclus dans le corps du message. Pour que ces fichiers puissent être envoyés, ils doivent être auparavant convertis en code binaire; c'est à ce prix qu'ils traverseront bien Internet. Cette conversion est probablement faite automatiquement par votre logiciel de courrier électronique. Cette opération s'appelle l'encodage. Les courriers électroniques des machines de type UNIX possèdent cette caractéristique par défaut. Les outils utilisés sont les programmes «uuencode» pour encoder et «uudecode» pour décoder. Prenons par exemple un fichier contenant une image de type gif (il s'agit d'un fichier de type binaire). Le logiciel de courrier électronique doit l'encoder pour que je puisse l'envoyer par le courrier électronique. Le logiciel de courrier électronique de mon interlocuteur peut le décoder automatiquement s'il est assez intelligent. Un fichier codé ressemble à ceci:

```
begin 700 comete.gif

Mdaskjdkasjhdkasjhdaskdhaskdhaskldhaskldhaskljdhaskldhaskjdgasjhd

Malkdjasjdiuywehdpweuewfhdiufvhsdfigrdoufvdfghjhgs9t87435423h4kjh

Majd322jr8ryh79hrt589yu0^wfj4h0^9u-9ur4ujr49t809t80tj5879hfwe78fy

...

end
```

Votre logiciel est normalement capable de gérer cet encodage pour que ce soit transparent. Pour ceux qui ne possèdent pas un courrier électronique assez évolué pour encoder et décoder les fichiers binaires, il existe des solutions.

Bien sûr, il vous faut les utilitaires. Les machines UNIX possèdent déjà ces derniers sous la forme des utilitaires **/usr/bin/uudecode** et **/usr/bin/uuencode**. Il existe un programme pour le Macintosh appelé «**UUlite**» qui fait très bien le travail.

Logiciel UUlite pour Macintosh
Site FTP canadien:
ftp:// ftp.ucs.ubc.ca/pub/mac-info/cmp
Site FTP français:
ftp:// ftp.francenet.fr/pub/miroirs/info-mac/cmp

C
H
A
P
I
T
R
E

2

85

Pour Windows, je vous propose le logiciel «**Uucode**». Il est du domaine public.

Logiciel UUcode pour Windows

Site FTP américain:
ftp:// mirrors.aol.com/pub/pc/cica/win3/util
Site FTP français:
ftp:// ftp.pressimage.fr/pub/pc/cica/win3/util

2.8 Comment trouver une adresse électronique

Une question qui revient souvent à propos du courrier électronique est la suivante: «Je désire envoyer un message à une personne dans Internet; je connais son nom mais j'ignore son adresse électronique. Que puis-je faire?» Étant l'un des administrateurs de mon site, je rencontre assez souvent cette situation. Il n'y a malheureusement aucun annuaire global qui existe présentement. Je perçois que c'est un des problèmes sur lesquels les décideurs du réseau se pencheront prochainement. Pour l'instant, nous en sommes à des efforts de compagnies qui espèrent émerger comme leader de cette nouvelle niche. Je vous propose quelques solutions. Plusieurs d'entre elles utilisent le Web comme outil de prédilection. Sherlock en herbe, à votre chapeau.

• La méthode directe

Si vous possédez le numéro de téléphone de la personne que vous voulez joindre, et que l'appel ne coûte pas trop cher, contactez cette personne et demandez-lui son adresse électronique. Si elle l'ignore, donnez-lui la vôtre en lui demandant de vous envoyer un message. Lors de la réception, son adresse est automatiquement inscrite dans le champ **FROM:** ou **DE:**. Selon le même principe, si vous possédez son adresse papier et que vous n'êtes pas trop pressé, faites-lui parvenir une lettre. Je sais que ce n'est pas la façon Internet de faire les choses, mais c'est peut-être la plus facile.

• Les engins de recherche

Il existe de nombreux engins spécialisés dans la recherche de personnes dans Internet. Le *Navigateur* de la compagnie Netscape offre un bouton spécial à même l'interface qui pointe vers un répertoire de ces engins spécialisés. Le bouton se nomme «**Qui**» et il pointe vers l'adresse URL ***http://home.fr.netscape.com/fr/home/ internet-white-pages.html***. Vous pouvez faire vos recherches dans les nombreux engins listés. Je vous recommande de ne pas désespérer et d'en essayer plusieurs. Ces engins récupèrent leurs informations de nombreuses sources différentes. Ils interrogent les annuaires situés sur les sites corporatifs et universitaires, ils récupèrent les adresses des internautes qui participent à des groupes de nouvelles Usenet, etc. Certains engins prétendent vous donner accès à des banques contenant plus de sept millions de noms et d'adresses. C'est encore peu quand on estime la population Internet à plus de 65 millions.

C
H
A
P
I
T
R
E

2

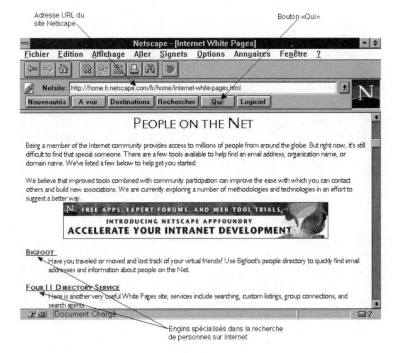

Figure 2.12
Répertoire Netscape des engins spécialisés
pour retracer des adresses de courrier

J'ai fait une recherche pour démontrer les possibilités de ces engins. Ma tentative vise à retrouver l'adresse d'un de mes copains qui se nomme Erick Van Houtte. Après avoir visité cinq engins de recherche, j'ai finalement la trace de mon viel ami. Voici à quoi ressemble l'interface Web du service *WhoWhere* situé à l'adresse URL **http://www.whowhere.com**.

La liste d'engins spécialisés dans la recherche de personnes grandit continuellement. Pour avoir une liste à jour de ces engins, je vous encourage à consulter la rubrique destinée à ces sites sur *Yahoo!* à l'adresse URL **http://www.yahoo.com/Reference/White_Pages/ Individuals/**. Entre-temps, je vous offre ces quelques adresses dignes de mention.

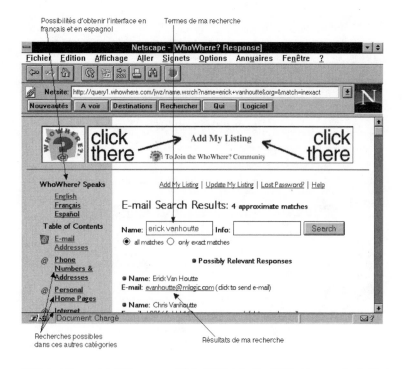

Figure 2.13
Résultat de recherches sur le serveur *WhoWhere*

Engins spécialisés dans la recherche de personnes

Yahoo!	*http://www.yahoo.com/search/people*
Four11 Corporation	*http://www.four11.com*
Internet Address Finder	*http://www.iaf.net*
BigFoot	*http://www.bigfoot.com*
Serveur Usenet MIT	*http://usenet-addresses.mit.edu*
WhoWhere	*http://www.whowhere.com*

• Le répertoire d'adresses du site

De plus en plus, on voit apparaître des répertoires d'adresses électroniques pour l'ensemble des utilisateurs d'un site. L'astuce est de
trouver le service institutionnel de cet organisme dans Internet. La
manière utilisée pour donner un nom au système d'information
d'une organisation est une convention largement acceptée dans
Internet. Si le serveur est sur une plateforme Web, son adresse sera
du type *http://www.domaine_de_l'organisation*. Un exemple
de ceci est le domaine *uqam.ca* utilisé à l'Université du Québec
à Montréal. Leur serveur est accessible à l'adresse *http://
www.uqam.ca* . La page d'accueil de ce site contient la rubrique

C
H
A
P
I
T
R
E

2

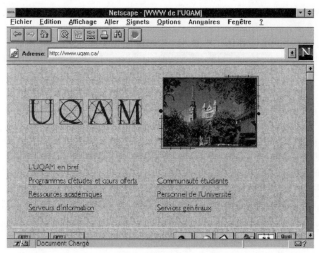

Figure 2.14
Page d'accueil de l'Université du Québec à Montréal

«Personnel de l'université», et, à partir de ce point, il est très facile de retrouver quelqu'un sur ce campus.

Voici quelques exemples d'adresses:

Endroit	Domaine	Adresse du serveur principal
Université Rutgers aux É.-U.	*rutgers.edu*	*http://www.rutger.edu*
Microsoft	*microsoft.com*	*http://www.microsoft.com*
Gouvernement québécois	*gouv.qc.ca*	*http://www.gouv.qc.ca*

Une fois que vous avez rejoint le site principal, l'annuaire n'est pas loin, s'il existe, bien sûr.

• Le nom du domaine

Pour joindre un utilisateur, il faut d'abord connaître le nom du domaine de l'organisation où il travaille. Il n'est pas nécessaire de connaître le nom de réseau où la personne réside, le domaine suffit. Il est facile de trouver un nom de domaine par le biais du Web. Le NSI est la section de l'Internic qui gère la base de données des noms d'Internet. On peut consulter le répertoire «Internic Registration services (NSI)» avec l'adresse URL *http://rs.internic.net/cgi-bin/ whois*. Voici le résultat d'une recherche effectuée à l'aide du nom «Calvin Klein»:

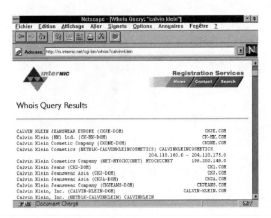

Figure 2.15
Résultats de recherches dans le répertoire InterNIC

• Le maître de poste

Chaque site possède un maître de poste; celui-ci est l'administrateur du serveur de courrier de l'organisation. Cette notion est répandue dans tous les sites d'Internet. On peut envoyer un message au maître de poste en lui demandant une adresse électronique manquante. L'adresse du maître de poste est toujours la même, soit *postmaster@domaine*. Voici l'exemple d'un courrier demandant au maître de poste de l'Université Laval l'adresse d'un utilisateur:

```
À:          postmaster@ulaval.ca
DE:         dsohier@bibl.ulaval.ca
SUJET:  Demande d'adresse
Bonjour! Pourriez-vous me donner l'adresse électronique de Pierre
Tremblay, il travaille à la faculté de droit. MERCI BEAUCOUP!
```

La vitesse de réponse de la personne dépend de sa volonté d'offrir un bon service. Normalement, vous pouvez vous attendre à une réponse dans la journée.

• Le serveur Usenet du Massachusetts Institute of Technology (MIT)

Si la personne recherchée a déjà envoyé un message sur Usenet, il se peut bien qu'on la retrouve grâce à cette trace. Le MIT garde une base de données des adresses de toutes les personnes ayant écrit un article dans Usenet. On y retrouve présentement plus de quatre millions d'adresses récoltées depuis 1991. La consultation se fait par le biais du Web à l'adresse *http://usenet-addresses.mit.edu*. Vous pouvez également faire une recherche par le courrier électonique. Vous écrivez un message à ce serveur en lui donnant des mots clés comme le prénom, le nom et l'endroit où la personne travaille. L'adresse du service est *mail-server@rtfm.mit.edu*. Vous écrivez dans le corps du texte la phrase «**send usenet-addresses/name**», où «**name**» est l'endroit pour inscrire les mots clés. Voici un exemple de la façon de trouver l'adresse de Christine Laliberté, de l'Université de Toronto:

```
À:        mail-server@rtfm.mit.edu
DE:       dsohier@bibl.ulaval.ca
SUJET:
DATE:     le mardi 7 juin 1996, 15h43 EST
send usenet-addresses/Christine Laliberte utoronto
```

Le serveur vous répond normalement en moins de six heures. Il vous envoie alors toutes les adresses contenant les mots clés, en débutant par celles qui ont le plus de chances de contenir la bonne. Voici le résultat de la requête illustrée ci-dessus:

```
À:        dsohier@bibl.ulaval.ca
DE:       mail-server@rtfm.MIT.EDU
SUJET:    mail-server: "send usenet-addresses/Christine
Laliberte utoronto"
—cut here—
Christine Laliberte <claliberte@CHIRO.UTORONTO.CA>(Oct 14
95)
jpn%client%utoronto@campus.utoronto.ca     (Apr 28 94)
christine.fontes%mandic@ibase.br (Christine Fontes)
(Apr 9 94)
Roger.Hernandez@campus.utoronto.ca (Roger Hernandez)
(Apr 18 96)
christine@phy.utoronto.ca      (Apr 4 94)
laliberte@indetech.com (Doris Tuck) (Aug 3 93)
christine@mulberry.wpi.edu (Christine)      (Feb 24 94)
Pascal.Laliberte%162-200@absint.login.qc.ca (Pascal lali-
berte) (Feb 24 94)
Yvan Laliberte <Yvan.Laliberte@ml.csiro.au> (Feb 26 94)
FBO%CTI%Utoronto@CAMPUS.Utoronto.CA (FRANCOIS BOILY)
(Feb 26 94)
laliberte@wpi.WPI.EDU (Roger Maurice Laliberte) (Feb 24
94)
RICHARD_DENIS%FACMED%Utoronto@REDIRECTEUR.Utoronto.CA
(Feb+ 24 94)
```

La première ligne indiquant l'adresse *Christine Laliberte <claliberte@CHIRO.UTORONTO.CA>* répond très bien à la requête envoyée; c'est même l'adresse recherchée.

• Demandez de l'aide

Si, après tous vos efforts, vous n'êtes pas plus avancé, c'est le moment d'en parler au support à la clientèle de votre fournisseur Internet ou au responsable réseau de votre organisation. Ils ont une meilleure connaissance d'Internet que vous et possèdent plus d'un tour dans leur sac pour résoudre votre problème, mais c'est vraiment la dernière solution à envisager. Faites l'effort d'essayer d'abord les solutions présentées.

Voilà pour ces astuces. Si vous avez bien utilisé ces méthodes et que vous ne trouvez toujours pas le nom de la personne dont vous désirez obtenir l'adresse, vous jouez de malchance. Il existe alors deux réponses à votre problème: la personne n'a pas de boîte postale électronique ou elle ne veut pas publier son adresse.

2.9 Horreur! votre message n'est pas parvenu: (

C'est une possibilité! La plupart des erreurs se produisent lors d'un envoi à un nouveau destinataire. On se rend compte du problème lorsque le message envoyé est retourné par le serveur de courrier avec la mention d'erreur dans le titre du message. Cette indication nous montre également où se situe la source du problème. Trois situations peuvent causer les erreurs, soit:

• Une mauvaise adresse électronique;
• Un problème sur le réseau;
• Un problème avec la liste de distribution.

2.9.1 Une mauvaise adresse électronique

Environ 95 % des messages retournés le sont en raison d'une mauvaise adresse électronique. Plusieurs causes peuvent être à l'origine de cette situation. Le serveur de courrier vous renverra le message suivant:

Message n° 1

```
DE      :      Mail delivery system (Mailer-
deamon@isis.ulaval.ca)
SUJET   :      RETURNED MAIL: USER UNKNOWN
>>      ——— Voici votre message original ———
```

Message n⁰ 2

```
DE      :  Mail delivery system (Mailer-deamon@isis.ula-
val.ca)
SUJET   :  RETURNED MAIL: HOST UNKNOWN
>>         ——— Voici votre message original ———
```

Dans le premier cas, un message «**user unknown**» indique que le message est arrivé à bon port dans l'autre site. Malheureusement, l'utilisateur n'a pas de boîte postale électronique. Il faut vérifier si le nom inscrit est exact. Il ne s'agit pas de corriger la partie domaine de l'adresse, mais bien ce qui vient avant le @. Si le nom a été correctement inscrit, cela veut dire que la personne n'a plus de compte dans ce site.

Dans le deuxième cas, le message «**host unknown**» indique que le message n'a même pas quitté votre site. Le serveur de courrier local a été incapable de trouver l'équivalent du numéro IP dans la table du Serveur de Domaine (DNS). Encore une fois, il faut vérifier l'adresse électronique en se préoccupant cette fois-ci de la partie située à droite du @. Si l'adresse est bien inscrite, cela signifie que le serveur de courrier étranger n'est plus en fonction.

2.9.2 Une erreur sur le réseau

Il se peut que les dés soient truqués et que, même si vous avez écrit une bonne adresse, le message ne se rende pas. Deux types d'erreurs peuvent se produire:

Message n⁰ 1

```
DE      :  Mail delivery system (Mailer-deamon@appolo.ula-
val.ca)
SUJET   :  RETURNED MAIL: Host unreacheable
```

Message n⁰ 2

```
DE      :  Mail delivery system (Mailer-deamon@appolo.ula-
val.ca)
SUJET   :  RETURNED MAIL: Cannot send message, will retry
for 7 days
```

Dans le premier cas, on ne peut joindre le serveur de courrier étranger par le réseau, ou il est en panne. Il peut s'agir d'un bris de leur site ou d'une panne entre les deux sites. La solution est de réessayer plus tard dans la journée ou dans les jours suivants. Si votre propre serveur de courrier est le moindrement intelligent, il vous enverra un deuxième message vous faisant part du problème et vous informant qu'il va tenter de renvoyer le message quotidiennement pendant sept jours.

2.9.3 Un problème avec la liste de distribution

Une liste de distribution n'est qu'une adresse électronique pointant vers d'autres utilisateurs. En constatant une erreur par suite de l'envoi d'un message à une liste, on peut se demander qui a reçu le message. Le serveur de courrier nous envoie un message d'erreur qui nous aide à déchiffrer ce qui s'est passé:

```
DE      :  Mail delivery system (Mailer-deamon@appolo.ula-
val.ca)
SUJET   :  RETURNED MAIL: User unknown
>>         ──── Transcript of session follows ────
           550- pgagnon@utoronto.ca...      user unknown
           550- jfdeschenes@uquam.ca...     host unknown
```

Disons que la liste de distribution pointe vers 50 utilisateurs différents. Le message reçu indique que seulement deux de ces 50 personnes n'ont pas reçu le message à cause des raisons énoncées ci-dessus. Il faut alors en avertir le gestionnaire de la liste de distribution et lui faire savoir que ces deux adresses sont problématiques.

2.10 Les listes de distribution et les carnets d'adresses

Il est possible de faire parvenir du courrier à plusieurs personnes en n'envoyant le message qu'à une seule adresse. Cette opération nous renvoie à la notion de liste de distribution. Le but est de réunir un groupe d'utilisateurs intéressés par la même chose. Il est plus rapide d'envoyer un courrier à une liste qu'aux 50 utilisateurs qu'elle contient. Une liste de distribution peut tout simplement prendre la forme d'un fichier contenant les noms et les adresses des utilisateurs concernés, comme ceci:

FICHIER: fan_musique
<dsohier@bibl.ulaval.ca>   Danny J. Sohier
<aduchesneau@art.jussieu.fr>   Alain Duchesneau
<pcharest@cre.ulaval.ca>   Pierre Charest
<dpremont@bibl.ulaval.ca>   Daniel Prémont
<nforest@mus.uqam.ca>   Natalie Forest
....
<rcharest@konnexio.umontreal.ca>   Richard Charest

L'implantation de ce genre de liste peut se faire à trois niveaux: très simple, simple ou plus complexe. Examinons les différentes façons de constituer des listes de distribution.

2.10.1 Le carnet d'adresses

La façon très simple de constituer des listes de distribution consiste à utiliser la fonction de carnet d'adresses de votre logiciel de courrier électronique, si elle existe. La plupart des courriers électroniques vous permettent en effet de créer facilement des listes locales qui ne sont utilisables que par vous seul. Un autre utilisateur ne peut donc pas se servir de ce carnet d'adresses. Cette méthode est idéale pour les gens qui communiquent par le biais d'un fournisseur Internet ou qui n'ont pas accès à un serveur de courrier. Le carnet d'adresses peut porter plusieurs noms selon le logiciel de courrier électronique utilisé. On accède au carnet d'adresses du logiciel *Eudora* en cliquant sur le bouton ▓ situé dans la barre d'outils. Vous pouvez également sélectionner l'option **Address Book...** du menu déroulant **Tools**.

On peut ainsi créer autant de listes que l'on veut. Si j'inscris l'adresse **fan_musique** dans l'en-tête d'un message, ce dernier est acheminé aux cinq adresses de courrier électronique citées dans mon carnet. Tous les utilisateurs d'Internet peuvent créer ce genre de listes, autant à la maison qu'au bureau. Il s'agit de trouver un bon logiciel de courrier électronique. Il n'est pas nécessaire de créer des listes utilisables par tous les utilisateurs d'Internet si cette dernière n'est utilisée qu'à des fins personnelles. Dans le cas où votre liste doit être utilisée par d'autres interlocuteurs, consultez les sections suivantes.

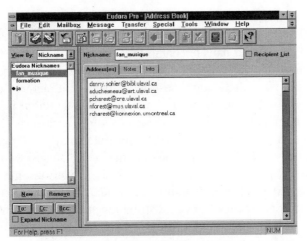

Figure 2.16
Carnet d'adresses du logiciel *Eudora Pro*

2.10.2 Liste de distribution sur un serveur

Certaines listes de distribution doivent être exploitables par l'ensemble des utilisateurs d'Internet. Le présent scénario requiert l'assistance de l'administrateur d'un serveur de courrier Internet. Cela peut être plus difficile dans le cas d'un particulier qui fait affaire avec un fournisseur Internet. Je vous suggère de vous informer auprès du service à la clientèle, afin de voir si la chose est possible. Les gens qui travaillent sur des sites reliés à Internet ont intérêt à se renseigner auprès de leur administrateur local.

La façon simple de créer un fichier tel que décrit auparavant est de l'installer sur un appareil utilisant un service de courrier électronique. Par la suite, on demande à l'administrateur de cette machine de créer un pseudonyme (*alias*) apparaissant sur la liste. Cet *alias* devient l'adresse électronique de la liste. Dans notre exemple, nous avons appelé la liste «**fan_musique**». Disons qu'elle réside sur l'appareil ayant l'adresse Internet *woodstock.mus.ulaval.ca*. L'adresse Internet devient alors *fan_musique@woodstock.mus.ulaval.ca*. De plus, afin de simplifier l'adresse, vous pouvez demander à l'administrateur du serveur de domaine (DNS) de créer un *alias* plus court dans le genre de *fan_musique@ulaval.ca*.

C
H
A
P
I
T
R
E

2

Que se passe-t-il lorsque vous envoyez un message à cette liste? Les 50 utilisateurs reçoivent simplement le courrier avec votre adresse de courrier dans le champ **DE:** ou celle de la liste. Ceci est déterminé par l'administrateur de cette dernière. Lorsqu'un utilisateur désire répondre à votre message et, par le fait même, l'envoyer à toute la liste, il doit corriger ou non l'adresse de retour pour indiquer le nom de la liste. C'est une façon simple de créer des listes de distribution globale dans Internet. Généralement, on demande au gestionnaire du serveur de nous ajouter à la liste. Si vous ne le connaissez pas, vous pouvez essayer d'envoyer un message à *nom_de_liste-request@domaine*. Cette adresse est une convention en ce qui concerne les listes de distribution et elle s'achemine directement vers le gestionnaire. Pour être retiré de la liste, vous le demandez également au gestionnaire. Ne vous en faites pas trop avec l'adresse du gestionnaire; normalement, cette dernière est toujours fournie avec l'adresse de la liste.

Cette technique est utilisée lorsque vous désirez que tout le monde puisse acheminer du courrier à la liste. C'est le moyen idéal lorsqu'on n'a pas accès à un ordinateur central pouvant offrir des listes avec des fonctions plus intelligentes, comme on le verra dans la section suivante. La seule fonction de ce type de listes est d'acheminer le courrier à tous les interlocuteurs. Il n'y a pas de fonctions d'archivage, de gestion des inscriptions ou de gestion des erreurs d'envoi.

2.10.3 Les services Listserv ou Majordomo

La troisième méthode offre des fonctions plus avancées. Listserv est un service automatisé de gestion de listes de distribution. Ce service se trouve généralement sur des ordinateurs centraux tels IBM, VAX, Solaris, etc. On utilise ce genre de solutions quand on sait que la liste devra gérer un grand volume de messages et d'utilisateurs. Il n'est pas donné à tout le monde de créer ce genre de services. Une personne doit au moins se trouver sur un site relié directement à Internet et avoir justement accès à un ordinateur central offrant un service Listserv ou Majordomo. Il s'agit du même principe que celui de la section précédente, soit le principe d'une liste d'adresses électroniques. La grande différence réside dans le fait que ces services sont entièrement automatisés et offrent des fonctions supplémentaires comme l'archivage et la consultation de tous les messages envoyés, des statistiques de toutes sortes et la gestion des erreurs de distribution. De plus, ce type de services peut gérer plusieurs listes en même temps.

On doit obtenir de l'aide de l'administrateur du serveur pour créer la liste de distribution. Il vous donnera en retour l'adresse Internet de la liste. Reprenons l'exemple de la liste des fanatiques de la musique. L'administrateur nous indique que le nom de la liste est par exemple *fan_musique@central.ulaval.ca*. Le courrier destiné aux participants de la liste doit toujours être envoyé à cette adresse. Les commandes de gestion doivent, en revanche, être envoyées au serveur. L'adresse de ce serveur diffère de celle de la liste. Il existe deux conventions. Pour les services Listserv, l'adresse ressemblera à *listserv@ domaine.internet*. Dans le cas des services Majordomo, utilisez *nom_de_la_liste-request@domaine.internet*. Si vous envoyez ces commandes à la liste, tous les utilisateurs la recevront. Ils ne seront pas enchantés. Voyons maintenant la liste des fonctions possibles.

• Abonnement

Il faut envoyer un courrier électronique au serveur en utilisant le nom *Listserv* ou *nom_de_la_liste-request* comme nom d'utilisateur. Dans le corps du texte, on inscrit le message «sub nom_de_liste prénom nom».

```
À       :   listserv@central.ulaval.ca,fan_musique-
request@central.ulaval.ca
DE      :   dsohier@bibl.ulaval.ca
SUJET   :
DATE    :   le mardi 7 juin 1996, 15h43 EST
sub fan_musique Danny Sohier
```

Le serveur vous renvoie un message qui vous donne les instructions et les règles d'utilisation de la liste quelques minutes après l'envoi. Je vous suggère d'archiver ce message. On ne sait jamais à quel moment il peut servir. Les messages de la liste commenceront alors à arriver dans votre boîte postale. Vous vous apercevrez également que l'expéditeur des messages est toujours la liste de distribution.

```
À          :   hfortin@med.usherb.ca
DE         :   fan_musique@central.ulaval.ca
SUJET      :   Gowan à Québec hier !!
DATE       :   mardi le 8 juin 1996, 15h43 EST
MESSID     :   <2329A6DDF-E1>
Salut la gang, j'ai été voir le spectacle de Gowan hier,
c'était...
```

Il est plus facile d'envoyer des réponses à l'ensemble de la liste avec un simple *reply*.

• Annulation d'abonnement

On envoie un courrier électronique au serveur Listserv ou Majordomo avec la commande «SIGNOFF nom_de_liste prenom nom» comme ceci:

```
À          :       listserv@central.ulaval.ca
DE         :       dsohier@bibl.ulaval.ca
SUJET      :
DATE       :       le mardi 7 juin 1996, 15h43 EST
signoff fan_musique Danny Sohier
```

• Autres fonctions

Voici un résumé des fonctions les plus intéressantes de Listserv et de Majordomo. N'oubliez jamais que celles-ci doivent être acheminées vers le service et non vers la liste.

FONCTION	PARAMÈTRES	DESCRIPTION
sub	nom_de_liste prenom nom	Abonnement à une liste.
signoff	nom_de_liste prenom nom	Annulation d'un abonnement.
set	nom_de_liste ack	Le serveur vous envoie une confirmation à la suite d'un message expédié à la liste.
set	nom_de_liste noack	Annule la commande précédente.
set	nom_de_liste msg	Le serveur vous renvoie votre message de confirmation d'un envoi à la liste.
set	nom_de_liste digest	Vous ne recevrez qu'un énorme message quotidien

		contenant tous les messages de la journée. Intéressant si le volume est lourd.
set	nom_de_liste index	Vous ne recevrez qu'un message quotidien ne contenant que les en-têtes des messages de la journée.
set	nom_de_liste mail/nomail	Suspend temporairement les envois. Excellent durant vos vacances...
confirm	nom_de_liste	Confirmation de votre inscription à cette liste.
file	global /xyz	Le serveur vous envoie tous les messages ayant la chaîne de caractères «xyz» dans le titre.

2.10.4 Comment trouver une liste de distribution dans Internet

Une liste de services Listserv et Majordomo est disponible à la fin de ce volume. Vous y verrez des sujets aussi variés que la cuisine ou la physique nucléaire. C'est une ressource très utile pour joindre des personnes qui travaillent dans votre domaine ou qui ont les mêmes intérêts que vous. Vous pourriez auparavant jeter un coup d'œil sur le chapitre 5, qui traite des nouvelles Usenet. Cette ressource part de la notion des listes de distribution, mais elle vous évite d'avoir à vous abonner et à trouver les adresses de listes. Vous y trouverez plus de 15 000 groupes de discussion différents centralisés sur un serveur.

Vous désirez trouver une liste particulière? Encore une fois, le Web vient à la rescousse en vous proposant des sites chercheurs de listes et d'importants répertoires de listes pour tous les goûts. Il y a plus de 50 000 listes publiques présentement dans Internet. Croyez-vous qu'il y en ait une pour vous?

Sites Web pour consulter et chercher des listes de distribution par courrier électronique

Compagnie LISZT (répertoire imposant de listes)

http://www.liszt.com

Site officiel Majordomo
http://www.greatcircle.com/majordomo
Site officiel Listserv
http://www.lsoft.com/listserv.stm
Recherches dans la liste de listes
http://catalog.com/vivian/interest-group-search.html
Site éducationnel de listes
http://www.nova.edu/Inter-Links/listserv.html
Rubrique dédiée de Yahoo!
http://www.yahoo.com/Computers_and_Internet/Internet/
Mailing_Lists/

2.11 Télécopie par courrier électronique

Une autre fonction que nous trouvons depuis peu dans le réseau Internet est la possibilité de faire imprimer des messages lancés à partir du courrier électronique sur un télécopieur relié au réseau téléphonique. Je vous propose la figure de la page suivante pour vous expliquer le fonctionnement de cette passerelle qui relie Internet aux télécopieurs (*fax*).

L'envoi du message se fait normalement. Les seules règles auxquelles il faut obéir relativement au contenu sont les suivantes:

• Le message doit être en format texte.
• Les fichiers joints peuvent être en format texte ou Postscript.
• Les images envoyées doivent être en format TIFF noir et blanc.

Le message est envoyé à un serveur qui se trouve dans une autre ville par le biais du réseau Internet. Ce serveur étranger prend votre message et le transmet localement au télécopieur de votre destinataire. Vous économisez ainsi les frais d'interurbains.

Le seul problème est qu'au moment où j'écris ces lignes, il n'y a pas de service officiel capable d'aiguiller les messages dans les villes visées et, surtout, vers les serveurs munis de télécopieurs. Il se fait toutefois quelques efforts coopératifs en ce sens. Historiquement, le premier service de ce genre se nomme *The Phone Company*, mais cette entité offre un service sporadique. Consultez leur site Web à l'adresse URL *http://www.tpc.int*.

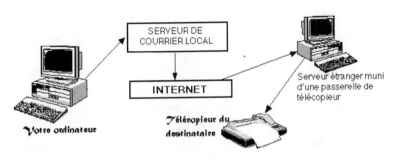

Figure 2.17
Envoi d'un message télécopié par le biais du courrier électronique

Quelques endroits sur la planète sont couverts par une passerelle
de télécopie. Vous en trouverez la liste ainsi que des informations à
jour en consultant la FAQ (*Frequently Asked Questions* ou Foire
Aux Questions) sur le Web à l'adresse ***http://www.northcoast.
com/savetz/fax-faq.html***. Au moment où j'écris ces lignes, on pouvait toujours envoyer des messages à des télécopieurs situés dans les
environs de Sacramento en Californie, à Phoenix en Arizona, à
l'Université du Minnesota, en Suède, à Hong Kong, à Montréal et à
Québec. Il existe de plus des services commerciaux qui permettent
ce type de transmission à des coûts moindres qu'un appel interur-
bain. Pour obtenir tous les sites Web qui traitent de cette technologie, consultez la rubrique du site *Yahoo!* à l'adresse ***http://www.
yahoo.com/Computers_and_Internet/Internet/Internet_Fax_
Server***.

En général, pour obtenir un tel service, vous avez besoin de
l'adresse Internet de la passerelle étrangère et du numéro de téléphone du télécopieur. L'adresse est du format traditionnel utilisé
pour le courrier électronique, soit ***usager@domaine***. Prenons
l'adresse Internet fictive ***fax.net*** comme adresse de passerelle de
télécopie, et le numéro 555-2222 dans le code régional 444 comme
numéro de téléphone du télécopieur étranger. Nous désirons
envoyer le message à Michèle Fortin, du département de musique.
Le format d'adressage est le suivant:

rp.destinataire@1telecopieur.passerelle

L'adresse correspondant à notre exemple sera:

rp.Michele_Fortin/Dept_Musique@14445552222.fax.net

La partie à gauche du «@» de la forme «**rp.destinataire**» nous permet d'indiquer le nom du destinataire. Le souligné «_» sera traduit par un espace et la barre oblique «/» par un retour de chariot. Ces informations sont imprimées sur une page à en-tête qui est générée par la passerelle de télécopie étrangère. Le préfixe «**rp**» pour «**remote printer**» indique que les caractères le suivant devront être interprétés et imprimés dans l'en-tête. Cette partie de l'adresse ne peut dépasser 70 caractères. Les caractères permis se trouvent entre 0-9, a-z, A-Z et les caractères !,?,#,$,%,&,*,+,-,=,',{,},_ et /.

La partie à droite du «@» comprend le numéro de téléphone composé, dans cet ordre, du chiffre «1», du code régional et du numéro de téléphone du télécopieur. On ajoute ensuite l'adresse Internet de la passerelle. Prenez bien soin d'intercaler un point «.» entre le numéro du télécopieur et l'adresse Internet de la passerelle.

Notez que, si cette technique n'est pas définitive, elle est cependant très répandue. Si vous avez la chance de travailler avec cette technologie, informez-vous des formalités d'adressage et des modalités qui sont permises.

Une passerelle qui a réussi à envoyer un message avec succès génère un courrier électronique destiné à l'envoyeur du message original et lui indiquant que tout s'est bien passé. Par ailleurs, un message d'erreur est acheminé à l'envoyeur dans le cas d'un échec et lui donne les raisons de cet échec.

À ma connaissance, ce sont de grandes entreprises qui implantent elles-mêmes ce type de sous-réseaux fonctionnant sur les liens Internet. Les adresses de ces serveurs sont jalousement gardées. C'est pourquoi je ne peux malheureusement pas divulguer certains de ces numéros. J'espère toutefois que l'organisation *The Phone Company* fera d'ici peu un effort coopératif pour nous donner gratuitement ce type de service. Le dossier est à suivre.

Le glorieux Web

« **N**e va-t-il pas un peu trop loin avec le terme glorieux?» se diront quelques-uns. Ce n'est certes pas mon intention d'être trop exubérant, mais, de toute les ressources énumérées dans ce livre, le Web est sans aucun doute celle qui a causé la plus grande explosion démographique qu'Internet ait connue. Nos mœurs ont été bouleversées par l'expression «surfer le Web» en 1996. Cette phrase pendait aux lèvres de bien des gens, et les fournisseurs d'accès Internet ont fait des affaires d'or grâce à l'avènement de cette ressource. Simplement dit, le Web a permis à tout le monde de participer à la révolution des communications mondiales par le biais de l'autoroute de l'information. Pour cette raison, le présent chapitre est extrêmement important pour les débutants dans Internet.

Le Web, c'est facile… quand on sait s'y retrouver. L'interface du navigateur Web est conviviale. La façon de naviguer est simple: on clique sur un lien, et hop! la nouvelle page Web est affichée. Ce qui peut être plus délicat, c'est de trouver ce que l'on cherche. L'internaute en herbe doit maintenant comprendre qu'il y a une multitude d'outils qui lui permettent de trouver exactement ce qu'il recherche. Ces techniques sont expliquées à la fin du présent chapitre. Je crois que c'est la partie la plus importante de cette section. Les fonctions du navigateur sont les mêmes, que vous utilisiez le produit de Netscape ou celui de Microsoft; seule la façon d'y faire appel peut être différente. Chaque navigateur vous permet de visionner des pages Web, de voir les éléments multimédias, de consulter votre courrier et les nouvelles Usenet, de gérer une liste de signets, etc. Dans le présent livre, j'utilise exclusivement le *Navigateur* de la compagnie Netscape (***http://home.fr.netscape.com/fr***) dans mes exemples. La raison en est que ce produit domine le marché avec un taux stupéfiant de 85 % contre 12 % pour l'*Explorateur* de Microsoft (***http://www.microsoft.com/ie/ie.htm***). Ces chiffres viennent de la revue *Internet World* publiée à l'automne de 1996. Soyez assuré que les fonctions vues avec le *Navigateur* fonctionnent également avec l'*Explorateur*.

Le Web est le terme français recommandé par l'Office de la langue française du Québec (*http://www.olf.gouv.qc.ca*) pour traduire le sigle WWW ou W3. Ces sigles viennent du terme anglais *World Wide Web*. Le Web est basé sur le mode de présentation hypertexte. Il est important de comprendre ce qu'est l'hypertexte. Dans un document de ce type, lorsqu'un mot est souligné, affiché dans une couleur différente de celle de l'ensemble du texte ou encore s'il s'agit d'une image encadrée de bleu, on peut généralement cliquer sur ce mot ou cette image, et d'autres informations sont alors affichées. On peut même trouver des documents écrits par d'autres auteurs liés à ce document. C'est un peu le même principe que les notes de bas de page, mais, en plus d'avoir les références disponibles, on peut également les visualiser.

3.1 Historique

Le Web est une initiative du CERN (Conseil européen de recherche nucléaire *http://www.cern.ch*) à Genève, en Suisse. Cet organisme a été rebaptisé le *Laboratoire européen de la physique des particules* depuis la naissance du Web. Il a tout de même gardé son ancienne abréviation, le CERN. Le projet W3 a été entrepris en mars 1989 par les gens du CERN. Le but était d'en finir avec les problèmes de compatibilité entre les plateformes commerciales existantes et les différents systèmes d'exploitation. On voulait, en outre, une ressource facile à manier pour rechercher des informations. On désirait que les informations connexes aux documents soient disponibles, et que ces derniers soient eux-mêmes liés à d'autres documents connexes. On pensa alors à une gigantesque toile d'araignée où les nœuds d'informations seraient répartis partout sur le globe. En novembre 1990, il a été décidé que le Web serait développé sur une plateforme NeXT. Le projet avance à pas de géant, on crée les outils pour servir et consulter les informations. En décembre 1991, le Web fut présenté à une foule enthousiaste à «HyperText 91» à San Antonio, au Texas. En juillet 1992, la première version des outils devenait disponible dans Internet grâce au CERN. On en profita pour inaugurer le premier logiciel serveur pour les machines de type Vax. En janvier 1993, plus de 50 sites Web existaient. Le port IP utilisé était le 80. Pour une meilleure compréhension de la notion de port IP, consultez le chapitre 1.

En février 1993, le NCSA, (National Center for Supercomputing Applications *http://www.ncsa.uiuc.edu*), situé à l'université de l'Illinois à Urbana-Champaign, annonçait la première version d'un client capable d'exploiter les ressources d'un serveur Web. Il se nomme Mosaic. L'équipe chargée du développement de ce projet était menée par un brillant étudiant âgé de 22 ans à l'époque, Marc Andreessen. Ce logiciel roulait exclusivement dans un environnement X-Windows sous Unix. La réponse à cette annonce fut tellement favorable qu'il a été décidé que des versions du logiciel seraient créées pour Macintosh et Windows.

En septembre 1993, le trafic consacré aux communications sur le port 80 représentait 1 % des informations transmises dans Internet. Le NCSA lança les versions alpha de Mosaic pour Macintosh et Windows. Le nombre de serveurs Web dépassait le seuil des 500 en octobre 1993. La nouvelle se répandait de plus en plus rapidement. Les experts étaient unanimes: le Web serait la prochaine grande ressource et deviendrait la nouvelle façon de fonctionner. En mars 1994, les responsables du projet Mosaic se séparèrent du NCSA pour former une compagnie appelée Netscape Communications Corp. (*http://home.netscape.com/fr*). La nouvelle compagnie est située au beau milieu de Silicon Valley, à Mountain View, en Californie. Elle se consacre à la poursuite du développement commercial de Mosaic.

En juin 1994, le nombre de sites Web dépassait la barre des 1 500 et, de ce fait, rejoignait le nombre de serveurs Gopher. Le MIT (Massachusetts Institute of Technology (*http://www.mit.edu*) et le CERN signèrent une entente pour former le Consortium W3 (*http://www.w3.org*). Basée à Boston, celui-ci œuvrerait à la poursuite de la technologie W3. Depuis ce temps, deux autres partenaires de taille se sont ajoutés au consortium; il s'agit de l'INRIA (Institut National de Recherche en Informatique et en Automatique (*http://www.infira.fr*) et de l'Université Keio (*http://www. keio.ac.jp*) au Japon. De mon avis de professionnel, ce site est un des endroits idéaux pour trouver toutes les informations pratiques,

CHAPITRE 3

la documentation officielle et les logiciels nécessaires pour consulter ou créer un serveur Web.

L'événement majeur suivant dans l'univers du Web survint à la fin de novembre 1994. Alors que la planète dansait au rythme saccadé du logiciel-client **Mosaic** du NCSA, la compagnie Netscape Communications Corp. lançait son premier chérubin sur le marché, le **Netscape Navigator** version 1.0 pour Windows, Macintosh et, un peu plus tard, pour X-Windows. La réaction fut instantanée: les internautes ayant pardonné jusque-là le manque de stabilité de **Mosaic** en pensant que ce logiciel était toujours en développement, s'abandonnèrent corps, âme et ordinateur au nouveau venu. Le résultat fut la migration la plus rapide et massive dans l'histoire d'Internet vers un nouveau logiciel. La planète branchée s'abandonnait dès lors à la douce mélodie d'une valse nommée **Netscape**. On estime que 70 % des utilisateurs ont laissé de côté **Mosaic** entre décembre 1994 et août 1995. C'est un succès sans pareil. La réussite de **Netscape** est due en grande partie à la stabilité du produit et au cerveau qui se cache derrière ce dernier, Marc Andreessen, le même qui a créé **Mosaic**. **Netscape** est gratuit pour les gens rattachés au domaine de l'éducation ou à un organisme sans but lucratif. Auparavant, plusieurs internautes commettaient une erreur en employant l'expression «**Naviguer dans Mosaic**» au lieu de **Naviguer dans le Web**. Maintenant, l'erreur se résume à dire «**Naviguer dans Netscape**» ;-) .

Le bilan de l'année 1995 est fabuleux. Des revues spécialisées qui traitent du Web et de toutes les nouvelles implications de cette technologie sont apparues dans les kiosques à journaux et sur les tablettes électroniques d'Internet (***http://www.enews.com***). Des protocoles sécuritaires ont été rédigés afin de permettre d'utiliser le Web dans des transactions commerciales. Des banques virtuelles, des studios de cinéma, des gouvernements et une foule de domaines encore non touchés par Internet se sont introduits dans cet environnement où les seuls préalables semblent être le maniement de la souris, un bon point de départ sur le réseau comme le répertoire *Yahoo!* (***http://www.yahoo.com***), la toile du Québec (***http://www.toile.qc.ca/francophonie***) ou Lokace (***http://lokace.iplus.fr***), le répertoire français par excellence, et un peu de pratique. Les grandes entreprises de communication aux États-Unis, au Canada, en Europe et ailleurs dans le monde n'ont plus le choix. Elles doivent offrir à leurs clients la possibilité de figurer sur le Web de connivence avec les autres campagnes de publicité. Les internautes s'affichent un par un avec une page d'accueil personnelle. Vous trouverez la mienne à l'adresse ***http://www.bibl.ulaval.ca/danny***, telle qu'illustrée à la figure 3.1. On parle même de «webnaute», tant la notion d'Internet est noyée par le succès du Web..

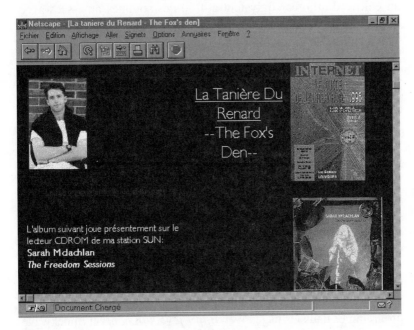

Figure 3.1
Ma page d'accueil

Le premier gros coup de canon lancé depuis Internet et destiné à avertir le monde entier que le Web était devenu le nouveau média international éclata le mercredi 9 août 1995. La compagnie Netscape Communications Corp. s'est alors adjugé une valeur de 2,6 millards de dollars dans cette seule journée avec sa première émission publique d'actions. Celles-ci, cotées à 28 $ US à l'ouverture du parquet de la Bourse de New York, doubla de valeur en quelques secondes seulement. L'offre initiale de 3,5 millions d'actions s'envola comme de la poussière. Un million et demi d'actions supplémentaires étaient proposées à la mi-journée. Elles trouvèrent preneur également à environ 75 $ US chacune. Le bilan de cette journée: une demande de 20 fois supérieure aux 5 millions d'actions vendues, pour une compagnie ayant pour propriétaire un jeune de 24 ans dont la boisson préférée est le lait, et qui espère faire en 1995 un chiffre d'affaires équivalent à 1/80 des sommes amassées avec cette émission d'actions!

L'année 1996 nous confirma le battage publicitaire qui entoure le Web. De plus, un nouveau terme est utilisé pour baptiser les réseaux locaux situés dans les entreprises: l'*intranet*. Sans que ces derniers soient nécessairement branchés à Internet, on utilise le Web pour consulter et récupérer des informations corporatives. Les serveurs Web abondent, et les adresses URL sont affichées partout, tant sur les panneaux publicitaires que sur les boîtes d'emballage. Pratiquement tout les événements culturels, sociaux ou sportifs sont secondés par un site Web afin que la population toujours croissante des internautes soit mieux informée. On peut penser aux sites pour suivre les courses de Formule 1 (***http://icnsportsweb.com*** et ***http://www.monaco.mc/f1***), au site du magazine belge du cinéma international (***http://www.cinopsis.com***), etc. L'année 1996 nous a apporté également une manne importante d'outils multimédias destinés à accroître le sentiment virtuel du Web. VRML (Virtual Reality Modeling Langage ***http://www.vrml.com/***), Java (Langage qui incorpore des programmes dans les pages Web ***http://java.sun.com***) et Shockwave (Animation multimédia ***http://www.macromedia.com***) sont seulement quelques exemples de produits qui animent et font parler les pages Web. Le *Navigateur* de Netscape est traduit dans plusieurs langues dont le français et est disponible sur 16 plateformes. Cependant, l'*Explorateur* de la compagnie Microsoft risque de modifier la scène mondiale. Ce sera un combat de titans.

Telle est la situation actuelle au début de 1997; la connaissance du langage HTML utilisé dans la codification des pages Web devient un outil incontournable pour les compagnies, la façon d'utiliser un navigateur est primordiale pour tous, et vous vous apprêtez à faire le saut ! =)

3.2 Rouages internes du Web

Le Web a été pensé dans une approche client-serveur. Il semble que la bonne majorité des ressources d'Internet aient été conçues à partir de cette notion. Je vous offre la figure suivante afin d'éclaircir notre discussion sur les rouages internes du Web.

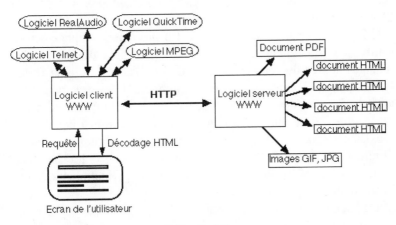

Figure 3.2
Rouages internes du W3

Le serveur Web est un logiciel fonctionnant sur un ordinateur écoutant un port IP précis (normalement le 80), pour les requêtes d'un logiciel-client, comme Netscape. Il est chargé de distribuer des documents hypertextes écrits sous la forme HTML (HyperText Markup Language - *http://www.grr.ulaval.ca/grrwww/manuel/ manuelhtml.html*), des images ou des documents codés dans le format PDF (Portable Document Format) de la compagnie Adobe (*http://www.adobe.com/acrobat*). Le format HTML peut être comparé à un format WordPerfect ou Microsoft Word. Le serveur n'a pas besoin d'interpréter ce langage, il se contente d'envoyer le document au client. Il a également la responsabilité d'assurer la sécurité

111

des données qu'il sert. Il lui est possible de refuser l'accès à des documents avec le numéro IP du demandeur ou de le faire par un mot de passe. Le protocole utilisé pour transférer les informations entre le client et le serveur est le HTTP (HyperText Transfer Protocol). Un nouveau protocole est apparu en 1995, le S-HTTP pour «Secure HTTP», qui permet le cryptage automatique des données échangées entre clients et serveurs. Ce protocole est automatiquement utilisé lorsqu'un client et un serveur reconnaissent qu'ils peuvent tous deux parler avec cette voix sécuritaire. C'est le cas des serveurs et clients Netscape. La partie client se présente sous la forme d'un logiciel ayant la capacité d'interpréter les documents HTML fournis par le serveur et de les présenter adéquatement à l'utilisateur. Le client est également responsable d'effectuer les requêtes auprès du serveur au nom de l'utilisateur. Sous la forme HTML, un document, en plus de comprendre des textes, peut contenir des images, des sons, des séquences d'animation et, pour n'importe quel mot du document, une instruction quelconque. L'existence d'un lien dans un document est révélée par la coloration différente de certains mots. Généralement, les mots colorés en bleu cachent des liens hypertextes. Des mots en rouge indiquent que ces liens ont été visités auparavant.

De plus, lorsque votre navigateur Web ne possède pas les ressources nécessaires pour vous présenter un élément, il fera appel à une application secondaire. Un logiciel Telnet peut être lancé avec l'adresse d'un quelconque ordinateur par votre navigateur. Ou il peut s'agir d'un fichier *RealAudio* (voir la section 8.2.1 - *http://www.realaudio.com*) qui demande l'aide d'une autre application. Il est important de vous rappeler que votre navigateur Web demeure le centre de votre navigation. Il est l'agent qui se charge de récupérer des informations, de les afficher, de faire démarrer des applications si c'est nécessaire, de se rappeler vos derniers déplacements, et la liste est encore longue. Bref, votre navigateur Web est votre plus proche allié pour affronter l'océan électronique. Ce n'est pas pour rien que l'expression «surfer dans le réseau» existe...

3.2.1 Le format HTML

Les documents Web sont écrits dans un format qu'on appelle HTML (HyperText Markup Language). Vous pouvez visualiser le code HTML utilisé pour afficher le document à votre écran en choisissant l'option *Source du document* du menu *Affichage*. Vous accéderez aux informations contenues dans ce dernier avec l'option *Informations sur le document* du menu *Affichage*.

Prenons, par exemple, la page Web suivante présentée par le *Navigateur* de Netscape pour Windows95. Les articles soulignés sont des liens avec d'autres documents...

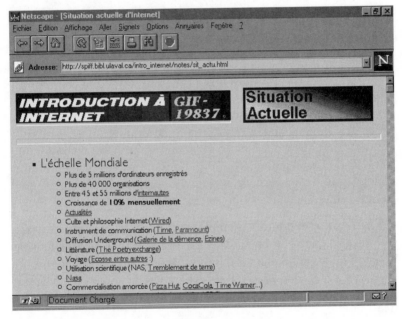

Figure 3.3
Exemple de présentation hypertexte par Netscape

Vous pouvez voir que la présentation est plus adéquate qu'avec Gopher. Les polices de caractères et les styles d'affichage sont différents. Quand vous cliquez sur un des mots «internautes» ou «Actualités», un lien s'établit avec le document ainsi sélectionné,

113

qui s'affiche alors à l'écran. Maintenant, voici ce que le serveur a réellement envoyé au client. Le document suivant est codé en format HTML.

```
<HTML>
<HEAD>
</HEAD><BODY>
<PRE><IMG SRC=»../cours.gif»> <IMG SRC=»sitact.jpg»><HR
size=8>
<UL><li type=»square»><H1>L'échelle Mondiale</H1>
<ul><LI type=»circle»>Plus de 5 millions d'ordinateurs
enregistrés
<LI>Plus de 40 000 organisations
<LI>Entre 45 et 55 millions
d'<AHREF=»defflnaut.html»>internautes</A>
<LI>Croissance de <b>10% mensuellement</b>
<LI><A HREF=»http://www.yahoo.com/News/
CurrentflEvents»>Actualités</A>
<LI>Culte et philosophie Internet (<A
HREF=»http://www.hotwired.com»>Wired</A>)
<LI>Instrument de communication (<A
HREF=»http://www.pathfinder.com»>Time</A>, <A
HREF=»http://www.paramount.com»>Paramount</A>)
<LI>Diffusion Underground
(<AHREF=»http://www.inch.com/~suzerain/ demence.html»>
Galerie de la démence</A>, <A HREF=»http://www.tezcat.com
/~subcltre/Subculture.html»>Ezines</A>)
```

En vous présentant cet exemple, je n'ai pas l'intention de vous voir devenir un expert en HTML. Le format HTML fait facilement l'objet d'un autre bouquin. Je vous propose entre autres *Internet — Comment créer des pages Web* écrit par Eric Soucy et Maryse Legault, et publié aux Éditions Logiques, ou encore d'aller sur le Web...

Sites Web pour la création de pages Web
• Un guide français de rédaction HTML
http://www.grr.ulaval.ca/grrwww/manuel/manuelhtml.html
• Les bons conseils de Netscape
http://home.fr.netscape.com/fr/home/how-to-create-web-services.html

• L'Organisation W3
http://www.w3.org/pub/WWW/MarkUp
• Site *Stars.com*
http://www.stars.com

Je désire simplement effleurer avec vous la question du codage HTML. Si l'on regarde le codage HTML, on remarque que chaque élément de phrase se trouve entouré de deux étiquettes. C'est avec ces étiquettes que le client peut différencier les styles de chacun de ces bouts de phrases. Prenons par exemple le titre du document; il est entouré des qualificatifs <H1> et </H1>. Le navigateur Web comprend que cette phrase doit être affichée à la une de la page, comme dans un journal. Le terme «10 % mensuellement» se trouve entouré de <B> et </B> signifiant qu'il est en caractères gras. Le nom de fichier de deux images est identifié à l'aide de l'étiquette <IMG SRC=«...»>. Des points carrés sont exprimés à l'aide de <LI>. Finalement, les adresses pour joindre les documents liés aux mots soulignés sont signifiées avec une notation <A HREF=«...> afin que le client soit capable de les transférer le cas échéant. Il existe plus d'une centaine d'étiquettes différentes pour bâtir ces pages. Et encore ne s'agit-il là que de la version 2.0 du langage HTML. La version 3.2 devrait être accréditée officiellement si ce n'est pas déjà fait au moment où vous lisez ces lignes. La documentation complète sur ce nouveau standard peut être retrouvée dans le site Web de l'Organisation W3 à l'adresse *http://www.w3.org/pub/WWW/MarkUp/Wilbur*. Cette version comprend des éléments d'animation, des scripts et la possibilité de générer des tables. La majorité des développeurs codent leurs pages pour cette version du langage HTML. Il ne faut pas oublier non plus la programmation Java de la compagnie Sun Microsystems (*http://java.sun.com*), qui permet une gamme encore plus grande d'éléments propres à l'animation et à l'interactivité, et le langage VRML pour Virtual Reality Modeling Language (*http://www.vrml.com*), la réalité virtuelle sur le Web. Le potentiel de ces deux derniers langages est discuté plus loin dans ce chapitre.

CHAPITRE
3

115

En ce qui a trait au format HTML, je vous propose d'utiliser un des nombreux éditeurs spécialisés comme *HTML assistant, HoT-MetaL* ou *HTML editor*. Le site *Stars.com* (***http://www.stars.com***) offre une liste exhaustive de ces logiciels et des autres outils pour vous aider à composer des pages Web.

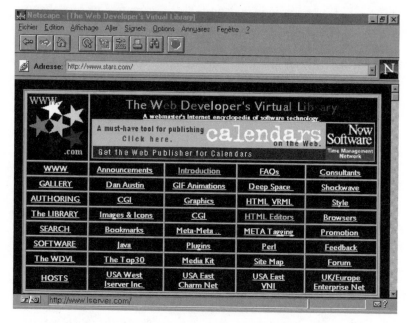

Figure 3.4
Page des développeurs de pages Web

De plus, les nouvelles versions de logiciels de traitement de texte comme *Word* et *WordPerfect* ou bien les logiciels de mise en pages tels *PageMaker* ou *Quark XPress* offrent un transfert automatique en HTML.

3.2.2 L'URL, ou l'art d'adresser les choses sur le Web

Avant de commencer notre expédition dans le Web, il est important de connaître le modèle d'adressage des ressources. Un navigateur Web est capable de rejoindre tous les trésors d'Internet. On pense aux serveurs Gopher, FTP, Telnet, Usenet, etc. Il fallait donc inventer une méthode universelle pour appeler ces ressources. C'est exactement ce que fait l'URL (*Uniform Resource Locator*). N'importe quel service d'Internet peut être joint à une adresse URL. Une URL se compose de trois sections.

1. Le préfixe

Il indique le type de ressources que vous désirez atteindre.

2. L'adresse Internet du serveur

Il s'agit de l'adresse Internet, ou l'adresse IP du serveur Web, de la personne ou du groupe de discussion que vous tentez de joindre.

3. Le suffixe

Il distingue un élément concret sur le serveur étranger. Généralement, cet élément est un nom de répertoire et/ou un nom de fichier.

Donc, l'URL est construite de telle manière que l'on sait quel type de ressources on peut atteindre, à quelle adresse et à quel élément distinct on peut le trouver. La structure URL est importante pour votre navigateur, car vous l'aidez en le prévenant du type de ressources à traiter. Il adresse alors cette dernière avec le bon protocole, gopher, ftp, etc. L'adresse URL est ce qui apparaît dans la case *Adresse* lorsque vous êtes positionné sur une page Web quelconque.

De même, vous pouvez inscrire une adresse URL que vous trouvez dans ce livre ou dans un magazine directement dans cette case; tapez sur la touche **Retour**, et le navigateur vous affiche le contenu de cette page. Évidemment, faites attention aux fautes d'orthographe dans ces adresses. Il s'agit là de la première source de frustration de l'internaute, la deuxième étant les pages qui ont changé d'adresse ou qui n'existent plus ;).

Voici les différents types d'URL par préfixe:

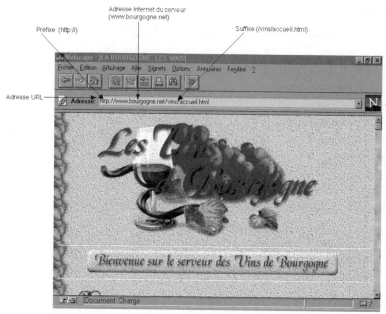

Figure 3.5
Localisation de l'adresse URL dans le navigateur Web

Préfixe http://

Http veut dire HyperText Markup Language et indique qu'il s'agit d'un serveur Web. La partie médiane est l'adresse Internet d'un ordinateur. Le suffixe est un nom de fichier et le répertoire dans lequel il se trouve. Généralement, les noms de fichiers se terminent par html ou htm. Il se peut qu'aucun fichier ne soit indiqué; vous pointez alors sur un répertoire où un fichier est offert par défaut. Vous n'avez pas besoin de connaître le nom du fichier. Le préfixe **http://** est le préfixe accepté par défaut si vous inscrivez l'adresse Internet d'un serveur dans la case ***Adresse*** de votre navigateur Web. Voici l'URL pour le cybermusée de l'émission de télévision *Cosmos 1999*. La page *1999.html* est située dans le répertoire /~mkulic sur le serveur Web accessible à l'adresse Internet *www.buffnet.net.*

> *http://www.buffnet.net/~mkulic/1999.html.*

Préfixe ftp://

Ce préfixe indique à votre logiciel Web qu'un serveur FTP anonyme (voir le chapitre 4) se trouve à l'adresse indiquée. Il faut noter que le serveur FTP doit être du type anonyme. Si le serveur FTP requiert un autre mot de passe qu'un de ceux acceptés dans la convention FTP anonyme, vous ne pourrez y avoir accès. La partie médiane est l'adresse Internet du serveur en question. Le suffixe est encore une fois le nom d'un fichier et le répertoire de ce dernier. Notez que si vous offrez le nom d'un fichier, le serveur Web le transfère sur votre ordinateur. La visualisation du répertoire ne s'effectue pas dans ce cas. À titre d'exemple, vous trouverez le contenu du répertoire **pub** du serveur FTP anonyme *ftp.francenet.fr* à cette adresse:

ftp://ftp.francenet.fr/pub.

Préfixe telnet://

Avec ce préfixe, vous demandez à votre navigateur Web de faire démarrer le logiciel Telnet (voir le chapitre 6) situé sur votre ordinateur et d'effectuer une connexion avec l'ordinateur qui se trouve à l'adresse Internet trouvée dans la partie médiane. De plus, si la séance doit se tenir sur un port différent de 23, vous le mentionnez en terminant l'URL par «:numéro_du_port_IP». Voici l'adresse URL du serveur météo pour le sud-est des États-Unis, l'adresse Internet de l'ordinateur étant *wind.atmos.uah.edu*, et la séance devant s'établir sur le port IP 3000:

telnet://wind.atmos.uah.edu:3000.

Préfixe gopher://

Ce préfixe est utilisé pour communiquer avec un serveur Gopher (chapitre 9). La partie médiane représente l'adresse Internet du serveur, et le suffixe indique le nom du fichier et le répertoire de ce dernier. Voici l'URL pour le document *pl_directeur* situé dans le répertoire */00/PUBL* sur le serveur Gopher campé à l'adresse Internet *gopher.bibl.ulaval.ca:*

gopher://gopher.bibl.ulaval.ca/00/PUBL/pl_directeur.

Préfixe mailto:

Vous pouvez utiliser cette URL pour envoyer un courrier électronique à une personne. Faites attention, vous ne devez pas utiliser les doubles barres obliques «//» avec ce préfixe. Vous indiquez l'adresse de courrier électronique (CE) de la personne dans la partie médiane. Le suffixe n'est pas utilisé ici. Avec cet URL, vous déclenchez le module de CE de votre navigateur Web. L'adresse du destinataire est inscrite par défaut dans le champ principal. Voici l'URL si vous désirez m'envoyer du courrier électronique par le biais de votre logiciel W3:

> *mailto:dsohier@bibl.ulval.ca.*

Préfixe news:

Si votre navigateur Web possède la capacité de consulter un serveur de nouvelles Usenet (voir le chapitre 5), vous pouvez alors accéder à un groupe de nouvelles directement avec ce préfixe. Il vous suffit d'inscrire le nom du groupe de nouvelles Usenet dans la partie médiane de l'URL. Si vous désirez prendre connaissance rapidement des nouvelles du groupe Usenet *qc.general*, employez l'URL suivante:

> *news:qc.general.*

Si vous désirez accéder à un serveur de nouvelles autre que le vôtre, insérez l'adresse Internet de ce dernier avant le nom du groupe en vous assurant d'insérer les doubles barres «//» après le préfixe. Consultez le groupe précédent sur le serveur de nouvelles *news.riq.qc.ca* avec cette adresse:

> *news://news.riq.qc.ca/qc.general.*

Préfixe file://

Cette URL est utile si vous écrivez des pages HTML ou si vous désirez visualiser un fichier texte rapidement. Vous avez seulement à y ajouter le répertoire et le nom du fichier affiché ou traité par votre navigateur Web s'il s'agit d'un fichier HTML. Voici par exemple l'URL du fichier salut.html situé dans le répertoire */pagesw3* de mon ordinateur:

> *file:///pagesw3/salut.html.*

Des adresses URL spécialisées pour des ressources multimédias sont créées périodiquement. C'est le cas de *RealAudio* (*http://www. realaudio.com*), qui utilise le préfixe *pnm://*. Je discute de ce type d'adressage dans les sections consacrées à ces ressources. Vous pouvez également consulter Internet pour avoir les toutes dernières informations aux adresses suivantes:

Informations supplémentaires sur les adresses URL

* Guide d'apprentissage des adresses URL
http://www.ncsa.uiuc.edu/demoweb/url-primer.html
* Normes officielles pour l'adressage URL
http://www.w3.org/pub/WWW/Addressing/Addressing.html

3.2.3 La page d'accueil

Lorsque vous vous branchez à la racine d'un nouveau serveur, il vous envoie *de facto* sa page d'accueil (*home page* en anglais). Celle-ci contient toutes les informations nécessaires pour comprendre la mission du serveur. On y mentionne également les coordonnées des personnes à contacter en cas de problème. Et vous retrouvez des ressources qui apparaissent sur ce serveur ou sur un autre. La figure 3.6 vous en donne un bon exemple, il s'agit de la page d'accueil du serveur Web du Centre de recherche en droit public de l'Université de Montréal. Cette page est disponible à l'adresse URL suivante: *http://www.droit.umontreal.ca*. On verra, lors de la présentation de Netscape, comment charger ces adresses. La page d'accueil est intéressante car elle contient des éléments de texte, des images et des liens hypertextes. Chaque page a un titre et un identificateur URL. On peut apercevoir celui-ci dans la partie supérieure de l'écran dans la case *Adresse*.

Il est donc important de se rappeler que tout bon serveur Web possède une page d'acceuil dans ce style. Étudiez-la bien, car elle vous fournira immanquablement des informations précises sur le contenu du serveur en présence.

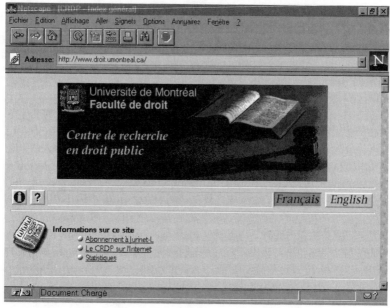

Figure 3.6
Page de bienvenue du serveur Web du CRDP de l'Université de Montréal

3.3 Le *Navigateur* de Netscape, un excellent compagnon

Le Navigateur de la compagnie Netscape Communications Corporation (*http://www.netscape.com/fr*) est sans contredit un des meilleurs logiciels de sa catégorie actuellement sur le marché. Pour ma part, une raison simple pour laquelle je le préfère à d'autres clients Web est qu'il est conçu de la même façon pour les environnements Macintosh, Windows et Unix fenêtré. Voilà qui coupe un peu court aux explications:). De plus, il est du domaine public pour ceux qui travaillent dans le domaine de l'éducation ou pour les organismes sans but lucratif; pour les autres, il ne coûte qu'entre 20 $ et 40 $ **si vous l'enregistrez officiellement**. Vous pouvez le transférer gratuitement du site Web de la compagnie à l'adresse URL *http://home.netscape.com/fr/comprod/mirror/index.html*.

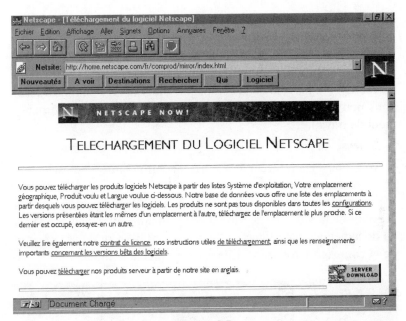

Figure 3.7
Site Web de Netscape pour transférer le navigateur

Si vous utilisez déjà le *Navigateur* et que vous désirez obtenir cette page afin de transférer la dernière version du logiciel, cliquez sur le bouton *Logiciel* situé sur la barre de boutons d'accès rapide.

Netscape détient 85 % du marché au moment où j'écris ces lignes. Il est plus stable à ma connaissance, et plus avant-gardiste, puisqu'il incorpore toutes les dernières ressources d'Internet au fur et à mesure qu'elles deviennent pleinement fonctionnelles. Le logiciel comprend également un module pour les nouvelles Usenet ainsi qu'un module de courrier électronique comparable à *Eudora* (Logiciel de courrier électronique - *http://www.eudora.com*). Le temps où nous avions besoin d'une brochette de logiciels Internet pour exploiter chacune des ressources est presque révolu. Netscape a été conçu pour fonctionner dans un environnement réseau TCP/IP. Si vous êtes branché à Internet par un fournisseur utilisant SLIP/PPP, vous pouvez l'utiliser. Votre fournisseur Internet ou le bureau de

votre administrateur de réseau est le premier endroit où vous devriez aller pour vous procurer une copie de ce logiciel. Si vous ne possédez pas de navigateur Web pour transférer le logiciel (cela me fait penser au paradigme de l'œuf et de la poule...), voici l'adresse du serveur FTP anonyme de la compagnie Netscape Communications, vous pouvez transférer la copie compatible pour votre environnement de travail:

Adresse du site FTP anonyme: *ftp2.netscape.com*

Vous pouvez remplacer le «2» par un chiffre entre 2 et 8 si ce serveur est trop occupé.

Avant de commencer les explications sur Netscape, je désire vous prévenir de la présence de Mozilla! Il peut apparaître dans les pages de documentation en ligne de l'application. Il s'agit de la mascotte de la compagnie Netscape. Elle est présentée à la figure 3.8.

Figure 3.8
«Mozilla» la terreur!

3.3.1 Installation de Netscape

Le logiciel est transféré sur votre ordinateur de façon compressée. Sur Macintosh, vous devez faire partir l'application **Netscape-Installer**. Les fichiers sont automatiquement décompressés et installés sur le disque dur de votre ordinateur. Le logiciel d'installation vous demande de préciser le répertoire où l'application devrait se retrouver.

Sur Windows, il s'agit d'un fichier où le nom est sous la forme **n30v32b1.exe**. Vous devez exécuter ce fichier qui décompresse les fichiers contenus dans ce dernier. Ensuite, exécutez le fichier résultant **setup.exe** par le gestionnaire de fichiers avec l'option **Exécuter** du menu déroulant **Fichier** pour Windows 3.1 ou du bouton **Démarrer** dans le cas de Windows95. L'installeur vous demande le nom du répertoire où devrait se trouver l'application puis procède à l'installation. Un groupe d'applications nommé **Netscape** est également créé. C'est là que vous trouverez l'icône du logiciel.

Surtout, n'hésitez pas à contacter le service d'aide à la clientèle de votre fournisseur Internet ou votre administrateur de réseau si vous faites face à des problèmes d'installation.

À la suite de l'installation du *Navigateur* pour Macintosh et Windows, l'installeur vous demande si vous désirez compléter votre requête avec le transfert des plugiciels (modules externes incorporés). Ces logiciels sont des compléments à Netscape qui permettent d'exploiter des ressources autres que le langage traditionnel du Web, le HTML. On peut penser au langage de réalité virtuelle VRML, au système de téléphonie Internet *CoolTalk*, etc. Je vous encourage à transférer certains de ces modules. Lorsque vous répondez par l'affirmative, la page Web de ces programmes est alors affichée.

Consultez la section 3.4 pour vous faire une idée des modules qu'il serait intéressant de posséder.

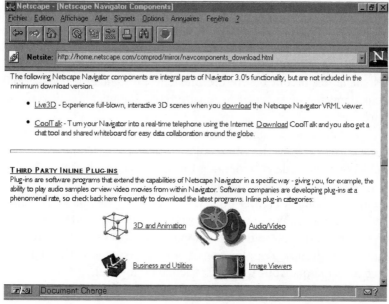

Figure 3.9
La page Web des plugiciels (modules externes incorporés)

3.3.2 Le tour d'horizon de l'interface du *Navigateur* de Netscape

Vous devez cliquer sur l'icône Netscape afin de faire démarrer l'application. Voici cette icône:

Navigateur Netscape 3.0

Figure 3.10
Icône Netscape pour Macintosh et Windows

Aux fins de démonstration, nous allons utiliser la page d'acceuil du cyber-village *InfiniT* du fournisseur d'accès *Vidéotron* (***http://www.infinit.net***). De plus, j'utilise la version 3.0 du *Naviga-*

teur Netscape en français pour Windows95; la version Macintosh est pratiquement identique: les boutons sont les mêmes et les commandes portent le même nom. C'est un des avantages de Netscape que d'avoir cette même interface pour tous les environnements.

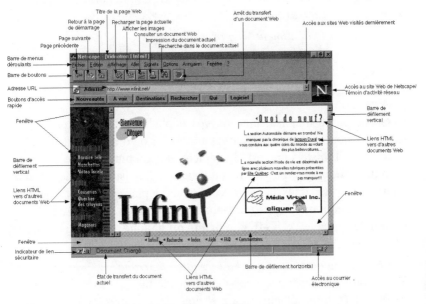

Figure 3.11
Interface Netscape

Évidemment, la plus grande partie de l'écran est réservée aux documents Web transférés par le serveur et interprétés par le logiciel. Des barres de déroulement horizontales et verticales se situent à la droite et au bas de la fenêtre. Il arrive souvent qu'un document dépasse les limites de la fenêtre, et c'est grâce à ces barres que l'on peut voir le reste du document. Une autre situation qu'on voit souvent dans le réseau est l'apparition de fenêtres multiples dans un document Web. On retrouvera alors plusieurs barres de déroulement. La barre de menus déroulants située complètement en haut de l'écran vous permet d'accéder aux nombreuses fonctions du logiciel. Nous verrons plus loin les options peuplant ces menus.

127

Le titre de la page Web est affiché en haut de l'écran. C'est ce titre qui apparaît dans votre liste de signets si vous les utilisez éventuellement. Il est codé dans la page HTML entre les étiquettes <TITLE> et </TITLE>.

La barre de boutons offre un accès rapide à la majorité des fonctions usuelles du *Navigateur*.

• *Visionner le document Web précédent*

• *Visionner le prochain document Web dans l'historique de vos déplacements%*

ANOT

Æû≤¿DJS

Netscape garde un historique de vos déplacements dans Internet. Ces deux boutons vous permettent de reculer ou d'avancer dans cet historique. L'historique est également disponible dans le menu déroulant **Aller**, ou dans le menu **Fenêtre**. La liste affichée à cet endroit est celle dans laquelle vous vous déplacez avec ces deux boutons directionnels. Les raccourcis pour Windows sont la combinaison des touches **ALT+flèche droite ou gauche**, tandis que, pour Macintosh, il s'agit de **pomme+flèche droite ou gauche**.

• *Retour au document affiché lors du démarrage*

Vous pouvez déterminer vous-même ce dernier. Activez le menu déroulant **Options** et choisissez **Préférences générales.** Faites la sélection de l'onglet **Aspect** (figure 3.17). C'est dans le champ *Le Navigateur démarre avec:* de la boîte **Démarrage** que vous pouvez inscrire votre adresse URL *de facto*.

• *Rechargement du document actuel*

Rechargement du document affiché directement à partir du serveur et non pas de la mémoire. En effet, Netscape garde les dernières pages visitées dans un cache-mémoire sur votre ordinateur afin d'économiser du temps si vous décidez de revenir sur ces dernières. Cela dit, si vous savez que ces pages sont assujetties à des modifications fréquentes, il est bon de les recharger depuis le serveur. De plus, si un document ne s'est pas affiché correctement, cliquez sur ce bouton afin de le recharger. Le raccourci pour Windows est la combinaison **CTRL+R**, et pour Macintosh il s'agit de **pomme+R**.

• *Afficher les images*
Ce bouton fonctionne en association avec l'option **Autochargement des images** située dans le menu déroulant **Options**. Si cette option n'est pas sélectionnée, c'est-à-dire si aucun crochet n'est affiché à côté de celle-ci, les images des documents Web ne sont pas transférées sur votre écran afin que vous gagniez du temps. Plusieurs utilisateurs opèrent de cette façon lorsqu'ils se branchent avec des modems lents. Ils peuvent néanmoins faire transférer les images du document en cours en cliquant sur ce bouton.

• *Consultation d'un document Web*
Consultation *ad hoc* d'un document à l'aide d'une adresse URL. Vous pouvez également inscrire l'adresse dans le champ **Adresse**. Le raccourci pour Windows est **CTRL+L**, et pour Macintosh il s'agit de **pomme+L**.

• *Impression du document actuel*
Imprime le document affiché.

• *Recherche dans le document actuel*
À utiliser pour trouver une chaîne de caractères dans le document affiché.

• *Arrêt du transfert d'un document Web*
Stoppe le transfert d'une page.

• *La case Adresse*
C'est dans cette boîte que vous pouvez apercevoir l'adresse URL du document affiché. Vous pouvez également y inscrire l'adresse URL de votre choix et, ainsi, faire la consultation *ad hoc* de ce dernier.

• *Le grand «N», logo de la compagnie Netscape*
Le «N» agit comme témoin de connexion. Lors d'un transfert, on voit une pluie d'étoiles filantes qui bombardent le pauvre «N» sans défense. L'animation se termine une fois que le contenu de la page est affiché. Vous pouvez également cliquer sur ce logo pour accéder au site Web de la compagnie.

• *La clé sécuritaire*
La clé indique si votre communication avec le serveur est sûre en utilisant le protocole S-HTTP. La clé est entière si la communication

CHAPITRE 3

est sûre, elle est rompue dans le cas contraire. Vous utilisez cette façon de vous rassurer lorsque vous effectuez une transaction commerciale dans le réseau.

• *L'état du transfert du document*
C'est à cet endroit que Netscape communique son statut à l'utilisateur. Bien des situations peuvent se produire: transfert de données, décodage d'images, recherche d'une information sur le serveur de domaines, etc.

Nouveautés	A voir	Destinations	Rechercher	Qui	Logiciel

Figure 3.12
Boutons d'accès rapide

Certains boutons s'appellent «boutons d'accès rapide». Ils permettent de consulter d'importantes ressources informatives situées sur les différents serveurs de la compagnie Netscape Communications. Voici une courte description de ces boutons.

• *Nouveautés*
Vous vous retrouvez sur la page des nouveautés de la compagnie Netscape. C'est une bonne façon de connaître l'existence des derniers sites, mais, si vous désirez quelque chose de plus complet encore, consultez le groupe des nouveautés Web dans Usenet. Voici l'URL de ce groupe: ***news:comp.infosystems.www.announce.***

• *À voir*
Netscape vous propose cette liste de sites Web qui utilisent le langage HTML à son maximum afin d'offrir des présentations originales, inusitées, captivantes et qui sortent de l'ordinaire par leur contenu.

• *Destinations*
• *Rechercher*
On peut comparer le Web à un gigantesque livre. Les quelque 30 millions de pages Web accessibles dans le réseau agissent comme le contenu du livre. Les engins de recherche que l'on retrouve sous le bouton **Rechercher** sont les index de ce gigantesque livre. À l'aide de ceux-ci, on peut chercher et trouver des docu-

ments Web qui traitent des mots clés choisis. Finalement, la table des matières de l'univers Web est située dans les répertoires que l'on trouve en appuyant sur le bouton **Répertoire**.

L'engin de recherches par excellence, avec plus de 90 % du patrimoine Web indexé, est Lycos, conçu par des artisans de l'Université Carneghie-Mellon. En plus de le trouver sous **Rechercher**, vous pouvez le joindre à l'adresse URL *http://www.lycos.com*. L'engin français Lokace ne laisse pas sa place non plus; vous pouvez le joindre à l'adresse *http://lokace.iplus.fr*.

Le meilleur catalogue mondial à ce jour est *Yahoo!* Cette ressource créée par deux étudiants de Stanford s'est taillé une place de choix dans Internet. Elle se trouve dans les **Destinations**; mais vous pouvez y aller directement avec *http://www.yahoo.com*. Au Québec, je vous recommande la toile du Québec *(http://www.toile.qc.ca)*.

• *Qui*

Ce bouton pointe vers des engins de recherche spécialisés dans la chasse à l'internaute. En effet, cliquez sur ce bouton pour tenter de retrouver la trace d'une adresse de courrier électronique. La section 2.8 traite de ce sujet exhaustivement.

• *Logiciel*

En cliquant sur ce bouton, vous accédez à la librairie de logiciels de la compagnie Netscape, du *Navigateur* aux modules externes incorporés en passant par les logiciels-serveurs pour le Web.

3.3.3 Consultation *ad hoc* d'une ressource Internet

Vous avez sans doute remarqué que je n'ai pas mentionné «Consultation *ad hoc* d'un serveur Web». La raison en est précise. Sur le Web, on ne parle pas que de cette ressource. N'oubliez pas, on peut joindre n'importe quelle ressource avec une URL telle que décrite dans la section 3.2.2. La façon la plus facile est d'inscrire directement l'adresse URL de la ressource désirée dans la boîte située à droite de la case intitulée *Adresse* et de taper sur la touche **Return**.

Ce n'est pas tout. Il y a trois autres façons de le faire. Vous pouvez sélectionner l'option *Consulter un document* du menu *Fichier*, faire la commande **Ctrl+L** pour Windows et **pomme+L** sur un

CHAPITRE 3

Macintosh, ou cliquer sur l'icône **Consulter un document Web** sur la barre d'icônes, comme nous l'avons vu à la section précédente. La boîte de dialogue suivante apparaît:

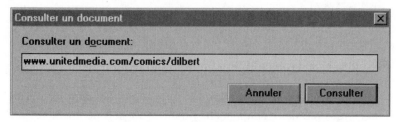

Figure 3.13
Consultation *ad hoc* d'une ressource Internet

3.3.4 Navigation, historique et document Web au démarrage

Netscape garde une trace des documents parcourus lors de votre consultation comme nous l'avons expliqué auparavant. En plus des outils iconographiques retrouvés dans l'interface, les options *Précédent* et *Suivant* du menu déroulant *Aller* vous permettent d'aller de l'avant ou de reculer dans cet historique. Vous verrez également dans la partie inférieure de ce menu les titres des pages visitées lors de votre séance. Cette liste est aussi longue que la mémoire cache de votre ordinateur le permet. Finalement, l'option *Historique* du menu *Fenêtre* affiche une fenêtre avec ce même historique.

Le document Web par défaut est celui qui est transféré initialement lors du démarrage de votre application et celui vers lequel vous retournez lorsque vous sélectionnez l'option *Accueil* trouvée dans le menu *Aller*. Vous pouvez également cliquer sur le bouton représentant une maison sur la barre de boutons. Je vous rappelle que vous pouvez modifier l'adresse de votre document *de facto* à volonté, comme nous l'expliquons à la section 3.3.2.

L'option *Recharger* du menu *Affichage* ordonne un nouveau transfert du document affiché à l'écran.

Les liens vous permettant de vous transporter d'un document à l'autre sont généralement de couleur bleue ou soulignés. Quand vous cliquez sur ces mots, phrases ou images, Netscape prend

Figure 3.14
Fenêtre de l'historique des déplacements lors d'une séance de *surf*

l'adresse URL se cachant sous ce lien et l'utilise pour transférer le document en question. Une fois qu'un lien est exploré, ce dernier change de couleur pour vous indiquer qu'il a déjà été consulté.

3.3.5 Comment rappeler un site super étourdissant?
Les signets

Vous pouvez archiver les adresses URL des documents Web que vous trouvez captivants. C'est facile: lorsque vous vous trouvez sur une de ces pages, vous n'avez qu'à sélectionner l'option *Ajouter un signet* dans le menu *Signets* ou faire **Commande+D** sur un Macintosh ou **CTRL+D** sur Windows.

Pour récupérer cette liste, déroulez le menu **Signets**. Si vous désirez modifier les éléments de cette liste pour entre autres y mettre un peu d'ordre, sélectionnez soit l'option *Allez aux signets...* du menu *Signets,* soit l'option *Signets* du menu déroulant *Fenêtres,* ou faites la combinaison **Commande+B** sur Macintosh ou **CTRL+B** dans la version Windows. L'écran de la page suivante est affiché.

Chacune des lignes possède une petite icône à sa gauche afin d'indiquer s'il s'agit d'un signet ou d'une chemise de signets. Cette représentation est la même que celle que vous trouvez dans le menu déroulant *Signets*. C'est-à-dire que, dans mon exemple, je vais

C
H
A
P
I
T
R
E

3

133

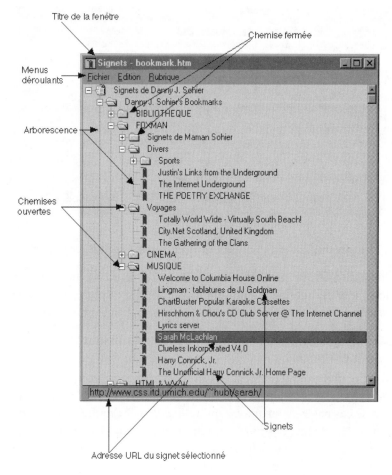

Figure 3.15
Gestion des signets

apercevoir le nom des trois répertoires sous ce menu. Je devrais pointer sur un des répertoires pour y apercevoir les signets inclus.

Vous pouvez déménager un signet simplement en cliquant sur un de ceux-ci et en le glissant à un autre endroit dans le même répertoire ou à l'intérieur d'un autre répertoire. Ces opérations existent pour que vous puissiez mettre de l'ordre dans vos signets.

Si vous désirez créer un nouveau répertoire à l'intérieur de votre liste de signets, choisissez l'option *Insérez un dossier* du menu *Rubrique*. L'écran suivant est affiché:

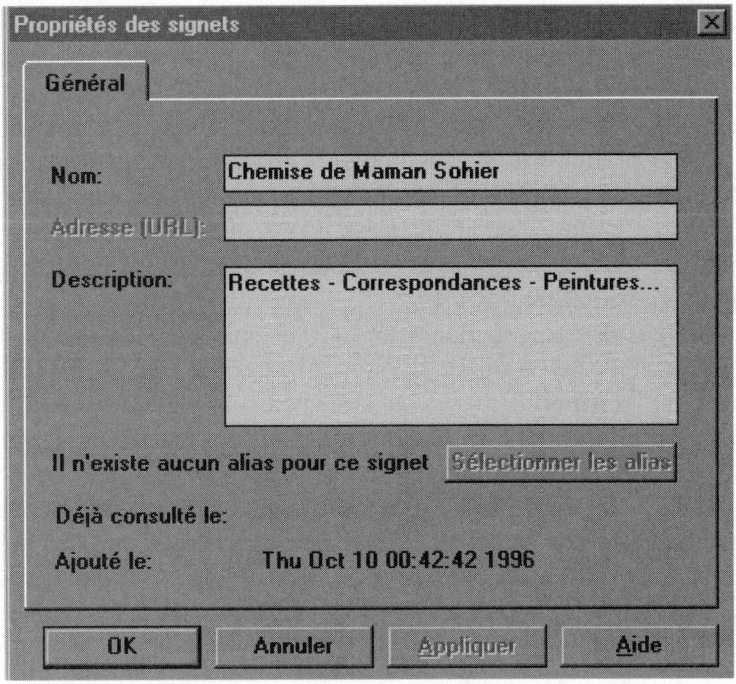

Figure 3.16
Création d'un nouveau répertoire de signets

Il ne reste qu'à inscrire le titre du nouveau répertoire dans le champ **Nom** et à fournir une description dans le champ **Description** si vous le désirez. Cliquez sur le bouton **OK**, et la chemise est affichée dans votre liste de signets. Vous pouvez également déplacer cette dernière à l'endroit désiré.

Pour effacer un signet ou un répertoire de signets, vous devez auparavant sélectionner l'élément en cliquant dessus. Ensuite, faites la commande **Commande+X** pour Macintosh ou **CTRL+X** sur Windows.

Pour modifier les renseignements d'un signet ou d'un répertoire, sélectionnez-le en cliquant dessus et choisissez l'option **Proprié-tés...** du menu **Rubriques**. Une fenêtre comme celle de la figure 3.15 est affichée pour vous permettre d'effectuer les modifications. Cliquez sur le bouton **OK** pour valider vos modifications.

Vous pouvez facilement trier les signets qui se trouvent dans un répertoire en cliquant sur ce dernier pour le sélectionner et, par la suite, en choisissant l'option **Trier les signets** du menu **Rubrique**.

L'importation d'un fichier de signets est possible seulement si ces derniers sont compatibles avec Netscape. Choisissez l'option **Importer...** dans le menu **Fichier**. Un gestionnaire de fichiers apparaît pour vous aider à trouver le fichier à importer. Les signets sont ajoutés à votre liste.

Si vous désirez communiquer votre liste de signets à une ou un de vos amis, sélectionnez l'option **Enregistrer sous...** du menu déroulant **Fichier**. Un gestionnaire de fichiers est affiché. Vous n'avez plus qu'à indiquer le nom du fichier sous lequel vous désirez sauvegarder vos signets.

Il existe des logiciels ayant pour seule prétention de mieux gérer les signets que le *Navigateur* de la compagnie Netscape. Ces logiciels peuvent vous être utiles si les signets vous sortent par les oreilles et que votre vie est basée sur la saine gestion de ces derniers. Certains des logiciels suivants sont commerciaux:

Logiciels de gestion de signets
- Smart Bookmarks *http://www.firstfloor.com*
- Bookmark Manager *http://www.walrus.com/~noyo*
- DragNet *http://www.onbasetech.com*
- NetOrganizer *http://www.nsb-intl.com*
(capture tous vos URL lors de vos déplacements)
- Surfbot *http://www.surflogic.com*

3.3.6 J'étouffe, j'ai besoin de plus d'espace... ou la gestion de l'affichage

Si vous trouvez que l'espace disponible pour afficher les informations transmises n'est pas assez grand, vous pouvez faire disparaître les boutons d'accès rapide, la barre de boutons et l'adresse URL.

Vous pouvez régler cette question avec les trois options d'affichage du menu déroulant *Options*.

3.3.7 La mise au point de Netscape

Netscape vous offre une gamme de paramètres modifiables afin d'améliorer votre expérience sur le Web. Les points suivants sont les plus importants. On peut régler les paramètres de Netscape avec les *Préférences générales, Préférences de courrier et de nouvelles, Préférences du réseau* et *Préférences de sécurité* situées dans le menu déroulant *Options*.

Préférences générales

Ces écrans possèdent tous le même aspect. Des onglets situés dans la partie supérieure vous permettent de fixer des paramètres propres à un thème. La fenêtre suivante est affichée lorsque vous sélectionnez les *Préférences générales*.

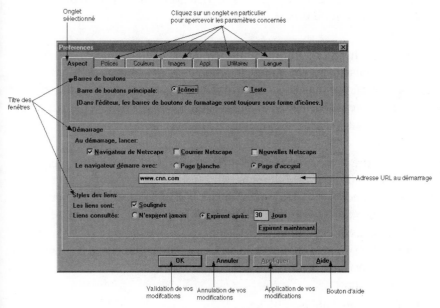

Figure 3.17
Préférences générales de Netscape

• *Aspect*

C'est dans la fenêtre **Barres de boutons** qu'on détermine l'aspect de cette dernière. Vous avez le choix entre l'affichage des icônes avec images ou avec texte seulement. La boîte **Démarrage** vous permet de déterminer l'adresse du document Web affiché par défaut lors du lancement de Netscape. On détermine si les liens hypertextes affichés à l'écran sont soulignés ou non dans la boîte **Style des liens**. On peut également fixer le temps pour qu'un lien visité reprenne la couleur d'un lien non visité dans le champ **Expirent maintenant.**

• *Polices*

Netscape vous offre le choix des polices fixes et vectorielles en plus du choix du codage international. Je vous recommande de garder le codage «Latin 1» dans les pays francophones.

• *Couleur*

Vous pouvez changer l'aspect de votre environnement Web en modifiant la couleur du lettrage, des liens visités et non visités, en plus de celle de votre fond d'écran.

• *Images*

Netscape charge les images retrouvées dans les documents Web au fur et à mesure qu'elles sont transférées. Vous pouvez modifier ce mode en choisissant la fonction **Après le chargement**. Le texte du document sera affiché plus rapidement, mais vous sentirez un retard supplémentaire dans l'affichage des images.

• *Appl.*

Il est extrêmement important que vous disiez à votre logiciel Netscape où se trouve l'application Telnet sur votre ordinateur. Sinon, les adresses URL Telnet ne seront pas exploitées adéquatement. Un message d'erreur (**Application introuvable**) s'affiche à l'écran dans cette situation. C'est sous cet onglet que vous pouvez indiquer où se trouve l'application Telnet. Pour plus de renseignements, consultez la section 6.3.

• *Utilitaires*

La fenêtre suivante est affichée:

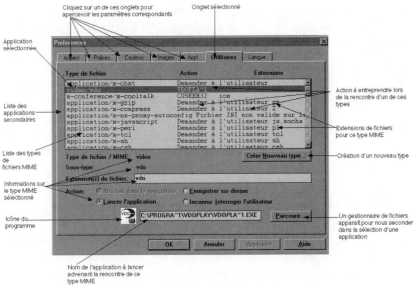

Figure 3.18
Paramètres pour les applications secondaires

Il arrive parfois que vous rencontriez un lien ou un élément sur le Web que votre logiciel Netscape ne peut afficher ou traiter correctement. Netscape sauvegarde généralement le fichier pour que vous puissiez le traiter en différé avec une autre application. Vous gagnez du temps en indiquant à votre logiciel Netscape le nom de l'application à lancer qui peut traiter une de ces entités mystérieuses. Vous devez décrire le comportement de Netscape avec les différents éléments trouvés sur Internet. Un excellent exemple de cela se trouve dans le chapitre 8, qui traite en partie du *RealAudio*. Premièrement, décrivez le type MIME dans le champ ***Type de fichier / MIME*** et le sous-type dans le champ ***Sous-type***. Dans notre exemple, il s'agit du type «*video*» et du sous-type «*vdo*». Ensuite, inscrivez les extensions probables des fichiers à l'endroit ***Extension(s) de fichiers***; ici, il s'agit de «*vdo*».

Finalement, indiquez le comportement de Netscape avec ce type de fichier; il peut simplement l'archiver sur votre disque dur (***Enregistrer sur disque***), ***lancer l'application*** définie dans le champ du même nom, utiliser le navigateur pour afficher le fichier (***Afficher***

C
H
A
P
I
T
R
E

3

dans le navigateur), ou bien demander au navigateur de vous interroger à propos de l'action à entériner dans cette situation (*Inconnu: Interroger l'utilisateur*).

• *Langue*
Vous déterminez dans ce dernier onglet les langues que vous êtes prêt à voir afficher à l'intérieur de votre nagigateur.

Paramètres de courrier et de nouvelles...

Saviez-vous que Netscape agit également comme logiciel de courrier électronique (CE) et comme lecteur de nouvelles Usenet? L'utilité de posséder une brochette de logiciels Internet afin de pouvoir exploiter toutes les ressources sera bientôt chose du passé. On peut modifier les différents paramètres propres à ces deux modules en choisissant l'option *Paramètres de courrier et de nouvelles...* situé dans le menu *Options*. La figure suivante vous montre les différents thèmes abordés dans cette option:

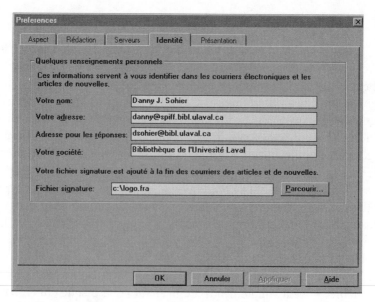

Figure 3.19
Paramètres pour le courrier électronique et les nouvelles Usenet

• *Aspect*

Sélectionnez la police de caractères pour la lecture et l'écriture de votre courrier et de vos messages.

• *Rédaction*

Déterminez si vos envois sont encodés en format MIME (Multiple Internet Mail Extensions - voir le chapitre 2) ou simplement en 8 bits. Le format 8 bits est recommandé si vos destinataires sont majoritairement en Amérique du Nord ou en Europe. Vous pouvez également décider si le courrier ou chaque message envoyé sera acheminé dans votre boîte postale ou archivé sur votre disque dur.

• *Serveurs*

Donnez à votre logiciel Netscape les adresses Internet de votre serveur de courrier électronique et de votre serveur de nouvelles. Si vous ne connaissez pas ces adresses, demandez-les à votre administrateur de réseau ou au service à la clientèle de votre fournisseur Internet.

• *Identité*

La figure 3.19 montre le contenu de cet onglet. On détermine ici votre identité lorsque vous inscrivez votre nom dans le champ ***Votre nom:*** et votre adresse de courrier POP (voir le chapitre 2) dans le champ ***Votre adresse.*** Si votre identité sur le serveur de courrier POP (Post Office Protocol) est différente de votre adresse normalisée de CE, inscrivez cette dernière dans le champ ***Adresse pour les réponses.*** Notez que cette adresse sera affichée comme adresse de retour dans votre courrier. Inscrivez également le nom de votre organisation dans ***Votre société.*** Finalement, si vous désirez inclure une signature électronique dans chaque envoi, indiquez-le dans le champ ***Fichier signature.***

• *Présentation*

Sélectionnez à l'avance l'ordre de tri de votre courrier et des messages Usenet.

Préférences du réseau

Les ***Préférences du réseau*** se trouvent dans le menu déroulant ***Options.*** Les paramètres situés à cet endroit n'ont pas besoin d'être modifiés à moins de force majeure. Ils sont réservés à des utilisateurs avancés qui connaissent très bien les termes réseaux et le micro-ordinateur.

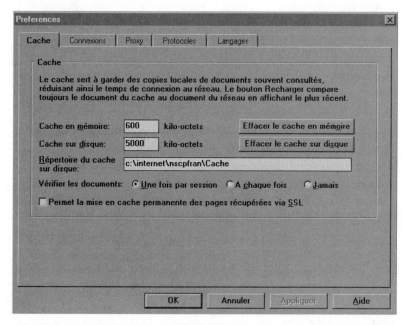

Figure 3.20
Les préférences du réseau

• *Cache*

Fixez la taille de la mémoire que Netscape utilise comme tampon. Les pages visitées antérieurement y sont emmagasinées au cas où vous devriez y retourner. De cette façon, vous économisez du temps. Mais dosez bien ces paramètres pour ne pas manquer de mémoire vive et d'espace-disque pour vos autres applications.

• *Connexions*

Netscape peut ouvrir plusieurs connexions avec le même serveur pour transférer simultanément le fichier source HTML et les différentes images liées à ce fichier. Vous pouvez fixer le nombre de connexions. Un grand nombre ralentira cependant votre affichage.

• *Proxies*

Si votre organisation est branchée à Internet par le biais d'une passerelle de sécurité (*Firewall*), pour une meilleure sécurité, indiquez l'adresse Internet et les ports IP des serveurs utilisés pour avoir accès aux différentes ressources dans le réseau. Votre administrateur de réseau possède ces informations.

• *Protocoles*

Vous décidez, sous cet onglet, si vous désirez être averti avant d'envoyer un formulaire par courrier électronique ou un *cookie* (informations sur votre ordinateur transmises à un serveur).

• *Langages*

Vous avez le choix de mettre hors de service les scripts Java. Ces programmes sont transformés en même temps qu'un document Web et sont ensuite exécutés par votre navigateur. Si votre ordinateur possède des informations ultraconfidentielles, il serait peut-être bon de désactiver ce type de transaction. Le Java n'est pas encore complètement sécuritaire au moment où j'écris ces lignes.

Préférences de sécurité

Les paramètres disponibles dans cette série d'onglets permettent la gestion de la sécurité des transactions effectuées avec des serveurs commerciaux et la gestion d'un mot de passe pour l'accès à votre logiciel.

• *Général*

On résume ici les situations où Netscape doit vous avertir qu'une transaction n'est pas sûre. Cela veut dire que l'échange d'informations entre votre ordinateur et le serveur n'est pas crypté. Cela n'indique cependant pas que Netscape a détecté une violation de votre lien de télécommunications. Cochez les situations où vous devriez être averti par Netscape: en entrant ou en sortant d'un document sûr; en affichant un document contenant une partie sûre et non sûre; ou en soumettant un formulaire avec un serveur non sûr. Vous pouvez également définir le type de cryptage que votre navigateur peut accepter.

C
H
A
P
I
T
R
E

3

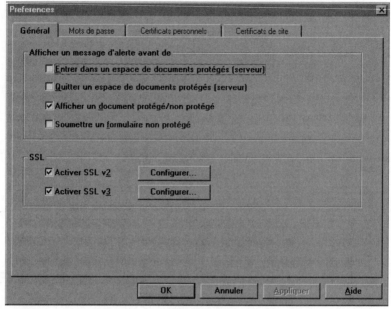

Figure 3.21
Préférences de sécurité

• *Mots de passe*

Si vous ne désirez pas que quelqu'un ait accès à votre navigateur, indiquez-le ici en inscrivant un mot de passe qui peut être demandé à tous les lancements, périodiquement ou après une période d'inactivité du logiciel déterminé par l'utilisateur.

• *Certificats personnels*

La compagnie Verisign Inc. (*http://www.verisign.com*) de la Californie, en collaboration avec des institutions financières réparties aux quatre coins du globe, offre maintenant l'émission d'un certificat d'identification personnelle. Ce certificat vous permet d'effectuer des transactions commerciales avec les différentes sociétés qui n'acceptent que ça. Elles deviennent de plus en plus nombreuses. Une fois que votre identité est confirmée, le certificat est gardé sous la forme d'un code sous l'onglet.

• *Certificats de sites*

À l'inverse, vous sélectionnez sous cet onglet la liste de serveurs qui peuvent attester l'identité d'une société qui transige commercialement sur le réseau.

3.3.8 Le courrier électronique de Netscape 3.x

La figure 3.22 présente le module de courrier électronique disponible à l'intérieur des versions 3.x du *Navigateur* de Netcape. Vous y avez accès en choisissant l'option *Courrier Netscape* du menu *Fenêtre*. N'oubliez pas de fixer les paramètres du courrier comme l'explique la section précédente.

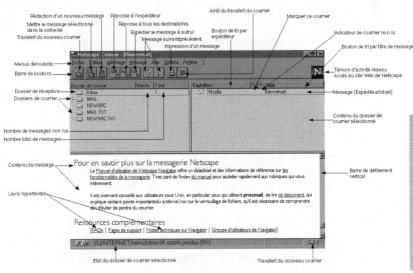

Figure 3.22
Module de courrier électronique dans Netscape

Je ne m'attarde pas à la description des fonctions incluses dans ce module. Je vous propose plutôt de consulter le chapitre 2, qui traite exhaustivement du courrier électronique. Je désire plutôt faire un tour d'horizon de cette interface. Ce logiciel se compare avantageusement à *Eudora*. Il peut suffire à une personne qui fait une utilisation normale du courrier électronique.

CHAPITRE 3

L'écran se subdivise en cinq parties. Une barre de menus déroulants domine l'interface suivie d'une barre de boutons remplie de fonctions utiles. Les dossiers de courrier et les messages inclus dans la chemise sélectionnée apparaissent dans la partie de droite. Finalement, l'espace inférieur est réservé à l'affichage du message sélectionné.

Le module de courrier électronique (CE) de Netscape est compatible avec la norme POP (Post Office Protocol). Vous avez donc besoin d'un compte sur un serveur de CE POP pour consulter votre courrier électronique. Les fonctions principales se trouvent sur la barre de boutons.

• *Transfert du nouveau courrier*
Netscape transfère votre nouveau courrier et l'accumule dans le dossier «Inbox». En accord avec la norme POP, vous devez fournir le mot de passe pour accéder à votre boîte postale.

• *Lecture d'un message*
Sélectionnez un des messages dans la partie droite et cliquez deux fois sur ce dernier pour l'afficher dans la partie inférieure.

• *Rédaction d'un nouveau message*
Vous avez le choix entre cliquer sur le bouton **Rédaction d'un nouveau message**, sélectionner l'option *Nouveau courrier* du menu **Fichier** ou faire la combinaison **Commande+M** sur Macintosh ou **CTRL+M** sur Windows.

Cette fenêtre est la même pour toutes les opérations de rédaction: un nouveau message, une réponse ou une redirection de courrier. Le principe de l'en-tête est le même que pour tout message de courrier électronique. Vous pouvez accéder à votre carnet d'adresses en cliquant sur les boutons **Envoyer à** et **Copies à**. Un gestionnaire de fichiers est affiché à l'écran pour vous aider à sélectionner ce que vous désirez incorporer au message si vous cliquez sur le bouton **Fichier joint**. Écrivez votre message dans la fenêtre principale. Dans le cas d'une réponse ou d'une redirection, vous pouvez inclure le message original en cliquant sur le bouton approprié dans la barre de boutons. Une fois la rédaction terminée, cliquez sur le bouton d'envoi de message.

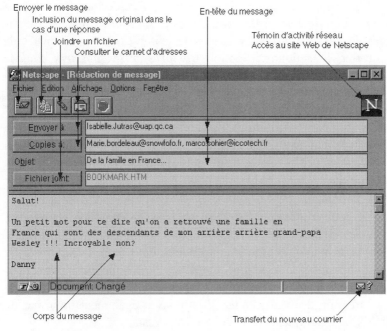

Envoyer le message
Inclusion du message original dans le cas d'une réponse
Joindre un fichier
Consulter le carnet d'adresses

En-tête du message

Témoin d'activité réseau
Accès au site Web de Netscape

Corps du message

Transfert du nouveau courrier

Figure 3.23
Composition d'un nouveau message dans Netscape

• *Faire suivre et répondre à un message*
Pour répondre à un message, vous devez avoir sélectionné ce message auparavant. Ensuite, cliquez sur le bouton **réponse à l'expéditeur**, **réponse à tous les destinataires** ou **expédition à autrui**. Un écran du même type que celui affiché à la figure précédente apparaît sur votre écran pour vous assister dans la rédaction de votre message.

• *Dossier de courrier*
La création d'un dossier de courrier est simple. Il suffit de choisir l'option *Nouveau dossier...* dans le menu *Fichier*. Une fenêtre est affichée pour que vous puissiez inscrire le nom de cette nouvelle chemise. Les dossiers sont pratiques du fait qu'ils vous aident à classer votre courrier.

147

Pour supprimer un dossier, sélectionnez ce dernier et choisissez l'option **Supprimer un dossier** du menu **Edition**. Afin de sauvegarder de l'espace-disque, vous pouvez compresser vos chemises de courrier. Sélectionnez l'option **Compresser les dossiers** dans le menu **Fichier**. Un message est automatiquement décompressé si vous désirez le lire.

Finalement, vous pouvez trier les messages se trouvant dans vos chemises par date, nom de l'auteur, titre du message ou par ordre d'arrivée dans votre boîte postale, et ce dans un ordre croissant ou décroissant. Ces choix se trouvent tous dans l'option **Trier** du menu **Affichage**.

• *Traitement d'un message*
Vous pouvez aisément déplacer un message dans une chemise de courrier en le sélectionnant, puis en le glissant dans la chemise désirée. Vous pouvez détruire un message de deux façons. Dans les deux cas, vous devez le sélectionner auparavant. Ensuite, vous pouvez cliquer sur le bouton **corbeille** ou simplement appuyer sur la touche de suppression de votre clavier. Vous pouvez également imprimer un message en cliquant sur le bouton **impression**.

3.3.9 Les nouvelles Usenet de Netscape 3.x

Le monde des nouvelles Usenet est à la portée de votre logiciel Netscape quand vous sélectionnez l'option **Nouvelles Netscape** du menu **Fenêtre**. Ce module est expliqué au chapitre 5, où les nouvelles Usenet sont à l'honneur.

3.3.10 Un dernier mot sur Netscape

Même si les versions de Netscape pour Macintosh et Windows sont en constante évolution, ce logiciel demeure le logiciel-client le plus utilisé à l'heure actuelle pour exploiter les richesses des serveurs Web. L'ajout des excellents modules pour le courrier électronique et les nouvelles Usenet le rend encore plus attrayant. Quelques fonctions mineures n'ont pas été explorées dans le cadre de cet ouvrage, comme cela a été le cas pour tous les autres logiciels-clients présentés dans ce livre. On peut avoir accès à de la documentation supplémentaire en sélectionnant le **Manuel** du locigiel

Netscape situé dans le menu déroulant *?* (il s'agit bel et bien d'un point d'interrogation).

3.4 Les plugiciels Web (*plug-ins*)

La mise au point de nouvelles ressources logicielles est en pleine ébullition. Que ce soit de nouvelles normes multimédias ou de nouveaux protocoles pour interroger les bases de données, les nouvelles technologies ont comme but d'améliorer le rapport entre l'ordinateur et l'utilisateur. De l'autre côté de la médaille, il y a la migration vers ces nouvelles technologies qui peut être ardue. De nouvelles versions de logiciels doivent être rédigées chaque fois.

Pour Internet, et particulièrement les navigateurs Web, on a trouvé une solution à cette situation agaçante. Les plugiciels Web (modules externes incorporés ou *plug-ins* en anglais) sont des «morceaux» de logiciels qu'on peut greffer au navigateur, lui permettant d'exploiter de nouvelles ressources. Ce scénario fait le bonheur de tout le monde. Les manufacturiers de navigateurs n'ont pas besoin de réécrire le code périodiquement pour incorporer les nouveautés. Ils peuvent attendre une bonne période de temps et lancer une version qui regroupe les nouvelles technologies éprouvées. L'utilisateur choisit parmi les plugiciels ceux qui l'intéressent et économise du temps et de l'espace-disque. Les innovateurs en technologie peuvent commencer à distribuer rapidement leurs produits.

Les plugiciels sont disponibles à deux endroits: chez des manufacturiers de navigateurs (figure 3.8) et chez des manufacturiers de nouvelles technologies. Votre navigateur vous en avertit lorsque vous cliquez sur un lien HTML qui nécessite un plugiciel absent de votre ordinateur. Généralement, des informations spéciales apparaissent dans le document Web affiché, qui vous mèneront vers le plugiciel manquant.

Le *Navigateur* de Netscape vous permet de visualiser la liste des plugiciels installés. Sélectionnez l'option *A propos des modules externes* située dans le menu déroulant *?* .

Vous vous apercevez que le navigateur reconnaît l'utilisation d'une ressource par son type MIME. Vous pouvez configurer de nouveaux plugiciels en choisissant l'option *Préférences générales*

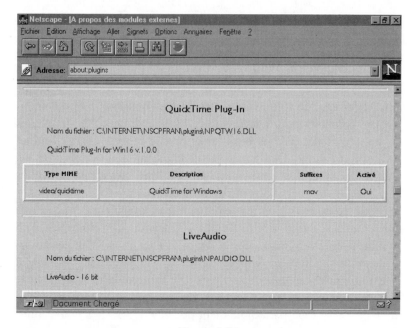

Figure 3.24
Liste des plugiciels installés dans votre navigateur

du menu **Options**. Le panneau de contrôle est situé dans l'onglet **Utilitaires** (figure 3.18). La compagnie Netscape offre une liste exhaustive de ces plugiciels sur son site à l'adresse ***http://home. netscape.com/comprod/mirror/navcomponents_download.html***.

Je vous présente ici les plus populaires plugiciels utilisés dans Internet. Il y a une foule de plugiciels qui ne gagnent pas la notoriété escomptée, et c'est la raison pour laquelle il ne faut pas nécessairement tous les installer dès leur annonce.

3.4.1 Java

Java est une expression anglaise pour désigner une variété de café. On connaît bien le goût marqué des informaticiens pour la caféine, et elle se reflète très bien ici. Je vais tenter d'expliquer l'environnement Java afin que l'utilisateur acquière une notion générale de cette nouvelle entité. Le langage se trouve présentement dans une phase agitée de développement visant la production d'une version officielle. Cette nouvelle ressource n'existe que depuis avril 1994, et c'est la compagnie Sun (***http://www.sun.com***), important manufacturier de stations de travail Unix, qui en est le maître d'œuvre. Le site Web officiel pour Java se trouve à l'adresse ***http://java.sun.com***.

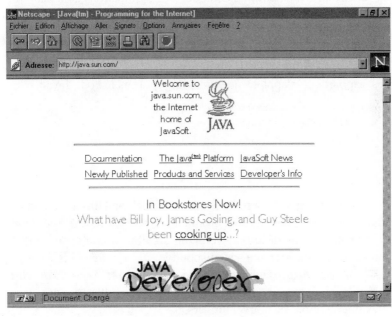

Figure 3.25
Site Web pour la culture Java

La chose importante à savoir pour l'internaute est que le plugiciel Java est inclus dans le *Navigateur* de Netscape depuis la version 2.02. Pour ce qui est de l'*Explorateur* de Microsoft, il est incorporé dans la version 3.x. Vous n'avez donc pas de souci à vous faire si vous possédez un de ces deux logiciels. Si vous n'avez pas accès aux programmes Java, un message est affiché à l'écran de votre navigateur. Dans ce cas-ci, je vous suggère de vous procurer la toute dernière version de votre navigateur Web.

Avec Java, nous ajoutons la possibilité d'exécuter de petits programmes appelés **applets**, qui permettent l'animation d'éléments sur votre écran. Ces éléments peuvent être un tableau d'affichage électronique du style téléimprimeur déroulant les cours de la Bourse, ou bien il peut s'agir d'une petite balle qui rebondit sur les côtés de la fenêtre affichée, et ainsi de suite. Les applications sont sans fin. Ces **applets** sont programmés dans un langage que nous appelons «JavaScript», un langage orienté-objet optimisé pour la création d'applications exécutables et distribuées. Le code «JavaScript» est inclus dans le code HTML d'une page Web. C'est entre les étiquettes <applet> et </applet> que nous incorporons le code Java.

```
<applet codebase=»applets/NervousText»
code=NervousText.class
width=300
height=50>
<param name=text value=»Java, c'est super flash!»>
</applet>
```

Une application Java rédigée sur une machine Unix fonctionnera dans n'importe quel autre environnement où l'on retrouve le plugiciel Java. Si vous désirez devenir un créateur d'applications Java, consultez le tutoriel qui est disponible sur le site Web *JavaSoft* à l'adresse ***http://www.javasoft.com:80/books/Series/Tutorial/index.html***. Je vous conseille fortement de consulter ce site si vous êtes intéressé par ce nouvel univers.

Malheureusement, vous ne trouverez pas de conseils de programmation Java dans ce livre. Ce sujet est tellement large qu'il fait l'objet de son propre livre. Il en existe présentement sur le marché. Je vous propose le livre de Bill Joy, James Gosling et Guy Steele intitulé *The Java Langage Specification*, une bible écrite par les créateurs du langage.

Informations sur Internet traitant de Java
- Le site Web officiel Java   ***http://java.sun.com***
- Groupe de nouvelles Usenet   ***new:// comp.lang.java***
- Un cours Java en français   ***http://siisg1.epfl.ch/Java/Cours***
- Le site de Sun pour la France ***http://www.sun.fr***

- Répertoire d'applets en version Beta *http://www.gamelan.com*
- Le JavaStore, un entrepôt d'applets *http://www.javastore.com*
- The Java Developper *http://www.digitalfocus.
com/digitalfocus/faq*
- Revue électronique traitant de Java *http://www.io.org/
~mentor/DigitalEspresso.html*
- Rubrique spécialisé *Yahoo!* *http://www.yahoo.com/
Computers_and_Internet/
Programming_Languages/Java*

3.4.2 Le langage «VRML»

«VRML» veut dire Virtual Reality Modeling Language. Il s'agit d'un tout nouveau concept visant à faire d'Internet un immense univers de réalité virtuelle hyperlié à l'environnement Web. Rappelez-vous qu'Internet est un lien physique dans lequel on retrouve entre autres le Web et, bientôt, l'univers «VRML». Les deux mondes seront étroitement liés en ce sens que vous pourrez visiter un monde virtuel grâce à un plugiciel ajouté à votre navigateur Web et, inversement, voir l'univers Web à travers un logiciel-client «VRML».

Imaginez un peu: entrer physiquement à l'intérieur d'un musée sans même quitter votre ordinateur! Vous pouvez sauter dans un autre musée simplement en cliquant sur un lien de type URL qui flotte dans les airs sous la forme d'une sphère bleue. Ou bien, entrer dans une pièce où est générée la représentation graphique de personnes, et avoir la capacité d'engager une conversation avec celles-ci même si elles se trouvent à des milliers de kilomètres de vous. On pense alors à AlphaWorld (voir le chapitre 8) en trois dimensions et en réalité virtuelle. Ce ne sont que des exemples parmi ce que les gurus de cette nouvelle technologie espèrent voir naître d'ici le nouveau millénaire.

C'est à la conférence W3 de Darmstadt, en avril 1995, que VRML version 1.0 fut adopté non pas comme modèle final, mais bien comme une base pour les énormes développements à venir. Cet effort coopératif de volontaires s'est attiré les grâces de nombreuses entreprises de prestige dont Netscape et Microsoft. À ce jour, une vingtaine d'organisations ont signé des ententes stratégiques afin de développer et de respecter un standard unique, le «VRML». Des sites d'informations se trouvant dans Internet ont pour but d'aider les gens qui veulent profiter de l'occasion d'en connaître davantage et pour offrir à tous les dernières informations sur ce sujet. Le meilleur point de départ est le centre pour superordinateurs de San Diego à l'adresse *http://sdsc.edu/vrml*, site Web du répertoire VRML.

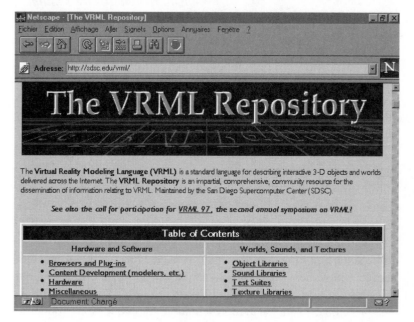

Figure 3.26
Répertoire «VRML»

Lorsque nous entrons dans un monde virtuel généré en VRML, nous pouvons avancer, reculer, voler et nous déplacer à notre guise afin de voir les différents éléments de notre environnement. Les déplacements se font à l'aide de la souris. On retrouve de plus en plus de ces mondes utilisés sur les sites Web axés sur la promotion. Dernièrement, à l'occasion du nouveau film *Star Trek: Premier Contact*[1]

---

1. *Star Trek* et *Star Trek: Premier contact* sont des marques déposées par la compagnie Paramount Inc.

(*http://www.first-contact.com*), les studios de cinéma Paramount ont offert un site Web promotionnel aux adeptes de ce phénomène. On retrouvait un modèle VRML à l'intérieur de ce site qui permettait de visiter le nouveau vaisseau spatial *USS Enterprise NCC-1701E*. Auparavant, on retrouvait cette technologie uniquement dans les cédéroms; elle est maintenant disponible dans Internet.

Figure 3.27
Sur la passerelle de l'*Enterprise* par le biais de VRML

Deux plugiciels sont présentement au sommet de ce marché. Ils sont gratuits et utilisables avec Macintosh et Windows. Visitez le site Web de ces deux produits afin de les transférer sur votre ordinateur. Ensuite, branchez votre navigateur Web vers un monde virtuel, et n'oubliez pas d'aller manger à l'heure du repas...

Plugiciels VRML pour Netscape
• Live3d de Netscape Corp.   *http://home.netscape.com/comprod/products/navigator/live3d*

• Cosmo de Sillicon Graphics   *http://vrml.sgi.com*

Mondes VRML à visiter

- Planet 9; New York, San Francisco en VRML
  http://www.planet9.com
- Librairie de molécules de l'univ. de New York
  http://www.nyu.edu/pages/ mathmol/library
- Répertoire VRML de Silicon Graphics
  http://vrml.sgi.com/worlds
- La lune et la terre en VRML   *http://www.pacificnet.net/ ~mediastorm/*
- Exposition d'objets VRML   *http://www.ocnus.com/models*
- Rubrique spécialisé de *Yahoo!*   *http://www.yahoo.com/ Computers_and_Internet/ Internet/World_Wide_Web/ Virtual_Reality_Modeling_ Language__VRML_/Worlds/*

Informations pour les créateurs et les curieux

- Répertoire VRML   *http://sdsc.edu/vrml*
- Site VRML   *http://www.vrml.org*
- Forum de discussion VRML   *http://vrml.wired.com*
- Le fourneau VRML   *http://www.mcp.com/ general/foundry*
- Magazine électronique VRML Site *http://www.vrmlsite.com*
- FAQ VRML   *http://vag.vrml.org/VRML_ FAQ.html*
- Rubrique spécialisée *Yahoo!*   *http://www.yahoo.com/ Computers_and_Internet/ Internet/World_Wide_Web/ Virtual_Reality_Modeling_ Language__VRML_*

3.4.3 Shockwave

Shockwave est un produit de la compagnie américaine Macromedia, populaire pour son produit de présentation interactive Director. Les fichiers produits par ce logiciel sont maintenant accessibles sur le Web avec *Shockwave*. Vous pouvez maintenant interagir avec des présentations multimédias en audio et en vidéo. Le plugiciel est gratuit et il est disponible pour le Macintosh et Windows. Le *Navigateur* de Netscape ainsi que l'*Explorateur* de Microsoft sont compatibles avec ce produit. Vous devez transférer *Shockwave* du site Web de la compagnie Macromedia à l'adresse *http://www.macromedia.com/shockwave.*

À la suite de l'installation, pointez votre navigateur vers la galerie de présentations ShockWave. Un généreux répertoire vous attend avec des présentations sur les arts, la science, les affaires et les loisirs.

Sites Web pour trouver des présentations Shockwave
- La galerie de ShockWave   *http://www.macromedia.com/ shockwave/epicenter*
- Shocker! Une autre galerie   *http://www.shocker.com/shocker*
- Le groupe musical Crash test dummies

         http://www.crashtestdummies. com

3.4.4 Mpeg et Quicktime

Commençons avec le standard Mpeg défini par l'Organisation des Standards Internationaux. Le terme Mpeg veut dire «Moving Pictures Experts Group» et représente le groupe de personnes qui définissent et font avancer cette technologie. Un fichier Mpeg incorporé dans un document Web permet de visionner une piste vidéo accompagnée d'audio lorsque c'est disponible. Cette technologie n'est pas propre à Internet. Cependant, on utilise maintenant ce standard multimédia dans les documents Web. Il existe plusieurs plugiciels dans les navigateurs. Je vous propose le produit gratuit de la compagnie InterVu, car il est disponible sur Windows et Macintosh. Vous devez consulter le site Web de la compagnie pour transférer le logiciel à l'adresse *http://www.intervu.com.*

Sites Web offrant des informations à propos de Mpeg
- Liste de sites offrant des pistes Mpeg

         http://www.intervu.com/partners /mpegsites.html

157

- Liste monstre de sites Mpeg   *http://www.islandnet.com/~*
                                     carleton/monster/monster.html
- Faq Mpeg   *http://www.powerweb.de/*
                                     mpeg/mpegf.html

Quicktime et *Quicktime VR* sont des produits mis au point par la compagnie Apple (***http://www.apple.com***). Il s'agit du standard multimédia Apple pour la lecture de fichiers multimédias. Cette technologie est incorporée dans la version 7.x du système d'exploitation de Macintosh. Ces fichiers utilisés uniquement dans l'univers Macintosh débordent maintenant sur le Web. Des plugiciels conçus par la compagnie Apple sont maintenant disponibles pour Windows. La version 3.x du *Navigateur* de Netscape pour les plateformes Macintosh et Windows incorpore désormais ce plugiciel. Donc, vous n'avez pas à le transférer. Si vous n'avez pas le plugiciel *Quicktime* sur votre ordinateur, visitez le site ***http://quicktime. apple.com*** pour le transférer.

Quicktime VR est un produit qui permet d'entrer dans des mondes virtuels en trois dimensions. Ce produit est comme le VRML. Ce plugiciel n'est pas installé *de facto* dans les navigateurs. Vous devez vous le procurer en consultant le site Web pour QuickTime VR à l'adresse URL ***http://qtvr.quicktime.apple.com***.

3.4.5 CoolTalk

CoolTalk est un système de téléphonie Internet. On doit ce produit à la compagnie Insoft, mais c'est la compagnie Netscape qui en fait la promotion. On est censé voir *CoolTalk* incorporé aux prochaines versions du *Navigateur*. Il vient cependant sous la forme d'un plugiciel que vous devez transférer et installer vous-même. Je vous explique le fonctionnement détaillé de ce produit à la section 8.1.3. Le site Web pour *CoolTalk* se trouve à l'adresse suivante: ***http://home.netscape.com/comprod/products/navigator/ version_3.0/communication/cooltalk/index.html***.

3.4.6 Crescendo pour les fichiers Midi

Crescendo permet d'écouter un fichier Midi (Musical Interface for Digital Instruments) incorporé dans un document Web. Le standard

Midi est utilisé par tous les musiciens professionnels pour emmagasiner des pistes musicales dans le format numérique. Ces fichiers font désormais partie de l'univers Web avec *Crescendo*, un produit de la compagnie Live Update Inc. On peut écouter un fichier Midi en transfert continu ou en emmagasinant le fichier sur le disque dur pour une écoute ultérieure. Le produit est compatible avec les navigateurs de la compagnie Netscape et Microsoft, et ce sur les plateformes Macintosh et Windows. Le plugiciel *Crescendo* est gratuit. Il est disponible sur le site Web de la compagnie à l'adresse *http://www.liveupdate.com*.

Répertoire de sites Web offrant des pistes Midi
- Le répertoire de *LiveUpdate*   *http://www.liveupdate.com/ exper.html*
- 1000 sites Midi!   *http://www.liveupdate.com/ 1000sites.html*
- SoulWind: The rythm Net   *http://www.warehouse.net/ hdumas/midi*
- Harmony Central   *http://www.harmony-central. com/MIDI*
- Archives Midi   *http://www.cs.ruu.nl/pub/MIDI*
- Rubrique spécialisée *Yahoo!*   *http://www.yahoo.com/ Entertainment/Music/ Computer_Generated/MIDI*

3.4.7 RealAudio

RealAudio est un produit de la compagnie Progressive Networks. Ce plugiciel permet la réception d'un signal audio continu sur votre ordinateur. De nombreuses stations radio diffusent des émissions en direct. On peut également écouter des émissions en différé. Grâce au plugiciel, on peut capter des émissions sportives, de nouvelles, à caractère social et musical. Le plugiciel se trouve à l'adresse *http://www.realaudio.com*. Vous trouverez à la section 8.2.1 du présent livre des explications exhaustives sur l'utilisation de *RealAudio*.

3.4.8 Les fichiers PDF et l'acrobate d'Adobe

PDF veut dire «Portable Document Format». Ce standard en est un de la compagnie Adobe (*http://www.adobe.com*). Il permet de transmettre des documents créés avec un logiciel de traitement de texte, un logiciel de chiffrier, etc., à n'importe quel utilisateur n'utilisant pas les mêmes applications. Il s'agit d'un format de description de pages qui demeure fidèle à la copie originale. Pour créer ces documents, on les sauvegarde simplement en format PDF à l'intérieur de notre application préférée.

On peut ensuite placer ces documents sur le Web. On les visualise avec le plugiciel *Acrobat* d'Adobe. Le format HTML ne permet pas de rendre formellement le concept du créateur d'un document. Les polices de caractères sont différentes d'un ordinateur à l'autre, la dimension de la fenêtre d'affichage n'est pas la même, les navigateurs modifient parfois l'aspect d'un document. Avec un fichier PDF, on visualise le document tel qu'il a été pensé par son créateur. L'internaute n'a pas besoin d'installer ce plugiciel s'il ne rencontre pas de document PDF sur son cyber-chemin.

Le plugiciel *Acrobat* se trouve sur le site Web de la compagnie Adobe à l'adresse *http://www.adobe.com/acrobat*. Il est disponible pour les environnements Windows et Macintosh, et, oui, il est également gratuit. Consultez ce site pour en savoir plus sur cette technologie et afin d'accéder à un répertoire de sites Web où le format PDF est privilégié.

3.5 Oui! on peut s'y retrouver sur le Web

Le Web n'a ni début ni fin. Cependant, un bon point de départ est généralement la page d'accueil du serveur Web de votre site ou celle de votre fournisseur d'accès Internet. Généralement, vous y trouvez d'excellents points de départ locaux et mondiaux, des engins de recherche qui permettent de localiser facilement des sites Web à l'aide de mots clés, des serveurs de fichiers et, parfois, une liste de sites qui brillent par l'originalité de leur contenu et de leur apparence. La page d'accueil de la société française FranceNet (*http://www.francenet.fr*) est un bon exemple d'un point de départ pour un fournisseur d'accès.

Figure 3.28
Exemple d'un bon point de départ

Au moment où j'écris ces lignes, le Web compte approximativement 30 millions de pages différentes, et on file allègrement pour
dépasser le cap des 50 millions durant l'été 1997. Nous avons donc
le choix!

Le Web, c'est un immense livre. Les documents Web agissent
comme l'étoffe du livre. La table des matières se présente sous la
forme de répertoires de ressources; l'index, sous le masque des différents engins de recherche. Une information est rapidement trouvée dans Internet lorsqu'on sait déjà ce que l'on cherche. *GIRI* est
un bon guide pour vous aider dans vos recherches; conçu pour aider
la clientèle des universités québécoises, il a été créé par des biblio-
thécaires qui sont des experts dans ce type de recherche. L'adresse
Web de ce site est ***http://www.bibl.ulaval.ca/vitrine/giri***.

161

La table des matières du Web

Le catalogue de ressources *Yahoo!* à l'adresse ***http://www.yahoo.com*** est, à mon avis, le meilleur endroit pour trouver un ensemble de ressources sur un sujet précis. La figure 3.29 nous offre un clin d'œil sur ce site.

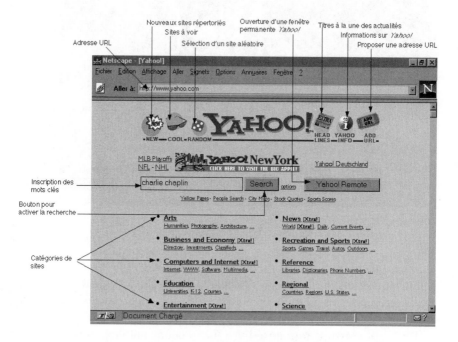

Figure 3.29
Le catalogue de ressources *Yahoo!*

On y trouve des catégories telles que les affaires, les actualités, l'éducation, les gouvernements, etc. On peut également y faire une recherche afin de localiser des titres de catégories. Les sites qui possèdent des informations incontournables s'y trouvent. Ce qui est intéressant d'un site-répertoire comme *Yahoo!* c'est qu'il effectue un travail de recherche et de traitement pour nous économiser une montagne de temps. Dans notre exemple, on désire localiser des sites consacrés au grand du cinéma muet Charlie Chaplin.

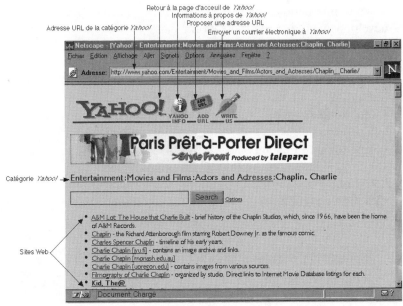

Figure 3.30
Réponse du site *Yahoo!*

D'autres bons répertoires existent, et vous y accéderez en appuyant sur le bouton **Destinations** sur la barre des boutons à accès rapide de Netscape. Si vous ne possédez pas ce dernier, pointez votre navigateur à l'adresse *http://home.netscape.com/escapes*.

Une autre excellente ressource est le répertoire mondial des serveurs Web cantonné sur le site du Consortium W3. On le trouve à l'adresse URL *http://www.w3.org/pub/DataSources/WWW/Servers.html*.

Du côté francophone, les répertoires québécois, français, canadiens, belges et suisses des sites Web nous offrent une vue d'ensemble des organisations pionnières d'Internet.

Répertoire de sites francophones
* Carrefour francophone   *http://www.carrefour.net*
* Lokace - Répertoire français   *http://lokace.iplus.fr*
* La toile du Québec   *http://www.toile.qc.ca*
* L'index francophone   *http://www.index.qc.ca*

C
H
A
P
I
T
R
E

3

163

- Centre international pour le   *http://www.cidif.org/Naviguer*
développement de l'inforoute en français
- Répertoire des sites européens   *http://www.yweb.com/home-fr.*
  html
- Répertoire des sites français   *http://www.urec.fr./France/*
  web.html
- Répertoire canadien   *http://www.csr.ists.ca/w3can*
- Répertoire belge   *http://www2.ccim.be*
- Répertoire du Luxembourg   *http://www.restena.lu/*
  luxembourg
- Répertoire de Monaco   *http://www.monaco.mc*
- La piste francophone   *http://www.toile.qc.ca/*
  francophonie

Figure 3.31
Carrefour.net

Lorsqu'on parle de la France, il ne faut jamais oublier MINITEL, le système télématique privilégié depuis fort longtemps. Il existe une passerelle Web permettant d'avoir accès aux ressources de ce système. Vous la trouverez à l'adresse *http://www.minitel.fr*.

Figure 3.32
Services Minitel sur le Web

Les engins de recherche

Si vous désirez effectuer une recherche à l'intérieur des documents Web, vous avez besoin d'un engin de recherche. Netscape propose une intéressante sélection d'engins de recherche. Cliquez sur le bouton **Rechercher** sur la barre des boutons à accès rapide. Vous pouvez également consulter un répertoire de sites de recherche à l'adresse *http://www.beaucoup.com*.

Je vous livre maintenant mon opinion sur l'un des meilleurs engins de recherche disponibles dans Internet. Il s'agit du site *Altavista* de la compagnie Digital. Son adresse est *http://altavista. digital.com*. Vous trouvez ce qui y est affiché à la figure 3.33.

Commencez avec des termes généraux afin de voir ce que l'engin de recherche peut vous offrir. Ensuite, aiguisez vos recherches en

C
H
A
P
I
T
R
E

3

165

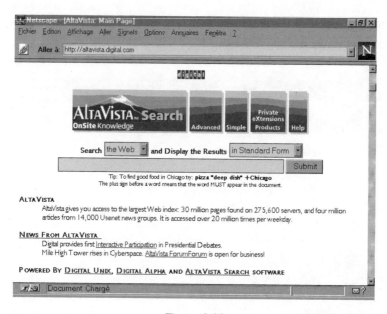

Figure 3.33
Le site Altavista

ajoutant des mots clés. C'est là une bonne stratégie de recherche. Je vous propose le livre d'André Vuillet et de Louis-Gilles Lalonde intitulé *Internet — Comment trouver ce que vous voulez* et publié aux Éditions Logiques si vous désirez devenir des experts de la recherche Internet.

Engins de recherche

• Répertoire d'engins de recherche	*http://www.beaucoup.com*
• FranceCité	*http://www.i3d.qc.ca*
• Lokace	*http://lokace.iplus.fr*
• Altavista	*http://altavista.digital.com*
• Lycos	*http://www.lycos.com*
• Infoseek	*http://www.infoseek.com*
• HotBot	*http://www.hotbot.com*
• WebCrawler	*http://www.webcrawler.com*

Les nouveautés

Je vous suggère deux endroits pour connaître les derniers sites Web à avoir fait leur entrée dans Internet. Vous avez d'abord le groupe de discussion Usenet **news:comp.infosystems.www.announce**, dans lequel les administrateurs annoncent leurs derniers venus. De plus, l'administrateur de ce groupe de discussion vous offre la liste des sites qu'il juge les meilleurs parmi les nouveautés à l'adresse **http://www.boutell.com/announce**. Ensuite, vous avez la liste des nouveautés chez **Yahoo!** à l'adresse **http://www.yahoo.com/weblaunch.html**.

Les meilleurs sites

Quels sont les meilleurs sites Web dans Internet? C'est tout à fait relatif. L'idée d'un internaute sur la valeur d'un site Web vaut bien celle d'un autre. Il existe plusieurs listes sur le Web, dans des magazines et dans les livres. Pour ce qui est des livres francophones, je vous propose *Les 500 meilleurs sites en français de la planète* rédigé par un internaute émérite et journaliste Internet pour la Société Radio-Canada, Bruno Guglielminetti. Ce livre est publié aux Éditions Logiques.

Je vous propose ma propre «*super-méga-flash-liste*» des meilleurs sites Web dans l'annexe B du présent livre. Cette liste est le résultat d'une fructueuse collaboration entre Benoît Guérin, chroniqueur-journaliste Internet pour la radio et les journaux dans la région de Québec, et moi-même. Vous trouverez cette liste à jour sur le site Web de ce livre à l'adresse Web **http://www.logique.com/guide_internaute**.

Sites Web des listes des meilleurs sites

• Super-Méga-Flash-Liste   **http://www.logique.com/guide_internaute**

• Liste des Top100 générée toutes les heures
     http://www.web100.com

• Liste des 1000 sites les plus consultés
     http://www.digits.com/top/usage_1000.html

- Liste hebdomadaire des 100 meilleurs sites
  http://www.100hot.com
- Rubrique spécialisée *Yahoo!* *http://www.yahoo.com/*
  Computers_and_Internet/
  Internet/World_Wide_Web/
  Best_of_the_Web

Vous désirez en savoir plus sur le Web?

Le site Web du consortium W3 est un bon endroit où trouver des informations sur les serveurs et clients Web, le langage HTML, les tutoriels, les passerelles CGI, la sécurité, les dernières nouvelles officielles concernant cette technologie, etc. L'adresse de cette perle est *http://www.w3.org*. N'oubliez pas le site Web des créateurs à l'adresse *http://www.stars.com*.

Si vous désirez en connaître plus sur la création de sites Internet, Netscape offre une page de ressources intéressantes à ce sujet. Sélectionnez l'option *Créer une page web* du menu déloulant *?* dans votre navigateur Web ou pointez votre navigateur sur l'adresse *http://home.fr.netscape.com/fr/home/how-to-create-web-services.html*.

Il est vraiment impossible de fournir toutes les adresses de sites Web dans le monde. De toute façon, il est difficile de croire à cette approche quand on connaît le caractère dynamique du Web. Je préfère renseigner les gens sur les techniques de recherche d'informations sur le réseau telles que l'utilisation des catalogues et des engins de recherche.

3.6 Pas de client? Utilisez Telnet...

Vous pouvez essayer de contacter *telnet.w3.org* avec un client Telnet, et ce sans avoir besoin d'un mot de passe. Vous serez automatiquement en contact avec un client W3 en mode texte, comme ceci:

```
THE WORLD-WIDE WEB
  This is just one of many access points to the web, the
universe of information available over networks. To follow
references, just type the number then hit the return (enter)
key.
```

```
The features you have by connecting to this telnet server
are very primitive compared to the features you have when
you run a W3 «client» program on your own computer. If you
possibly can, please pick up a client for your platform to
reduce the load on this service and experience the web in
its full splendor.
For more information, select by number:
    A list of available W3 client programs[1]
        Everything about the W3 project[2]
    1-3, Up, <RETURN> for more, Quit, or Help:
```

Un lien est déterminé par un chiffre situé à droite du terme. On peut l'activer en l'inscrivant en bas du texte. Ce n'est pas le grand luxe, mais vous pouvez néanmoins exploiter les liens hypertextes s'y trouvant et, de là, parcourir la planète. Cependant, une limite de 20 connexions Telnet à ce site a été établie.

Sites d'accès Web par Telnet
• New Jersey Institute of Technology
    Adresse: *www.njit.edu*   Mot de passe: **www**
• Université du Kansas
    Adresse: *lynx.cc.ukans.edu*   Mot de passe: **www**
• Liste de sites Telnet accédant au Web
                http://www.w3.org/pub/WWW/
                FAQ/Bootstrap.html

Ce service a été conçu pour les utilisateurs n'ayant pas accès à des interfaces graphiques comme Windows ou Macintosh. On pense à ceux qui n'ont qu'un terminal ou un vieil ordinateur PC exploitant uniquement DOS. Il se peut que les administrateurs de votre site aient installé un logiciel client en mode texte sur un ordinateur central pour que les terminaux de votre site aient accès au Web. Informez-vous de cette possibilité si vous possédez un terminal ou un ordinateur moins puissant.

3.7 L'avenir du Web

Ce chapitre s'achève sur ce que le Web pourrait nous apporter dans l'avenir. Pour l'instant, les serveurs Web et les clients ne s'échangent que des documents comprenant du texte et quelques images.

Attendez-vous à récupérer des éléments multimédias à mesure que les voies de communication s'élargissent. Des technologies comme Java et VRML décrites dans ce chapitre constituent un avant-goût des choses à venir. Par exemple, vous pourrez vous procurer des discours de gens célèbres, des clips musicaux, des séquences d'animation de toutes sortes, etc.

Le Web peut devenir le nouveau bureau électronique où tout le monde possède son propre espace. Chaque ordinateur aurait la possibilité de devenir à la rigueur un serveur Web. Les gens pourraient y déposer des documents aux fins de consultation, et vos collègues de travail pourraient même apporter directement des commentaires sur ces derniers, un peu comme pour une conférence en différé.

Le monde des affaires prend d'assaut l'univers du Web. C'est pourquoi des compagnies comme MasterCard, Visa, Microsoft, IBM, Apple et Netscape, entre autres, ont formé un consortium pour donner à Internet des protocoles de communication cryptés et sécuritaires à l'abri des fraudeurs et des pirates informatiques, afin que le réseau devienne la nouvelle place d'affaires par excellence de la planète. Des banques commencent d'ores et déjà à offrir des guichets automatisés, des firmes vendent des biens et services de toutes sortes, et ce n'est que le début. En 1996, la lune de miel entre Internet et le monde du commerce a fait avancer la technologie du Web comme on ne l'a jamais vu auparavant. Nous verrons en 1997 la concrétisation de tous ces projets et la véritable réalisation du commerce électronique.

Transfert de fichiers FTP

Quelquefois, consulter un fichier avec Telnet ne suffit pas. En outre, attendre qu'une personne vous envoie des informations par courrier électronique peut s'avérer un test de patience. Il existe des tonnes de logiciels publics dans Internet qu'on aimerait bien avoir sur son propre disque dur. Le problème, avec tous ces scénarios, est que les fichiers se trouvent sur un ordinateur étranger et non sur le vôtre. FTP (File Transfer Protocol) résout ce problème de main de maître. Cette ressource complète bien la notion Telnet. Avec FTP, vous ne pouvez pas consulter un fichier, mais vous pouvez le transférer. Telle est la précieuse fonction de FTP.

Comme en ce qui concerne tous les autres outils d'Internet, il vous faut un client FTP pour effectuer ce type de transferts. Un client FTP négocie les communications entre votre ordinateur et le serveur étranger. Le programme que nous utiliserons se nomme WS_FTP. Il s'agit d'un logiciel du domaine public conçu pour les transferts de fichiers. Votre navigateur Web peut également s'acquitter de cette tâche mais avec moins de flexibilité, comme nous le verrons plus loin.

Voici toutefois quelques indices sur des noms d'utilitaires FTP. Vous n'avez pas besoin de chercher loin du côté d'Unix: la commande est implantée dans le système d'exploitation. Il suffit de taper la commande «ftp». Le programme Fetch, conçu par une équipe du collège de Dartmouth, est l'outil parfait pour le Macintosh. Vous pouvez vous le procurer aux adresses suivantes:

FETCH

Site Web: *http://www. dartmouth.edu/pages/softdev/fetch.html*
Site FTP: *ftp.dartmouth.edu* dans le répertoire /pub/mac

Du côté Windows, je vous propose le logiciel WS_FTP. Consultez la page Web du créateur de cette ressource, John A. Junold (*junodj@csra.net*), ou consultez le site FTP.

## CHAPITRE 4

WS_FTP

Site Web: ***http://www.csra.net/junodj***
Site FTP: ***ftp.ipswitch.com*** dans le répertoire /pub/win3

4.1 Les rouages internes de FTP

FTP est le sigle de «File Transfer Protocol», qu'on traduit en français par «Protocole de transfert de fichiers». FTP fonctionne pratiquement de la même façon que Telnet. Lors de la liaison, un compte utilisateur et un mot de passe sont demandés pour valider l'identité de la personne qui veut établir un lien. À partir du nom de l'utilisateur, le serveur détermine les droits de celui-ci et, ainsi, les fichiers disponibles pour lui. Il s'agit, encore une fois, d'une approche client-serveur. On utilise le FTP si on possède un logiciel ayant la capacité de négocier ce protocole. Le logiciel *WS_FTP, Fetch* ou le navigateur Web de votre ordinateur est le «client». Il se charge de trouver le numéro IP de l'hôte visé et d'établir la liaison. Ensuite, il transfère vos commandes jusqu'au moment où un transfert est demandé. Il gère le débit d'informations envoyées par l'hôte et enregistre les informations reçues sur le disque dur dans la bonne séquence. Il termine également, en douceur, la connexion avec l'hôte.

Le «serveur» est un logiciel résidant sur un ordinateur de n'importe quel type. Il n'y a pas de restrictions pour un serveur FTP: il peut s'agir d'un PC, d'un Macintosh, d'une station Unix ou de n'importe quel ordinateur central. Le service écoute normalement le port IP 21 pour ses communications. Lorsque des demandes de connexions sont effectuées, il valide l'identité des utilisateurs. Par la suite, il traite les demandes des clients. Il gère aussi les périodes de non-utilisation. Afin de libérer des ports d'entrée, il peut interrompre une liaison inactive après un certain temps. Il est également agent de sécurité. Il veille à la sécurité des données en vérifiant si un utilisateur qui demande le transfert d'un fichier a véritablement accès à ce dernier.

4.2 La session FTP

À des fins de démonstration, je vous rappelle que j'utilise le logiciel WS_FTP pour Windows. La figure 4.1 montre l'interface de ce dernier; nous reviendrons souvent sur cette image pour parler des différentes fonctions.

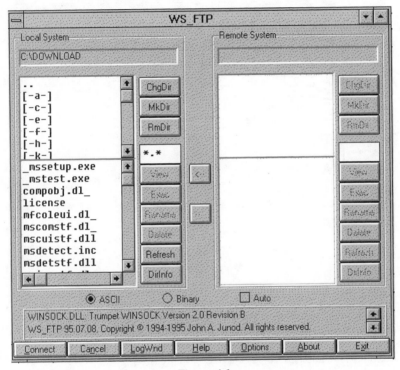

Figure 4.1
Interface du logiciel WS_FTP

Si vous utilisez le logiciel Fetch pour le Macintosh, voici ce qui est affiché à l'écran lorsque vous êtes en contact avec un serveur FTP, en l'occurence ici le serveur *ftp.grolier.fr*.

En mode terminal, une session FTP est amorcée lorsque le logiciel est appelé:

ftp *adresse.Internet.du.serveur.ftp*

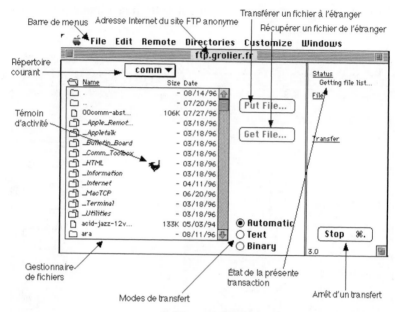

Figure 4.2
Interface du logiciel Fetch

Voyons le résultat de cette commande:

```
C: \>ftp ftp.grolier.fr            * Commande initiale
Userid for logging in on ftp.grolier.fr
(dsohier)? anonymous  * Demande du compte
331 Votre compte invité est accepté. Veuillez envoyer votre
adresse
331 de courrier électronique à titre de mot de passe
Password for logging in as anonymous       * Demande du mot
de passe
on ftp.grolier.fr? ***********************
230 User danny logged in.           * Connexion acceptée
ftp: ftp.grolier.fr> _        * Attente d'une commande
```

Ce langage ne s'affiche pas si vous utilisez un logiciel ayant une interface graphique. Dans ce cas, une fenêtre apparaît quand vous cliquez sur le bouton **connect** situé sur la barre inférieure de l'interface. Vous y inscrivez l'adresse de l'appareil, le nom d'utilisateur et le mot de passe:

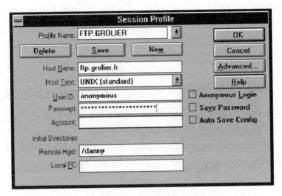

Figure 4.3
Paramètres demandés lors d'une connexion à un serveur FTP

Par la suite, les fichiers de l'ordinateur étranger sont affichés comme ceci:

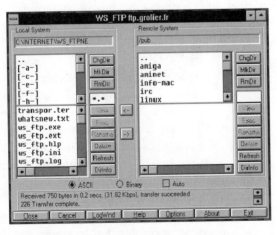

Figure 4.4
Connexion établie avec l'ordinateur étranger

La fenêtre dans le coin supérieur droit montre les répertoires de l'ordinateur étranger, et les fichiers du présent répertoire sont

C
H
A
P
I
T
R
E

4

affichés dans le coin inférieur droit. Je vous rappelle que vos propres fichiers sont représentés par les deux fenêtres de gauche.

4.2.1 Gestion des fichiers et des répertoires

Les fonctions usuelles de gestion de fichiers sont disponibles autant sur votre système que sur le serveur FTP étranger. Les trois boutons **ChgDir**, **MkDir** et **RmDir** situés à droite des fenêtres de répertoires vous permettent de respectivement changer de répertoire, créer un nouveau répertoire et modifier le nom d'un répertoire. Votre action se fera soit sur le serveur ou sur votre propre ordinateur, selon le bouton que vous utilisez. Notez que vous devez avoir les droits appropriés sur le serveur étranger pour effectuer ces actions. La navigation dans les répertoires peut se faire autrement qu'en cliquant sur le bouton **ChgDir**. Vous pouvez cliquer sur un des répertoires qui apparaît dans les fenêtres supérieures et y avoir ainsi accès.

Plusieurs actions sont possibles pour les fichiers, autant sur le serveur étranger que sur votre ordinateur. Dans les deux cas, vous devez sélectionner un fichier en cliquant sur ce dernier. Vous devez ensuite cliquer sur un des boutons situés à droite des fenêtres des fichiers. Voici la fonction de chacun des boutons:

BOUTON	FONCTION
View	Affiche le contenu du fichier. S'il se trouve sur le serveur étranger, le fichier est d'abord transféré.
Exec	Exécute le programme s'il s'agit d'un programme exécutable. S'il se trouve sur le serveur, le fichier est auparavant transféré.
Rename	Modifie le nom du fichier.
Delete	Supprime le fichier.
Refresh	Affiche le contenu du présent répertoire afin de tenir compte des dernières modifications.
DirInfo	Fait apparaître une fenêtre contenant des informations complètes à propos des fichiers du présent répertoire incluant la taille, la date de création et les droits d'accès dans le cas d'un serveur Unix.

4.2.2 Transfert de fichiers

Le transfert d'un fichier est facile. Vous n'avez qu'à vous position-ner sur le répertoire désiré, soit celui dont vous allez copier un fichier et celui dans lequel vous transférez ce dernier. Ensuite, cli-quez deux fois sur le fichier que vous désirez transférer. Une fenê-tre apparaît pour que vous validiez le nom du fichier une fois copié. Vous pouvez également cliquer une seule fois sur le fichier pour ensuite cliquer sur un des boutons directionnels situés au centre de l'interface. Le fichier prendra la direction que vous lui indiquez.

4.2.3 Modification du type de transfert

Vous verrez d'une façon plus détaillée dans la section 4.4 les deux modes de transfert FTP. Pour l'instant, il faut mentionner qu'on peut modifier le type de transfert en cliquant sur le bouton radio **ASCII** ou **Binary**. Ces boutons sont localisés au-dessus de la barre de bou-tons dans la partie inférieure de l'écran. Vous pouvez demander au logiciel de fixer pour vous le mode en cliquant sur la case **Auto** située à droite des deux types de transfert. Cependant, il n'est pas certain à 100 % que le logiciel sera capable de bien reconnaître les fichiers à transférer.

4.2.4 Opération sur plusieurs fichiers

Vous pouvez transférer, supprimer ou modifier le nom de plusieurs fichiers en même temps. Vous n'avez qu'à les sélectionner à l'aide de votre souris et ensuite effectuer l'opération de votre choix.

4.2.5 Terminer la session

La session se termine lorsque vous cliquez sur le bouton **Close** situé dans le bas de l'interface.

4.2.6 Conclusion

Il existe des options à la fois dans le logiciel WS_FTP et dans Fetch pour Macintosh, qui gardent en mémoire les paramètres des ser-veurs FTP visités. Il existe d'autres fonctions encore, qui vous per-mettent de modifier l'apparence des polices de caractères et de votre interface. Pour plus de renseignements sur ces fonctions, je vous invite à consulter le manuel de l'utilisateur qui est normalement transféré avec l'application.

4.3 Les commandes FTP en mode terminal

Une fois qu'il est en liaison avec le serveur, l'utilisateur en mode terminal doit négocier les commandes FTP adéquates pour transférer des fichiers. Pour l'aider, voici la liste des principales commandes et leurs fonctions:

DIR	Donne le contenu d'un répertoire.
PWD	Vous indique le nom du répertoire courant.
CD <répertoire>	Change de répertoire.
PARENT	Monte d'un répertoire dans la hiérarchie.
GET <source> <destination>	Transfère la source localisée sur le serveur à votre disque dur.
MGET <nom*>	Transfère plusieurs fichiers sur votre disque dur.
PUT <source> <destination>	Transfère la source localisée sur votre disque dur au serveur.
MPUT <nom*>	Transfère plusieurs fichiers sur le serveur.
BIN	Fixe le mode de transfert à binaire.
ASCII	Fixe le mode de transfert à Ascii.
DELETE <nomfldeflfichier>	Supprime un fichier.
RENAME <ancien> <nouveau>	Renomme un fichier.
MKDIR <nomfldeflrépertoire>	Crée un répertoire sur le serveur.
RMDIR <nomfldeflrépertoire>	Supprime un répertoire sur le serveur.
LCD <répertoirefllocal>	Fixe le répertoire par défaut sur votre ordinateur.
FCD	Fixe le répertoire par défaut sur le serveur.
OPEN nom.machine.internet	Ouvre une connexion avec un serveur FTP.

USER <nomflutilisateur>	Permet de donner son nom d'utilisateur.
CLOSE	Ferme la connexion avec le serveur sans sortir de FTP.
BYE ou QUIT	Ferme la connexion.

4.4 Les types de transferts

Nous allons voir maintenant les différences dans les modes de transferts. Si vous transférez un logiciel ou un fichier comprimé en mode ASCII, il y a fort à parier qu'il soit corrompu. En effet, en mode ASCII, afin de rendre le texte plus lisible, une transformation de certains caractères s'opère entre le serveur et le client. Toutefois, dans le cas de fichiers de type binaire comme ceux énumérés plus haut, cette traduction ne doit pas avoir lieu, car le changement d'un seul caractère rend le fichier inutilisable.

Le mode de transfert par défaut est ASCII. Si vous désirez modifier ce mode, vous devez cliquer sur le bouton **Binary** ou taper la commande BIN en mode terminal pour le mode binaire. Ce mode reste en fonction tant qu'il n'est pas modifié de nouveau. Pour se remettre en mode ASCII, il s'agit d'utiliser la commande ASCII en mode terminal ou de cliquer sur le bouton **ASCII** dans une interface graphique.

Notez bien que la plupart des clients graphiques FTP et des navigateurs Web sont capables de régler automatiquement pour vous le type de transfert. Ils négocient en fonction de l'extension du fichier que vous transférerez. Les fichiers étiquetés avec des extensions *.txt* sont transférés en mode ASCII, tandis que la majorité des autres extensions telles *.exe, .zip, .bin, .doc, .hqx,* etc. sont transférées en mode binaire.

Vous devez transférer les fichiers suivants dans le mode binaire: logiciels, images, sons, multimédias, fichiers compressés, documents de traitement de texte et de chiffrier, documents de logiciels d'éditique et tout autre fichier binaire. Le mode ASCII n'est pratiquement utilisé que lorsqu'il s'agit de fichiers textes ou ne contenant que des données numériques.

Le mode doit être fixé avant le transfert du fichier. Chaque fois que le mode est changé, le serveur vous en envoie la confirmation:

```
ftp: ftp.ulaval.ca> bin
200 Type set to I.
ftp: ftp.ulaval.ca> ascii
200 Type set to A.
```

Si vous regardez bien la figure 4.1, qui représente l'interface du logiciel Windows WS_FTP, vous apercevez les boutons **ASCII** et **Binary** entre le gestionnaire de fichiers et la barre de menus située dans la partie inférieure de l'écran. Pour ce qui est de Fetch pour le Macintosh, les boutons **Text** et **Binary** sont situés à droite du gestionnaire de fichiers.

4.5 FTP anonyme

Afin de communiquer avec un serveur FTP, vous devez posséder un nom d'utilisateur et un mot de passe. Une des grandes missions d'un serveur FTP consiste à distribuer des fichiers et des logiciels du domaine public. Internet est une grande place publique où l'on adore partager des trouvailles. Il devient alors un peu ardu de distribuer un compte à tout le monde pour que chacun puisse avoir accès à un serveur. Grâce à la notion de FTP anonyme, on peut y accéder en utilisant un nom d'utilisateur générique. Ce compte ne possède pas de mot de passe, ce qui facilite l'accès aux informations cachées dans les méandres du serveur.

Par convention, le nom d'utilisateur employé globalement dans Internet est «anonymous». Lorsque le serveur détecte ce nom d'utilisateur, il vous demande votre adresse de courrier électronique en guise de mot de passe. Cela permet à l'administrateur du site FTP d'établir des statistiques sur les personnes accédant à son service. On peut également vérifier la validité de votre adresse électronique, afin de démasquer les personnes qui tentent de commettre des méfaits. Par méfaits, on entend l'infiltration de virus ou la destruction volontaire de données. Voici un exemple de séance avec le serveur FTP anonyme de Grolier Interactif Europe à l'adresse *ftp.grolier.fr*. C'est un site généreux en ce qui a trait aux logiciels du domaine public:

```
# ftp ftp.grolier.fr
Connected to ftp.grolier.fr.
220-
220- *** Bienvenue sur le ftp de GROLIER INTERACTIVE
EUROPE ***
220-
220-Tous les transferts sont loggues, si vous n'aimez pas
cette methode,
220-vous pouvez encore vous deconnecter.
220-
220-                              Infos: mgc@grolier.fr
220-
220- tagada FTP server (Version wu-2.4(2) Thu May 16
22:06:07 MET DST 1996)
220- ready
Name (ftp.grolier.fr:root): anonymous
331 Guest login ok, send your complete e-mail address as
password.
Password: ********************
230-
230-* Bienvenue sur le FTP de Grolier Interactive Europe *
230-
230-Ce site est ouvert a tous !!!
230-
230-Vous y trouverez:
230-
230- simtelnet: logiciels PC, le successeur du defunt Sim-
tel
230- Aminet: logiciels Amiga
230- Info-Mac: Logiciels Machintosh
230- Linux: miroir du site Linux Francais de l'IBP (Merci
Remy)
230- Gnu: miroir du site FTP de l'INRIA
230- NetBSD: version current, I386 et Amiga
230-
230-........ plus beaucoup d'autres choses tres interessantes
230-
230-Info: mgc@grolier.fr
230-
230 Guest login ok, access restrictions apply.
ftp> _
```

C
H
A
P
I
T
R
E

4

181

Lors de la demande du nom d'utilisateur, j'ai inscrit «**anonymous**» et j'ai donné mon adresse de courrier électronique comme mot de passe. Le serveur approuve ma connexion, il m'envoie un mot de bienvenue, et me donne les informations nécessaires sur le site.

La majorité des sites anonymes possèdent ce genre de message de bienvenue. Ces sites sont très courus, c'est pourquoi il arrive fréquemment que leurs administrateurs restreignent les connexions pendant les périodes d'affluence. D'autres iront jusqu'à interdire l'accès à ces sites pendant les heures de bureau. C'est compréhensible: un service FTP anonyme est un service public et ne devrait pas empêcher l'organisme responsable d'exécuter sa mission. Il suffit seulement de quelques transferts simultanés de gros fichiers pour qu'un serveur soit dans l'impasse. Il faut alors essayer un peu plus tard d'accéder au site.: (

Vous trouverez une liste exhaustive de sites FTP sur le Web à l'adresse ***http://tile.net/ftp-list***. Il s'agit d'un répertoire tenu par la compagnie Tile.net. Voyez la page d'accueil de ce site à la figure 4.5.

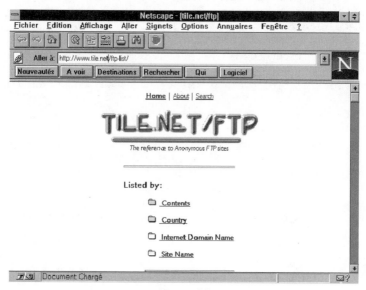

Figure 4.5
Répertoire de sites FTP anonymes chez Tile.net

4.5.1 Bouées incontournables pour les sites FTP anonymes

L'univers Web offre une myriade de sites destinés au catalogage des sites FTP anonymes, comme celui de Tile.net. Ils sont là pour une seule raison: nous rendre la vie plus facile, à nous les internautes. Ces sites offrent leurs services gratuitement. En échange, ils nous exposent à des messages publicitaires de temps à autre. C'est un échange fort acceptable pour l'économie de temps réalisée. Le plus important site de ce genre est situé à l'adresse *http://www. shareware.com.*

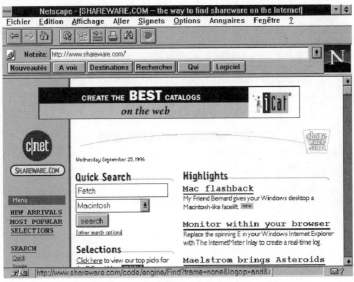

Figure 4.6
Site Web de la compagnie Shareware.com

Ce service a indexé le contenu des différents sites FTP anonymes éparpillés dans Internet qui sont considérés comme fiables, c'est-à-dire qu'ils seront toujours là demain et que la connexion avec eux se fait assez facilement. Une liste de nouveautés ainsi qu'une liste des programmes les plus populaires peuvent y être consultées. On y a indexé des logiciels de tous les domaines, allant des jeux aux utilitaires pour les affaires. Également, on peut y chercher des programmes pour tous les environnements: Macintosh, Windows 95, Unix, etc. En mode «recherche», le serveur Shareware.com nous offre une liste de sites FTP situés dans différents pays. Je vous conseille de sélectionner ceux qui se trouvent les plus proches de chez vous; ainsi, vous économiserez du temps. Un indicateur affiché à côté de chacun des sites sous la forme d'une échelle souligne la fiabilité de transfert.

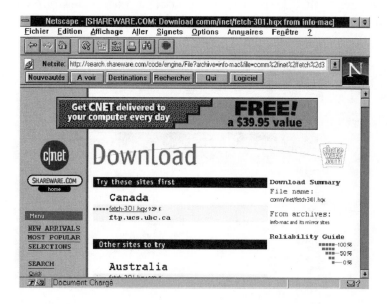

Figure 4.7
Résultats de recherche du site Web Shareware.com

Voici maintenant quelques autres sites Web spécialisés dans la recherche de fichiers sur les serveurs FTP anonymes:

Shareware.com   ***http://www.shareware.com***
Tile.net   ***http://tile.net/ftp-list***
Snoopie   ***http://www.snoopie.com***
FtpSearch   ***http://ftpsearch.ntnu.no/ftpsearch***

De plus en plus, les logiciels du domaine public sont listés sur des pages Web; vous pouvez alors consulter un des nombreux engins de recherche Web énumérés à la section 3.5.

4.5.2 Archie

Une autre façon de trouver des logiciels dans Internet est d'utiliser Archie. Avec tous ces sites FTP anonymes accessibles sur Internet, il est pratiquement impossible de ne pas trouver ce que l'on cherche. Un logiciel ou un fichier convoité doit nécessairement se trouver quelque part sur l'un de ces sites. Le seul problème est de connaître le nom de ce site. Voilà une bonne raison pour créer une ressource Internet, ce dont un groupe de l'Université McGill s'est chargé. Des experts ont créé ARCHIE pour indexer le contenu des sites FTP anonymes les plus utilisés. Ils ont par la suite fondé leur propre compagnie qui se nomme Bunyip Canada (***http://www. bunyip.com***). Qui dit indexation dit également consultation. Ainsi, on peut envoyer une demande à un service ARCHIE concernant un nom de logiciel ou de fichier, et il nous répondra par une liste de sites possédant ces derniers. Les informations reçues par ARCHIE ne doivent malheureusement pas être considérées comme absolues; car les sites FTP changent continuellement. Un logiciel présent lors de l'indexation peut ne pas y être lorsque vous allez le chercher. Toutefois, ARCHIE fournit suffisamment de sites pour que l'on puisse trouver ce qu'on cherche sans trop de problèmes. N'espérez cependant pas trouver de grands noms comme Word, Excel, Page-Maker ou Photoshop sur ces sites FTP. Vous trouverez plus sûrement des utilitaires et des programmes du domaine public. Il existe plusieurs services ARCHIE dans le monde. En voici une courte liste:

Adresse Internet	Adresse IP	Site
archie.au	139.130.23.2	Australie
archie.univie.ac.at	131.130.1.23	Autriche
archie.belnet.be	193.190.248.18	Belgique
archie.bunyip.com	192.77.55.2	Canada
archie.cs.mcgill.ca	132.206.51.250	Canada

archie.uqam.ca	132.208.250.10	Canada
archie.funet.fi	128.214.6.102	Finlande
archie.univ-rennes1.fr	129.20.254.2	France
archie.th-darmstadt.de	130.83.22.1	Allemagne
archie.ac.il	132.65.16.8	Israël
archie.unipi.it	131.114.21.10	Italie
archie.wide.ad.jp	133.4.3.6	Japon
archie.hana.nm.kr	128.134.1.1	Corée
archie.kornet.nm.kr	168.126.63.10	Corée
archie.sogang.ac.kr	163.239.1.11	Corée
archie.uninett.no	128.39.2.20	Norvège
archie.icm.edu.pl	148.81.209.2	Pologne
archie.rediris.es	130.206.1.2	Espagne
archie.luth.se	130.240.12.23	Suède
archie.switch.ch	130.59.1.40	Suisse
archie.switch.ch	130.59.10.40	Suisse
archie.ncu.edu.tw	192.83.166.12	Taiwan
archie.doc.ic.ac.uk	146.169.16.11	Grande-Bretagne
archie.doc.ic.ac.uk	146.169.17.5	Grande-Bretagne
archie.doc.ic.ac.uk	146.169.2.10	Grande-Bretagne
archie.doc.ic.ac.uk	146.169.32.5	Grande-Bretagne
archie.doc.ic.ac.uk	146.169.33.5	Grande-Bretagne
archie.doc.ic.ac.uk	146.169.43.1	Grande-Bretagne
archie.doc.ic.ac.uk	155.198.1.40	Grande-Bretagne
archie.doc.ic.ac.uk	155.198.191.4	Grande-Bretagne
archie.hensa.ac.uk	129.12.43.17	Grande-Bretagne
archie.bbnplanet.com	192.239.16.130	États-Unis (MD)
archie.unl.edu	129.93.1.14	États-Unis (NE)
archie.internic.net	204.179.186.65	États-Unis (NJ)
archie.internic.net	192.20.239.132	États-Unis (NJ)
archie.rutgers.edu	128.6.21.13	États-Unis (NJ)
archie.ans.net	147.225.1.10	États-Unis (NY)

Il y a plusieurs façons de consulter les secrets d'un service ARCHIE. **Si vous possédez un navigateur Web, sautez immédiatement à la section Consultation par courrier électronique.** Examinons ces différents moyens en recherchant un utilitaire nommé Fetch. Il s'agit d'un logiciel-client FTP fonctionnant sur Macintosh.

Consultation par Telnet

La première façon de consulter un service ARCHIE est de recourir à Telnet. Tout d'abord, démarrez la communication avec un des services décrits ci-dessus et utilisez le nom d'utilisateur générique **archie**. Aucun mot de passe ne vous est demandé. Notre exemple est basé sur un des seuls serveurs Archie utilisant des commandes en français, le serveur Archie de l'Université du Québec à Montréal. Pour chacune des commandes, je donne un équivalent anglais lorsqu'il existe:

```
c: \> telnet archie.uqam.ca
Escape character is ALT-F10 or F10
SunOS UNIX (paprika)
login: archie
Last login: Wed Jul 27 13: 55: 51 from qmotion.qucis.qu
SunOS Release 4.1.3 (GENERICflSMALL) #3: Mon Jul 27 16:
45: 05 PDT 1992
# Version française réalisée en collaboration avec le #
Service des Télécommunications, Université du Québec # à
Montréal.
Bienvenue sur archie.uqam.ca !
Service des Telecommunications
uqam archie> _
```

La communication avec le service est établie, et nous pouvons effectuer des consultations. Un serveur ARCHIE accepte différentes commandes. En voici quelques-unes:

• AIDE (HELP)

En tapant cette commande, vous entrez dans le programme d'aide d'Archie. Vous pouvez dès lors taper n'importe quelle autre commande Archie, et une description s'affiche à l'écran. Voici un exemple à ce propos:

```
uqam archie> aide
        Voici les commandes du système d'aide:
        . reculer d'un niveau d'aide
        ? afficher la liste des rubriques
        disponibles au niveau courant
```

187

```
         RETURN, ^D, ^C quitter le système d'aide
         <rubrique> afficher le texte d'aide associé
         à la rubrique aide>
#        sort
#        bogues
#        manpage
#        fixer
#        prog
#        site
#        aide
#        poster
#        lister
#        quitter
#        serveurs
#        motd
#        regex
#        term
#        unset
#        version
#        stty
#        resume
#        apropos
#        courrierflelectronique
#        quoifldeflneuf
#        afficher
aide>
```

Pour sortir du module d'aide d'Archie, il suffit d'appuyer sur la touche retour.

• FIND <nomfldeflfichier> ou PROG <nomfldeflfichier>

C'est la principale commande. Elle vous permet de repérer tous les endroits où «programme» est disponible.

```
uqam archie> find fetch
Ordinateur central ucselx.sdsu.edu (130.191.1.10)
Dernière mise à jour 09: 12 27 Feb 1994
       Endroit: /pub/mac
       fiCHIER -rw-r—r— 268472 bytes 21: 33 1 Oct 1  9  9  3
Fetchfl2.1
Ordinateur central ucselx.sdsu.edu (130.191.1.10)
Dernière mise à jour 09: 12 27 Feb 1994
```

```
    Endroit: /pub/mac
    fiCHIER -rw-r—r— 363647 bytes 00: 00 28    Oct   1992
Fetchfl2.1
uqam archie>
```

Archie vous donne une liste de tous les sites possibles où trouver les adresses Internet des serveurs, la localisation du fichier sur le système étranger, ainsi que la date de la dernière modification.

• LIST

Une liste de tous les serveurs FTP anonymes indexés dans le service que vous explorez présentement s'affiche à l'écran.

:
```
uqam archie> list
dept-gw.cs.yale.edu     128.36.0.36      08: 52 25 Feb 1994
dftnic.gsfc.nasa.gov    128.183.10.3     09: 04 25 Feb 1994
dftsrv.gsfc.nasa.gov    128.183.10.134 09: 06 25 Feb 1994
diable.upc.es           147.83.98.7      08: 45 17 Nov 1993
diana.ibr.cs.tu-bs.de   134.169.34.15    08: 06 13 Jun 1993
...
uqam archie>
```

Le nom et l'adresse IP des serveurs sont affichés, ainsi que leur date d'entrée sur la liste des serveurs indexés. Soyez prudent avec cette commande, car la liste est nécessairement longue.

• SERVERS

Si vous n'avez pas trouvé ce que vous cherchez, Archie possède une liste de serveurs Archie supplémentaires vers lesquels vous pouvez vous tourner. Cette liste comprend le nom et l'adresse IP des serveurs, ainsi que leur localisation géographique. Utilisez un serveur proche de chez vous pour obtenir un meilleur temps de réponse. La liste est affichée comme dans le préambule de la section 4.5.2.

• POSTER <adresse Internet> (MAIL)

Cette commande envoie tous les résultats récoltés jusqu'à présent à l'adresse Internet inscrite. C'est intéressant, car, la plupart du temps, la liste de programmes affichée est très longue et elle devient difficile à consulter à l'écran. La commande s'utilise de cette façon:

```
uqam archie> poster dsohier@bibl.ulaval.ca
```

• QUIT

Ferme la connexion avec le serveur.

Consultation par courrier électronique

Eh oui! encore le courrier électronique. On peut donc envoyer un message à un service Archie et obtenir le résultat désiré. L'adresse Internet du service est *archie@nom.service.archie*. Dans le corps du texte, on écrit la commande **find** ou **prog** suivie du nom du logiciel que l'on désire obtenir, comme l'illustre l'exemple suivant:

```
À      :      archie@archie.ans.net
DE     :      dsohier@bibl.ulavla.ca
SUJET  :
prog fetch
```

Quelques minutes plus tard, la réponse du serveur est envoyée automatiquement:

```
String is: Wed, 27 Jul 96 12: 38 -0500
>> prog fetch
# Search type: exact.
Host bitsy.mit.edu (18.72.0.3)
Last updated 09:34.16 Mar 1996
        Location: /pub/mac
        DIRECTORY drwxr-xr-x 512 bytes 11: 27 9   Feb  1994
fetch
```

J'ai mis volontairement la partie importante de ce message en caractères gras, soit: le nom d'un serveur et son adresse, la date de la dernière mise à jour du programme et la localisation du programme Fetch. Il ne me reste plus qu'à établir une séance FTP sur ce site, et le tour est joué. Une réponse arrive généralement en moins de quelques heures. Toutefois, une petite minorité des serveurs Archie n'accepte pas le courrier électronique. Si c'est le cas, essayez-en un autre.

Consultation à l'aide du Web

Finalement, il est également possible de consulter Archie par le biais du Web de la même façon que les sites cités à la section 4.5.1.

Consultez le site *Yahoo!* ou celui de la compagnie Nexor afin d'avoir la liste complète des serveurs Archie. Je vous offre les adresses suivantes ainsi qu'un exemple d'un formulaire Web utilisé pour la consultation de serveurs Archie:

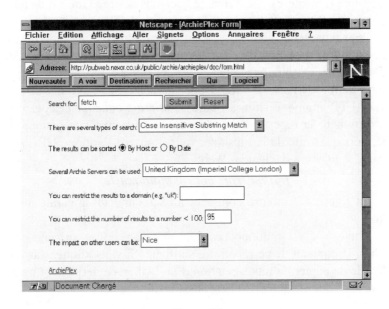

Figure 4.8
Formulaire de recherche Archie sur le Web

Page Archie sur le site Yahoo!
Site Web: ***http://www.yahoo.com/Computers_and_Internet/Internet/FTP_Sites/Searching/Archie***
Page Archie de la compagnie Nexor
Site Web: ***http://pubweb.nexor.co.uk/public/archie/servers.html***

4.6 Accès par le Web

Nous avons traité du Web dans le chapitre 3. Il est important de mentionner que seuls les serveurs FTP anonymes peuvent être approchés par un navigateur Web. Un serveur FTP qui nécessite un

C
H
A
P
I
T
R
E

4

nom d'utilisateur autre que «anonymous» ne peut être accessible par ce type de logiciel. Finalement, vous ne pouvez télécharger des fichiers de votre ordinateur vers le serveur étranger. Voilà les inconvénients de l'utilisation d'un navigateur Web. Néanmoins, celui-ci demeure très intéressant si tout ce que vous désirez faire est de télécharger des logiciels situés sur des serveurs FTP anonymes.

Pour y parvenir, vous devez composer l'adresse URL appropriée en ajoutant le préfixe **ftp://** à l'adresse du serveur. Si vous possédez le nom du répertoire que vous voulez consulter, vous pouvez l'ajouter à la fin de l'adresse URL. Donc, si vous désirez accéder au serveur FTP anonyme situé à l'adresse *mirrors.aol.com* et consulter directement le répertoire */pub/music* où se trouve une banque de fichiers qui traite de la musique, vous inscrivez l'adresse URL suivante dans votre navigateur Web:

ftp://mirrors.aol.com/pub/music.

La figure 4.9 montre comment un serveur FTP apparaît sur le Web.

L'interface est rudimentaire. Quand vous cliquez sur une chemise, le contenu de ce répertoire s'affiche. Si vous cliquez sur une feuille de papier, la représentation d'un fichier, ce dernier est transféré sur votre disque dur. C'est aussi facile que cela.

4.7 Les fichiers compressés

Afin d'économiser de l'espace-disque et de s'assurer que tous les fichiers nécessaires à l'exécution d'un programme sont bel et bien transférés, on compresse généralement les archives d'un site FTP. Il existe plusieurs techniques de compression. Elles proviennent des différents environnements DOS, Macintosh et Unix. On peut déterminer le type de compression par le suffixe que porte un fichier. Voici une liste des techniques de compression les plus utilisées:

Compression	Suffixe	Exemple
Gzip	.gz	scan.tar.gz
BinHex	.hqx	apple.hqx
Stuffit	.sit	sttng.sit
Pkzip	.zip	wintrump.zip

Figure 4.9
Serveur FTP anonyme consulté par un navigateur Web

Compress	.Z	scan.tar.Z
Pack	.z	rapport.z

Il existe également une technique d'archivage sous Unix appelée «tar». Un fichier ayant le suffixe «.tar» est le regroupement d'une liste de fichiers non compressés. Toutefois, ce fichier peut être compressé, voire recompressé. Il n'est pas rare de voir des fichiers portant ce nom sur les sites FTP de type Unix: **scan.tar.gz.Z.** Examinons les composantes de ce fichier sur le diagramme suivant:

Ces fichiers devraient être transférés en mode binaire (BIN) afin que se conserve l'intégrité des données. Voyons brièvement comment décompresser ces fichiers. Notons que certaines archives ne peuvent être décompressées dans n'importe quel environnement.

C
H
A
P
I
T
R
E

4

FICHIERS

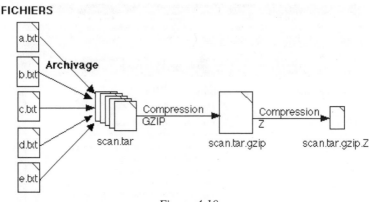

Figure 4.10
Exemple de fichiers à la fois archivés et compressés deux fois

• GZIP

Cette méthode est celle de GNU, une organisation spécialisée dans les compilateurs C. Un nouveau fichier se crée à la suite de la compression. Le nom du nouveau fichier est la combinaison de l'ancien nom et du suffixe .gz . Voici les utilitaires pouvant négocier ce type d'archives:

Macintosh
Nom: MacGzip
Site canadien: *ftp://ftp.ucs.ubc.ca/pub/mac/info-mac/cmp/mac-gzip10.hqx*
Site français: *ftp://ftp.francenet.fr/pub/miroirs/info-mac/cmp/mac-gzip10.hqx*

Windows
Nom: Wpack
Site américain: *ftp://mirrors.aol.com/pub/cica/pc/win3/wpackd.exe*
Site américain: *ftp://ftp.winsite.com/pub/pc/win3/util/wpackd.exe*

194

• ZIP

Cet utilitaire a été conçu par la firme PKware. Il est du domaine public. Des frais peuvent y être rattachés selon son utilisation. L'utilisateur devrait vérifier la licence d'utilisation. Il existe des utilitaires pour Macintosh, DOS et Windows. Les opérations se déroulant dans un environnement graphique sont d'une utilisation simple. Un fichier compressé avec cette technique porte le suffixe «.zip».

Macintosh
Nom: ZipIt
Endroit: *ftp://ftp.amug.org/pub/amug/bbs-in-a-box/files/unstuff/other-compression/*

Windows
Nom: Wpack
Site américain: *ftp://mirrors.aol.com/pub/cica/pc/win3/wpackd.exe*
Site américain: *ftp://ftp.winsite.com/pub/pc/win3/util/wpackd.exe*

DOS
Nom: Logiciels de Pkware
Site américain: *http://www.pkware.com*

• STUFFIT, BINHEX et COMPACT PRO

Ces formats sont utilisés dans l'environnement Macintosh. Le logiciel Stuffit Expender peut gérer ces trois types d'archives.

Macintosh
Nom: StuffIt
Site américain: *ftp://mirrors.aol.com/pub/infoflmac/cmp*

Windows
Nom: Stuffit Expander pour Windows
Site canadien: *ftp://ftp.ucs.ubc.ca/mac/info-mac/cmp*
Site français: *ftp://ftp.francenet.fr/pub/miroirs/info-mac/cmp*

• COMPRESS

Cette technique est née dans le monde Unix. Un fichier compressé selon cette technique porte le suffixe «.z». Les commandes à utiliser sont disponibles par défaut sur les systèmes Unix. À la suite d'une compression, le fichier original est détruit pour être remplacé par celui qui a été compressé. La décompression, à son tour, entraîne la destruction du fichier compressé, remplacé par le fichier original.

Pour compresser, on tape:

```
compress -v <nomfldeflfichier>
```
Pour décompresser, on tape:

```
uncompress <nomfldeflfichier>
```

L'option -v sert à indiquer le mode message lors de la compression. L'utilitaire vous annonce alors le degré de compression du fichier.

• TAR

L'utilitaire TAR ne compresse pas les fichiers; il les regroupe. Par la suite, il est plus facile de comprimer ce seul fichier. Une archive de ce type porte le suffixe «.tar». TAR a été conçu pour archiver et faire des copies de sécurité sur bande magnétique sous Unix. Il est également utilisé pour des archives sur disque dur.

Pour archiver une liste:

```
tar -cf <nom.tar> <liste de fichiers>
```
Pour désarchiver une liste:

```
tar -xvf <nom.tar>
```

La commande servant à archiver n'est pas aussi simple que sur les autres utilitaires. Sauf pour la commande initiale «tar -cf» indiquant l'archivage, l'utilisateur doit donner lui-même le nom de l'archive. Finalement, la liste de fichiers doit être indiquée. Il peut également s'agir du nom d'un répertoire.

4.8 Le mot de la fin sur FTP

Comme pour n'importe quelle ressource d'Internet, il existe une bonne et une mauvaise façon d'utiliser le FTP. Les règles ne sont pas nombreuses. Parmi les choses à éviter, notons le transfert d'énormes fichiers durant la journée, qui alourdissent le temps de réponse, surtout durant les heures d'affluence. Je vous suggère d'effectuer ce genre de transfert tôt le matin ou tard le soir.

Évidemment, évitez de déposer des fichiers contenant des virus sur les serveurs. Agissez en bon citoyen, et tout se passera bien…

Finalement, de plus en plus de logiciels du domaine public possèdent désormais leurs propres pages W3. Il est intéressant de noter que l'on peut retrouver des logiciels rapidement en utilisant des outils comme Lycos (*http://www.lycos.com*), Yahoo! (*http://www. yahoo.com/Computers_and_Internet/Internet/FTP_Sites*) ou le site Shareware.com (*http://www.shareware.com*). N'oubliez pas de consulter l'annexe D, où vous trouverez des adresses de sites FTP anonymes gonflés à bloc avec des logiciels du domaine public.

C
H
A
P
I
T
R
E

4

197

Les nouvelles Usenet

Usenet est un regroupement de groupes de discussion. Certains d'entre vous sont probablement déjà membres d'une ou de plusieurs listes de discussion par courrier électronique. Le problème est que votre boîte de courrier électronique se trouve assez souvent remplie de messages provenant de ces listes. Usenet offre une solution à ce problème. Les messages de plus de 15 000 groupes de discussion différents s'accumulent sur un serveur central. L'utilisateur peut les consulter, comme s'il s'agissait d'un tableau d'affichage, et choisir et lire les seuls articles qui l'intéressent.

Nous expliquons ici différentes facettes d'Usenet, à savoir son historique, sa structure, la façon de l'utiliser et ses possibilités. Usenet peut devenir un outil de travail très performant, que vous soyez chercheur, analyste, bibliothécaire, administrateur ou simple utilisateur.

5.1 Introduction à Usenet

Nous ferons connaissance avec cette ressource en nous penchant sur son histoire et sur sa diversité. Je vais également tenter d'éliminer certaines croyances à son sujet.

5.1.1 Définition

Usenet n'est pas un réseau. Il s'agit d'une ressource que l'on trouve dans le réseau mondial Internet. Plus précisément, Usenet est un regroupement de serveurs Internet échangeant des messages. Ces ordinateurs sont appelés serveurs de nouvelles. Les messages sont composés par les utilisateurs d'Internet et traitent d'une immense variété de sujets. Les messages traitant d'un même sujet sont classés par groupes de nouvelles. L'expéditeur doit indiquer à quel(s) groupe(s) de nouvelles son message est destiné. Sur réception, le serveur de nouvelles fera parvenir celui-ci aux autres serveurs à travers la planète pour publication. C'est de cette façon qu'un utilisateur situé géographiquement à l'autre bout de la planète pourra consulter ce message sur son serveur de nouvelles.

Usenet sert à l'échange dynamique d'information entre les quelque 75 millions d'utilisateurs d'Internet. Nous trouvons dans Usenet environ 15 000 groupes de nouvelles. Ce nombre varie constamment au gré de la suppression et de l'ajout quotidien de groupes. À l'intérieur de ces derniers, les participants vont émettre des questions, des réponses, des opinions, des annonces, des statistiques et même afficher des images, des sons et des fichiers multimédias. Les serveurs de nouvelles Usenet ne sont pas accessibles par tous les internautes. En raison du coût élevé de maintenance pour ce type de services, les fournisseurs de liens Internet l'offrent exclusivement à leurs propres utilisateurs. Lors de votre abonnement, le service à la clientèle de votre fournisseur vous communique l'adresse Internet du serveur de nouvelles Usenet auquel vous avez accès. Dans le cas d'une entreprise, demandez ce renseignement au responsable informatique.

En résumé, Usenet est un moyen dont se sont dotés les internautes pour diffuser et échanger plus efficacement des informations.

5.1.2 La diversité

La diversité des membres d'Internet est notoire. Outre que l'on y trouve des membres d'une multitude de pays, la nature de l'utilisation de chacun est très différente de celle des autres. Internet réunit des universités, des agences gouvernementales, l'ensemble des forces armées américaines, des écoles secondaires, d'importantes institutions de recherche, des compagnies privées œuvrant dans divers secteurs et, surtout, des particuliers.

C'est précisément en raison de cette diversité que les sujets des groupes de nouvelles Usenet sont aussi variés. Il ne s'exerce aucun contrôle véritable sur les sujets discutés. Seul l'administrateur du serveur de nouvelles décide de l'accessibilité des groupes de nouvelles aux utilisateurs de son site. En effet, étant donné la nature du contenu de certains groupes de nouvelles, ceux-ci peuvent ne pas être disponibles sur n'importe quel serveur. On doit également tenir compte des contraintes d'espace sur le disque dur du serveur. Il s'échange présentement environ 1 giga-octet de données compressées quotidiennement entre les serveurs Usenet de la planète. Tous les sites ne peuvent pas emmagasiner cet important volume d'informations. Un administrateur ne gardera que les groupes qui intéressent les utilisateurs au détriment des autres groupes. Les demandes de «libération» pour la publication d'un groupe non affiché doivent être faites auprès de l'administrateur du serveur en question. Pour consulter les messages emmagasinés sur le serveur Usenet, vous utilisez votre navigateur Web. Mais attention! ce ne sont pas toutes les versions de navigateur Web qui peuvent accomplir cette opération. Assurez-vous de posséder soit la version 2.0 et plus du *Navigateur* de Netscape et la version 3.0 et plus de l'*Internet Explorer* de Microsoft. L'indication de la version apparaît généralement lors du démarrage du logiciel.

5.1.3 Précisions sur Usenet

USENET N'EST PAS UNE ORGANISATION. Il n'y a aucune autorité centrale. En fait, rien n'est centralisé. Les messages sont acheminés d'un serveur à l'autre. C'est un effort coopératif et distribué.

USENET N'EST PAS DÉMOCRATIQUE. Pour qu'il y ait démocratie, il doit y avoir un regroupement précis de personnes. Tel n'est pas le cas pour Usenet, car chaque utilisateur décide de sa participation. Il n'y a pas de policiers Usenet. Un utilisateur peut choisir d'écrire des sottises de toutes sortes pour publication, et personne n'aura le pouvoir légal de l'en empêcher. Le droit d'expression règne sur Usenet. Par contre, le droit d'ignorer des messages et le droit d'y répondre à notre façon sont tout aussi réels.

USENET N'EST PAS INTERNET. C'est plutôt une ressource que l'on trouve sur le réseau physique de télécommunications Internet.

USENET N'EST PAS UN LOGICIEL. Il existe plusieurs logiciels qui nous permettent de lire lesnouvelles d'Usenet. Ce type de logiciel se nomme Lecteur de nouvelles. Il en existe pour pratiquement toutes les plateformes et tous les systèmes d'exploitation.

USENET N'EST PAS LE BERCEAU DE LA PORNOGRAPHIE. Des rumeurs circulent, selon lesquelles des gens s'échangent des images érotiques à l'intérieur d'Usenet. Oui, c'est vrai. Mais ce n'est certes pas la seule utilisation de cette ressource. Avides de sensationnalisme, arrière! Le volume consommé par ces images ne fait pas le poids par rapport au volume d'informations destinées aux autres sphères d'intérêt, disons, moins charnels.

USENET N'EST PAS LE COURRIER ÉLECTRONIQUE (CE). Les internautes en herbe confondent quelquefois le CE et les nouvelles Usenet. Le fonctionnement d'une liste de distribution n'est pas le même que celui d'un groupe de discussion. Dans Usenet, on s'abonne en insérant le nom d'un groupe dans une liste d'abonnement, tandis que pour le CE on doit envoyer un message à un administrateur et attendre patiemment la confirmation d'abonnement. Les différences sont énormes.

USENET N'EST PAS UNE FONCTION DU WEB. C'est une ressource qui est accessible par un navigateur Web de la même façon qu'un serveur FTP anonyme. Le navigateur est pratiquement devenu le seul outil dont a besoin l'internaute pour naviguer dans Internet; voilà un indice sur l'appellation du navigateur;).

USENET EST DÉMOCRATIQUE. Pardon? N'avions-nous pas affirmé le contraire un peu plus haut? Oui. Cependant, la création de la plupart des groupes de discussion distribués sans restriction mondialement est sous la tutelle d'un système de vote précis que nous verrons un peu plus loin.

USENET N'EST PAS COMMERCIAL. Cependant, les gens d'affaires ont flairé le coup. Un jour ne passe pas sans que tous les groupes Usenet ne soient bombardés par des messages publicitaires. On appelle ce phénomène le SPAMMING[1].

5.1.4 Historique d'Usenet

Au début, il y avait le courrier électronique. C'était très intéressant, mais la diffusion d'un message était restreinte; puis vint Usenet en 1979. Deux étudiants diplômés de l'Université Duke, en Caroline du Nord (UNC), Tom Truscott et Jim Ellis, décidèrent de relier deux

---

1. Terme relié à une marque de jambon en conserve popularisée en Amérique du Nord. On y voit le reflet surcommercialisé d'un produit. Ce terme désigne également l'inondation volontaire d'une boîte de courrier électronique à des fins mesquines.

ordinateurs Unix pour échanger de l'information. Un autre étudiant de l'université de la Caroline du Nord, Steve Bellovin, élabora la première version d'un lecteur de nouvelles permettant de mieux échanger les informations, et il installa ce logiciel sur les deux premiers sites d'Usenet, soit DUKE et UNC. Après quelques révisions et une migration vers le langage C, la version «A» est proposée, en 1980, à la conférence UseNix, dans le Colorado. Cette version a la capacité de manipuler seulement quelques messages par jour. Le volume de courrier grossit, et un étudiant de l'université de Berkeley, en Californie, Matt Glickman, met au point la version «B» en 1981 pour régler ce problème. Ces deux premières versions ne sont pas distribuées, seuls quelques sites participent à Usenet. Cela change, en 1982, lorsque la première édition publique du serveur de nouvelles, la version 2.1, est lancée.

Par la suite, plusieurs versions se succèdent; la dernière à ce jour est la version 2.11, révision 19. Elle porte aussi le nom de «C» News. Elle a été élaborée par deux étudiants de l'université de Toronto, Geoff Collyer et Henry Spencer. La manipulation des messages et la stabilité du système furent les deux éléments pris en considération dans cette version. Les codes sources de ces logiciels sont publics, mais demeurent la propriété des auteurs. Le protocole d'échange officiel entre les serveurs Usenet se nomme NNTP (Network News Transfer Protocol). La description officielle de ce protocole se trouve à l'adresse URL *ftp://nic.merit.edu/ documents/rfc/rfc0977.txt*.

Aujourd'hui, plus d'un Go. d'informations sont produits quotidiennement par l'ensemble des utilisateurs de cette ressource. On compte plus d'un million d'utilisateurs différents par mois. Le nombre d'articles publiés mensuellement se chiffre aux alentours de huit millions. Le volume de données consacrées à Usenet sur l'ensemble des serveurs à travers la planète dépasse la mirobolante marque de 125 To (1 téra-octet = 1000 giga-octets = 1 000 000 méga-octets).

5.1.5 Informations supplémentaires à propos d'Usenet

Il existe une myriade d'informations supplémentaires et exhaustives dans Internet sur les différentes facettes de cette ressource. Prenons en premier les groupes d'administration Usenet. Je vous offre ici l'adresse URL de ces groupes avec une courte description de chacun.

Adresse URL	Description
news://news.lists	Statistiques et listes de tous les groupes Usenet.
news://fr.annouce.newusers	Un coin pour les novices francophones.
news://news.newusers.questions	Questions écrites par des novices et auxquelles répondent des experts d'Internet.
news://fr.announce.newgroups	Annonce de nouveaux groupes francophones.
news://news.answers	Compilation des FAQ publiés dans les différents groupes Usenet.
news://news.announce.newusers	Annonce de nouvelles rubriques Usenet.
news://news.announce.newgroups	Discussions sur la création de nouveaux groupes.

Vous pouvez également consulter la rubrique consacrée à Usenet du site **Yahoo!** sur le Web à l'adresse URL **http://www.yahoo. com/News/Usenet.**

5.2 Les groupes de nouvelles

Examinons maintenant comment sont organisés les groupes de nouvelles Usenet. Pour le novice, il est important de comprendre les conventions et la hiérarchie de ces groupes. Il est également bon de savoir pourquoi un groupe porte un nom distinct.

5.2.1 Conventions

Certains termes nouveaux vont apparaître dans les pages qui viennent. Voici quelques définitions qui permettront au lecteur de mieux comprendre cette terminologie.

TERME	DÉFINITION
ARTICLE	Message électronique que des auteurs composent sur différents sujets.
AFFICHE	Un article.
POSTER	Action d'écrire un article et de le publier sur Usenet.
FAQ	Liste de questions fréquentes accompagnées des réponses appelée «Foire Aux Questions».
FLAMME	Commentaire agressif à un message original.
FIL D'INTÉRÊT	Série de messages en réponse à un message original.
NOUVELLE	Un article.
PARTICULARITÉ	Caractéristique d'un groupe de discussion.
RACINE DE DISCUSSION	Sujet général de discussion commun à des groupes de discussion.
SUIVI	Réponse électronique à un article original composé par un autre auteur.

5.2.2 La structure

L'auteur d'un article décide dans quel(s) groupe(s) de discussion il s'intégrera. Le nom d'un groupe est composé de mots clés le décrivant. Ces descriptions sont généralement données en anglais. Nous verrons toutefois que certains sites offrent des descriptions dans d'autres langues. Voici un exemple de nom pour un groupe de nouvelles: *sci.space.shuttle*.

On peut aisément deviner la nature des messages qui circulent dans ce groupe. Notez que chaque mot clé est séparé des autres par un point. Le premier mot de chaque description désigne un intérêt général, et les mots suivants sont plus précis. Ici, le mot *sci* indique un intérêt scientifique général; c'est une *racine de discussion*. Par la suite, *space* indique que la spécialité est l'espace, et *shuttle* que la navette spatiale est le sujet de choix. La structure Usenet est arborescente. Nous pouvons donc retrouver plusieurs rubriques sous chaque mot clé. Voici la représentation d'une arborescence:

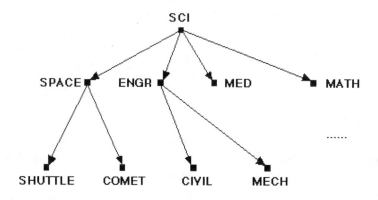

Figure 5.1
Arborescence de groupes de nouvelles

Voici d'autres exemples de groupes de nouvelles:

sci.engr	Ingénierie générale
sci.engr.biomed	Ingénierie biomédicale
sci.engr.chem	Ingénierie chimique
sci.engr.civil	Ingénierie civile
sci.engr.mech	Ingénierie mécanique
sci.engr.mech.hyp	Hypothèses sur l'ingénierie mécanique

5.2.3 Les racines de discussions majeures

Une racine de discussion rassemble des groupes Usenet qui traitent d'un même champ d'expertise. Cette notion forme la base de la hiérarchie arborescente des nouvelles Usenet. Il existe plus d'une centaine de racines de discussion, mais on en note une dizaine plus importantes pour lesquelles la fréquentation est plus volumineuse. De plus, ces racines sont généralement distribuées sur tous les serveurs Usenet. Voici ces racines ainsi que leur description:

bit	Sujets variés rassemblant des groupes qui se trouvent sur des ordinateurs centraux sur l'ancien réseau BITNET. Les contenus de plusieurs listes de discussion par courrier électronique se retrouvent également sous cette souche.
comp	Rubrique portant sur les ordinateurs, les systèmes d'information, les logiciels et le matériel informatique.
humanities	Thèmes realtifs aux arts et aux sciences humanitaires s'adressant aux professionnels et aux amateurs.
misc et *alt*	Rubriques portant sur tout ce qui ne peut être catégorisé. Le mot d'ordre est «anarchie». On y trouve des sujets aussi variés que le ping-pong, le tarot, les images digitalisées, les *Pierrafeu* ou l'art des graffiti.
news	Discussions portant sur les avancements d'Usenet, les nouveaux serveurs, les groupes de discussion, les lecteurs de nouvelles, et publication de nombreuses FAQ sur de nombreux sujets.
rec	Groupes orientés vers les loisirs, des sports à *Star Trek*, en passant par la musique et l'humour, tout est là pour votre divertissement. Attention, ce groupe peut vous rendre dépendant d'Usenet… ;-)
sci	Sujets relevant du domaine scientifique, la médecine, l'espace, etc.
soc	Discussions sur les différentes sciences sociales et événements sociaux de notre temps. On y trouvera aussi des renseignements sur les nombreuses cultures de la Terre.
talk	Groupe de débats. Les opinions sur tous les sujets trouvent refuge dans ce groupe. Nous pouvons assister à de belles batailles d'egos mais on y trouve peu d'informations concrètes et précises. On peut comparer cette souche aux tribunes téléphoniques à la radio.

La distribution de ces racines est mondiale. On trouvera des racines distribuées plus étroitement comme:

qc, can et **fr**   Discussions sur des sujets propres au Québec, au Canada et à la France. Vous y trouverez des groupes de nouvelles en français.

Il est douteux qu'on retrouve ces groupes au Pérou... et l'inverse est aussi vrai 8)

5.2.4 La durée de vie des articles

Les articles apparaissant dans les différents groupes de discussion sont affichés pendant un certain temps, qui sera déterminé par l'administrateur du serveur de chaque site. Un article peut être gardé deux jours sur un site et quinze jours sur un autre. L'important volume d'articles rédigés quotidiennement rend impossible la conservation de tous les articles, c'est pourquoi ils sont effacés après un certain temps. Dans le cas de l'Université Laval, les périodes d'affichage sont déterminées par l'intérêt démontré par les utilisateurs pour certains groupes et le volume d'articles généré par ces derniers. Les articles suscitant moins d'intérêt sont assujettis à l'effacement rapide. Voici un court résumé de cette politique par racine ou par groupe, le cas échéant:

alt.binaries.sex.pictures.*	Non diffusé à l'université, jugé non pertinent pour l'éducation.
bit.listserv.banyan-l	30 jours.
bit.listserv.oracle-l	30 jours.
comp.*	14 jours.
ulaval.*	60 jours.
alt.*	3 jours.
autre	6 à 8 jours selon le volume.

5.2.5 Les particularités d'un groupe et la FAQ

La grande majorité des groupes de nouvelles se base sur des règles de création et de fonctionnement. Lors de la création d'un groupe, une «raison d'être» ou «raison sociale» est publiée. Dans celle-ci,

208

nous retrouvons les sujets traités par le groupe, la raison pour laquelle il a été créé et ses règles d'utilisation.

Cette «raison sociale» est publiée généralement au début de chaque mois par la personne responsable du groupe. Cette publication se nomme FAQ pour *Frequently Asked Questions*; en français, on parle des «questions fréquentes» ou d'une «foire aux questions». Heureusement pour nous, la FAQ regroupe également les réponses. De plus, on peut savoir le nom des responsables du groupe et si le contenu de ce dernier est archivé.

Par exemple, on retrouve dans la FAQ du groupe ***rec.arts.startrek.info,*** la question suivante: «Quel est le nom du capitaine du vaisseau spatial *Enterprise NCC 1701-B* dans l'épisode *Yesterday's Enterprise*?» La réponse suit: «Capt. Rachel Garret».

La FAQ est produite pour empêcher l'engorgement du groupe avec des questions un peu trop simplistes aux yeux des utilisateurs avancés. Une bonne règle à suivre, lorsqu'on se joint à un nouveau groupe de nouvelles, est d'attendre la parution de la FAQ et de la lire attentivement avant de poser des questions au groupe de discussion. Les créateurs de FAQ les publient souvent dans le groupe de nouvelles ***news.answers***. Allez y faire un tour et vous vous apercevrez de la richesse de ces fichiers.

Vous pouvez également trouver une archive de ces FAQ sur le Web à l'université de l'Ohio à l'adresse URL ***http://www.cis.ohio-state.edu/hypertext/faq/usenet***.

5.2.6 La création d'un groupe de nouvelles

Il y a deux façons de créer un groupe. On peut créer un groupe accessible dans tout le réseau ou limité au site local. Pensons, par exemple, à la racine ***ulaval***, qui s'adresse aux personnes du campus de l'Université Laval.

Groupe distribué sur Internet

Comme je l'ai mentionné auparavant, Usenet n'est pas une démocratie. Néanmoins, le moyen le plus populaire de créer un groupe de nouvelles accessible dans tout le réseau implique un vote pour déterminer le soutien (ou l'opposition) vis-à-vis de la nouvelle proposition.

Celle-ci doit présenter les particularités du groupe (voir la section 5.2.5); elle est postée dans le groupe *news.announce.newsgroup*. Une discussion libre s'amorce alors entre les membres d'Usenet. Cette discussion est entièrement volontaire. Un des sujets discutés est la place de l'éventuel groupe de nouvelles dans la hiérarchie des groupes. La période de discussion initiale est de 30 jours.

Après cette phase, si le ton des discussions est plutôt favorable à l'idée de créer ce nouveau groupe, une demande de vote est émise par l'instigateur dans *news.announce.newsgroup*. Cette demande de vote doit mentionner la raison sociale et être précise. Le demandeur choisit une période de vote entre 21 et 31 jours. Les électeurs sont tous membres d'Internet. Il s'agit d'un vote libre. L'électeur doit envoyer une réponse claire par courrier électronique, du genre: «J'approuve la création du groupe xxx» ou «Je désapprouve la création...»

Après la période de vote, l'administrateur du groupe *news.announce.newsgroup* annonce le résultat du vote. Pour que le groupe soit créé, on doit compter au moins 100 votes de plus en sa faveur et une majorité de deux tiers. Si l'une de ces conditions n'est pas remplie, la création du groupe est refusée. Dans ce cas, le demandeur peut faire une autre proposition six mois plus tard.

Il faut noter qu'en ce qui concerne la racine *alt.*, où règne une anarchie complète des groupes de discussion, ce processus n'a pas cours. Un administrateur de serveur de nouvelles peut créer un nouveau groupe sans aucune permission et le distribuer globalement sur Internet. Toutefois, comme nous l'avons mentionné auparavant, chaque administrateur décide des groupes offerts sur son propre site.

Afin de connaître tous les détails du processus électoral, je vous prie de consulter un des documents Web suivants, qui vous mettront au courant des nouveautés à ce sujet:

http://www.smartpages.com/faqs/creating-newsgroups/helper/
faq.html
http://www.indiana.edu/ip/ip_support/usenet_guidelines.html

Groupe distribué localement

Un groupe de discussion local peut être facilement créé sur demande auprès de l'administrateur local. Il sera placé sous une racine locale et deviendra accessible exclusivement aux utilisateurs de ce même site. Il est toujours préférable d'annoncer une raison sociale, même si ce groupe n'est pas disponible sur l'ensemble du réseau Internet. En effet, il est intéressant de savoir pourquoi ce groupe existe. Voici à titre d'exemple la raison sociale du groupe de nouvelles *ulaval.bibliotheque:*

État des projets informatiques de la bibliothèque et
Questions fréquentes posées concernant les systèmes informatiques de la bibliothèque
mise à jour le 27 octobre 1996.

ulaval.bibliothèque est un groupe de discussion visant à développer une meilleure communication entre le personnel de la bibliothèque et les utilisateurs de la communauté universitaire. Nous parlerons bien sûr des développements d'Ariane, des mises hors de service, des projets informatiques du groupe Systèmes de la bibliothèque et des suggestions des utilisateurs.

Sujets discutés:

1. Quels sont les buts du groupe Usenet ulaval.bibliotheque?
   1.1 Qu'est-ce qu'Ariane?
   1.2 Qui est l'animateur d'ulaval.ariane?
2. Quelle est la clientèle visée?
3. Statuts des projets en cours à la bibliothèque.
4. Les paramètres pour entrer en communication avec Ariane.
5. Services divers.
6. Les heures d'ouverture de la bibliothèque.
7. Diverses Q et R concernant Ariane.
8. Liste des documents d'aide pour Ariane.
9. Conclusion.

5.3 Nétiquette d'Usenet

On ne pouvait y échapper! Voici la section sur la nétiquette d'Usenet. Il existe plusieurs traditions sur Usenet et Internet. L'une de ces traditions est la façon de se comporter lorsqu'un utilisateur envoie un message dans le réseau. La nétiquette est simple à suivre. Il s'agit d'être poli et d'avoir une certaine considération envers les autres. Si vous suivez les quelques règles suivantes, vous et les gens qui vous liront ne vous en porterez que mieux.

5.3.1 Signature électronique

Vous verrez à la fin des messages affichés sur Usenet les signatures électroniques des auteurs. Cet élément sert à donner une meilleure information sur l'envoyeur. Ceci devient très utile dans le cas où l'on voudrait joindre celui-ci directement. Il est même possible de mieux comprendre l'opinion d'une personne en sachant à quel organisme elle se rattache et où elle réside.

La signature doit comprendre le nom complet de l'utilisateur, son adresse électronique, son institution et le lieu où il se trouve. Il est intéressant de noter que les signatures électroniques sont devenues les graffiti d'Internet. En effet, plusieurs vont inclure à leur signature des paroles de chansons, ou des citations de philosophes et de personnages de cinéma. On verra aussi des serments d'allégeance à des équipes de sport professionnelles et des dessins sous forme ASCII. Les utilisateurs personnalisent ainsi leur signature. Il est recommandé que la signature ne dépasse pas une dizaine de lignes afin de ne pas alourdir votre message et, du fait même, le trafic du réseau.

Il n'est pas nécessaire d'ajouter une signature électronique; en effet, personne ne supprimera votre accès au réseau si vous omettez votre signature. Si vous oubliez de l'ajouter à l'un de vos messages, ne vous en faites donc pas. Il est inutile d'envoyer de nouveau le message uniquement pour préciser votre signature.

Voici un exemple de signature électronique:

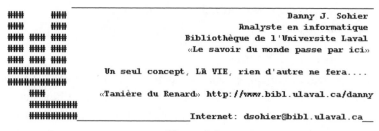

Figure 5.2
Signature électronique

5.3.2 Affichage de messages personnels

Si, pour une raison ou une autre, le canal normal de courrier électronique est en panne et que vous désirez envoyer un message à une personne hors de votre site, n'utilisez pas Usenet. De un, vous perdez toute confidentialité, de deux, vous créez un trafic inutile dans le réseau de télécommunications et, de trois, les gens ne sont généralement pas intéressés par ces messages personnels.

5.3.3 Affichage de courrier électronique

Il est considéré comme de très mauvais goût de poster un message provenant de votre courrier électronique, à moins bien sûr d'avoir obtenu auparavant l'approbation de l'envoyeur. Les débats légaux à ce sujet ne sont pas encore clairs, mais la majorité des intervenants considèrent que tout courrier électronique doit être traité de façon confidentielle, au même titre que le courrier sur papier.

5.3.4 Ignorez... Ceci est un test

Plusieurs utilisateurs novices d'Usenet vont écrire et poster des messages bidon dans des groupes de discussion pour tester cette nouvelle ressource. Ces messages ressemblent aux suivants: TEST: NE PAS LIRE ou CECI EST UN TEST, IGNOREZ... Étant donné le nombre volumineux d'informations à traiter à l'intérieur d'Usenet, l'envoi de tels messages est considéré comme un faux pas. Il existe en revanche plusieurs groupes où un utilisateur peut faire ses premiers essais; les voici: *alt.test* ou *misc.test*. Certains serveurs prévoient même des réponses automatiques pour ces messages. Vous les recevrez dans votre boîte de courrier électronique.

5.3.5 Citations

Une des caractéristiques intéressantes d'Usenet est la possibilité de répondre à des messages écrits par un autre internaute. C'est ce que l'on appelle un **suivi d'article**. Lors d'un suivi d'article, le lecteur des nouvelles poste avec sa réponse le message original qu'il a reçu et place le caractère «>» (plus grand que) devant chaque ligne du message original. Ce fonctionnement est très utile lorsque l'on veut répondre à un point particulier d'un message, ou tout simplement pour soutenir l'ensemble de sa réponse. Voici un exemple à ce propos:

```
In article <393921@cerb.uciin.edu>, oshaka@umin.edu writes:
> Le meilleur logiciel pour comptabiliser est sûrement
> Lotus 123 car il est là depuis le tout début des
> chiffriers...
Je n'y crois pas. Excel est le meilleur...
```

Voilà une bonne façon d'utiliser des citations. En revanche, il en existe de très mauvaises. Pensons à la reprise de longs articles originaux dans une réponse, dans le but de donner un avis ou de répondre à un seul des nombreux points traités, comme dans l'exemple suivant:

```
In article <393921@cerb.uciin.edu>, oshaka@umin.edu writes:
> Voici une liste des 23 amendements pour la ratification
> de notre charte sur les procédures internes...
```
... 100 lignes plus loin...
```
> démocratie de cette entente. Nous vous demandons votre
> avis dans le but d'un sondage.
Je suis d'accord.
```

L'utilisateur, dans ce cas, a envoyé sur Usenet un message d'une centaine de lignes uniquement pour dire «Je suis d'accord». Un des éléments de la nétiquette du réseau veut que vous diffusiez seulement les points auxquels vous répondez sans envoyer de trop longues citations.

Vous pouvez aussi vous permettre de supprimer une série de réponses accumulées dans un message afin d'en réduire la taille et d'éclairer la nature de votre envoi. Vous vous apercevrez que certains messages deviennent illisibles en raison du fait que les auteurs incluent quatre ou cinq autres réponses dans leur message. Ce comportement est à abolir. Voici un exemple où les signes «>» se multiplient plus rapidement que le nombre d'amis qu'on trouve après avoir gagné à la loterie:

```
In article <3320342@athena.ulaval.ca>, fmercier@bibl.ulaval.
ca writes:
>>>Je crois que le cours d'infographie a ses désavantages
> > > > > car les appareils utilisés ne sont plus à la hau-
teur. De
```

214

```
> > > > De quels appareils parles-tu ?
> > > Eh bien, moi je suis d'accord avec toi... si le contenu
du
> > > cours ne tient pas debout, tu dois le dire au
directeur.
> > > > > plus la matière est désuète selon moi. Aidez-moi,
que
> > De vieux IBM PC 8086 !:(
> Qui est le directeur ?
> > > > > me conseillez-vous de faire ?
```

Si vous lisez ce message ligne par ligne, vous le trouverez confus et à juste titre. On y trouve les réponses de six personnes consécutives. Diffusez vos réponses pour qu'elles ne ciblent que des points très précis.

5.3.6 Heureux :-) malheureux :-(et ivre :*)

Lors de votre exploration dans Usenet, vous verrez des regroupements incompréhensibles de caractères à la suite de certaines phrases. Ne vous méprenez pas, ce ne sont pas des fautes de frappe. Ce ne sont pas non plus des hiéroglyphes de l'ancienne Égypte. Ces signes dénotent plutôt l'humeur des auteurs et donnent des indications sur la nature de leurs articles. En effet, si vous regardez les signes suivants en penchant la tête vers la gauche, vous verrez apparaître des visages souriants, malheureux, et même des clins d'œil:-);-):-| et:-(. Vous pouvez utiliser ces signes pour donner un peu plus d'expressivité à votre article. Je vous offre en annexe une liste de ces petits monstres appelés «binettes». =)

5.3.7 Abréviations

Pour raccourcir les articles, on utilise souvent des abréviations pour éliminer des phrases qui reviennent assez souvent. Il faut mentionner que la liste suivante contient un peu d'anglais, la raison est que ces expressions sont là depuis le début des temps... euh, depuis près de 30 ans. L'utilisateur est libre d'employer des abréviations françaises. En revanche, si vous vous adressez à des non-francophones, vous risquez de ne pas vous faire comprendre... Voici une courte liste:

A+	À Plus tard
AMO	À Mon Avis
TK	En tout cas
VOYEL	VOYou ELectronique

IMHO	In My Humble Opinion	À mon humble avis
BTW	By The Way	À part ça
FYI	For Your Information	Pour votre information
RTM	Read The Manual	Lisez le manuel d'instructions
ROTFL	Rolling On The Floor Laughing	Je me roulais par terre, tellement c'était drôle…

5.3.8 Tout feu tout flamme…

Sur Usenet, l'orgueil de certains peut être parfois malmené. En effet, des réponses furieuses peuvent suivre un article. Ces «réponses furieuses» sont appelées des flammes, sûrement parce qu'elles blessent et n'ont d'autre fonction que d'être négatives. Ces flammes apparaissent dans les groupes de nouvelles; normalement elles ne le devraient pas. Les flammes doivent être envoyées directement à l'auteur de l'article par courrier électronique; n'utilisez pas Usenet pour envoyer des commentaires trop «enflammés», cela ne ferait que porter atteinte à votre propre réputation. Ceci n'est pas un jugement contre les flammes, au contraire; si vous avez envie de réagir à un commentaire, répondez, mais de la bonne façon. Voici l'exemple d'un message au vitriol et d'une flamme envoyée par la suite:

```
In article <123232@athena.ulaval.ca>. hsigner@rcss.ulaval.ca
writes:
Je crois que tous ces fous à lier du Parti Vert devraient
mourir dans une gigantesque marmite d'acide sulfurique
infestée de requins nourris pendant trois semaines au pou-
let frit à la Kentucky pour qu'ils soient vraiment affamés.
Voilà, c'est TOUT!
```

Et la réponse enflammée:

```
In article <123259@athena.ulaval.ca>. jfaullem@the.ulaval.ca
writes:
```

```
> Je crois que tous ces fous à lier du Parti Vert devraient
> mourir dans une gigantesque marmite d'acide sulfurique
> infestée de requins nourris pendant trois semaines au pou-
let
> frit à la Kentucky pour qu'ils soient vraiment affamés.
> Voilà, c'est TOUT !
T'es vraiment tombé sur la caboche l'oignon. Va te faire voir
par un bourreau tandis que tu y es, tête de céleri. Non mais,
pour qui tu te prends de t'en prendre à notre bande, espèce
de */»|0»»!!&?/
```

Cela peut continuer ainsi jusqu'à engourdissement des doigts. Ces messages sont amusants et je me refuse à écrire des jurons dans cet ouvrage, mais les flammes sont souvent beaucoup plus éclatantes encore. S'il vous plaît, envoyez-les par courrier électronique à l'interlocuteur concerné et épargnez les autres internautes.:)

5.3.9 Guerres de religions

Quel que soit le type d'appareil qu'une personne utilise, celle-ci est convaincue que son appareil est doté des meilleurs éléments technologiques sur le marché, et que le reste ne vaut pas grand-chose. C'est vrai aussi pour les différents systèmes d'opération et logiciels. C'est pour cette raison que poster un article posant la question «Quel est le meilleur achat, IBM ou Macintosh?» va provoquer une guerre de religions et attirer des arguments plus partisans que sérieux. Si vous voulez vraiment provoquer de telles discussions, joignez-vous au groupe *alt.religion.computers*. Je vous suggère aussi de consulter vos collègues de travail et de feuilleter des magazines pour trouver réponse à votre question. Ce phénomène se produit également dans les sports. J'avais un argument «Nordiques vs Canadiens» qui était à point, mais il n'est plus valide aujourd'hui (désolé pour les lecteurs européens qui ne comprennent pas). On peut étaler ce type d'arguments à la langue (français vs anglais), à la religion et même aux problèmes d'ordre ethnique.

5.3.10 Qualité et précision de vos articles

La façon dont vous vous exprimez dans vos articles est importante. Ne tournez pas autour du pot. Si vous avez une question, expliquez la situation, votre besoin et, finalement, posez une question claire et sans équivoque. Un article vague va vous attirer l'indifférence des utilisateurs d'Usenet. La qualité de vos articles détermine votre identité sur le réseau. Ne l'oubliez pas.

Dans le même ordre d'idées, donnez à vos articles des titres clairs et directs, dénués de négativité. Voici quelques exemples, bons et mauvais:

BON	Configuration d'un CD-Rom Pioneer
MAUVAIS	Je cherche les paramètres d'installation d'un lecteur de CD-Rom de marque PIONEER.
MAUVAIS	MON $%?/&*»!?!»/ DE LECTEUR PIONEER NE MARCHE PAS.
BON	À la recherche d'un Windows 95
MAUVAIS	Windows
MAUVAIS	<No subject given>

5.3.11 Qualité du ton

Étant donné que nous ne disposons pas encore de messagerie vocale digitalisée sur nos ordinateurs ou dans Internet (mais ça viendra:-)), la façon d'écrire nos articles peut avoir des répercussions sur la réponse. Voici un exemple d'article à ne pas imiter:

```
N'importe qui soutenant l'équipe de hockey Les
Canadiens de Montréal devrait aller se faire voir...
```

Ce genre de commentaire engendrera probablement des réponses disgracieuses. Une meilleure tournure pourrait être:

```
Pourquoi les gens soutiennent-ils l'équipe des
Canadiens ?
```

De même, l'utilisation exclusive de lettres MAJUSCULES dans vos articles implique que vous criez très fort, et les utilisateurs d'Usenet ont les oreilles fragiles. UTILISEZ LES LETTRES MAJUSCULES À BON ESCIENT, OK? MERCI DE VOTRE BONNE ATTENTION... Bon, je me tais un peu.

5.4 Lecture, écriture et gestion de messages Usenet

Je privilégie l'utilisation du navigateur Web de la compagnie Netscape comme lecteur de nouvelles Usenet. Il existe des logiciels conçus exclusivement pour la consultation des nouvelles Usenet. Cependant, l'espace-disque étant rare de nos jours, le tracas d'installer un second logiciel et le temps utilisé pour apprendre un nouvel environnement sont d'excellentes raisons pour demeurer dans un endroit que l'on connaît bien, soit le navigateur Web. De plus, il ne se fait plus de lecteurs de nouvelles spécialisés depuis un an à cause de la facilité d'accès offerte par les navigateurs.

Notez que mes exemples sont produits à l'aide de la version française 3.0 du *Navigateur* de la compagnie Netscape. Vous pouvez utiliser toute version supérieure ou égale à 2.0 du *Navigateur* Netscape ou toute version supérieure ou égale à 3.0 pour l'*Explorer* de Microsoft. Les instructions que j'offre ici sont bonnes pour Netscape. Vous retrouverez cependant les mêmes fonctions avec l'*Explorer* de Microsoft. Après tout, le *Navigateur* possède 85 % du marché mondial...

Pour obtenir l'écran des nouvelles Usenet après avoir démarré votre navigateur, sélectionnez l'option **Nouvelles Netscape...** situé dans le menu déroulant **Fenêtres**.

5.4.1 Paramètres initiaux

Avant de pouvoir consulter les messages du système Usenet, un paramétrage de votre navigateur doit être fait. C'est très simple. Vous devez connaître les paramètres suivants:

Adresse Internet du serveur Usenet

Sous la forme *adresse.serveur.internet*, il s'agit du serveur à partir duquel vous avez le droit de transiger sur Usenet.

Votre adresse de courrier électronique

Sous la forme *votre.nom@adresse.fournisseur.internet*, il s'agit effectivement de votre adresse personnelle.

Le nom du fichier de votre signature électronique

Ce dernier est facultatif. Si vous possédez un document que vous désirez voir affiché à la fin de chacun de vos envois pour mentionner vos nom, adresse, citation préférée, etc., nous pourrons l'insérer à l'endroit approprié.

Les deux premiers paramètres sont fournis par votre fournisseur Internet. Quant au troisième, c'est à l'utilisateur de créer sa propre signature par le biais d'un fichier texte.

Vous devez maintenant insérer ces informations dans la configuration de votre navigateur. Choisissez l'option **Préférences de courrier et de nouvelles...** du menu **Option**. Un écran contenant des onglets est affiché à l'écran (figure 5.3). Notez que certains paramètres sont réutilisés dans le paramétrage du module de courrier électronique.

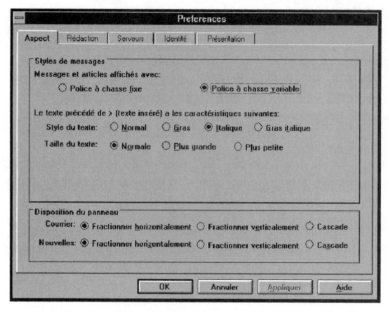

Figure 5.3
L'onglet **Aspect** de l'écran de paramètres pour les nouvelles Usenet

Un ensemble de paramètres apparaît quand vous cliquez sur un des cinq onglets. Sous l'onglet *Aspect*, vous déterminez le type de police avec laquelle les messages sont affichés. Une police à chasse fixe ou variable est disponible. Vous avez le choix d'afficher les fenêtres de messages sur le plan horizontal, vertical, ou en cascade.

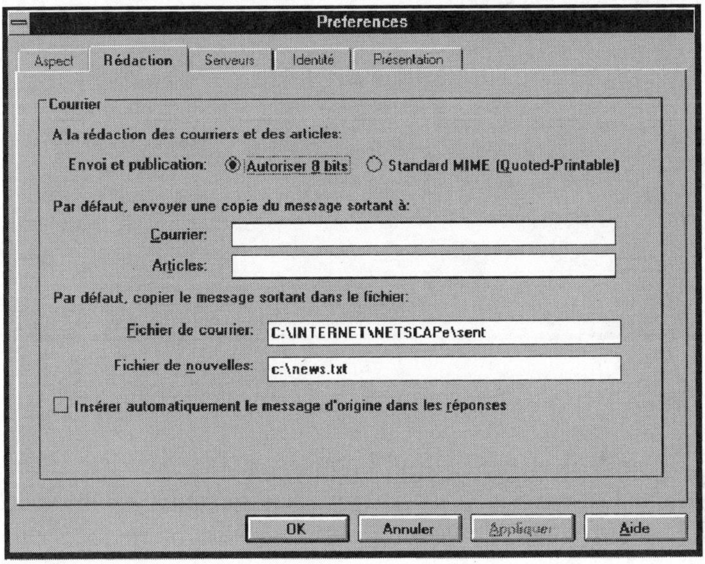

Figure 5.4
L'onglet *Rédaction* de l'écran de paramètres pour les nouvelles Usenet

Vous contrôlez sous l'onglet *Rédaction* le protocole d'envoi de vos messages. Je vous conseille d'utiliser le format *Autoriser 8 bits*. Si vous désirez recevoir une copie conforme de tous vos messages envoyés sur Usenet, inscrivez votre adresse de courrier électronique dans la case *Articles*. Vous pouvez également conserver une copie de votre message directement sur votre disque dur en inscrivant le nom d'un répertoire et un nom de fichier valide dans la case *Fichier de nouvelles*. Finalement, cliquez sur la petite case d'insertion automatique de l'article original pour que ce dernier soit effectivement compris dans vos éventuelles réponses.

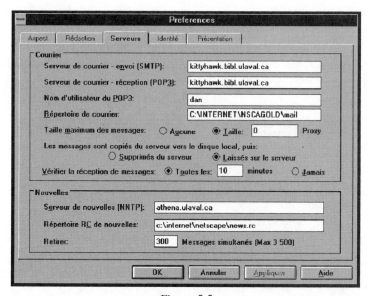

Figure 5.5
L'onglet *Serveurs* de l'écran de paramètres pour les nouvelles Usenet

Cet onglet se sépare en deux fenêtres. La première est réservée au courrier électronique. C'est la deuxième qui nous intéresse. Elle porte le nom *Nouvelles*. Il est impératif que vous inscriviez l'adresse Internet de votre serveur de nouvelles Usenet dans la case *Serveur de nouvelles (NNTP)*. Donnez ensuite le nom d'un répertoire valide sur votre disque dur pour que le navigateur puisse y sauvegarder des informations concernant les groupes de nouvelles. Fixer le nombre de messages transférés simultanément sur votre ordinateur en provenance du serveur de nouvelles dans la case *Retirer*.

C'est sous l'onglet *Identité* que vous pouvez vous identifier. Inscrivez votre nom usuel dans la case *Votre nom*, votre adresse de courrier électronique dans la case *Votre adresse*, une adresse de courrier électronique de retour pour le cas où vous désireriez que votre courrier soit acheminé vers une autre destination, le nom de votre société dans la case *Votre société,* et finalement inscivez le chemin et le nom du fichier texte contenant votre signature électronique.

CHAPITRE 5

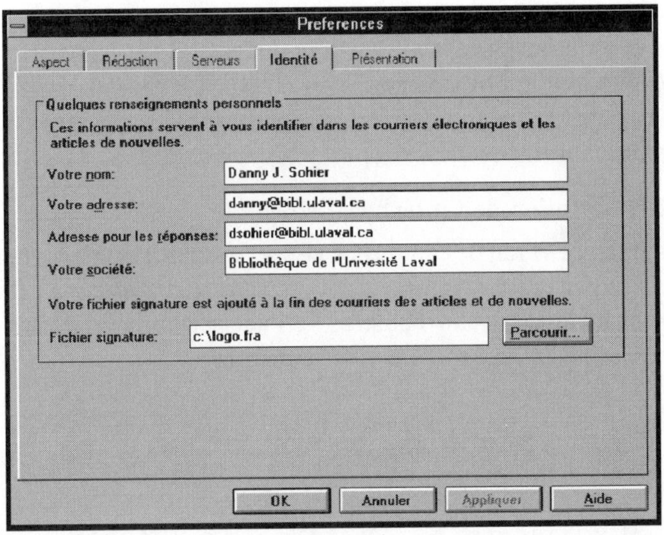

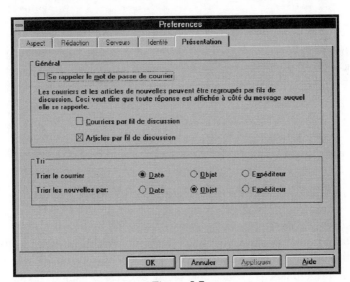

Figure 5.6

L'onglet ***Identité*** de l'écran de paramètres pour les nouvelles Usenet

Figure 5.7

L'onglet ***Présentation*** de l'écran de paramètres pour les nouvelles Usenet

Le dernier onglet est utilisé pour gérer l'ordre de présentation des messages Usenet. Vous avez le choix de les afficher par ordre chronologique, par le titre des messages ou par le nom de l'expéditeur. On doit également indiquer si on désire que les messages soient regroupés par fils de discussion.

5.4.2 Description de l'interface principale

Pour obtenir l'écran des nouvelles Usenet à la suite du démarrage de votre navigateur, sélectionnez l'option *Nouvelles Netscape...* située dans le menu déroulant *Fenêtres*. L'interface principale des nouvelles Usenet est représentée à la figure 5.8.

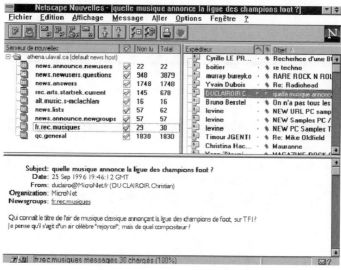

Figure 5.8
Les nouvelles Usenet dans Netscape

On retrouve cinq sections principales dans l'écran des nouvelles Usenet. La traditionnelle barre de menus déroulants se trouve dans la partie supérieure. Elle surmonte une série d'icônes résumant les fonctions principales d'un lecteur de nouvelles. Ensuite, la section médiane est séparée en deux: on trouve les groupes de discussion à gauche et le contenu de ces derniers à droite. Un crochet à côté du nom d'un groupe signifie que celui-ci se trouve dans votre liste d'abonnement. Vous trouvez également le nombre d'articles non lus et le nombre total d'articles dans le groupe. Chaque ligne dans la fenêtre de droite indique un message. Le nom de l'envoyeur et le titre du message sont inscrits. Un «disque» à côté d'un message signifie que celui-ci n'est pas lu. Comme vous pouvez le voir, certains noms et titres sont tronqués; ce qui permet l'affichage du titre complet des groupes de nouvelles à gauche. On modifie l'affichage en cliquant sur la barre qui sépare les deux fenêtres et en la déplaçant. On peut également modifier la largeur de chaque colonne en cliquant sur la barre qui sépare le titre de ces dernières et en la déplaçant. Finalement, l'espace du bas est utilisé pour afficher le contenu d'un message.

5.4.3 Gestion de la liste d'abonnement

Avec plus de 15 000 groupes de discussion différents et une multitude de messages échangés quotidiennement, certains se demandent comment garder la trace des groupes qui piquent notre curiosité. Ou bien encore, comment distinguer les messages lus des messages non lus. Un principe utile dans les nouvelles Usenet est la liste d'abonnement. Elle permet de garder en mémoire les groupes que vous suivez avec assiduité. Ces derniers sont affichés à l'ouverture du module des nouvelles Usenet et, de cette façon, vous pouvez connaître le nombre d'articles lus et non lus pour chacun des groupes.

Un abonnement à un groupe de nouvelles Usenet ne coûte rien, et vous n'avez pas besoin de vous inscrire auprès d'un serveur étranger comme dans le cas des listes de distribution par courrier électronique. Pour s'abonner à un groupe, il suffit d'ajouter le nom de ce dernier à votre liste d'abonnement et d'indiquer à votre navigateur de le garder en mémoire.

Il existe deux moyens pour insérer le nom d'un groupe de nouvelles Usenet à l'intérieur de votre liste d'abonnement. Le plus direct implique que vous connaissiez exactement le nom d'un groupe, par exemple *rec.aviation.military*. Choisissez ensuite l'option *Ajouter un forum...* du menu déroulant *Fichier.* Inscrivez le nom du groupe en question dans la fenêtre qui apparaît à l'écran et cliquez sur **OK**.

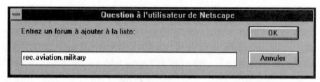

Figure 5.9
Fenêtre pour inscrire le nom d'un groupe de nouvelles Usenet

Le nom du groupe se retrouve ensuite dans votre liste d'abonnements, et les articles du groupe sont présentés à droite de la liste. Afin
de finaliser votre sélection, cochez la case située à droite du nom du
groupe, sinon le groupe ne sera pas affiché lors du prochain démarrage.

La deuxième façon d'insérer le nom d'un groupe dans votre liste
consiste à visualiser tous les groupes Usenet contenus sur le serveur
de nouvelles. Choisissez l'option *Afficher tous les forums* du menu
déroulant *Options*. Tous les groupes seront affichés dans la fenêtre
des groupes de nouvelles. Les chemises indiquent des racines de discussion et, donc, des groupes supplémentaires s'y trouvent cachés.
Cliquez deux foix sur une chemise pour visionner son contenu.

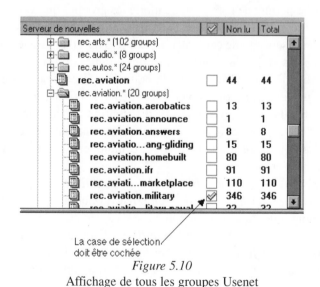

La case de sélection
doit être cochée

Figure 5.10
Affichage de tous les groupes Usenet

Ce que vous voyez à l'écran est en fait la grande hiérarchie des nouvelles Usenet. Vous pouvez naviguer à travers les différentes racines très facilement. Pour inclure des groupes dans votre liste d'abonnement, cliquez sur la case située à droite du nom du groupe choisi. Pour revenir à votre liste d'abonnement, choisissez l'option *Affichez les abonnements...* du menu déroulant *Options*.

Finalement, vous n'avez qu'à supprimer le crochet situé à droite du nom du groupe de nouvelles pour l'enlever de votre liste d'abonnement. Pour ce faire, cliquez une fois sur le crochet.

5.4.4 Lecture d'un message Usenet

Cliquez sur un des groupes de nouvelles Usenet situés dans la partie gauche de l'interface (figure 5.8) pour consulter les articles qui y sont présentement disponibles. Les articles sont affichés dans la partie droite de l'écran. Cliquez ensuite sur un titre d'article intéressant pour que son contenu soit affiché dans la partie inférieure de l'écran.

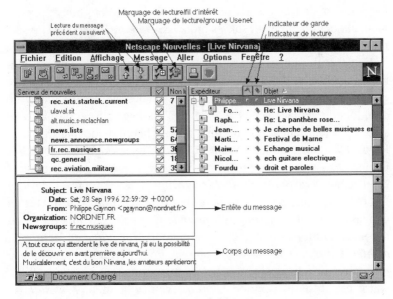

Figure 5.11
Lecture d'un article Usenet

Un message Usenet est séparé en deux parties, un peu comme un message de courrier électronique. L'en-tête révèle le titre, l'auteur, l'organisation ainsi que le ou les groupes de nouvelles dans lesquels le message fut publié. Le corps du texte contient l'essentiel du message. On retrouvera du texte dans la majorité des messages, mais il peut arriver que des images ou des fichiers HTML s'y trouvent. Dans ce cas, votre logiciel traduit automatiquement les informations pour les afficher adéquatement.

Un petit bouton vert situé entre le nom de l'auteur et le titre du message indique si ce dernier a été lu. Cet indicateur de lecture est précédé d'un bouton en gris indiquant qu'il n'est pas en fonction. Si vous cliquez sur ce bouton, l'indicateur de garde représenté par une marque rouge est enclenché, signifiant que vous désirez conserver cet article même s'il a été lu.

Les articles sont généralement triés en fonction de leur titre. L'ordre de tri peut être modifié avec l'option *Trier...* dans le menu déroulant *Affichage*. Les messages peuvent être triés en fonction de l'expéditeur, du titre ou de l'ordre chornologique. Vous pouvez également cliquer directement sur les mots *Expéditeur, Objet* ou *Date* surmontant la fenêtre des messages et agissant comme titres de colonnes.

En général, ce ne sont pas tous les articles qui nous semblent intéressants. Normalement, on regarde rapidement le titre des messages, on en lit quelques-uns et on laisse tomber les autres. Il serait utile que, lors du démarrage subséquent, les messages lus et éliminés ne soient pas réaffichés. À cette fin, prenez l'habitude de marquer tous les articles comme «lus» avant de quitter un groupe de nouvelles. Choisissez l'option *Groupe lu* du menu *Message* ou encore cliquez sur l'icône *Marquage de lecture/groupe Usenet* représentée à la figure 5.11. Vous pouvez en faire de même avec un fil d'intérêt en choisissant l'option *Groupe lu pour le fil de discussions* du menu déroulant *Options* ou cliquez sur le bouton *Marquage de lecture/fil d'intérêt* situé sur la barre de boutons. Pour renverser le marquage «lu» pour un ou plusieurs articles, sélectionnez-les à l'aide de la souris et choisissez l'option *Mention Non lu* du menu *Message*.

Finalement, si vous désirez voir tous les articles pour un groupe quelconque, peu importe leur statut «lu» ou «non lu», sélectionnez l'option *Afficher tous les messages* du menu déroulant *Options*. Pour l'affichage des articles «non lus» uniquement, choisissez *Messages non lus seulement*.

5.4.5 Rédaction d'un message Usenet

Positionnez-vous sur le groupe de nouvelles Usenet dans lequel vous désirez publier un message en cliquant sur celui-ci. Sélectionnez ensuite l'option *Nouvel article* du menu déroulant *Fichier* ou cliquez sur le bouton ▣ situé sur la barre de boutons dans la partie supérieure de l'écran. La fenêtre de composition est alors affichée.

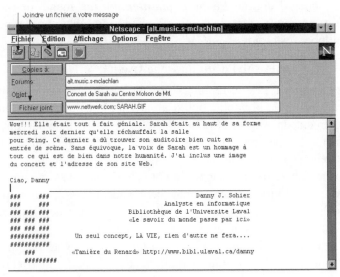

Figure 5.12
Composition d'un nouveau message

Le nom du groupe se trouve automatiquement inscrit dans la case *Forums:*. Vous pouvez ajouter des groupes de nouvelles à votre expédition en séparant les noms des groupes par une virgule. Le message peut être envoyé à une boîte de courrier électronique également. Inscrivez une adresse de courrier valide dans la case *Copies à:*. Ce même bouton vous mène vers le carnet d'adresses du navigateur Netscape. Vous devez ensuite écrire le titre de votre message dans la case *Objet:*.

Vous pouvez joindre des fichiers en sélectionnant l'option ***Joindre un fichier...*** du menu déroulant **Fichier** ou en cliquant sur les deux boutons prévus à cet effet (figure 5.12). En plus de joindre des fichiers, vous pouvez ajouter des liens URL. Si vos destinataires utilisent également un navigateur Web pour lire les nouvelles, ils pourront cliquer automatiquement sur l'adresse pour voir le site en question.

Composez le message dans la fenêtre inférieure. Vous pouvez inscrire jusqu'à 6 000 caractères. Le français n'est plus un problème sur Usenet, donc allez-y à cœur joie.

Une fois que vous avez terminé la rédaction de votre message, sélectionnez l'option ***Envoyer maintenant*** du menu déroulant **Fichier** ou appuyez sur le bouton d'envoi représenté par une petite enveloppe très rapide.

5.4.6 Réponse et suivi d'un message Usenet

Il existe deux types de réponses servant à exprimer notre point de vue à la suite de la publication d'un article. Vous pouvez répondre directement dans le groupe de nouvelles Usenet, ou vous pouvez contacter l'expéditeur plus discrètement par le biais du courrier électronique. C'est à l'utilisateur de juger si ses commentaires rejoignent les objectifs du groupe de nouvelles. Dans le cas contraire, l'envoi d'un courrier électronique s'avère adéquat. Une autre option possible est de faire suivre un message publié sur Usenet à une autre personne par le biais du courrier électronique.

Une réponse fait suite à la lecture d'un message. Nous présumons donc que le message original est affiché dans la partie inférieure de l'écran. Voici les différents boutons et commandes utilisés pour répondre à un message:

Publier une réponse dans le groupe de nouvelles
Option ***Publier une réponse*** du menu déroulant **Message**.

Envoyer une réponse par le courrier électronique
Option ***Envoyer une réponse*** du menu déroulant **Message**.

Publier une réponse dans Usenet et envoyer une réponse par le courrier électronique
Option **Publier et envoyer une réponse** du menu déroulant **Message.**
Faire suivre un message par le biais du courrier électronique
Option **Transférer** du menu déroulant **Message.**

Ces fonctions sont accessibles par les boutons qui se trouvent dans la partie supérieure de l'écran. Encore une fois, on présume que le message auquel vous désirez répondre est affiché dans la partie inférieure de l'écran.

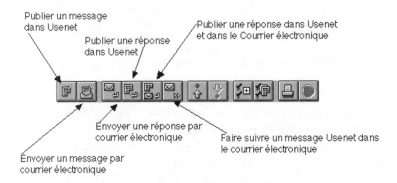

Figure 5.13
Barre de boutons pour le lecteur de nouvelles Netscape

Lorsque vous sélectionnez une fonction, une fenêtre s'affiche où vous devez donner certaines informations dans le cas d'une réponse par courrier électronique. Bien sûr, n'oubliez pas d'écrire votre message.

Dans l'exemple ci-dessous, je réponds à l'expéditeur original tout en publiant une copie de mon message dans le groupe de nouvelles. J'ai le choix de faire suivre le message à autrui en inscrivant des adresses supplémentaires de courrier électronique dans la case **Copies à:** .

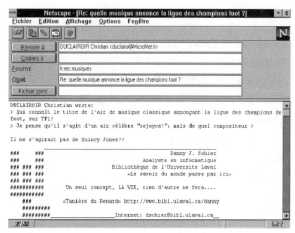

Figure 5.14
Publier et envoyer un réponse par le courrier électronique

5.4.7 Gestion des messages Usenet

Vous pouvez avoir recours aux opérations usuelles de sauvegarde sur disque dur et d'impression pour les articles que vous désirez conserver. Pour enregistrer sur disque dur, sélectionnez en premier lieu le(s) article(s) à l'aide de la souris. Choisissez ensuite l'option *Enregistrer le(s) message(s) sous…* du menu déroulant *Fichier*. Un gestionnaire de fichiers apparaît afin que vous puissiez confirmer le nom et le répertoire pour la sauvegarde.

Pour imprimer, sélectionnez les articles désirés avec la souris. Ensuite, choisissez l'option *Imprimer le(s) message(s)…* du menu *Fichier* ou cliquez sur le bouton d'impression 🖶 situé sur la barre de boutons dans la partie supérieure de l'écran.

5.5 La recherche dans les groupes Usenet

Les groupes Usenet constituent une ressource tellement riche en information que nous ne pouvons pas prétendre être capable de tout consulter. Les internautes y voient un trésor qu'on ne peut laisser tomber facilement. On peut faire des recherches parmi les articles périmés ou même rechercher un nom de groupe de nouvelles Usenet qui satisfera notre intérêt.

5.5.1 Consultation d'articles périmés

Une question fréquente est «Existe-t-il des archives des groupes Usenet que l'on peut interroger?» Jusqu'à maintenant, certains groupes profitaient de bienfaiteurs qui prenaient la peine d'archiver les leurs et de créer les index nécessaires à la consultation. Il fallait connaître le site où la consultation était possible pour chacun de ces groupes. En vérité, il n'y avait rien de concret. La meilleure chose est de consulter, si elle existe, la FAQ du groupe en question afin de savoir si une archive existe. Vous pouvez également poser cette question à ce même groupe si vous ne trouvez pas la FAQ.

Depuis un an, un nouveau service a fait son apparition dans Internet. Il s'agit de Deja-News. Ce service, qui est toujours gratuit, permet la consultation de la majorité des groupes Usenet. La couverture remonte jusqu'à mars 1995. C'est vraiment formidable, car la base de données comprend environ 10 giga-octets de données compressées! Ce service est accessible dans l'univers Web. L'adresse est ***http://www.dejanews.com***. La figure suivante vous offre un aperçu de ce service qui a tardé à faire son entrée dans Internet.

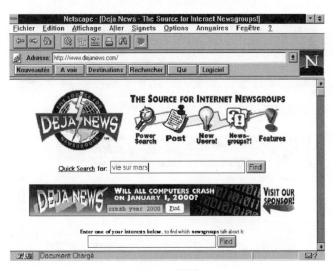

Figure 5.15
Le service Deja-News

Après que j'ai inscrit les mots clés «vie sur mars», le service a
effectué une recherche, et les résultats suivants se sont affichés.

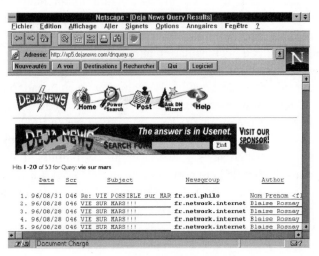

Figure 5.16
Résultats de recherche sur le site Deja-News

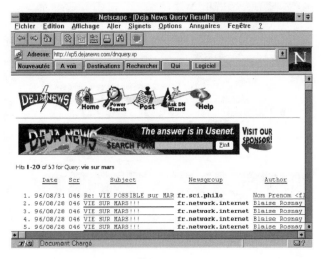

Figure 5.17
Affichage d'un article sur le site Deja-News

Il n'y a plus qu'à cliquer sur un titre de message tel que montré dans la figure précédente. Le message est sorti directement des archives de ce site. Il n'est même pas nécessaire de contacter votre propre serveur Usenet.

La compagnie Deja-News mentionne qu'elle ne garantit pas la gratuité éternelle de ce service. C'est toutefois son but. Les revenus proviennent jusqu'à maintenant des messages publicitaires affichés dans les pages du service. Un dernier inconvénient est que le site n'archive pas le contenu des groupes spécialisés dans la distributions d'images, de sons et d'animations multimédias.

Il existe encore quelques services qui indexent un certain contenu de nouvelles Usenet. Je vous offre ici ces quelques adresses.

Service Infoseek	*http://guide.infoseek.com*
Service Excite	*http://www.excite.com*
Service Altavista	*http://altavista.digital.com*
Service Hotbot	*http://www.hotbot.com*

Pour une description exhaustive de ces engins de recherche, je vous suggère le livre *Internet — Comment trouver ce que vous voulez* écrit par MM. Louis-Gilles Lalonde et André Vuillet, et publié aux Éditions Logiques.

5.5.2 Trouver le bon groupe Usenet

Avec plus de 15 000 groupes de nouvelles Usenet différents, il peut s'avérer difficile de tronver le bon. Je vous suggère de consulter une page Web très utile pour la recherche de noms de groupes Usenet. Ce site est maintenu par l'université de la Caroline du Nord. L'adresse URL *http://sunsite.unc.edu/usenet-il/search.html* vous conduira au site suivant:

Figure 5.18
Le service de recherche de noms de groupes Usenet

Inscrivez des mots clés appropriés afin de connaître l'existence de groupes de nouvelles Usenet spécialisés dans le domaine de votre choix. Des groupes contenant le mot clé dans le titre du groupe ou dans la description de ce dernier sont affichés à la suite de la requête.

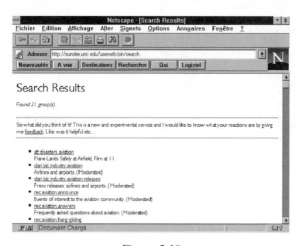

Figure 5.19
Résultats de recherche sur les noms de groupes de nouvelles Usenet

Communications Telnet

L a session Telnet a été l'outil le plus utilisé dans Internet pour communiquer avec d'autres ordinateurs avant l'avènement des gophers[1] et du Web[2]. Cette ressource semble bien souvent masquée par d'autres, car elle est utilisée comme une forme de sous-traitance. Des ressources comme Gopher et le Web permettent à l'utilisateur de consulter les nombreux trésors d'Internet en appelant une session Telnet. La session Telnet n'est certes pas un plat gastronomique pour les yeux, il s'agit d'écrans et d'interfaces en mode texte. Cependant, votre cerveau sera heureux de voir apparaître les informations beaucoup plus rapidement...

6.1 Qu'est-ce que Telnet?

La session Telnet permet à l'utilisateur d'entrer en communication avec des bases de données, des services d'information, des systèmes de gestion, etc., tous disponibles sur des ordinateurs étrangers. Telnet est une fenêtre ouverte sur les ressources d'un ordinateur étranger. À l'aide d'un logiciel Telnet, un utilisateur se branche de son poste de travail sur un ordinateur étranger pour exploiter les programmes qui s'y trouvent, si, évidemment, il en a la permission. Quand doit-on utiliser Telnet? Eh bien, la majorité d'entre vous auront à négocier une session Telnet afin de consulter le catalogue d'une bibliothèque. Une session Telnet est également nécessaire si votre bureau possède encore un système administratif situé sur un vieil ordinateur central. Un autre cas est celui des utilisateurs qui naviguent dans Internet sans lien TCP/IP ou SLIP/PPP[3], donc par une session terminale. Quoique Telnet rende de fiers services, un des désavantages est son incapacité à effectuer un transfert de fichiers pendant une session. Vous devez utiliser l'outil FTP décrit au chapitre 4.

---

1. Voir le chapitre 9.
2. Voir le chapitre 3.
3. Voir la section 1.2.1 qui traite de la connexion à Internet.

Telnet fonctionne sur deux plans. Un logiciel client Telnet doit être installé sur votre ordinateur. Il en existe une multitude pour toutes les plateformes du marché. Nous vous offrons quelques suggestions à ce sujet à la section 6.2. Afin de savoir quel logiciel utiliser dans votre cas, interrogez votre administrateur de réseau ou le service à la clientèle de votre fournisseur Internet. Normalement, les choix offerts fonctionnent dans tous les environnements Internet.

La partie «client» amorce la communication TCP/IP avec le serveur. Elle se charge également de transformer et d'envoyer vos commandes en langage compréhensible pour l'ordinateur étranger. Finalement, elle transforme les informations du serveur en données lisibles à l'écran. Durant cette session, ce n'est pas votre ordinateur qui fait fonctionner le programme logé dans la fenêtre Telnet. Il s'agit bien de l'ordinateur étranger.

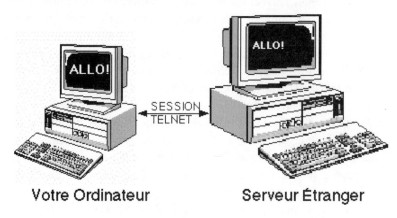

Votre Ordinateur   **Serveur Étranger**

Figure 6.1
Schéma de l'approche client-serveur Telnet

La partie «serveur» est simplement un logiciel fonctionnant sur un appareil étranger. La session Telnet utilise généralement le port IP 23. Il arrive parfois que d'autres ports IP soient utilisés pour une raison ou pour une autre. Le serveur alloue un petit morceau de sa mémoire pour gérer la communication avec un client. L'espace mémoire est libéré une fois que la session est terminée. À l'instar du Web, les deux ordinateurs sont en contact constant durant la session.

6.2 Session Telnet

Au départ, on n'utilisait pas d'interface graphique pour effectuer une session Telnet. Tout se faisait sur le mode texte. Il existe maintenant des programmes de communication Telnet pour Windows et Macintosh avec des interfaces graphiques. Ne vous méprenez pas, les seules installations ajoutées sont des fonctions de gestion concernant l'environnement de la session. Les commandes adressées directement au système d'exploitation du serveur étranger sont toujours entrées directement par vous, au clavier.

Le logiciel le plus souvent utilisé dans l'environnement Macintosh est *NCSA Telnet*. Les informations sur ce logiciel du domaine public sont disponibles sur le site Web du National Center for Supercomputers Applications à l'adresse URL *http://www.ncsa.uiuc.edu/SDG/Software/MacTelnet*. Une version française existe qui permet de consulter convenablement les catalogues de bibliothèques qui affichent des accents français. Vous trouverez les renseignements à l'adresse URL *http://www.bibl.ulaval.ca/ariane/guideari/intermac.html*.

Une pléiade de logiciels Telnet pour Windows sont disponibles. WinQVT est assez souvent rencontré. Vous pouvez vous le procurer sur plusieurs sites FTP anonymes. Il contient également un logiciel de courrier électronique compatible avec le standard POP (Post Office Protocol), ainsi qu'un client FTP et un lecteur de nouvelles Usenet. Voici quelques sites d'où il peut être transféré:

Site FTP anonyme:	*ftp.direct.ca*	Canada
	ftp.grolier.fr	France
	mirrors.aol.com	États-Unis
Répertoire:	*/pub/simtelnet/win3/inet/qvtws398.zip*	

De notre côté, nous verrons comment établir une session Telnet de la bonne vieille manière dans un environnement DOS. Pour entamer une session, il s'agit d'appeler le programme, dans notre cas «telnet.exe» et de lui transmettre l'adresse Internet de l'ordinateur étranger en paramètre, comme ceci:

c: \> TELNET ariane.ulaval.ca.

Le «c: \>» nous vient de DOS et indique que l'ordinateur est prêt à accepter des instructions. Grâce à cette simple commande, un lien est établi avec l'ordinateur étranger. Il faut ensuite donner un nom d'utilisateur et un mot de passe, afin de valider notre accès sur le système en question. Certains ordinateurs ne demandent qu'un nom d'utilisateur, sans que celui-ci soit accompagné d'un mot de passe. Ce cas se présente lorsque le serveur couvre un service pour le grand public. Voyons un exemple de session Telnet:

```
c:\> telnet ariane.ulaval.ca
trying
Connected to ariane.ulaval.ca
Escape character is ALT+F10 or F10
Username: danny
Password: *********
Ariane> _
```

Nous venons de commencer une session Telnet avec l'ordinateur portant l'adresse Internet *ariane.ulaval.ca*. Avant de vous communiquer les informations émises par l'hôte, Telnet vous rappelle la commande pour interrompre la session. Il est important que vous vous en souveniez. Ici, il s'agit de **ALT+F10** ou de **F10**. Ces commandes peuvent être différentes avec d'autres programmes Telnet. On rencontre, entre autres, assez souvent la commande **CTRL+]**. Le serveur étranger demande un nom d'utilisateur (*Username*) ainsi qu'un mot de passe (*Password*). Si la réponse est correcte, il envoie un message de bienvenue et vous informe de quelques statistiques à propos de votre compte. Finalement, un message de l'hôte indique qu'il est prêt à accepter les commandes.

Pour sortir, il faut choisir la commande d'interruption. Dans notre cas, il s'agit de **ALT+F10** ou de **F10**. Tapez la clé «c» pour demander la commande «close». Telnet coupera la communication immédiatement. Pour ceux qui utilisent des logiciels dans un environnement graphique, cette commande devrait se trouver dans un des menus déroulants. On utilise *File/Exit* avec WinQVT et *File/Close Connection* ou la combinaison **pomme+K** avec NCSA/Telnet pour le Macintosh.

6.3 Ports IP différents et adressage Web

Tel que mentionné, le port IP par défaut de Telnet est 23. Qu'arrive-t-il lorsqu'on vous demande de communiquer avec un ordinateur ayant l'adresse internet *machine.domaine.pays* sur un port différent de 23, par exemple le port *n*, afin de rejoindre un service quelconque? C'est simple, vous devez mentionner à votre programme Telnet:

c: \> Telnet machine.domaine.pays n

Prenons l'exemple du serveur météorologique de l'université d'Alabama à Huntsville (É.-U.) à l'adresse Internet *wind.atmos. uah.edu* sur le port 3 000:

c: \> Telnet wind.atmos.uah.edu 3000

```
-------------------------------------------
Initializing Service... Please Wait...
Machine Load: 1
=> No interactive users...running at normal priority...
===========================================================
( S O U T H E A S T W E A T H E R U N D E R G R O U N D )
-------------------------------------------
EARTH SYSTEM SCIENCE LABORATORY
operated by the University of Alabama in Huntsville
Huntsville, AL 35899
original coding by Jeff Masters, University of Michigan
enahncements added by Richard Johnson, Chad Hill, and
Scott Podgorny
Send all suggestions and comments to
root@wind.atmos.uah.edu
===========================================================
Press RETURN to continue OR enter 3 letter ID for fore-
cast:
```

Par la suite, la session Telnet se poursuit normalement. Les administrateurs utilisent parfois des ports IP différents pour obtenir une meilleure sécurité sur leurs systèmes ou pour offrir des services supplémentaires sur d'autres ports IP.

L'adresse URL pour obtenir une ressource Telnet sur le Web possède toujours le préfixe «telnet://». Le nom de l'ordinateur se trouve immédiatement après le préfixe. Si le port IP est différent de 23, on l'indique en ajoutant «:n» à la fin de l'adresse, où «n» est égal au numéro du port IP. La bonne adresse URL pour l'exemple précédent donne ceci:

telnet://wind.atmos.uah.edu:3000.

Il est important de noter que votre navigateur Web doit connaître le nom et le répertoire de votre logiciel Telnet. Sinon, il vous répond par un message d'erreur du type «Helper application not found». Vous devez choisir l'option **Préférences générales...** du menu déroulant **Options** et ensuite, sélectionnez l'onglet **Appl**. Inscrivez finalement où se trouve votre logiciel Telnet.

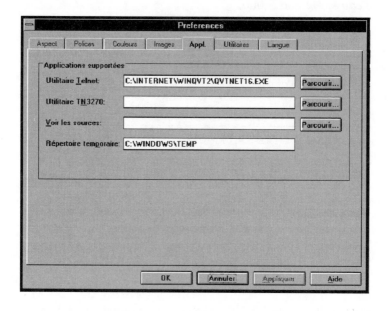

Figure 6.2
Écran des paramètres des applications pour Netscape

6.4 Fonctions générales d'environnement Telnet

Afin d'augmenter les capacités d'une session Telnet, diverses fonctions nous permettent de mieux maîtriser notre environnement de travail. Les fonctions suivantes peuvent être ou non installées sur votre logiciel Telnet. Il serait bon d'explorer la liste des commandes disponibles sur votre logiciel Telnet pour voir de quelle façon ces fonctions sont implantées; ceci est bon particulièrement pour les logiciels dans les environnements graphiques.

• Aide

Cette commande affiche toutes les autres commandes disponibles sur votre programme Telnet. C'est une bonne façon de voir lesquelles sont présentes et comment elles sont accessibles. Voici un exemple dans la version DOS du client Telnet de la compagnie FTP Software:

```
Telnet with VT220 and 3270 emulation, escape character is
ALT-F10 or F10
Copyright (c) 1986-1993 by FTP Software, Inc. All rights
reserved.
? display this help message  a send Telnet AYT
         request
^h debugging command help    b send Telnet Interrupt    o
write received data to output
Process file  z send Telnet Abort
         Output
i read keystrokes from an input    t send Telnet Break
file
c close connection gracefully      ! escape to a command
         interpreter
q/Q quit current/all telnet  I show local Internet
connections    address
F toggle built-in FTP server on/off U turn status line on
W toggle FTP server write-protect   u turn status line off
mode
0-9 switch to connection #   s Enable pop-up TSR with hot-
key
p Select code page remapping S Toggle screen-saver key-
passing
VT220 emulator commands
```

```
R Enter key send CR   l local echo mode
N Enter key send newline (CRLF)      r remote echo mode
e send characters as typed  w turn end-of-line wrap on
E send line when ENTER is typed      d turn end-of-line wrap
    off
B <-    key sends BS; CTLfl<-key     m set emulator mode
        sends DEL (vt52|100|220)
D <-    key sends DEL; CTLfl<-key sends BS
3270 emulator commands
y set Yale Null Processing off      Y set Yale Null Proces-
sing   on
M toggle mouse enable/disable
[Press SPACE to return to session, or enter another command
(? for help)]
Help.
```

• Mode

On verra plus loin ce qu'est une émulation de terminal. Toutefois, c'est avec cette commande que l'on peut modifier l'émulation utilisée dans notre session. Voici, par exemple:

```
Available modes for VT220 emulator:
0: vt220 mode, 7 bit controls (default)
1: vt220 mode, 8 bit controls
2: vt100 mode, send vt100 ID
3: vt100 mode, send vt220 ID
4: vt52 mode
VT220 emulator is currently in VT220 7-bit mode.
Type integer corresponding to desired mode:
```

• Close/Quit

Pour terminer une session.

• Capture On/Off

Vous ne pouvez pas faire de transfert de fichiers, mais vous pouvez toutefois «capturer» dans un fichier ce qui apparaît à l'écran. C'est très utile lorsque vous consultez une base de données et que vous désirez conserver les résultats. Le principe est simple: la commande de capture fonctionne comme un interrupteur. Vous l'appelez une première fois pour commencer la capture et une deuxième fois pour la terminer. Tout ce qui est apparu à l'écran entre ces deux commandes est inscrit dans un fichier de votre disque dur. La plupart des logiciels Telnet vous réclament, à la suite de la première demande de capture, le nom du fichier où les informations seront enregistrées.

• Adresse IP

Vous donne votre propre numéro IP. Cela peut être utile dans le cas où un service vous en fait la demande lors d'une consultation.

• «Are you there ?»

Cette commande est utilisée lorsque votre session paraît un peu défaillante. En choisissant cette commande, l'ordinateur étranger vous répond par un simple [YES] si tout va bien.

• Ouverture d'une autre session

Vous offre la possibilité d'ouvrir une autre session concurrente sur un autre appareil. Le nombre maximal de sessions dépend de votre logiciel. Un autre dispositif vous permet également de sauter d'une session active à une autre. Prenez garde de ne pas vous perdre. Cette fonction est réservée aux plus habiles...

6.5 Émulations de terminaux

Je vais tenter d'expliquer simplement en quoi consiste une émulation de terminal sans entrer dans les détails techniques. Avant l'arrivée des réseaux TCP/IP, on ne pouvait joindre les ordinateurs centraux que par liens séries. On avait un terminal «idiot», car il ne possédait aucune puissance de calcul. Tout le traitement se faisait sur le central. Ces terminaux équipés de claviers n'étaient en fait que des fenêtres sur le traitement effectué sur le serveur. Pour pouvoir communiquer, on a créé des normes concernant la façon dont les claviers et les terminaux interprétaient les informations entre l'utilisateur et le central. Ainsi, plusieurs protocoles de terminaux ont été écrits au fur et à mesure de l'avancement de la technologie, afin d'offrir, avec chaque nouveau protocole, des clés de fonctions et d'autres caractéristiques. On connaît ces versions de protocoles sous les noms VT52, VT100, VT220, VT320, VT420, 3270, 3278, TTY, etc.

C
H
A
P
I
T
R
E

6

Un ordinateur opérant des sessions Telnet est prêt à communiquer avec l'utilisateur par le biais d'un de ces protocoles. Il est évident que nous n'avons pas tous des terminaux propres à explorer Internet. Aussi, pour pouvoir communiquer, votre ordinateur personnel fait tout simplement semblant d'être un terminal. Il utilise une émulation fournie par le logiciel Telnet. Ainsi, il peut apparaître comme un terminal pour l'ordinateur étranger. Le protocole le plus utilisé dans ce genre de communications est le VT100. Par défaut, la quasi-totalité des logiciels de communication sont paramétrés avec ce protocole. Vous pouvez toutefois utiliser une autre émulation. La commande **MODE** vous permet de faire cette modification. Ajoutons que VT100 ne comprend pas les caractères accentués. Il faut exploiter une émulation VT220 et plus, ou un protocole signé IBM (3270, 3278, etc.) pour commencer à fonctionner en français. Un exemple de ceci est le catalogue Ariane de la Bibliothèque de l'Université Laval: à l'adresse ***ariane.ulaval.ca***, vous devez avoir un logiciel émulant le VT220.

6.6 TN3270

Nous avons vu Telnet. Ce moyen de communication permet de communiquer avec une bonne majorité des ordinateurs sur Internet. Toutefois, Telnet n'est pas capable de joindre les ordinateurs centraux de type IBM. Il faut alors utiliser un hybride du programme se nommant TN3270, qui fonctionne de la même façon que Telnet. La seule différence réside dans le protocole utilisé. Pour engager la communication, on procède de cette façon:

c: \> TN3270 vm.ulaval.ca.

Un nom d'utilisateur jumelé à un mot de passe vous sera également demandé. Ce programme est généralement distribué avec Telnet. Il se peut même que votre version de Telnet parvienne à détecter automatiquement le type de serveur et agisse en conséquence pour négocier le bon protocole. Il est très rare désormais de voir ce type de protocole car IBM se penche maintenant vers les émulations traditionnelles. Il reste cependant quelques dinosaures cachés dans des sous-sols d'institutions…

6.7 Hytelnet

Hytelnet est une ressource d'Internet. Elle regroupe la liste de la majorité des catalogues de bibliothèques et systèmes d'information qu'il est possible de consulter publiquement sur Internet avec Telnet. On y trouve plus de 1 500 catalogues et systèmes d'information. Cette base de données est gérée par Peter Scott (*pscott@library. berkeley.edu*) de l'université de la Saskatchewan. Des mises à jour sont faites toutes les semaines. Elles sont disponibles dans le groupe Usenet *bit.listserv.hytel-l*. On peut consulter cette banque sur le Web à l'adresse *http://moondog.usask.ca/hytelnet* (Figure 6.3). Il existe également des clients Hytelnet pour PC et Macintosh. Ces logiciels sont disponibles par FTP anonyme à l'adresse *ftp.usask.ca* dans le répertoire /pub/hytelnet. Si vous les utilisez, lisez bien la licence d'utilisation. Elle contient des renseignements importants sur les droits d'exploitation.

C
H
A
P
I
T
R
E

6

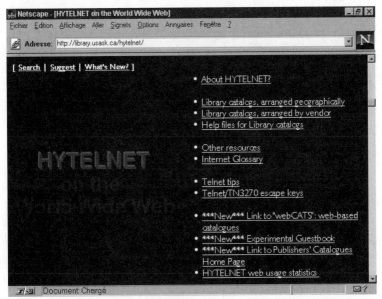

Figure 6.3
La page de bienvenue de la ressource Hytelnet

L'intérêt d'Hytelnet réside dans un accès à des possibilités intéressantes pour un moindre effort. Les ressources accessibles sont
affichées sous forme de menus arborescents.

On peut également trouver un petit glossaire des termes d'Internet ainsi que des conseils pour utiliser Telnet et TN3270. Hytelnet
ne contient que les adresses des ressources. Une fois que vous avez
sélectionné l'une de celles-ci, Hytelnet glisse tous les paramètres de
communication à votre logiciel Telnet qui, lui, effectue la communication. Regardons ce qui se cache sous l'option «Library cata-
logs» (catalogues de bibliothèques).

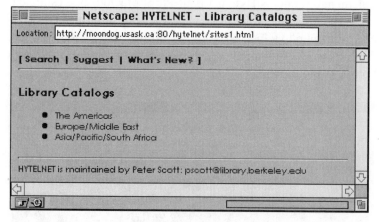

Figure 6.4
Distribution géographique des catalogues de bibliothèques

Voyez dans la figure 6,5 ce qui se cache sous l'option «Europe/
Middle East».

Finalement, on peut sélectionner un pays et obtenir la liste de
catalogues. On clique sur un de ces derniers et les modalités d'entrée en ligne sont affichées. Il ne reste plus qu'à cliquer sur le nom
du catalogue pour obtenir la connexion.

Revenons au menu principal et regardons l'option «Other resour-
ces» (autres ressources). On trouve des accès à des informations
d'une variété déconcertante dont des serveurs Archie, des Gophers,
des banques de données de la Nasa, etc.

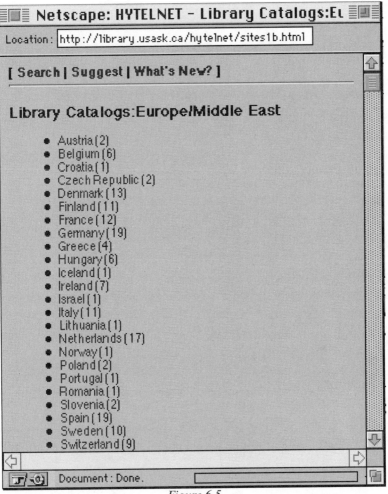

Figure 6.5
Les catalogues de l'Europe et du Moyen-Orient

À l'aide d'Hytelnet, vous pouvez ainsi faire un bon bout de chemin dans Internet. N'oubliez pas que cette ressource fait constamment appel à Telnet comme outil de communication.

IRC - Internet Relay Chat

IRC est l'acronyme de *Internet Relay Chat*. Cette ressource Internet ressemble légèrement aux nouvelles Usenet, dans le sens où l'on y retrouve des milliers de groupes de discussion au sein desquels les internautes s'échangent des messages. La comparaison s'arrête là. IRC diffère par son interactivité en temps réel. Contrairement à ce qui se passe lorsqu'on envoie et attend du courrier électronique, on se joint à un forum de discussion appelé **canal IRC**, où on peut assister à des conversations ou y participer en direct. Vous écrivez une phrase et, presque au même moment, tous les utilisateurs branchés sur votre canal peuvent la lire et y répondre tout aussi rapidement.

L'analogie de la «Ligne en fête» est excellente dans ce cas-ci. On peut s'imaginer en train de déambuler dans un couloir sans fin. Une série de portes, de chaque côté, dissimulent des pièces où des gens sont rassemblés pour discuter de différents sujets, et vous êtes invité à communiquer avec eux... dans certains cas. Dans chaque forum, on retrouve un animateur, un thème et des participants. Il arrive parfois qu'on y serve des victuailles. L'ambiance qui y règne est détendue. Toutefois, modérez vos propos, car l'animateur a le pouvoir de vous expulser momentanément, et même de vous bannir à tout jamais! Vous ne trouvez pas votre bonheur? Créez alors votre propre forum et invitez des copains. Vous pourrez ainsi tout vous permettre à l'intérieur de cet univers virtuel.

Certains s'interrogent sur la valeur du IRC qui n'est utilisé, pratiquement, qu'à des fins de divertissement. Les administrateurs et les dirigeants d'entreprises regardent d'un mauvais œil ce sous-ensemble d'Internet. Pourtant, les adeptes se multiplient et défendent plus que jamais leur lien avec la virtualité. Des gens forgent quotidiennement des liens; des amoureux, l'un à New York et l'autre en Australie, se sont mariés en 1994 sur IRC! Cette ressource est la trouvaille de Jarko Oikarinen (*jto@tolsun.oulu.fi*). L'objectif était alors d'améliorer le programme *talk* que l'on trouve sur les ordinateurs centraux. IRC a vu le jour en 1988, et a gagné en popularité lors de la guerre du Golfe, alors que les nouvelles des combats étaient diffusées en temps réel, et commentées par les internautes. Ainsi, chaque événement majeur qui secoue la planète, comme la tentative de coup d'État contre Boris Elstine, en 1993, bénéficie d'une couverture immédiate sur un canal IRC. Dans ce dernier cas, quelques personnes demeurant non loin du Kremlin à Moscou ont présenté des témoignages en direct, alors que les combats faisaient rage. Comme autre exemple citons la soirée du référendum sur l'indépendance du Québec: le canal #referendum contenait plus de 500 internautes. Évidemment, la majorité des canaux de discussion n'est pas ainsi branchée sur l'actualité. IRC se veut un endroit pour se détendre et parler entre copains. Bien sûr, toutes les langues, religions et opinions y sont acceptées.

IRC est le système utilisé lors de conférences interactives mondiales, et des vedettes comme Michael Jackson, Sharon Stone et Sarah McLachlan y parlent directement à leurs admirateurs. Le 7 octobre 1995, la chaîne de télévision MusiquePlus (***http://www. musiqueplus.com***) a organisé la première rencontre interactive dans Internet entre artistes et admirateurs au Québec. Depuis ce temps, les séances IRC avec les artistes francophones sont devenues monnaie courante. Entre autres, Cyberblack (***http://www.cyberblack. com)***, un site francophone, organise périodiquement des sessions IRC avec des personnalités. Consultez leur site Web pour savoir à qui vous pourrez parler en direct à partir d'Internet.

Figure 7.1
Rencontre interactive sur le site Cyberblack

7.1 Logiciels et paramètres IRC

IRC est disponible dans presque tous les environnements. Plusieurs sites FTP anonymes dans Internet offrent la possibilité de récupérer des logiciels IRC pour Windows, Macintosh et autres. Je vous propose les choix de logiciels suivants:

HOMER pour le Macintosh
Site FTP canadien:
> *ftp://ftp.ucs.ubc.ca/pub/mac/info-mac/comm/inet*

Site FTP français:
> *ftp://ftp.francenet.fr/pub/miroirs/info-mac/comm/inet*

Site FTP américain:
> *ftp://ftp.undernet.org/irc/clients/macintosh*

MIRC pour Windows et Windows95
Site Web de la compagnie:
> *http://mirc.stealth.net*

Site FTP américain:
> *ftp://ftp.undernet.org/irc/clients/windows*

Le logiciel *Homer*, du domaine public, offre une interface graphique plutôt conviviale. Grâce à des commutateurs et des boutons, nous pouvons connaître l'état d'un canal ou effectuer différentes opérations dans celui-ci. De plus, *Homer* permet d'être présent sur plusieurs canaux à la fois. La figure 7.2 présente un exemple de l'interface de ce logiciel.

Le logiciel *MIRC* est celui que je préfère pour l'environnement Windows. La majorité des commandes utiles sont représentées par des icônes situées près de la barre des menus déroulants.

Je ne fournirai pas davantage de détails sur les commandes de ces deux logiciels, mais je vous signale que les principales commandes et fonctions IRC sont présentées à la section 7.4. Les différents logiciels les exécutent à leur façon. Je vous conseille de consulter le guide de l'utilisateur qui accompagne ces applications.

C
H
A
P
I
T
R
E

7

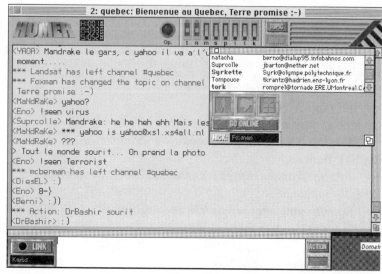

Figure 7.2
Interface du logiciel IRC *Homer* pour Macintosh

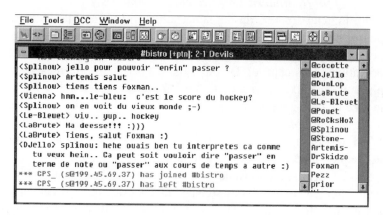

Figure 7.3
Interface du logiciel IRC *MIRC* pour Windows

7.2 La session IRC

La session IRC s'amorce lorsque l'utilisateur fait démarrer le logiciel conçu pour cette ressource. Lors d'une première session, votre logiciel vous demande les paramètres qui seront utilisés à chaque démarrage suivant. Observez ci-dessous l'écran de configuration du logiciel *MIRC* pour Windows. En temps normal, vous sélectionneriez l'option *Set up...* du menu déroulant *File* pour faire afficher cet écran de contrôle.

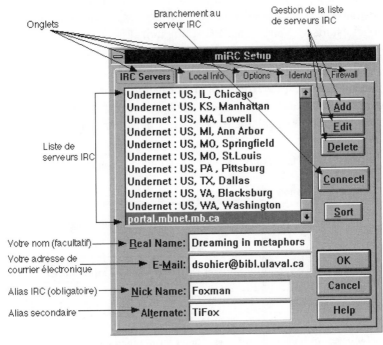

Figure 7.4
Écran de configuration du logiciel *MIRC* pour Windows

L'onglet *IRC Servers* offre déjà un choix exhaustif de serveurs IRC. Faites la sélection d'un serveur qui vous est accessible. Informez-vous auprès de votre service à la clientèle à propos de la marche à suivre si vous ne pouvez accéder à aucun de ces serveurs. Il vous aidera à trouver l'adresse d'un serveur plus accueillant. Vous pouvez gérer votre liste de serveurs IRC avec les boutons *Add, Edit* et *Delete.* Une fois que vous avez fourni toutes les informations requises, vous pouvez vous brancher sur le serveur sélectionné.

L'utilisateur doit lui-même entrer les informations qui servent à l'identifier dans l'environnement IRC. La véracité des informations n'est cependant pas obligatoire. Vous allez rapidement vous apercevoir que les utilisateurs IRC aiment bien conserver l'anonymat.

«Real Name» Votre prénom et votre nom (facultatif).
«E-mail»   Votre adresse de courrier électronique (facultatif).
«Nick Name»   Votre alias IRC (obligatoire).
«Alternate»   Un second alias IRC dans l'éventualité où le premier serait déjà utilisé (facultatif).

Pour ce qui est de *Homer* pour le Macintosh, un écran de configuration semblable est affiché lors du démarrage (figure 7.5) afin que vous puissiez également inscrire les paramètres de base.

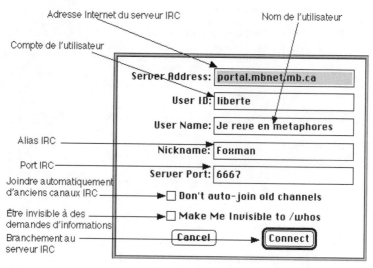

Figure 7.5
Écran de configuration du logiciel *Homer* pour Macintosh

«Server Address» Adresse de votre serveur IRC (obligatoire).
«User ID»   Compte sur votre ordinateur (facultatif).
«User Name»   Nom de l'utilisateur (facultatif).
«Nickname»   Alias IRC (obligatoire).

«Server Port»   Numéro de port IP (6667 pour EFNET/Undernet et 7000 pour Dalnet).

7.2.1 Réseaux IRC, serveurs IRC et ports IP

Un réseau IRC est constitué de plusieurs serveurs, éparpillés çà et là dans Internet. Il existe trois principaux réseaux: EFNet, Undernet et DalNET. Ces réseaux ne sont pas à l'extérieur d'Internet. Il s'agit de sous-ensembles. La raison pour laquelle il existe trois réseaux différents est que les politiques d'un réseau ne font pas souvent l'unanimité. De plus, chaque réseau privilégie une clientèle particulière; d'où la dissension. C'est pourquoi vous entendrez parler du canal IRC *#quelconque* sur Undernet, ou sur un autre des réseaux. Ces réseaux ne communiquent pas entre eux. Ainsi, le contenu du canal *#quebec* sur Efnet et celui de ce canal sur Undernet seront différents. Le bon côté est que vous n'aurez aucun problème à trouver des serveurs IRC. Il y en a même certains qui sont indépendants de ces réseaux. Ils sont ouverts uniquement pour une utilisation spéciale ou privée. C'est le cas par exemple de *irc.cyberblack. com:6667,* qui est spécialisée dans les rencontres avec des personnalités francophones.

Il est **important de noter** que les serveurs présentés ci-dessous ne sont pas tous accessibles par l'ensemble de la communauté Internet. Le trafic IRC peut devenir trop lourd à supporter pour un serveur. Pour cette raison, l'administrateur offre l'accès aux internautes de son site ou à ceux qui sont géographiquement plus proches du serveur.

EFnet

Un premier réseau, EFnet, est le plus ancien, le plus important et le plus ouvert quant à la liberté d'expression. On y retrouve en moyenne plus de 3 000 canaux différents. La plupart des gens ne font aucune différence entre IRC et ce réseau. Les serveurs de ce réseau communiquent sur le port IP 6667. Vous devez posséder ce renseignement lorsque vous configurez vos adresses de serveurs IRC dans vos logiciels. Vous trouverez une liste de serveurs sur le Web à plusieurs endroits.

Liste de serveurs IRC du réseau EFnet sur le Web

Site Web: ***http://www.marthoma.com/efnetser.html***

Site Web: ***http://www2.undernet.org:8080/~cs93jtl/***
efnet_servers

Site Web: ***http://www2.axi.net/mirc/servers.html***

Voici un échantillon d'une de ces listes:

Adresse Internet	Adresse IP	Pays
irc.mcgill.ca	132.206.27.12	Canada
portal.mbnet.mb.ca	130.179.16.140	Canada
irc.cs.mun.ca	134.153.1.2	Canada
elk.nstn.ca	137.186.128.21	Canada
irc.vianet.on.ca	204.50.187.50	Canada
irc.polymtl.ca	132.207.4.8	Canada
irc.eurecom.fr	193.55.112.8	France
sil.polytechnique.fr	192.48.98.14	France
irc.belnet.be	193.190.198.2	Belgique

Undernet

Un deuxième réseau, Undernet, se fonde sur une approche plus stricte et plus contrôlée. Vous pouvez consulter le site W3 Undernet à l'adresse ***http://www.undernet.org*** pour de plus amples renseignements. Les serveurs de ce réseau communiquent sur plusieurs ports de 6660 à 7777. Voici quelques sites Web abritant des listes de serveurs IRC.

Liste de serveurs IRC du réseau Undernet sur le Web

Site Web: ***http://www.undernet.org/server-list.html***

Site Web: ***http://www2.axi.net/mirc/servers.html***

Voici un échantillon d'une de ces listes:

Adresse Internet	Adresse IP	Pays	Ports IP
montreal.qu.ca	132.207.4.32	Canada	6660-6669, 7777
toronto.on.ca	199.166.230.99	Canada	6660-6669, 7000, 7777
vancouver.bc.ca	199.60.229.15	Canada	6660-6669, 7000, 7777
caen.fr.eu	198.49.200.16	France	6666, 6667

DALnet

Ce troisième réseau est encore plus structuré que les deux autres. Les utilisateurs y sont également plus gentils. Ce réseau est tout jeune. Il a été créé par les utilisateurs du canal *#startrek* du réseau EFnet qui en avaient assez de se faire déranger par des mauvais plaisantins. Ici, vous pouvez enregistrer votre alias IRC pour éviter que quelqu'un d'autre ne vous l'emprunte. Vous pouvez créer des canaux IRC qui resteront toujours en ligne même si personne ne s'y trouve. Une autre particularité est que des policiers IRC patrouillent ces environs pour mettre le grappin sur tous les énergumènes qui causent du trouble. Consultez le site Web pour DALnet à l'adresse URL *http://www.dal.net.* Le port IP généralement utilisé est le 7000.

Liste de serveurs IRC du réseau DALnet sur le Web

Site Web:	*http://www.dal.net/servers*
Site Web:	*http://www.bazza.com/sj/irc/servers.html*
Site Web:	*http://www2.axi.net/mirc/servers.html*

Voici un échantillon d'une de ces listes:

Adresse Internet	Pays	Ports IP
toronto.on.ca.DAL.net	Canada	7000
bielefeld.de.DAL.net	Europe	7000
liberator.uk.DAL.net	Europe	6668,7000

Les serveurs IRC s'échangent les messages des utilisateurs qu'ils hébergent. Ainsi, tout le monde peut lire rapidement les messages de chacun. C'est en se branchant à l'un de ces serveurs qu'on peut se joindre aux nombreux canaux de conversation IRC. Les serveurs sont identifiés par leur adresse Internet ou IP. Pour obtenir les meilleurs délais de réponse, je vous suggère de vous connecter au serveur le plus proche de votre lieu géographique.

7.2.2 Canaux IRC

Un canal IRC est un endroit virtuel où des utilisateurs échangent des commentaires en temps réel. Il existe des milliers de canaux différents. On identifie un canal en faisant précéder son nom d'une figure quadrillée (#). Voici quelques canaux intéressants sur le réseau EFnet:

#quebec	Endroit où les internautes québécois fraternisent entre eux.
#france et **#francais**	Canaux français.
#irchelp	Canal pour trouver de l'aide sur IRC.
#hockey	Canal pour les amateurs de hockey.
#football	Canal pour les amateurs de football.
#baseball	Canal pour les amateurs de baseball.
#movies	Canal des cinéphiles.
#ulaval	Canal de l'Université Laval (C'est là que vous me trouverez…).

Ce n'est qu'un mince échantillon des canaux. Pour obtenir une liste des canaux, vous pouvez taper la commande **/list** lorsque vous serez branché sur un serveur IRC. Cette liste risque d'être exhaustive et lourde à consulter. Je vous propose donc d'ajouter les paramètres **-min nombre** et/ou **-max nombre** afin de découvrir les canaux qui vous intéressent. Utilisez donc les commandes suivantes:

/list -min 10 -max 25	Liste des canaux avec au moins 10 et au plus 25 utilisateurs présents.
/list -min 20	Liste des canaux avec au moins 20 utilisateurs présents.
/list -max 40	Liste des canaux avec un maximum de 40 utilisateurs.

Pour connaître les canaux qui traitent d'un sujet particulier, ajoutez le paramètre **#sujet** à la commande **/list** de cette façon:

/list #fran

```
#fran        1
#francais   12      Aucun sujet
#francaise   7      Le canal de Choupette
#france 7
#france2    34      On libere le pays!
```

On retrouve sur cette liste tous les canaux qui comportent la chaîne de caractères (fran), le nombre d'utilisateurs présents et le thème du canal, s'il existe. Vous pouvez aussi permuter les paramètres de la commande **/list** de cette façon:

/list #fran -min 10
```
#francais      12      Aucun sujet
#france2       34      On libere le pays!
```

Pour se brancher sur un canal, on tape la commande suivante: **/join #canal**. Pour quitter un canal, on utilise la commande suivante: **/part #canal**. On peut se brancher sur autant de canaux que notre logiciel nous le permet. Notons qu'un logiciel graphique rend cette manipulation un peu plus facile.

En terminant, signalons que les canaux IRC les plus populaires et sérieux possèdent maintenant une page Web sur laquelle on trouvera des renseignements sur les habitués de la place, les choses encouragées et prohibées, les noms des administrateurs, la raison d'être de ce canal, etc. Si vous êtes chanceux, vous verrez peut-être les photos qui se cachent derrière les alias IRC. À titre d'exemple, voici la page Web (*http://www.generation.net/~lily/irc-page/quebec.htm*) du canal *#quebecois* situé sur le réseau Dalnet:

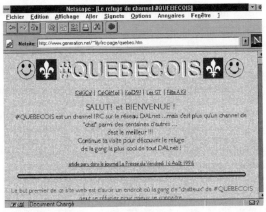

Figure 7.6
Page Web du canal #quebecois sur le réseau DALnet

Je vous recommande la consultation de la section *IRC/Channels* du serveur Yahoo! à l'adresse URL *http://www.yahoo.com/Computers_and_Internet/Internet/Chatting/IRC/Channels*. La description de plus d'une centaine de canaux s'y trouve. À vos navigateurs!

7.2.3 Opérateur de canal IRC

Chaque canal IRC possède un maître de cérémonie, appelé l'opérateur de canal IRC (Channel operator). OP est l'abréviation utilisée pour désigner cette personne à l'intérieur des canaux. On différencie l'opérateur d'un canal par le «@» qui précède son alias IRC. Certains logiciels font fi de cette convention et identifient l'opérateur avec une couleur, comme le démontre la figure 7.2. Il n'y a pas de limites au nombre d'opérateurs au sein d'un même canal, comme l'indique la figure 7.3, où la plupart des utilisateurs sont aussi opérateurs. On devient opérateur de deux façons: en créant un nouveau canal [c'est facile, on explique la manière de procéder plus bas;-)] ou bien lorsqu'un opérateur vous octroie ce droit.

L'opérateur règne sur son canal et y fait respecter sa loi. Il peut exiler ou bannir des utilisateurs, changer le thème de discussion du canal et octroyer différents droits aux utilisateurs. Si un opérateur ne souhaite plus que vous soyez présent sur son canal, vous n'y pouvez rien. IRC est un environnement où les règles changent d'un forum à l'autre. Il faut s'adapter très rapidement aux règles de fonctionnement de chacun des canaux. Le meilleur conseil que je puisse vous donner est de devenir l'ami de ces opérateurs.

7.2.4 Caractéristiques d'un canal et d'un utilisateur

Chaque canal IRC possède ses propres caractéristiques. Ces dernières sont déterminées par l'opérateur du canal et précisent le champ d'action des utilisateurs sur celui-ci. Certains logiciels, *Homer* par exemple, affichent les caractéristiques d'un canal de façon graphique, comme l'illustre la figure 7.7.

Figure 7.7
Caractéristiques d'un canal affichées par le logiciel *Homer*

L'autre façon de connaître les caractéristiques d'un canal consiste à exécuter la commande suivante:

/mode #canal_IRC

Si l'on effectue cette commande avec le canal présenté à la figure 7.7, on obtient le résultat suivant:

/mode #quebec

```
#quebec +tn
```

Le **+** indique que les paramètres **t** et **n** sont en fonction. Voici la liste des indicateurs pour un canal et, en premier lieu, la commande pour les modifier:

/mode #canal ±commuteurs(s) [paramètre(s)]

Commuteur	Caractéristique du canal
t	Seul l'opérateur de canal peut modifier le sujet.
n	Vous devez être branché sur le canal pour y communiquer.
i	On accède au canal sur invitation seulement. Vous devez avoir reçu une invitation d'une personne déjà branchée sur le canal.
l [nombre]	Le canal est limité au nombre d'utilisateurs précisé.
m	Le canal est modéré. Seuls les opérateurs peuvent échanger des commentaires. Ces commentaires sont accessibles à tous.
p ou s	Le canal est privé (ou secret). Il n'apparaît pas lorsqu'on demande une liste de canaux.
b [alias]	Cette personne ne peut plus entrer sur ce canal. Elle en est bannie.
k [mot_de_passe]	Insertion d'un mot de passe pour entrer sur ce canal. On doit faire la commande **/join #canal mot_de_passe** pour y avoir accès. Pour enlever ce mot de passe, on fait la commande **/mode #canal -k mot_de_passe**.

Le canal IRC n'est pas le seul à posséder des caractéristiques. On détermine les actions possibles d'un utilisateur par sa description,

C
H
A
P
I
T
R
E

7

également donnée par certains paramètres. Généralement, il vous faut être opérateur de canal pour modifier les droits des autres utilisateurs. La commande est la suivante:

/mode #canal ±[paramètre(s)] alias_irc

Paramètre	Caractéristiques de l'utilisateur
o	Octroi du statut d'opérateur IRC.
v	Donne une voix à un utilisateur sur un canal modéré.

Finalement, les utilisateurs peuvent s'octroyer deux paramètres. La commande à cet effet diffère sensiblement de la précédente. Il s'agit de:

/mode alias_irc ±[paramètre(s)]

Paramètre	Caractéristiques de l'utilisateur
s	Permet de lire les messages d'entretien du serveur IRC.
i	Donne l'invisibilité (l'anonymat). On doit connaître votre nom pour vous faire parvenir des messages.

7.2.5 Alias IRC

Chaque fois que vous entrez dans l'univers IRC, vous devez choisir une identité. On appelle ce surnom l'*alias*. Les gens peuvent utiliser n'importe quel alias. Il peut s'agir du nom d'un personnage de bande dessinée, de votre surnom usuel, d'un nom fictif, etc. Ce nom peut comporter un maximum de neuf caractères. Vous indiquez votre alias lors de la configuration initiale de votre logiciel. Les gens vont ensuite vous connaître sous ce surnom. Mon alias IRC est *Foxman;* et je rôde dans les canaux **#ulaval** et **#quebec** du réseau EFnet. Mais attention! il m'arrive d'emprunter d'autres noms...

Si votre alias ne vous plaît plus, vous pouvez le modifier dans la configuration de votre logiciel, pour ainsi redémarrer sous un nouveau surnom lors des séances suivantes. Toutefois, si vous décidez de le changer au beau milieu d'une séance, vous devez le faire avec la commande suivante:

/nick nouvel_alias

Cette commande fonctionne dans tous les environnements, quoique certains logiciels puissent vous offrir d'autres façons d'effectuer cette modification.

Un alias ne peut être utilisé par deux personnes. Si quelqu'un se sert déjà de l'alias que vous voulez choisir, vous devez en prendre un autre. La seule chose que vous pourriez faire serait de demander poliment à l'autre personne de vous rendre l'alias. Je vous préviens, les gens ne rendent généralement pas leur alias aussi facilement. Le seul endroit où l'alias IRC est réservé à un utilisateur même en son absence est sur le réseau DALnet. Consultez la section 7.2.1 à ce sujet.

7.2.6 Le *lag* et le *net split*

Il peut arriver que les messages que vous inscriviez n'apparaissent pas immédiatement à l'écran, et même qu'ils soient affichés avec un retard de plusieurs secondes pendant un certain temps. Ce phénomène est un «retard» (*lag*). Il signifie que le serveur IRC sur lequel vous êtes branché gère plusieurs tâches et se trouve momentanément débordé. Il tente de répondre le plus rapidement possible à toutes les requêtes. Ces périodes de retard ne sont généralement pas très longues.

Un autre phénomène est le *net split*. Imaginez que vous discutiez sur un canal avec une trentaine de copains et que, soudain, 20 de ceux-ci quittent le canal en utilisant le même message. Étrange mais explicable: un *net split* vient d'empoisonner votre séance. Un serveur IRC, peut-être le vôtre, vient tout simplement de perdre sa connexion avec les autres, et, ainsi, tous les utilisateurs attachés à ce serveur en subissent les conséquences. Ironiquement, les utilisateurs qui ont quitté le canal à cause de la rupture voient le même message que vous à l'écran, à la différence qu'ils croient que c'est vous qui êtes parti. Cette situation ne dure pas longtemps. Une fois qu'un serveur s'aperçoit qu'il a perdu la connexion, il s'affaire à la rétablir le plus rapidement possible. Il faut parfois être patient.

7.3 La jungle IRC

En plus de connaître les données de base concernant IRC, vous devez connaître les comportements des utilisateurs humains et des robots qui peuplent ces jamborees, ainsi que les règles en vigueur sur les canaux de discussion.

7.3.1 Messages personnels

Il est possible de faire parvenir des messages confidentiels à un autre utilisateur. Voici la commande pour réaliser cette opération:

/msg alias_IRC message

Par exemple, si je décide de faire parvenir un message à un copain qui porte l'alias *PeteVez*, voici la commande que j'enverrai:

/msg PeteVez Salut vieux! Que dirais-tu d'un jam virtuel???

Voici ce qui est alors affiché sur l'écran de mon destinataire:

<Lulu99> Voyons donc!;-)

<Trombone> J'te'l dis!

* Foxman * Salut vieux! Que dirais-tu d'un jam virtuel???

Mon message apparaît, précédé de mon propre alias (Foxman) entre deux étoiles (*), pour indiquer qu'il est personnel. Aucun autre utilisateur ne l'a aperçu. On peut également effectuer la commande **/query alias_IRC**, qui a pour résultat d'ouvrir une fenêtre où l'on peut parler directement, et confidentiellement, à un autre utilisateur IRC.

7.3.2 Créer, administrer et détruire un canal

Il est très facile de créer un canal IRC. Il suffit de se rallier à un canal inexistant dont vous devenez l'administrateur. N'oubliez pas d'inscrire le dièse avant le nom du groupe:

/join #nom_de_canal_inexistant

Vous devez ensuite administrer le nouveau groupe en tant qu'opérateur de canal. Fixez les caractéristiques du canal, donnez-lui un thème et invitez vos amis. Soyez créatif et amusez-vous! Un canal cesse d'exister lorsque la dernière personne le quitte; il n'est alors plus ouvert. Vous pouvez donc perdre votre droit d'opérateur si vous quittez le canal et que quelqu'un d'autre forme un groupe en votre absence. Dans ce cas vous n'aurez aucun recours.

7.3.3 L'art de l'exil et du bannissement

Une personne qui fait un commentaire déplacé peut être exclue du groupe par l'opérateur. Un opérateur peut effectivement «exiler» (*kick*) un utilisateur pour n'importe quelle raison, justifiée ou non. C'est son privilège. On exile un utilisateur en exécutant cette commande:

/kick #canal_IRC alias_IRC

On peut même diffuser la raison pour laquelle on a exclu un utilisateur en l'inscrivant à la fin de la commande, comme le démontre cet exemple:

<Curly> Je ne t'aime pas Fox!:)
/kick #internaute curly C'est un canal d'amour ici!!
*** Curly was kicked by Foxman (C'est un canal d'amour ici!!)

Maintenant, si la personne exclue est réellement récalcitrante, on peut carrément la bannir d'un canal, et ce, avec la commande suivante:

/ban #nom_de_canal alias_IRC

ou

/mode #nom_de_canal +b alias_IRC

L'utilisateur demeure banni tant que le canal existe ou jusqu'à ce qu'un opérateur fasse la commande suivante:

/mode #nom_de_canal -b alias_IRC

7.3.4 DCC

DCC est le sigle pour *Direct Client to Client*. Ce sous-ensemble de commandes propres à l'environnement IRC permet d'échanger des fichiers ou d'établir une connexion directe et confidentielle avec un autre utilisateur. Cela est très utile lorsque vous êtes en conversation avec quelqu'un et que vous désirez échanger un fichier. Voici la commande:

/dcc send alias_IRC_destinataire nom_du_fichier

Un message apparaît alors à l'écran du destinataire, lui indiquant que vous désirez lui faire parvenir un fichier. La commande à inscrire pour recevoir le fichier est la suivante:

/dcc get alias_IRC_envoyeur

Le fichier est ensuite échangé entre les deux ordinateurs. On peut également créer un lien direct avec un autre utilisateur sans avoir à inscrire la commande **/msg** chaque fois qu'on veut lui adresser un commentaire. En créant un lien *dcc chat*, c'est comme si on formait un nouveau canal, si ce n'est que seuls vous et la personne avec laquelle vous désirez converser avez le droit de participer. Voici la commande à envoyer:

/dcc chat alias_IRC

Un message apparaît alors à l'écran de la personne concernée. Si cette dernière désire s'entretenir avec vous en privé, elle n'a qu'à faire la commande:

/dcc chat alias_IRC_du_demandeur

Toutes ces commandes sont disponibles avec présentation graphique, grâce à un bon logiciel IRC Macintosh ou Windows. Il serait profitable de consulter le manuel d'aide fourni avec chacun des logiciels Internet que vous utilisez afin de savoir comment les commandes ont été exécutées.

7.3.5 Les actions

Vous avez déjà entendu l'expression: «Les actions parlent plus fort que les mots» ? C'est souvent le cas à l'intérieur d'IRC. La commande **/me** indique une action de votre part. Votre logiciel substitue votre alias IRC à la commande **/me**. Par cette commande, vous exprimez une action. Un utilisateur peut ainsi offrir un verre à tout le monde avec la commande suivante:

/me offre un verre à tout le monde.
<Curly> Fait chaud! J'ai soif...
<Proxima> Moi aussi, j'ai le gosier sec.
*** Foxman offre un verre à tout le monde
<Curly> Gulp! Messi Fox!:))

L'action est un excellent moyen d'agrémenter une conversation dans un groupe. Il existe, en fait, des jeux interactifs *Donjons et Dragons* qui dépendent beaucoup des actions. On appelle ces jeux MUD pour *Multi-Users Dungeons*. Chaque univers interactif possède ses propres instructions et règles. Consultez la section traitant

de ces jeux sur le site Yahoo! à l'adresse Web ***http://www.yahoo.
com/Recreation/Games/Internet_Games/MUDs__MUSHes__
MOOs__etc_/.***

7.3.6 Robots IRC

Certains utilisateurs préfèrent garder des canaux ouverts de façon
permanente. Au lieu de rester constamment en ligne sur un canal, ils
rédigent et laissent derrière eux des programmes qui agissent
comme un utilisateur IRC. On appelle ce type de programmes un
«robot» (*Bot*). Généralement, ces robots fonctionnent sur les canaux
où ils se trouvent. La présence des robots n'est pas tolérée par tous
les serveurs IRC, car ils nécessitent beaucoup de temps de traitement. De plus, nombre d'utilisateurs n'aiment pas qu'un robot soit
maître et roi d'un canal. La sensation d'être à la merci d'un programme les met mal à l'aise.

Un robot est programmé pour certaines tâches. Entre autres, il offre
les droits d'opérateur chaque fois qu'un de ses maîtres apparaît dans le
canal. Cela frustre bien des utilisateurs qui aimeraient devenir opérateurs. On a alors l'impression que le canal n'appartient qu'à quelques-
uns ou quelques-unes. Le robot répondra également à certaines
commandes rédigées par son créateur. Tous les robots sont différents,
donc les commandes diffèrent aussi. Toutefois, le robot peut offrir de
l'aide, garder une trace des utilisateurs qui sont passés sur le canal,
présenter des messages d'accueil, etc. Un robot peut également bannir
des utilisateurs en fonction de leurs actions ou de leurs paroles. N'exprimez pas trop votre aversion pour les robots. Ils vous écoutent...

Certains serveurs IRC ne tolèrent pas les robots. Cette politique
est propre à chaque administrateur de serveur IRC. Je vous offre
quelques liens utiles sur le Web qui vous permettront d'en savoir
plus sur les robots IRC.

Robots IRC

Site Web français:	***http://bavi.unice.fr/~wb/piwi***
Site Web:	***http://Benso.Com/irchelp/BOTFAQ.TXT***
Site Web:	***http://www.eyecandy.com/bot.html***

CHAPITRE 7

7.3.7 Administrateur IRC

L'administrateur et l'opérateur IRC jouent deux rôles distincts. L'administrateur IRC est la personne qui gère un serveur IRC, tandis que l'opérateur est celle qui gère un canal se trouvant sur le serveur. On peut comparer l'administrateur IRC au maître de poste d'un site. On le reconnaît à l'étoile (*) précédant son alias. Il n'a aucun pouvoir direct sur ce qui se passe sur les canaux. Toutefois, il peut «tuer» la connexion d'un utilisateur IRC en tout temps avec la commande suivante:

/kill alias_IRC

7.3.8 Mais qui sont ces gens?

Si l'alias d'un utilisateur ne vous suffit pas et que votre curiosité exige une recherche plus approfondie sur cette personne, il existe différents moyens d'en savoir plus. Entre autres, la commande suivante:

/whois alias_IRC

Voici un exemple d'application de cette commande:

/whois Foxman

> **Foxman dsohier@bibl.ulaval.ca * Danny J. Sohier**
> **Foxman #quebec @#ulaval**
> **Foxman portal.mbnet.mb.ca MBnet IRC Server**
> **Foxman #quebec de retour dans 15.**
> **Foxman 229 seconds idle**
> **Foxman End of /WHOIS list.**

La commande **/whois** révèle mon adresse de courrier électronique, ma présence sur les canaux *#ulaval* où je suis opérateur, et *#quebec*, mon serveur IRC. Les gens de *#quebec* reçoivent ce message lorsqu'ils tentent de communiquer avec moi, quand je suis inactif.

Comme nous l'avons vu à la section 7.2.2 , certains canaux possèdent leur propre page W3, où on peut retrouver les photos des utilisateurs les plus réguliers. Demandez aux utilisateurs d'un canal si une telle page existe. Peut-être vous y retrouverez-vous d'ici peu!

270

7.3.9 L'art d'ignorer

Si les messages personnels de certaines personnes sur IRC vous semblent désagréables, ignorez-les avec la commande suivante:

/ignore alias_IRC

À partir de ce moment, les messages de ces personnes ne seront plus affichés à votre écran. Pour annuler ce mode, faites la commande suivante:

/ignore off

7.3.10 Thème d'un canal

Chaque canal IRC peut avoir son propre thème de discussion. Généralement, ce sont les opérateurs de canaux qui peuvent modifier ce thème avec la commande suivante:

/topic #canal_IRC thème

Toutefois, si la caractéristique +t n'est pas activée pour un canal, tout le monde a le droit de modifier le thème.

7.3.11 Les commandes douteuses

Faites attention aux commandes qu'un utilisateur peut vous demander de taper sur votre ordinateur. C'est peut-être une ruse pour vous embêter. Une commande comme **/names** fait afficher les noms de tous les utilisateurs IRC présents dans tous les canaux. Cette liste est très longue et peut vous paralyser pour un certain temps. On peut également chercher à effacer certaines données vitales sur votre ordinateur. Si une commande vous paraît douteuse, consultez le lexique de la section 7.4.

7.3.12 Vous devez vous absenter quelques minutes ?

Par exemple, vous entretenez une discussion mouvementée avec une dizaine de copains, mais vous avez laissé quelque chose sur le feu. Afin de ne pas frustrer les gens qui désirent vous parler durant votre absence, utilisez la commande **/away #canal_IRC message**. Grâce à ce message, les gens comprendront que vous serez absent momentanément. Prenez par exemple la commande suivante:

/away #ulaval Je vais éteindre le feu! De retour dans 5 minutes.

Maintenant, si je fais la commande **/whois** sur mon alias, j'obtiens le résultat suivant:

/whois Foxman

Foxman dsohier@bibl.ulaval.ca * Danny J. Sohier
Foxman #quebec @#ulaval
Foxman portal.mbnet.mb.ca MBnet IRC Server
Foxman #quebec Je vais éteindre le feu! De retour dans
5 minutes.

7.3.13 GT, IRL et binettes (*smiley's*)

Certaines expressions reviennent à l'occasion à l'intérieur d'un canal. Parmi celles-ci se trouve celle qui indique qu'il y aura un GT à une date et à un endroit précis. Il s'agit simplement d'un *Get Together*, une rencontre (dans la vraie vie) pour les gens du canal. Rencontrer les gens que vous ne connaissez que par leur alias et par ce qu'ils vous ont raconté présente un certain intérêt. On parle également de rencontres IRL pour *In Real Life*.

Finalement, les binettes, ou émoticônes, peuplent sans relâche les discussions IRC. Tout le monde se salue avec un:-) et exprime ses états d'âme avec ces petites créatures. Je vous invite à faire de même. =)

7.3.14 Liste préférée d'alias IRC

La commande **/notify** sert à vous prévenir de la présence de vos copains sur IRC. Une liste de vos amis est gardée sur votre ordinateur. Pour ajouter des alias à cette liste, vous devez inscrire la commande suivante:

/notify alias_IRC

Vous êtes prévenu chaque fois qu'une personne possédant un alias qui se retrouve dans votre liste de notification se joint à IRC ou le quitte. Vous pouvez inscrire la commande **/notify off** afin d'éliminer ces messages.

7.4 Commandes IRC

Je vous offre ci-dessous le lexique des commandes les plus courantes dans l'univers IRC. Il est important de vous rappeler que la majorité de celles-ci se trouvent sous la forme d'un bouton ou d'une option à l'intérieur d'un menu déroulant pour les logiciels IRC qui fonctionnent dans un environnement graphique.

/ban #canal_IRC alias_IRC	Bannir un utilisateur d'un canal.
/beep nombre délai	Émettre un certain nombre de sons dans un délai donné.
/ctcp alias_IRC finger	En connaître plus sur le propriétaire de l'alias.
/ctcp alias_IRC ping	Connaître le temps de réponse d'un utilisateur. Cette fonction est utilisée pour vérifier le retard d'un serveur IRC.
/ctcp alias_IRC version	Connaître la version du logiciel de cet utilisateur.
/dcc get alias_IRC	Recevoir un fichier de cet utilisateur.
/dcc chat alias_IRC	Conversation confidentielle avec un utilisateur.
/dcc send alias_IRC fichier	Transmettre un fichier à un utilisateur.
/invite alias_IRC #canal_IRC	Inviter une personne à se joindre à un canal.
/join #canal_IRC	Se joindre à un canal IRC.
/kick #canal_IRC alias_IRC	Expulser une personne d'un canal.
/list #canal_IRC -min # -max #	Répertoire des canaux existants. On peut fournir des paramètres comme une chaîne de caractères, ou un nombre minimal ou maximal d'utilisateurs présents pour limiter la liste.
/me action	Agir virtuellement dans un canal.
/mode #canal|alias ±param	Modifier les caractéristiques d'un canal ou d'un utilisateur (voir section 7.2.4).

C
H
A
P
I
T
R
E

7

/msg alias_IRC message	Transmettre un message personnel à un autre utilisateur.
/names #canal_IRC	Afficher les alias présents dans un canal.
/nick alias_IRC	Changer votre alias IRC.
/notify	Vérifier si des gens inscrits sur votre liste d'amis se trouvent sur IRC.
/notify alias_IRC	Ajouter un alias à votre liste d'amis. Dès que ce dernier entre sur IRC, vous en êtes averti.
/notify off	Annuler la commande qui vous indique si un membre de votre liste d'amis est présent sur IRC.
/part #canal_IRC	Quitter un canal IRC.
/query alias_IRC	Ouvrir une fenêtre confidentielle avec un utilisateur IRC.
/quit message	Quitter la séance IRC en laissant un message derrière vous.
/set hold mode on|off	Indiquer à l'utilisateur qu'il doit appuyer sur une touche pour voir chaque écran d'une longue liste en mode ON.
/topic #canal_IRC message	Modifier le thème d'un canal.
/whois alias_IRC	Obtenir des informations sur la personne correspondant à cet alias.

7.5 IRC sur le Web

On commence à voir l'émergence de IRC à même l'environnement Web. On connaît ces systèmes sous les appellations World Chatm Global Chat ou Global Stage. L'utilité de ces systèmes est présentement limitée, car on doit recharger une page Web toutes les minutes avant de connaître les réponses des autres. On n'est donc pas en temps réel comme sur le véritable IRC. Toutefois, avec l'avènement de la nouvelle génération de langage HTML, du langage Java et de logiciels Web, cette barrière sera abolie. On verra IRC devenir encore plus populaire grâce à ces technologies. Il est même inévitable que l'on se dirige dans cette voie. La quête d'un logiciel unique pour naviguer dans Internet, sous toutes ses formes, sera bientôt terminée. On pourra inévitablement échanger avec des autres des images de soi-même et des clips audio. Si vous désirez en savoir plus, et expérimenter ce nouvel univers, je vous invite à pointer votre logiciel Web sur l'une des adresses URL suivantes.

Séances de bavardages (Chat) *sur le Web*

Site Web: *http://www.yahoo.com/Computers_and_Internet/ Internet/World_Wide_Web/Communication/*

Site Web: *http://www.irsociety.com*

Site Web: *http://www.prospero.com*

Site Web: *http://www.geocities.com/Hollywood/4070/ chat.htm*

Site Web: *http://events.yahoo.com/Computers_and_Internet*

7.6 Informations IRC dans Internet

Internet est une mine d'or d'informations sur tous les sujets, y compris les outils mêmes que nous utilisons pour communiquer. Je vous offre ci-dessous quelques ressources qui vous seront grandement utiles si vous pensez être un mordu IRC.

Informations à propos d'IRC

Groupe Usenet: *news://alt.irc*

Groupe Usenet: *news://alt.irc.questions*

Je vous propose les sites Web suivants, qui peuvent offrir des renseignements supplémentaires à propos d'IRC.

Internet Relay Chat FAQ
     http://www.kei.com/irc.html
RFC 1459 - Description officielle de la ressource IRC
     ftp://cs-ftp.bu.edu/irc/support/rfc1459.txt
Ressources IRC sur *Yahoo!*
     http://www.yahoo.com/Computers_and_Internet/Internet/ Chatting/IRC

C
H
A
P
I
T
R
E

7

275

Ensor IRC's extravagenza
   http://www.rahul.net/dholmes/irc
Page d'aide sur le IRC
   http://www.irchelp.org
Cours IRC de l'Université Laval
   http://spiff.bibl.ulaval.ca/intro_internet/notes/irc.html

7.7 Conclusion

Ce chapitre sur IRC donne une excellente vue du monde IRC. Cet univers est appelé à grandir car les internautes y voient une des missions d'Internet, la communication. Consultez la page Web de ce livre aux Éditions Logiques à l'adresse URL *http://www.logique.com/guide_internet* pour connaître les dernières nouvelles à propos de cette ressource. Je vous encourage à rencontrer les gens virtuellement et à développer de nouvelles amitiés. Faites cependant attention de ne pas révéler trop de renseignements à votre sujet tant que vous n'aurez pas rencontré la personne avec laquelle vous communiquez. Il est impossible de se douter de qui se cache derrière les nombreux alias IRC. Cette mise en garde ne vise pas à vous faire peur; il s'agit simplement d'un conseil de quelqu'un qui s'est déjà fait prendre au jeu.

Multimédia et Internet

Il existe plusieurs systèmes de conférences multimédias qui utilisent Internet comme lien entre les différents participants. Le terme «multimédia» n'implique pas automatiquement un signal vidéo de 30 images/seconde jumelé à un son stéréo parfait. Il est souhaitable d'atteindre cet excellent niveau de transmission, mais les liens de télécommunication utilisés pour Internet ne sont pas encore assez robustes pour supporter ce genre de transmissions partout sur la planète. Les efforts sont présentement axés sur des techniques de compression et de décompression de données afin qu'on obtienne un meilleur débit d'information avec les même liens de télécommunications. On doit se contenter d'images quelquefois saccadées et d'une qualité de son simplement acceptable. Toutefois, le matériel informatique et les ordinateurs présentement sur le marché sont aptes à recevoir les nouvelles technologies. Presque tous les pays concernés par l'Infobahn ont mis sur pied des comités afin d'augmenter la bande passante des liens de télécommunication. On peut espérer obtenir la qualité souhaitée pour les transmissions audio et vidéo dans un avenir très rapproché.

Ce chapitre contient des sections sur la téléphonie entre internautes, les vidéoconférences, les documents vidéo et audio transmis comme des signaux de télévision, les logiciels d'animation, etc. Ces systèmes sont-ils nécessaires à la survie de l'internaute? Ciel! non. L'utilisateur satisfait de surfer sur le Web n'a pas à s'en faire outre mesure. Certains systèmes peuvent être intéressants, mais, si vous désirez installer tous les logiciels dont nous traitons dans ce chapitre, préparez votre disque dur à de bonnes séances d'exercices. Le marché des logiciels multimédias connaît une effervescence incroyable due non seulement à Internet mais également à la popularité indéniable du cédérom. Il y a présentement une cinquantaine de produits qui se bousculent dans la course au monopole Internet. Les joueurs sont nombreux, mais ceux qui ont pris une longueur d'avance sont ceux qui ont su entrer dans la course avant tout le monde. C'est ainsi que je vous ferai grâce de la majorité des produits qui existent sur le marché pour me concentrer sur les meneurs de l'heure. Néanmoins, je vous donne les renseignements nécessaires pour retrouver les informations sur les membres du peloton.:)

8.1 Téléphonie Internet

Si on regarde la rubrique portant sur les systèmes de téléphonie Internet sur le site Yahoo! (*http://www.yahoo.com/Business_ and_Economy/Companies/Computers/Software/ Communications_and_Networking/Titles/Internet_Voice/*), on retrouve environ une quinzaine de produits différents (la section 8.1.4 offre une liste des produits dignes de mention). Quel choix faire? Je vous propose les trois plus importants systèmes. Ils fonctionnent à la fois à l'intérieur de Windows et à l'intérieur de Macintosh. Il s'agit de *Digiphone*, d'*Internet Phone* et de *CoolTalk*. Le deuxième offre un rendement légèrement supérieur mais le premier fonctionne sur des ordinateurs moins puissants, ce qui est une bonne nouvelle pour une grande partie de la population. Finalement, nous examinerons les différents systèmes pensés en fonction du Web, entre autres à *CoolTalk* .

La téléphonie Internet offre à l'internaute la possibilité d'utiliser son ordinateur pour parler à une ou à plusieurs personnes par l'intermédiaire du réseau. Ce type de ressource est apparu dans Internet en 1995. Il ne s'agit pas de conversations écrites au clavier, comme pour le *Internet Relay Chat*, mais bien de conversations audio en temps presque réel. En fait, on utilise Internet à la manière d'un réseau téléphonique. Cependant, les participants doivent avoir accès au réseau Internet, et un équipement spécial doit être installé dans leur ordinateur afin qu'ils profitent de cette ressource.

La technologie est-elle au point? Pas nécessairement. Les compagnies trébuchent l'une par-dessus l'autre dans la course pour annoncer le dernier produit. C'est quand même intéressant de voir les premiers balbutiements de ce nouvel hybride.

8.1.1 Digiphone

DigiPhone est la nouvelle appellation pour deux anciens produits, soit *e-phone* pour le Macintosh et *Netphone* pour Windows. Ce logiciel fonctionne sur un lien TCP/IP ou SLIP/PPP, d'une vitesse minimale de 14,4 kbps. La qualité du son est acceptable et s'améliore si les deux utilisateurs emploient *Digiphone*. Il existe des versions pour le Macintosh et pour Windows. Une version «démo» est disponible et on peut l'utiliser gratuitement pendant 30 jours. Pour transférer cette version «démo», consultez le site Web du produit *Digiphone* à l'adresse URL ***http://www.planeteers.com***. Profitez-en pour récolter les toutes dernières informations. C'est une excellente idée d'essayer la version «démo» afin de satisfaire votre curiosité, car le logiciel se vend environ 80 $ CAN. Vous obtenez deux licences d'utilisation lorsque vous achetez la version commerciale et une panoplie de fonctions supplémentaires qui facilitent les appels, tels un annuaire d'adresses plus élaboré, des effets sonores, etc. Il demeure que la qualité de la transmission est la même entre la version «démo» et la version commerciale.

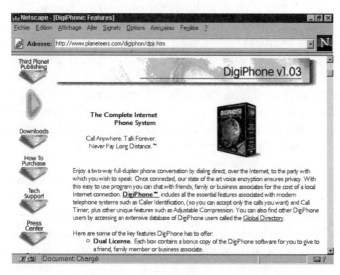

Figure 8.1
Page d'accueil du produit *Digiphone*

Équipement nécessaire pour le Macintosh
Équipement minimum: Macintosh IIsi (20MHz 68030), lien Internet 14,4 kbps et un microphone.

CHAPITRE 8

279

Logiciels: Sound manager 3.x, Système 7, MacTCP.

Encodage compatible: vat, Digiphone, Cu-SeeMe.

Équipement nécessaire pour Windows

DigiPhone
1.03

Équipement minimum: Macintosh IIsi (20MHz 68030), lien Internet 14,4 kbps, microphone, haut-parleurs.

Carte de son: Sound Blaster 16 ou consultez *http://www.planeteers. com/digiphon/user.htm#cards*.

Logiciel: Windows 3.1.

Encodage compatible: vat, Digiphone, Cu-SeeMe.

Le système est compatible avec les autres systèmes *Digiphone* (c'est à espérer), l'environnement *CU-SeeMe* cité plus bas, et un standard audio-vidéo pour Unix nommé *Vat*.

On joint nos interlocuteurs de deux façons. La plus directe est de composer l'adresse de courrier électronique d'un copain ou d'une copine, ce qui présuppose évidemment que votre interlocuteur se trouve dans Internet et que son logiciel *Digiphone* ou autre est alors en marche. La deuxième façon consiste à se visiter dans un «Net-pub». Il s'agit d'un endroit où on peut rencontrer de nouvelles personnes. On se rend à un «Netpub» en inscrivant son adresse IP au lieu d'inscrire une adresse de courrier électronique. Pour connaître une liste de ces «Netpub», consultez l'adresse URL *http://www. planeteers.com/digifone/ephone/netpubli.htm*.

Malgré le fait que le produit conçu pour le Mac porte le même nom que celui qui est conçu pour Windows, les interfaces sont légèrement différentes. À titre d'exemple, j'ai contacté mon ordinateur PC à partir de mon Macintosh.

Après avoir sélectionné l'option *New Call* du menu *File*, on peut inscrire l'adresse de courrier électronique de notre interlocuteur. Une fenêtre apparaît sur l'écran de ce dernier le prévenant que quelqu'un tente de le contacter. Il décide d'accepter ou de refuser la communication. S'il accepte, la meilleure technique de compression est négociée entre les deux logiciels, et la conversation commence.

L'écran suivant capté sur un Macintosh présente une connexion avec un «Netpub». Les participants n'ont qu'à cliquer sur le nom d'un second utilisateur, et l'appel est acheminé automatiquement.

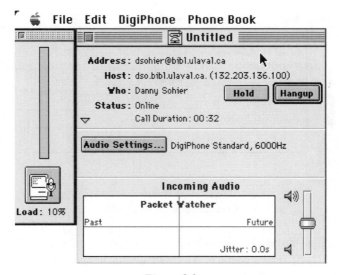

Figure 8.2
Interface *Digiphone* pour le Macintosh

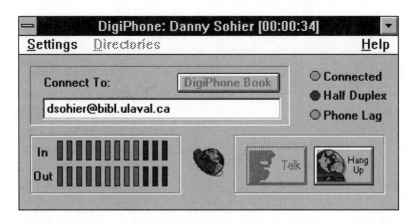

Figure 8.3
Interface *Digiphone* pour Windows

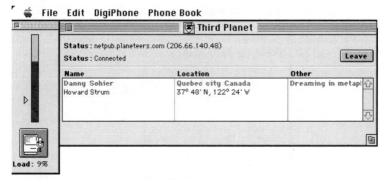

Figure 8.4
Connexion à un «Netpub»

On peut ouvrir le microphone manuellement en appuyant sur le bouton **Talk** sur l'interface Windows ou sur le bouton représentant un micro sur le Macintosh.

8.1.2 *Internet Phone* de VocalTec

La compagnie VocalTec (***http://www.vocaltec.com***) détient la plus grande part de ce lucratif marché de la téléphonie. Elle prévoit que le nombre d'utilisateurs atteindra plus de 16 millions d'ici l'année 1999. L'*Internet Phone* se fait pour Windows 3.1, Windows95 et les Power Macintosh. Le prix est d'environ 70 $ CAN.

Caractérisques

L'*Internet Phone* vous permet de converser en temps réel avec d'autres internautes, et ce peu importe la plateforme. Il fonctionne avec n'importe quelle carte audio PC, et évidemment avec la carte de son intégrée du Macintosh. Il permet la mise en marche automatique du microphone afin d'éliminer de la statique et du trafic inutile dans Internet. Une interface très conviviale permet aux utilisateurs de bien contrôler l'environnement de ce logiciel. La compagnie met à la disposition de ses clients un annuaire toujours mis à jour. Ce service est gratuit et permet aux gens de se retrouver plus rapidement. On peut même se joindre à des groupes de discussion où des gens venant de partout échangent leurs idées sur des thèmes d'intérêt commun. On peut même se brancher sur un des trois réseaux IRC pour retrouver d'autres utilisateurs de l'Internet *Phone.* Certaines compagnies l'utilisent pour tenir des conférences entre plusieurs grands centres afin d'économiser sur les frais d'interurbains. De plus, avec Internet *Phone,* on peut enregistrer des messages téléphoniques et les envoyer par le courrier électronique à d'autres utilisateurs du même logiciel. Un petit désavantage est qu'on ne peut joindre des utilisateurs de *Vat* pour Unix ou des utilisateurs du populaire logiciel audio-vidéo *CU-SeeMe.*

Le nécessaire pour faire fonctionner l'Internet Phone

Avant de courir au magasin pour acheter l'*Internet Phone*, vérifiez bien si votre ordinateur peut supporter les particularités de ce logiciel.

Équipement de base pour la version Windows 3.1
• Micro-processeur 486sx 25 Mhz et une mémoire vive de 8 mégaoctets
• Une connexion Internet minimale de 14 400 bps et un logiciel TCP/IP
• Windows 3.1
• Une carte de son compatible Windows
• Microprocesseur 486 50 Mhz pour une connexion bidirectionelle en tout temps
• Microphone et haut-parleurs

Équipement de base pour la version Windows95
• Microprocesseur 486 66 Mhz et une mémoire vive de 12 mégaoctets
• Une connexion Internet minimale de 14 400 bps
• Windows95
• Une carte de son compatible avec Windows95
• Microphone et haut-parleurs

Équipement de base pour la version Power Macintosh
• Un Power Macintosh avec une mémoire vive de 12 méga-octets
• Le système 7.5.1, mais le 7.5.3 est recommandé
• Un microphone

• MacTCP 2.0.6 ou Open Transport 1.1 avec Mac PPP ou une connexion Internet minimale de 14 400 bps
• Quicktime 2.1 et Sound Manager 3.1 (tous deux sont inclus avec le système 7.5.3).

La version «démo» et le site Web de Vocaltec

Le site Web de la compagnie Vocaltec (***http://www.vocaltec.com***) est un excellent endroit pour commencer sa quête d'informations. Il est important d'aller consulter les nouveautés, les promotions et même de transférer une version «démo» afin d'en faire l'essai, question de savoir si on trouve que la technologie en vaut le coût.

Figure 8.5
Site Web de la compagnie VocalTec

Assurez-vous de lire les FAQ pour la version que vous envisagez d'utiliser. Elles contiennent une foule d'informations utiles. La version «démo» vous permet de bénéficier de toute la fonctionnalité du logiciel. Les seules contraintes sont sa période d'essai de 7 jours et sa limite de 60 secondes par appel. Vous pouvez également transférer le logiciel à partir du FTP anonyme de la compagnie à l'adresse ***ftp.vocaltec.com***.

*Un clin d'œil sur l'utilisation de l'*Internet Phone

La présente discussion s'applique aux versions Power Macintosh et Windows95. On ne peut qu'apprécier les efforts mis de l'avant par les manufacturiers pour standardiser les interfaces de ces deux environnements. On diminue la confusion, on améliore le service à la clientèle et... on me facilite le travail;-) .

Lors du démarrage, l'interface principale (figure 8.6) est affichée à l'écran. Vous remarquez tout de suite la présence d'un petit bonhomme animé. C'est votre assistant personnel, qui vous seconde dans toutes vos opérations avec l'*Internet Phone*. Son attitude, et certains même disent son humeur, change selon les situations.

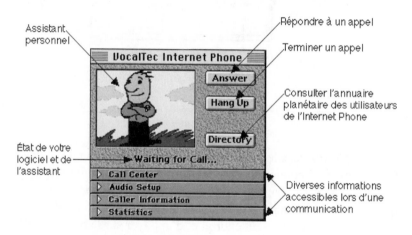

Figure 8.6
Interface principale de l'*Internet Phone*

L'interface principale est le système central du logiciel. Toutes les fonctions y sont contrôlées. Vous devez cliquer sur le bouton **Answer** pour répondre à un appel, sur le bouton **Hang up** pour terminer la communication (raccrocher le récepteur du téléphone), sur le bouton **Directory** pour accéder au répertoire planétaire des utilisateurs de ce logiciel. Lors d'une communication avec un internaute, vous pouvez accéder à des statistiques et des informations à

l'aide des quatre sections déroulantes situées dans la partie inférieure de l'écran.

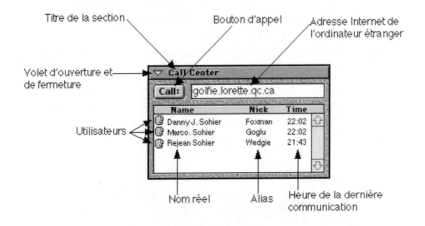

Figure 8.7
Le central téléphonique

Vous pouvez accéder au central téléphonique en ouvrant le volet
Call Center. Il contient la liste des personnes avec qui vous avez
communiqué dernièrement. Une des techniques pour contacter quelqu'un consiste à inscrire l'adresse Internet ou IP de son ordinateur
dans la boîte réservée à cet endroit et d'appuyer sur le bouton **Call**.
Vous pouvez également cliquer sur une des petites têtes, et l'adresse
de l'ordinateur de votre éventuel interlocuteur s'inscrira automati-
quent. L'autre technique est de consulter l'annuaire. Vous y retrouvez le nom des interlocuteurs, leurs pseudonymes et l'heure de la
dernière communication. Ces noms sont gardés en mémoire tant que
vous ne les effacez pas.

Le volet **Audio Setup** affiche des informations simples sur le
volume de votre voix au microphone et sur le son qui provient des
haut-parleurs. Vous pouvez modifier facilement ces deux paramètres
à cet endroit.

286

Le volet **Caller Information** vous informe sur la personne avec qui vous êtes alors en communication. Finalement, le volet **Statistics** affiche un diagramme du trafic qui entre et qui sort par votre connexion réseau.

La fonction de l'annuaire est fort utile pour trouver des gens qui utilisent la même technologie que vous. Vous n'avez qu'à appuyer sur le bouton **Directory**. La figure 8.8 illustre bien ce qui s'affiche alors.

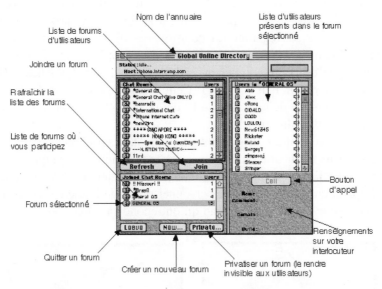

Figure 8.8
Annuaire des utilisateurs de l'*Internet Phone*

Précisons qu'à chaque consultation de cet annuaire, vous établissez une connexion avec le serveur central géré par la compagnie VocalTec. L'annuaire est divisé en plusieurs parties. La liste des groupes actifs est affichée dans le premier quadrant. Pour chacun de ces groupes, on retrouve un titre et le nombre d'utilisateurs présents. Vous pouvez vous joindre à un maximum de 10 groupes à la fois en appuyant sur le bouton **Join**. Afin de rafraîchir cette liste, cliquez sur le bouton **Refresh**. La liste des groupes auxquels vous participez se trouve dans le coin inférieur gauche. Encore une fois, le thème des groupes et le nombre d'utilisateurs présents sont affichés. Pour quitter un de ces groupes, cliquez sur le nom de ce dernier et ensuite cliquez sur le bouton **Leave**. Vous pouvez créer un nouveau groupe avec le bouton **New**. Si vous ne désirez pas rendre public ce dernier, cliquez alors sur le bouton **Private**. Les utilisateurs d'un groupe quelconque sont affichés dans la fenêtre de droite lorsque vous cliquez sur le nom du groupe. Pour communiquer avec un utilisateur, cliquez sur son nom et ensuite sur le bouton **Call**. Vous ne pouvez pas parler avec plus d'une personne à la fois. Souvenez-vous que vous pouvez sauvegarder les coordonnées de tous vos interlocuteurs. Malheureusement, cet annuaire peut être la seule façon que vous ayez de communiquer avec des gens qui sont branchés à la maison ou par un lien SLIP/PPP. Cette situation s'explique par l'aspect dynamique de leur adresse IP qui change chaque fois qu'ils se branchent dans Internet.

Que vous tentiez de joindre une personne en cliquant sur son icône dans l'annuaire ou dans la centrale téléphonique, ou que vous inscriviez l'adresse Internet ou IP de son ordinateur dans la centrale téléphonique, votre assistant personnel réagit de la même façon: il compose le «numéro» et attend qu'on réponde à l'autre bout.

Figure 8.9
L'assistant personnel établissant la communication

Si votre interlocuteur est présent et qu'il accepte la communication, la conversation s'engage. Un nouveau personnage se joint alors à votre assistant personnel, vous le devinerez, il s'agit de l'assistant personnel de votre interlocuteur. La fenêtre est divisée diagonalement pour indiquer qui parle et/ou écoute. C'est utile d'apercevoir cette représentation, car les plus démunis en carte de son et en vitesse de communication ne pourront pas entendre l'interlocuteur si les deux personnes en communication parlent au même moment.

Figure 8.10
Les assistants personnels durant une conversation

Quatre situations sont possibles:
- Personne ne parle.
- Vous parlez, l'autre écoute.
- Vous écoutez, l'autre parle.
- Vous et l'autre parlez en même temps.

Lorsqu'un internaute tente d'entrer en communication avec vous, un son de cloche est émis par votre ordinateur, et votre assistant personnel se met dans tous ses états pour vous le faire savoir. Un message est inscrit dans l'interface personnelle indiquant qui se trouve à l'autre bout du fil... euh, du réseau. Pour accepter la communication, cliquez sur le bouton **Answer**, sinon cliquez sur **Hangup**. Utilisez ce même bouton pour terminer la communication.

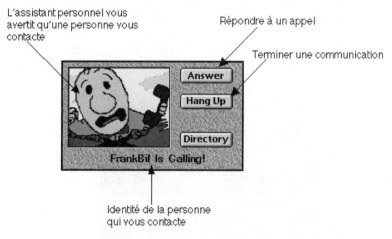

Figure 8.11
Aspect de l'interface *Internet Phone* lorsqu'un internaute vous contacte

Deux types de conversations sont possibles: «plein-duplex» ou «semi-duplex». Le premier correspond à une conversation normale où les deux interlocuteurs peuvent parler en même temps. Dans le cas d'une conversation «semi-duplex», une seule personne à la fois peut parler. Ces modes de conversation sont dictés par votre équipement audio. Le Macintosh fonctionne en mode «plein-duplex». Les ordinateurs PC sont assujettis à la qualité de la carte de son installée. Les cartes de son 32 bits et les bonnes cartes 16 bits permettent une conversation «plein-duplex». Informez-vous auprès de votre détaillant avant de faire l'achat de la carte pour savoir si elle permettra ce type de communication.

D'autres fonctions sont disponibles comme le signal pour ne pas être dérangé, la réponse automatique, la réduction du bruit ambiant, etc. Je vous conseille de prendre quelques minutes pour faire le tour des menus déroulants, et même de lire le manuel de l'utilisateur et faire ainsi partie des 10 % de la population informatique qui en font autant;-).

8.1.3 *CoolTalk*, un module externe incorporé de Netscape pour le Web

CoolTalk est un autre système de téléphonie Internet. On doit ce produit à la compagnie Insoft. Cette dernière fut achetée par la compagnie Netscape, fabricant du populaire navigateur Web. Le but de cet achat fut d'incorporer la technologie *CoolTalk* au navigateur. La compagnie offre ce logiciel gratuitement. Elle vous demande si vous désirez l'installer à la suite de l'installation des navigateurs version 3.x de Netscape. On devrait normalement le voir complètement intégré à Netscape dans les prochaines versions.

Caractéristiques de CoolTalk

Cet outil, en plus d'être disponible à même Netscape, peut fonctionner seul. Le type MIME utilisé pour exploiter *CoolTalk* dans Netscape est *x-conference/x-cooltalk*. Lors de l'installation initiale de *CoolTalk*, tous les arrangements sont pris pour que la configuration de Netscape

Figure 8.12
Onglet *Utilitaires* des préférences générales de Netscape

soit modifiée en conséquence. L'installation se fait au niveau des modules externes incorporés. Vous pouvez vérifier cette configuration dans Netscape en sélectionnant l'option *préférences générales* du menu déroulant *Options*. Cliquez ensuite sur l'onglet *Utilitaires*.

CoolTalk permet de tenir des conférences audio avec plusieurs personnes. C'est donc un outil rempli de potentiel pour une compagnie. La qualité audio est relativement bonne dans un environnement contrôlé comme un réseau local, mais elle se dégrade quelque peu avec l'utilisation d'un modem 14 400 bauds. C'est le cas pour tous les systèmes de téléphonie Internet pour l'instant. Un annuaire des utilisateurs *CoolTalk* est disponible en plus d'une messagerie vocale où vous pouvez enregistrer un message vocal à l'intention des personnes qui vous appellent. Celles-ci pourront également vous y laisser un message. Vous pouvez avoir recours à un outil incorporé de bavardage par le biais du clavier. Si la qualité audio devient trop misérable, vous pouvez l'utiliser pour échanger des fichiers. L'outil le plus ingénieux demeure sans contredit le «tableau blanc» électronique sur lequel vous pouvez dessiner. Vos interlocuteurs voient vos dessins à mesure que vous les produisez, ce qui assure une meilleure compréhension de votre exposé.

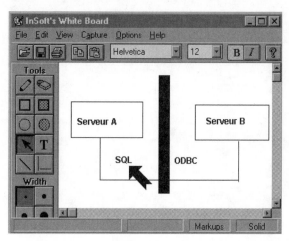

Figure 8.13
Tableau blanc de *CoolTalk*

Équipement nécessaire pour utiliser **CoolTalk**

Cooltalk est utilisable avec toutes les plateformes, mais vous devez être muni d'un ordinateur assez puissant pour l'utiliser. Dans tous les cas, une liaison avec Internet d'un minimum de 14 400 bps est nécessaire, mais il est fortement recommandé de fonctionner à des vitesses de 28 800 bps et plus.

Équipement de base pour la version Power Macintosh
• Un Power Macintosh avec une mémoire vive de 12 méga-octets
• Le système 7.5.3
• Un microphone
• Open Transport 1.1.1
• Quicktime 2.5

Toutes ces composantes sont disponibles par transfert de fichiers FTP anonyme à l'adresse URL *ftp://qtc.quicktime.apple.com/ qtc/qtc.partners.html.*

Équipement de base pour la version Windows 3.1 et Windows95
• Un microprocesseur 486-66Mhz avec une mémoire vive de 12 méga-octets
• Un microphone
• Une carte de son 32 bits ou une carte de son 16 bits de bonne qualité
• Des haut-parleurs

Comment transférer le logiciel et des informations sur le Web

À la suite de l'installation de la version 3.x du navigateur de Netscape, on vous demande si vous voulez transférer un logiciel. Si vous répondez dans l'affirmative, vous êtes transporté à la page des modules externes incorporés du site Web de la compagnie Netscape (*http://home.netscape.com/comprod/mirror/navcomponents_ download.html*).

Un fichier qui se désarchive automatiquement est transféré. Il ne reste plus qu'à lancer le programme d'installation résultant.

Des informations intéressantes se retrouvent sur le Web dont un annuaire d'utilisateurs qui n'attendent qu'une seule chose: vous parler.

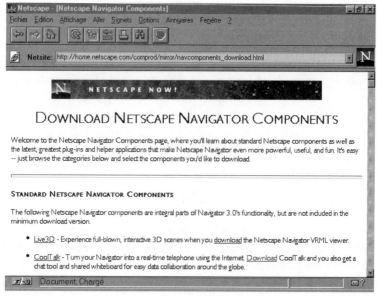

Figure 8.14
Page des modules externes incorporés de la compagnie Netscape

Informations à propos de CoolTalk sur le Web
Page d'accueil et annuaire de *CoolTalk*
http://live.netscape.com
Salle d'attente de personnes désireuses de parler
http://www.q5.com/cooltalk

Un clin d'œil sur l'utilisation de CoolTalk

Je vous rappelle que vous n'avez pas besoin de tomber sur un élément HTML à l'intérieur du Web pour utiliser *CoolTalk*. Le programme fonctionne indépendamment de Netscape. La figure 8.15 montre ce qui apparaît au démarrage du programme.

S'il s'agit de la première fois que vous utilisez ce logiciel, on vous demande des renseignements sur votre identité. N'indiquez que les renseignements qui ne vous paraissent pas trop personnels ou confidentiels, car ils sont accessibles à tous les utilisateurs qui communiquent avec vous. Les renseignements qui sont essentiels

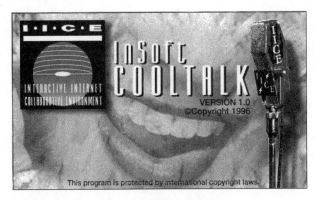

Figure 8.15
Lancement de *CoolTalk*

sont votre pseudonyme, votre nom et votre adresse de courrier électronique. Le pseudonyme est inscrit dans le champ **Login**, votre
nom dans le champ **Name** et finalement votre adresse de courrier
électronique dans la case **E-mail**. Vous pouvez insérer une photo de
vous-même si vous ne vous sentez pas trop étouffé par la gêne.

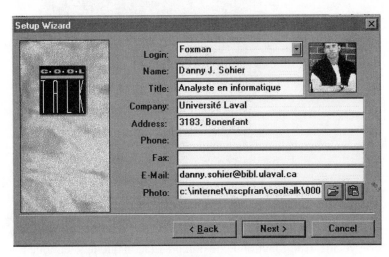

Figure 8.16
Demandes de renseignements par le logiciel *CoolTalk*

C
H
A
P
I
T
R
E

8

L'interface principale de *CoolTalk* est simple à utiliser. Tout se contrôle à partir de cet écran. On règle les volumes du microphone et des hauts-parleurs en cliquant sur les boutons **+** ou **-**. On peut également rendre muets ces deux équipements en cliquant sur les boutons les représentant.

Pour communiquer avec une personne, on clique sur le bouton **Annuaire**. On a le choix d'inscrire l'adresse Internet ou IP de l'ordinateur avec lequel on désire communiquer (cliquez sur une adresse entrée auparavant) ou de consulter le service 411 de la compagnie Netscape (pour ce faire, cliquez sur l'onglet *411*).

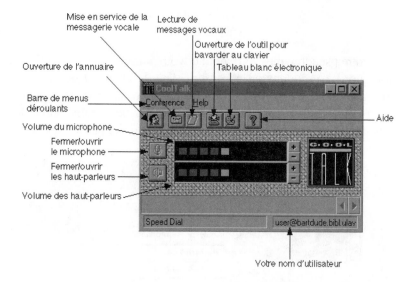

Figure 8.17
Interface principale de *CoolTalk*

Lorsqu'une personne communique avec vous, un message s'affiche vous demandant si vous désirez établir la communication avec cette dernière. Une fonction intéressante de *CoolTalk* est la messagerie vocale. Elle fonctionne de la même façon que le téléphone traditionnel. Vous devez enregistrer votre message en déroulant le menu *Conference* et en cliquant sur *Options.* Le contrôle des messages se fait avec l'onglet *Answering machine*. Cliquez sur le bouton de mise en service de la messagerie vocale située dans l'interface principale pour activer ou désactiver cette fonction. Le bouton situé à droite de ce dernier n'est plus en gris si vous recevez un ou plusieurs messages. Pour entendre le contenu de vos messages, appuyez sur ce bouton. Il redeviendra gris ensuite. Vous pouvez sauvegarder vos messages sur votre disque dur.

Pour avoir accès à l'outil de bavardage au clavier, cliquez sur le bouton représentant une machine à écrire. Vous pourrez ainsi communiquer par écrit dans le cas où la communication audio deviendrait inaudible. Utilisez cet outil pour transmettre et recevoir des fichiers.

Finalement, vous pouvez avoir accès à la plus utile des fonctions, le tableau blanc électronique (figure 8.13), en cliquant sur l'avant-dernier bouton de la barre d'outils. À l'ouverture de cet outil, un signal de même qu'un tableau blanc sont lancés au logiciel de votre interlocuteur. Les deux interlocuteurs peuvent dessiner au même moment et ainsi mieux se comprendre, car, comme dit le vieux dicton, «Une image vaut mille mots».

En conclusion, cet outil convient mieux aux environnements de bureau pour l'instant. La compagnie Insoft l'avait originellement créé à cet effet. La volonté de distribuer gratuitement cette technologie à l'intérieur du navigateur de Netscape fera avancer rapidement la qualité du produit.

8.1.4 Autres systèmes de téléphonie Internet dignes de mention

On pourrait continuer de la sorte à énumérer des produits de téléphonie Internet, mais on ne serait pas plus avancé. Je suis satisfait de vous avoir présenté les produits précédents. Soyez quand même aux aguets pour de nouveaux produits. Des géants des télécommunications se préparent à lancer de nouveaux logiciels qui permettront d'établir des conversations dans le réseau Internet. Parmi eux, les Américaines AT & T et MCI.

Je vous présente maintenant les sites Web des autres systèmes de téléphonie dignes de mention. Ils ne sont pas placés dans un ordre particulier. En règle générale, ils ont des versions «démo» de leurs produits pour vous tenter. N'oubliez pas de visiter la rubrique spécialisée de *Yahoo!* (*http://www.yahoo.com/Computers_and_Internet/Internet/Internet_Voice*).

Sites Web de compagnies offrant des systèmes de téléphonie Internet

Internet *Phone* de VocalTec	*http://www.vocaltec.com*
Digiphone de Planeteers	*http://www.planeteers.com*
VDOPhone de VDO Net	*http://www.vdo.net/products/vdophone*
CoolTalk de Netscape	*http://live.netscape.com*
WebTalk de Quaterdeck Inc	*http://webtalk.qdeck.com*
Voxware de Voxware Inc	*http://www.voxware.com*
Internet *Phone* d'Intel Corp.	*http://www.intel.com/iaweb/cpc/iphone*
Irisphone de Irisphone	*http://www.irisphone.com*
WebPhone de Netspeak Corp.	*http://www.netspeak.com*
FreeTel de Freetel Communications Inc.	
	http://www.freetel.com

8.1.5 Encodage et compression

Quel est le mystère? La voix humaine est de type «analogique», car il s'agit d'une onde sonore. Les ordinateurs parlent numériquement en «1» et en «0». Le réseau téléphonique est également de type analogique, d'où l'utilité des modems. Ceux-ci transforment le langage numérique en onde analogique et vice-versa lorsque le signal arrive à bon port. Comment notre ordinateur fait-il pour transformer le son de notre voix en signal numérique, pour ensuite transformer celui-ci en onde analogique sur le réseau téléphonique, laquelle est reconvertie en signal numérique pour le bénéfice de l'ordinateur étranger, qui le convertit en onde analogique pour reproduire votre voix pour l'autre interlocuteur avec seulement quelques précieuses secondes de délai?

Les messages audio envoyés dans Internet sont préalablement encodés et compressés afin de gagner en rapidité, et de diminuer le trafic de la transmission. Une nouvelle ressource technologique subit toujours une crise d'identité à ses débuts; la téléphonie Internet n'y échappe pas. Plusieurs standards d'encodage et de compression existent, et les concepteurs de logiciels de téléphone Internet ne savent pas où donner de la tête. Certains vont même jusqu'à créer leurs propres standards; on qualifie ce genre de protocole de propriétaire. Si un utilisateur de téléphone Internet exploite un logiciel qui ne peut s'accorder avec le protocole de votre logiciel, vous ne pourrez lui parler. Mis à part les protocoles propriétaires, les techniques d'encodage et de compression les plus utilisées sont VAT (*Video Audioteleconference Tool*), RTP (*Real Time Protocol*) et GSM (*Global System for Mobile telecommunications*). Notez que ce dernier protocole est utilisé en Europe par les réseaux cellullaires.

Page des standards de compressions/décompressions (CODEC) audio dans Internet
Massachusetts Institute of Technology
http://rpcp.mit.edu/~itel/standards.html

8.1.6 Frais d'appels interurbains

Y aura-t-il des frais d'appels interurbains pour les communications établies avec l'Italie, le Japon ou Edmonton par le biais du téléphone Internet ? La réponse pour 1997 est «non». Les dépenses se limitent aux frais afférents à votre connexion Internet. N'oubliez pas que votre fournisseur Internet vous offre un «tuyau» branché sur la planète. Ce que vous faites ensuite de cette bretelle Internet ne concerne que vous. Vous jouissez d'un grand avantage. Profitez-en!

La réponse pour plus tard est noyée dans la brume qui voile par les grands lobbies des compagnies de télécommunication de tous les pays. Si la technologie devient assez bonne pour qu'on l'adopte, c'est à ce moment que les compagnies de téléphone et de frais d'interurbains se montreront le nez. À part quelques remous, ils se tiennent silencieux pour l'instant. Mais avec le taux de croissance des nouvelles technologies aujourd'hui, qui sait?

8.1.7 Informations générales accessibles dans Internet

Vous êtes mordu par la bête de la téléphonie Internet et vous désirez suivre l'action de près? Je vous suggère les sites suivants, en supplément des adresses offertes à la section 8.1.4:

C
H
A
P
I
T
R
E

8

Rubrique spécialisée de *Yahoo!*   *http://www.yahoo.com/*
                                                  Computers_and_Internet/
                                                  Internet/Internet_Voice

Coalition VON (*Voice On the Net*)   *http://www.von.com*

Guide du débutant   *http://www.virtual-voice.com*

Répertoire des utilisateurs de téléphone Internet
                                                  http://www.pulver.com/iphone

Coalition de la téléphonie Internet   *http://rpcp.mit.edu/~itel*

FAQ de la téléphonie Internet   *http://www.northcoast.*
                                                  com/savetz/voice-faq.html

8.2 Radiodiffusion dans Internet

Certains ont raison d'exprimer du scepticisme à l'égard de la vague multimédia. Des goulots d'engorgement se forment aux heures de pointe, empêchant même ceux qui accèdent à Internet à des vitesses vertigineuses de recevoir une bande passante acceptable, car le signal est ralenti ailleurs sur le réseau. Ces problèmes devront être examinés, car de plus en plus de gens se fient au battage publicitaire des médias et des compagnies qui vendent les produits multimédias. La téléphonie Internet et la conférence vidéo sont d'excellents exemples. Leur qualité est bonne lorsque les autoroutes électroniques sont désertes. Ces technologies sont idéales pour le réseau local d'une compagnie. Mais qu'en est-il pour l'internaute domestique?

Une ressource audio **vraiment** à la hauteur des attentes des utilisateurs est la radiodiffusion dans Internet. Les utilisateurs qui y accèdent par le biais d'un modem 14 400 bps n'ont pas à attendre de longues minutes ou à endurer une piètre qualité audio pour participer à cette nouvelle révolution. La radiodiffusion dans Internet consiste simplement dans l'écoute de programmes, de concerts, de descriptions d'événements sportifs et politiques directement sur votre ordinateur par le biais d'Internet avec une qualité qui s'approche de celle du disque compact! On peut certainement comparer le signal audio à une station AM et, même pour les nouveaux protocoles de diffusion, à une station FM. On peut écouter les émissions transmises dans Internet de n'importe où dans le monde, en direct ou en différé. Ça vous intéresse?

Les avantages de la radiodiffusion Internet reposent sur plusieurs facteurs. Un lien permanent est créé entre le serveur et votre ordinateur, donc la communication n'a pas à être réétablie chaque fois. Le trafic circule dans un sens, soit du serveur vers le client. C'est vrai qu'il n'y a pas d'interactivité. Un important taux de compression augmente la quantité d'informations envoyées au client. Finalement, la radiodiffusion fonctionne un peu comme les tout derniers lecteurs de disques compacts musicaux: un volume d'information représentant quelques secondes de lecture est emmagasiné dans la mémoire de l'ordinateur. Lorsque vous commencez l'écoute d'un programme, il y a toujours un volume d'information en mémoire. Si une attente temporaire se fait sur le réseau, elle sera transparente pour l'auditeur.

L'an dernier, un seul produit était disponible; il s'agissait de *RealAudio* (*http://www.RealAudio.com*) de la compagnie Progressive Networks. Depuis ce temps, d'autres produits sont entrés dans la course. C'est le même phénomène pour toutes les nouvelles ressources Internet, et la même question se pose: Lequel utiliser? Je vous fais ma recommandation officielle au moment d'écrire ces lignes: le gagnant demeure *RealAudio*. La raison n'est pas qu'il est meilleur que les autres, car pratiquement tous les produits sur le marché peuvent offrir les mêmes performances. J'ai choisi de vous parler de *RealAudio* parce qu'il est simplement le plus diffusé dans Internet présentement. On compte plus de 150 stations de radio qui diffusent un signal *RealAudio*. Ce produit a été le premier et il possède une longueur d'avance pour le nombre de clients et de serveurs. De plus, j'ai trouvé que *RealAudio* pouvait convenir à l'utilisateur qui possède un ordinateur de faible puissance. Malgré tout cela, la section 8.2.2 regroupe toutes les informations nécessaires concernant les autres produits de radiodiffusion Internet qui demeurent extrêmement compétitifs sur le plan technologique.

8.2.1 *RealAudio*

RealAudio relève d'une technologie relativement nouvelle et connaît une croissance fulgurante dans Internet. Ce produit jouit d'ailleurs de l'important privilège d'avoir été le premier à offrir une excellente qualité de son. Cette révolution nous parvient de la société Progressive Networks (*http://www.RealAudio.com*). Cette ressource offre un accès à des programmes audio en direct dans Internet, votre ordinateur devenant un poste récepteur. Depuis le printemps 1995, des programmes de radio et de télévision, des entrevues ou des concerts sont retransmis intégralement dans le réseau par le biais de cette technologie. Les sociétés Netscape communications, Microsoft, IBM et Apple ont notamment adopté cette ressource et l'ont incorporée à de futures versions de logiciels, tel le *Navigateur* Netscape pour le Web. Radio-France international diffuse toutes les heures un nouveau bulletin de nouvelles audio (*http://www.radio-france.fr/france-info/info.htm*) que vous pouvez capter si le lecteur *RealAudio* a été installé sur votre ordinateur (Macintosh, PC ou Unix).

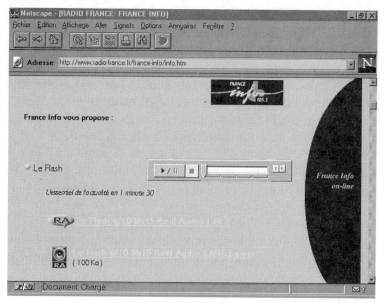

Figure 8.18
Page d'accueil de Radio-France avec l'option *RealAudio*

La populaire émission *Radionet* de la Société Radio-Canada, qui traite des dernières trouvailles sur Internet, est également disponible

en format *RealAudio* à l'adresse ***http://www.radio.src.ca/radionet****.*
Vous n'avez plus besoin d'écouter cette émission en direct, vous
pouvez maintenant l'écouter en différé. Si un reportage ne vous intéresse pas, à l'aide de la souris, vous n'avez qu'à placer le curseur sur
le reportage suivant et le tour est joué! Un bon exemple d'événement en direct est l'annonce du verdict dans l'affaire O. J. Simpson,
rendu sur *RealAudio*, le 3 octobre 1995.

Description de RealAudio

Le premier avantage de *RealAudio* est sa technique de compression
fort appréciable de 97/1 (dans le meilleur des cas). Par exemple, un
fichier audio de type **.wav** (fichier audio Windows) de 4,8 méga-
octets peut être compressé pour atteindre 50 kilo-octets seulement.
Nous en sommes maintenant à la version 3.0 de *RealAudio*. Cependant, la version 2.0 est d'une grande qualité et peut être utilisée
dans tous les environnements. Le désavantage de cette version est
que certaines séquences sont éliminées dans le processus, dans une
proportion d'environ 10 %. On peut quand même obtenir un niveau
de qualité sonore semblable à celui d'un puissant signal de radio
AM avec la version 2.0 et à un signal FM comparable à celui
d'un disque compact avec la version 3.0. La plupart des serveurs

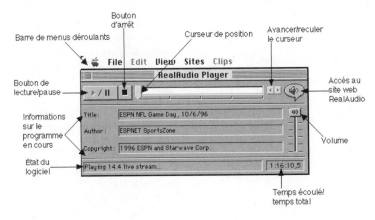

Figure 8.19
Différence entre les liens *RealAudio* 2.0 et 3.0

C
H
A
P
I
T
R
E

8

303

diffusent toujours en version 2.0, mais la migration vers 3.0 ne devrait tarder. Généralement, on retrouve des liens *RealAudio* dans un environnement Web. On reconnaît ce type de ressource par le suffixe **.ram** ou **.ra** qui figure dans le nom du fichier comme dans l'exemple: *http://www.espn.com/editors/liveaudio/nfl.ram*. On différencie un lien *RealAudio* 2.0 d'un 3.0 par la bulle située à côté de la description de l'activité.

RealAudio fonctionne de deux façons, qui sont indépendantes de l'utilisateur. La première se nomme mode continu (*Stream mode* en anglais). Elle est de loin la plus intéressante, car elle présente deux avantages. Premièrement, la diffusion s'effectue en temps réel: vous pouvez ainsi écouter une émission en direct ou en différé. Deuxièmement, le fichier *RealAudio*, qui peut être très volumineux s'il s'agit d'une émission d'une heure, ne réside pas entièrement dans votre ordinateur. En fait, il est «digéré» au fur et à mesure qu'il est transféré. Les parties du fichier qui ont été lues par *RealAudio* sont aussitôt effacées de votre disque dur. Le mode continu est applicable seulement si vous transigez avec un serveur *RealAudio*. L'environnement Web ne peut pas gérer un transfert continu de données.

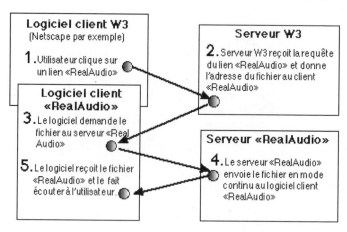

Figure 8.20
Architecture du mode continu *RealAudio*

C'est pourquoi le serveur Web fait appel à un serveur *RealAudio*, et votre navigateur fera également appel à un logiciel-client *RealAudio* lorsque vous cliquerez sur un lien de ce genre. La figure 8.20 indique l'enchaînement des actions lorsqu'un lien *RealAudio* est demandé. Il est à noter que, même si les clients et serveurs Web font appel à leurs contreparties *RealAudio*, les deux plateformes sont indépendantes. Vous pouvez quitter votre client Web sans interrompre la diffusion d'un fichier sur votre logiciel *RealAudio*. Il en a va de même pour les applications-serveurs. Le lecteur *RealAudio* commence à diffuser l'émission dès que les premiers éléments du fichier sont transférés. Vous n'avez donc pas à attendre le transfert complet du fichier.

La deuxième technique se résume à un simple transfert d'un fichier *RealAudio* à votre ordinateur à partir d'un serveur FTP ou Web. Vous devez attendre le transfert complet du fichier avant de

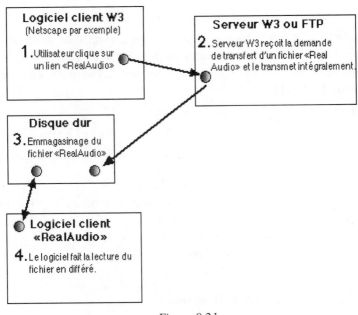

Figure 8.21
Architecture du mode transfert *RealAudio*

pouvoir l'écouter. Les inconvénients de cette solution sont: l'impossibilité de suivre une émission en temps réel, le transfert complet d'un fichier parfois volumineux sur votre disque dur, le temps d'attente nécessaire pour ce transfert avant l'écoute. Cette technique s'applique lorsqu'aucun serveur *RealAudio* n'est disponible pour la diffusion; on appelle cette technique «mode transfert». La figure 8.21 présente le déroulement des événements dans cette situation.

Les internautes n'ont pas le choix de la technique à utiliser pour écouter un fichier *RealAudio*. Ils sont à la merci de la disponibilité de l'information. Un organisme qui n'a pas les moyens de se payer le logiciel-serveur *RealAudio*, qui permet la diffusion en mode continu, peut néanmoins numériser un événement en format *RealAudio*, afin de le rendre disponible sur un autre serveur. La société Progressive Networks vend le logiciel-serveur et le logiciel-encodeur, tout en offrant gratuitement le logiciel-client qui permet l'écoute des fichiers *RealAudio*.

Équipement nécessaire pour utiliser **RealAudio**

RealAudio s'adapte à toutes les plateformes, mais vous devez être muni d'un ordinateur moyennement puissant pour l'utiliser. Dans tous les cas, *RealAudio* requiert une liaison avec Internet d'un minimum de 14 400 bps.

Équipement de base pour la version Macintosh
• Un Power Macintosh ou un Mac très rapide avec une mémoire vive de 4 méga-octets
• Le système 7.x

Équipement de base pour la version Windows
• Un microprocesseur 486 33 Mhz avec une mémoire vive de 4 méga-octets
• Windows 3.1 ou Windows95
• Une carte de son compatible Windows 16 bits
• Des haut-parleurs

Où se procurer un lecteur **RealAudio?**

RealAudio est gratuit, mais vous pouvez vous procurer une version commerciale possédant des fonctions avancées qui permettent une personnalisation de vos liens. La version commerciale coûte 30 $ US. Pour obtenir la version gratuite qui offre la même qualité que la version commerciale, pointez votre navigateur Web sur le site de la compagnie Progressive Networks à l'adresse URL *http://www.RealAudio.com/products/player/download.html*. Pour obtenir la version commerciale, utilisez l'adresse *https://www4.RealAudio.com/PP/index.html*. Vous pouvez également utiliser l'adresse *http://www.RealAudio.com* si les adresses précédentes disparaissent.

L'installateur *RealAudio* se charge de configurer votre navigateur Web. Si un problème se produit, vous pouvez configurer vous-même le navigateur Web. Déroulez le menu *Options* et sélectionnez l'option *Préférences Générales*. Sélectionnez l'onglet *Utilitaires*. Vous devez ajouter le type MIME (*Multi-purpose Internet Mail Extensions*) correspondant à la ressource *RealAudio* pour que votre logiciel Web reconnaisse ce type de lien et démarre l'application du même nom.

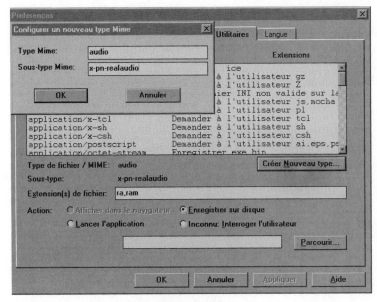

Figure 8.22
Ajout du type MIME *RealAudio* dans Netscape

C
H
A
P
I
T
R
E

8

Vous devez inscrire les éléments suivants dans les champs appropriés:

Mime Type: audio
Mime Subtype: x-pn-*RealAudio*
File extensions: .ra, .ram
Action: lancer l'application: <répertoire>/raplayer.exe

Il ne vous reste plus qu'à valider vos renseignements en cliquant sur le bouton **OK**. La configuration de votre logiciel Web est alors terminée.

Un clin d'œil sur l'utilisation de RealAudio

Trois types de logiciels *RealAudio* existent, et chacun joue un rôle précis. L'utilisateur n'a besoin que du lecteur. Ceux qui diffusent des émissions sur *RealAudio* ont besoin de l'encodeur et du serveur *RealAudio*.

Client RealAudio

Une fois que vous cliquez sur un lien *RealAudio*, le lecteur est lancé, et une communication est établie avec le serveur *RealAudio* en question. L'interface *RealAudio* est simple à utiliser.

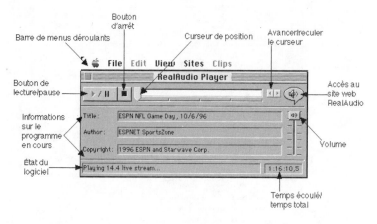

Figure 8.23
Interface du lecteur *RealAudio* 2.0 pour le Macintosh

L'interface ressemble au panneau de contrôle d'un magnéto-phone: vous pouvez arrêter le signal; régler le volume; dans le cas d'un programme en différé, vous pouvez positionner le curseur de position à l'endroit désiré. De cette façon, vous entendez seulement le segment désiré. Évidemment, cette fonction n'est pas disponible pour une émission en direct; imaginez-vous connaître un résultat sportif avant la fin de la partie...;-)

Vous pouvez accéder aux sites Web de *RealAudio* et obtenir une grille des horaires des émissions en déroulant le menu *Sites*. Vous pouvez lancer le lecteur *RealAudio* indépendamment de votre navi-gateur Web et inscrire l'adresse URL d'un événement en sélection-nant l'option *Open Location* du menu déroulant *File*.

Figure 8.24
Interface du lecteur *RealAudioPlus* 3.0 pour Windows95

La grande différence entre l'interface de la version 2.0 et celle de la version 3.0 sont les boutons de syntonisation qui permettent de capter rapidement une station ou un programme. Vous pouvez pro-grammer ces boutons comme la radio de votre voiture. Et comme le bouton d'une radio, le bouton **Scan** balaie la grille des horaires *Rea-lAudio* et vous propose des émissions d'actualités, de sports ou de musique diffusées en direct. Je vous rappelle que la qualité audio s'est encore améliorée avec la version 3.0.

Encodeur RealAudio

L'encodeur *RealAudio* compresse des fichiers audio et les convertit dans le format *RealAudio*. Les fichiers produits par ce logiciel peuvent ensuite être entendus par le client et distribués dans Internet par le serveur *RealAudio*. Ils peuvent également être distribués sous la forme de fichiers par un serveur Web ou FTP anonyme. Le logiciel *RealAudio* est gratuit (au moment où j'écris ces lignes) et peut être transféré du site Web de la société Progressive Networks à l'adresse ***http://www.RealAudio.com/hpproducts/encoder***. Des versions Windows et Macintosh sont disponibles. Les fichiers **.ra** produits par l'un ou l'autre de ces logiciels sont compatibles avec n'importe quelle version du lecteur *RealAudio*.

L'encodeur Windows peut encoder un bon nombre de formats audio. Notons qu'avant de procéder à l'encodage, vous devez renommer les fichiers audio-sources selon un standard précis afin que l'encodeur puisse les reconnaître. Les extensions des fichiers doivent respecter ces normes:

Type de Fichier	Extension
Fichier WAV	.wav
Fichier Sun AU monophonique	.au
Fichier PCM 16 bits	.pcm
Fichier *RealAudio*	.wav

La version Macintosh requiert la présence du système d'exploitation 7.0, ou d'une version plus récente. Il est fortement recommandé d'utiliser cette version sur un PowerMac ou un ordinateur équipé d'un microprocesseur 680x0 jumelé avec un coprocesseur mathématique. La version Macintosh de l'encodeur peut transformer les fichiers audio suivants:

- Fichier AIFF 8 et 16 bits;
- Fichier MuLaw 8 bits;
- Fichier AU 8 et 16 bits;
- Ficher Sound Designer II 8 et 16 bits.

L'encodage est fort simple pour toutes les versions. En réponse au démarrage de l'application, une fenêtre s'affiche à l'écran, comme celle illustrée à la figure 8.25.

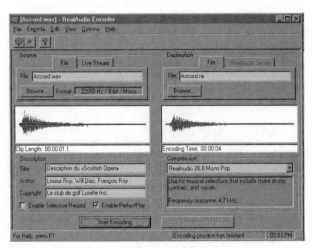

Figure 8.25
Encodeur *RealAudio*

Sélectionnez le fichier que vous voulez encoder en format *Real-Audio* dans la fenêtre **Source** et inscrivez la description du nouveau fichier. Ensuite, donnez un nom au nouveau fichier qui sera créé ainsi que le type de compression *RealAudio* utilisé. Finalement, pressez sur le bouton **Start Encoding,** et le tour est joué. Je vous conseille de lire le fichier d'information du logiciel: des nouveautés peuvent s'ajouter, et ce, sans préavis.

Serveur RealAudio

Pour offrir des fichiers *RealAudio* en mode continu, il faut détenir le serveur *RealAudio*. La figure 8.20 présente l'architecture client-serveur utilisée par cette technologie. Il n'est pas nécessaire que le logiciel-serveur Web se trouve sur le même ordinateur que le logiciel-serveur *RealAudio*. Un simple lien hypertexte en langage HTML peut relier les deux entités.

Le logiciel-serveur *RealAudio* se vend sur la base du nombre de connexions simultanées désiré. On peut ainsi commencer avec une version de 10 connexions et augmenter ce nombre graduellement. Les versions conviennent à la majorité des environnements. L'encodeur

311

RealAudio est compris dans le prix du logiciel. Des utilitaires contrôlant le serveur à distance sont également inclus. Vous retrouverez les informations sur les prix, les modalités de transfert, l'installation et les programmes de support sur le site Web de l'entreprise Progressive Networks, à l'adresse ***http://www.RealAudio.com/hpproducts/server. html***.

La grille des horaires RealAudio

Pour connaître les dates et les endroits virtuels où seront diffusées les prochaines émissions *RealAudio*, entrez en contact avec le site Web TimeCast de la société Progressive Networks à l'adresse URL ***http://www.timecast.com*** et consultez le répertoire. C'est l'endroit idéal pour connaître les nouveautés. On y retrouve plusieurs rubriques dont celles des sports, des loisirs et des actualités.

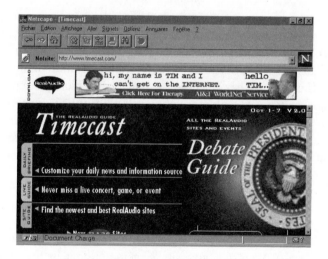

Figure 8.26
Grille des horaires *RealAudio* sur le site TimeCast

Un autre site qui offre une grille d'horaires assez complète est le site Web AudioNet à l'adresse URL ***http://www.audionet.com***.

Voici un échantillon des émissions disponibles sur ce site. Notez qu'elles pourraient ne plus s'y trouver lors de votre visite.:-(

- Société Hastings sur les OVNI (rapports audio des dernières visites)
  http://hufos.sonic.net/hufos
- Magazine *Hotwired*
  http://www.hotwired.com/help/audio/features.html
- Nouvelles internationales
  http://www.iNewsRadio.com/inr/
- La bande audio du pire film de l'histoire du cinéma: *Plan 9 from Outer Space*
  http://www.w2.com/docs2/c4/plan.html
- La radio de Radio-Canada
  http://radioworks.cbc.ca/RealAudio.html
- La Radio rebelle diffuse de la musique rock en direct de Chicago
  http://www.rebelradio.com
- Un roman-savon diffusé uniquement dans Internet
  http://www.thespot.com
- Le réseau sportif américain ESPN
  http://ESPNET.SportsZone.com
- Tout sur le golf
  http://www.golfweb.com

Un autre site que vous pouvez consulter est *Yahoo!* (*http://www.yahoo.com*). Effectuez une recherche avec le terme *RealAudio*: plus d'une centaine de sites seront affichés. Vous pouvez également consulter la rubrique spécialisée dans la radiodiffusion Internet à l'adresse suivante:

http://www.yahoo.com/Computers_and_Internet/Internet/Entertainment/Real_Time_Internet_Broadcasting/Radio.

Écrire des liens RealAudio en HTML

Pour inclure des liens *RealAudio* dans vos documents HTML (*Hypertext Markup Language*), vous devez créer un fichier secondaire, que vous déposerez sur votre serveur Web. Ce fichier, dont l'extension doit être **.ram**, contient l'adresse du serveur *RealAudio* et le nom du fichier **.ra** que vous désirez sélectionner. Supposons que vous voulez inclure le fichier **.ra** du mot de bienvenue de la société Progressive Networks dans votre page Web. Il faut procéder en deux étapes.

C
H
A
P
I
T
R
E

8

313

Étape 1. Création du fichier secondaire bienvenue.ram sur votre serveur Web

Le fichier créé ici doit nécessairement porter l'extension **.ram**. Ce fichier se trouve sur le serveur Web et ne contient que des adresses URL qui indiquent l'adresse du serveur *RealAudio* et le nom du fichier **.ra**. Le préfixe de cette adresse est **pnm://**, et vous pouvez inclure plusieurs lignes de ce genre; les fichiers audio sont alors passés consécutivement. Si l'adresse du serveur *RealAudio* est **www.RealAudio.com**, et que le nom du fichier est **welcome.ra**, l'adresse URL est la suivante:

pnm://www.RealAudio.com/welcome.ra

Étape 2. Insertion du lien hypertexte dans votre document HTML

Le lien hypertexte que vous incluez dans votre document HTML est du type **http://** et pointe vers le fichier créé à l'étape 1. On obtient la source HTML suivante:

Voici le message de <A HREF="**http://votre.serveur.w3/ bienvenue.ram**">bienvenue</A> de la société <I>Progressive Networks</I>.

Le résultat obtenu sera le suivant:

Voici le message de *bienvenue* de la société Progressive Networks.

En cliquant sur le mot «bienvenue», on contacte le serveur indiqué dans le fichier secondaire, tout en faisant démarrer le client *RealAudio* pour qu'il soit prêt à recevoir le fichier **welcome.ra**.

Informations et FAQ pour **RealAudio**

La compagnie *RealAudio* possède une FAQ assez exhaustive qui concerne le fonctionnement du lecteur, de l'encodeur et du serveur *RealAudio*. On y retrouve également des informations sur les formats de codage/encodage (CODEC) audio et les techniques d'insertion d'adresses URL dans les documents Web. La FAQ se trouve à l'adresse **http://www.RealAudio.com/help/FAQ**.

Conclusion

La technologie *RealAudio* a un avenir prometteur, et ce, à court et à moyen terme. La vente d'ordinateurs multimédias et l'accroissement des vitesses de transmission constituent les éléments clés du succès de cette technologie. Les applications où cette ressource pourrait être utilisée sont multiples. Des professeurs peuvent, par exemple, dicter des notes de cours et les rendre accessibles. Des savants de grande renommée ont désormais la possibilité de donner directement leurs conférences au monde entier sans que le message ne soit altéré par les journalistes. Nous en sommes à réinventer la radio, mais à l'échelle mondiale, avec la possibilité que chaque utilisateur devienne un diffuseur.

«Vous écoutez l'émission *La Tanière du renard* dans Internet en direct de ma maison de campagne...:-)»

8.2.2 Autres systèmes de radiodiffusion Internet

RealAudio n'est pas le seul système éprouvé sur le marché; il y en a d'autres qui fonctionnent également très bien. Ils ne sont cependant pas utilisés autant que *RealAudio,* car la clientèle de *RealAudio* était déjà établie avant leur arrivée. On estime la clientèle de *RealAudio* à environ 10 millions d'utilisateurs. Néanmois, avec le géant Microsoft, qui pousse activement la technologie Truespeech, cette base de clientèle pourrait s'effriter quelque peu, ou du moins, le ratio des utilisateurs *RealAudio* pourrait diminuer avec l'arrivée de nouveaux internautes utilisant une des technologies suivantes:

Autres systèmes de radiodiffusion Internet

TrueSpeech de DSP Group Inc.	***http://www.truespeech.com***
Crescendo de LiveUpdate	***http://www.liveupdate.com***
Streamworks de XingTech	***http://www.xingtech.com***
Audioactive d'Audioactive Inc.	***http://www.audioactive.com***

Je vous invite à consulter ces sites afin de prendre connaissance des différentes possibilités de chacun et compatibilités avec votre ordinateur.

8.3 Télédiffusion dans Internet

La télédiffusion Internet consiste dans la diffusion d'un signal vidéo et audio dans le réseau Internet. Un lecteur doit être installé sur votre ordinateur pour que vous puissiez capter ces signaux. Un lien modem 28 800 bps est nécessaire à la réception des signaux. Vous pouvez diffuser vous-même un signal vidéo et/ou audio si l'équipement nécessaire est branché à votre ordinateur. Encore une fois, plusieurs systèmes sont disponibles sur le marché. On retrouve des produits commerciaux et des produits du domaine public. La section 8.3.2 contient une liste de différents systèmes utilisés pour la télédiffusion Internet. Nous terminerons la présente section en examinant la technologie Multicast Backbone, qui permet une transmission audio et vidéo d'excellente qualité sur des liens à haute vitesse. L'internaute branché avec un modem n'a pas encore accès à cette technologie.

Je vous propose ici un exposé sur le produit *CU-SeeMe* de la compagnie White Pine. Pourquoi celui-ci? Il est probablement le plus répandu et il offre une version du domaine public en plus d'une version commerciale avancée. Historiquement, ce produit fut le premier à offrir de la vidéo en temps réel dans Internet à des internautes branchés avec des modems.

8.3.1 Conférences vidéo *CU-SeeMe*

CU-SeeMe signifie *Cornell University – SeeMe*. Il s'agit d'un système de vidéoconférences accessible à tous ceux qui possèdent un Macintosh ou un ordinateur PC-compatible, jumelé avec Windows 3.1 ou Windows95, et branché sur Internet ou tout autre réseau TCP/IP privé par le biais d'un modem 28 800 bps. Vous pouvez voir une personne, l'écouter et parler avec elle, quelle que soit sa situation géographique, et cela gratuitement, mis à part les frais de branchement à Internet. De plus, avec un serveur spécial (appelé «réflecteur»), vous pouvez assister, ou même participer, à des vidéoconférences où un maximum de huit personnes peuvent communiquer sur un thème. Il est à noter qu'un grand nombre d'utilisateurs peuvent regarder et entendre les huit participants.

Historique

Le système de vidéoconférences *CU-SeeMe* a été mis sur pied à l'initiative de Tim Dorcey et de Richard Cogger de l'Université Cornell (*http://www.cornell.edu*). Conçu à l'origine pour le Macintosh, le système est adapté à la plateforme Windows depuis le printemps 1995. D'importantes contributions financières ont été apportées par la National Science Foundation. L'objectif premier de ce projet était de rendre la technologie de la vidéoconférence accessible au plus grand nombre d'utilisateurs possible. C'est pour cette raison que la technologie *CU-SeeMe* n'utilise aucun matériel propriétaire (cartes vidéo, compresseurs), et peut donner un excellent rendement sur des connexions à faibles bandes passantes (28,8 kbps). La partie audio a été mise au point par Charlie Kline de l'université de l'Illinois, à Urbana Champagne. Il est le créateur de Maven, un système de téléphone Internet.

Le 3 mai 1995, la société White Pine (*http://www.wpine.com*) s'est associée à l'Université Cornell afin de poursuivre le développement et la commercialisation de ce produit. Une version gratuite est toujours disponible. La version commerciale n'offre qu'une gamme de fonctions supplémentaires.

Actuellement, la version gratuite de *CU-SeeMe* permet la transmission d'images en noir et blanc à une fréquence inférieure à celle du signal vidéo afin de diminuer la demande sur le réseau. Pour que vous obteniez une qualité vidéo, la fréquence des images doit se situer entre 24 à 30 images par seconde. On peut atteindre une quinzaine d'images par seconde dans les meilleures conditions avec *CUSeeMe*. La NASA (*http://www.nasa.gov*) profite de cette technologie pour diffuser du début à la fin, en direct dans Internet, les missions des navettes spatiales.

Avec le temps, la vitesse des bandes passantes va s'accroître et nous pourrons ainsi obtenir une qualité comparable à la vidéo en couleurs. C'est ce que la société White Pine nous promet. *CU-SeeMe* permet non seulement la vidéoconférence de personne à personne, mais également la vidéoconférence avec plusieurs personnes. Dans ce cas, il faut posséder un logiciel-serveur *CU-SeeMe* appelé «réflecteur». Présentement, ce logiciel existe sur plus de 15 plate-formes différentes.

Logiciels et matériel nécessaires

Deux versions du locigiciel *CU-SeeMe* sont disponibles. La première est du domaine public et elle est distribuée par l'Université Cornell aux États-Unis. Toutes les dernières informations ainsi que les logiciels Windows et Macintosh sont disponibles sur le site Web du projet *CU-SeeMe* à l'adresse URL ***http://cu-seeme.cornell.edu***.

Figure 8.27
Site Web du projet *CU-SeeMe* de l'Université Cornell

La petite caméra QuickCam de la compagnie Connectix (***http://www.connectix.com***) est idéale pour la capture vidéo. Elle fonctionne avec les Macintosh et les ordinateurs PC. Elle coûte entre 150 et 200 $ CAN. Il y a un modèle couleur et noir et blanc. Si vous pouvez vous le permettre, allez-y pour le modèle couleur, et ce, même si la version gratuite de *CU-SeeMe* ne diffuse pas en couleurs. C'est un bon investissement pour le futur.

Caractéristiques de la version gratuite de CU-SeeME
• Annuaire d'adresses: Il est possible de gérer les adresses des participants et des serveurs (réflecteurs).
• Fenêtre audio: Il est possible de régler la réception et l'envoi du son.
• Participants: Un maximum de huit participants peuvent être vus simultanément.
• On peut cependant écouter un nombre illimité de personnes, en plus de pouvoir leur parler.
• Réglage de l'image: Une barre coulissante permet de régler la luminosité et le contraste.
• Contrôle de la transmission: Il est possible de régler la fréquence des images par seconde.
• Fenêtre de bavardage.
• Fenêtre pour afficher des images fixes.
• *Cu-SeeMe* peut être lancé de votre navigateur Web.

Équipements nécessaires pour la version gratuite de CU-SeeMe
• Réception audio-vidéo sur le Macintosh
  – Plateforme supérieure ou égale à un 68020;
  – Système d'exploitation supérieur à 7.x;
  – Possibilité d'afficher 16 tons de gris;
  – Version Quicktime 2.0 ou version plus récente;
  – Sound Manager 3.0 ou version plus récente;
  – 4 méga-octets de mémoire vive;
  – MacTcp version 1.1.1 ou version plus récente;
  – Connexion Internet avec une vitesse de transmission minimale de 28,8 kbps.
• Envoi audio-vidéo sur le Macintosh
  – Équipement nécessaire pour la réception;
  – Caméra vidéo;
    * Caméra QuickCam série de Connectix;
    * Caméra vidéo standard avec sortie NTSC 1vpp et câble RCA;
  – Microphone.

- Réception audio-vidéo sur le PC
  - Ordinateur 386sx (ou plus puissant) pour recevoir la vidéo;
  - Ordinateur 486sx (ou plus puissant) pour recevoir la vidéo et l'audio;
  - Windows 3.1 ou une version plus récente;
  - Carte vidéo 256 couleurs VGA;
  - Carte audio compatible avec Windows pour la réception audio;
  - 4 mo de mémoire vive;
  - Pile de communication TCP/IP Winsock;
  - Connexion Internet avec une vitesse de transmission minimale de 28,8 kbps.
- Envoi audio-vidéo sur le PC
  - Équipement nécessaire pour la réception;
  - Carte de capture vidéo compatible avec le standard «Vidéo pour Microsoft Windows»;
  - Caméra compatible Windows (Connectix);
  - Microphone.

La version commerciale de *CU-SeeMe* offre toutes les possibilités de la version publique. La distribution de ce logiciel est assurée par la compagnie White Pine. Le produit ne coûte pas tellement cher, soit 69 $ US. La version commerciale de CU-SeeMe diffuse en couleurs, ce qui le différencie de sa contrepartie publique. Des informations toutes fraîches concernant le produit et une version «démo» sont disponibles sur le site Web de la compagnie à l'adresse URL *http://www.wpine.com* ou *http://www.cu-seeme.com*. La version «démo» a une durée de vie de 30 jours et fonctionne pendant 60 minutes à chaque démarrage.

Caractéristiques de la version commerciale de CU-SeeME
- Toute les caractéristiques de la version publique;
- Support couleur: Lorsque la vitesse de transmission le permet;
- Tableau blanc: Des écrits à la main sont communiqués entre les participants à l'aide d'une tablette électronique, selon la norme internationale T.120;

• Appel: Une fenêtre sera affichée à l'écran si quelqu'un tente de vous contacter, et ce, même si votre logiciel *CU-SeeMe* n'est pas en fonction;

• Meilleures capacités vidéo et audio: De meilleurs algorithmes de compression permettent une meilleure qualité de l'image et du son;

• Sécurité: Des liens de protection seront ajoutés afin de préserver la confidentialité des conférences;

• Soutien: Des manuels, de la documentation sur demande à l'écran et une équipe de service à la clientèle sont accessibles.

Équipement nécessaire pour la version commerciale de CU-SeeMe

• En général:
  - Lien TCP/IP de 28 800 bps;
  - Volume libre de 10 méga-octets sur votre disque dur;
• Réception audio-vidéo sur le PC:
  - 486DX/66 Mhz;
  - Toute version Windows supérieure ou égale à 3.1;
  - Carte VGA 256 couleurs;
  - Mémoire vive de 8 méga-octets;
  - Carte de son 8 bits compatible Windows avec haut-parleurs;
• Réception audio-vidéo sur le Macintosh:
  - Au minimum, un microprocesseur 68030@25 Mhz;
  - Recommandé, un microprocesseur 68040 et plus;
  - Système 7.x;
  - 8 méga-octets de mémoire vive et plus;
  - Quicktime 2.x, SoundManager 3.x;
• Envoi audio-vidéo pour le PC et le Macintosh:
  - Caméra Vidéo avec port série numériseur (caméra Connectix) OU
  - Caméra avec sortie NTSC, carte de capture vidéo, câble RCA.

Un clin d'œil sur une session CU-SeeMe

Les renseignements suivants concernent la version commerciale et publique de *CU-SeeMe* à la fois pour Macintosh et pour Windows. La lecture des termes suivants vous aidera à mieux comprendre l'environnement *CU-SeeMe*.

CHAPITRE 8

321

Paramètres de base

Les paramètres de base se retrouvent sous l'option **Preferences** du menu déroulant **Edit**. La figure 8.28 illustre ce qui est alors affiché à l'écran.

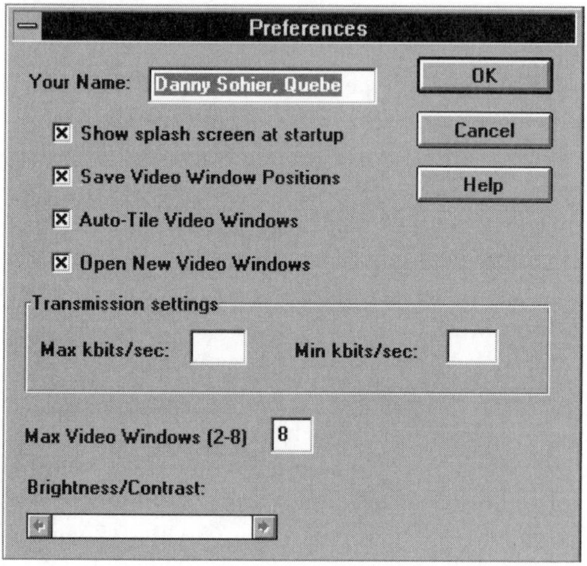

Figure 8.28
Écran pour régler les paramètres de base de *CU-SeeMe* version publique

Le champ **Your Name** indique le nom sous lequel les autres utilisateurs pourront vous connaître. Si vous avez la possibilité de transmettre des images vidéo, c'est ce nom qui apparaîtra comme titre de la fenêtre.

Si la case **Show splash screen at startup** est cochée, *CU-SeeMe* tentera d'afficher le signal vidéo de votre caméra. Si vous n'en possédez pas, aucune fenêtre ne sera ouverte.

La case **Save Video Window Positions** permet de sauvegarder automatiquement la position des différentes fenêtres lorsque vous quittez l'application. Lors du démarrage suivant, les fenêtres apparaîtront au même endroit.

La fonction **Auto-Tile Video Windows** aligne côte à côte les fenêtres des participants d'une vidéoconférence. Vous obtenez donc une vision d'ensemble des participants. La fenêtre d'un nouveau participant à une conférence s'affiche, dès l'arrivée de celui-ci, si la case **Open New Video Windows** est cochée.

La boîte **Transmission settings** inclut les paramètres de débit minimum et maximum en ce qui concerne les kilo-octets par seconde. On les fixe dans les champs **Max kbits/sec** et **Min kbits/sec**. Ces paramètres indiquent la quantité de données qui sont envoyées dans Internet. On demande aux utilisateurs de ne pas fixer la valeur maximale au-dessus de 100 pour ne pas alourdir le trafic dans le réseau. Vous pouvez décider de ne pas fixer ces paramètres et de laisser le logiciel gérer la communication.

Vous pouvez choisir le nombre de fenêtres qui peuvent être affichées simultanément à l'écran. Ce chiffre, entre deux et huit, doit être inscrit dans le champ **Max Video Windows (2-8)**. Ce paramètre est fort utile si vous avez à cocher la case **Open New Video Windows**. De cette façon, vous ne serez pas débordé si plusieurs personnes tentent de vous joindre en même temps. Un ordinateur assez rapide est requis afin de «rafraîchir» le contenu de huit fenêtres vidéo.

La barre coulissante **Brightness/Contrast** règle la luminosité et le contraste de la fenêtre vidéo locale uniquement.

Une fois l'image réglée, cliquez sur **OK** pour sauvegarder les informations. Un bouton **HELP** est à votre disposition si vous désirez en savoir davantage sur ces fonctions.

Finalement, à quoi ressemble l'interface *CU-SeeMe* en action? Les deux prochaines figures vous aident à comprendre ce qui se passe à l'écran. La première est tirée de la version publique pour Macintosh, et la deuxième de la version commerciale pour Windows95. Les éléments de ressemblance sont nombreux.

C
H
A
P
I
T
R
E

8

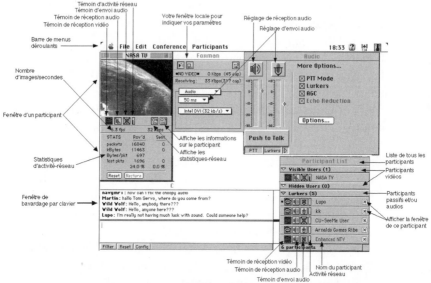

Figure 8.29

Interface de *CU-SeeMe* publique pour le Macintosh

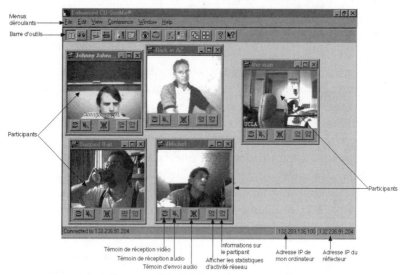

Figure 8.30

Interface de *CU-SeeMe* commercial pour Windows95

La fenêtre d'un participant

Un participant peut être un diffuseur audio et/ou vidéo, ou plus simplement une personne qui ne peut diffuser par l'un ou l'autre de ces médias. Ce dernier type de participant est appelé «rôdeur» (*lurker*). Chaque participant possède sa propre fenêtre. Le titre de cette fenêtre indique le nom de l'utilisateur. Si cette personne diffuse un signal vidéo, celui-ci est affiché dans la partie principale de la fenêtre. Encore une fois, une série d'icônes, dans la partie inférieure de l'écran, nous permet de régler certains aspects de l'échange avec l'utilisateur. La première icône représente un œil ouvert si l'utilisateur accepte une transmission vidéo de votre part, ou fermé dans le cas contraire. La deuxième icône, un petit haut-parleur, permet de couper la transmission audio quand vous cliquez dessus. La troisième icône représente un microphone. Vous n'avez qu'à cliquer sur cette icône pour amorcer une conversation audio avec votre interlocuteur. Toutefois, si une croix masque l'icône, c'est que l'utilisateur n'a pas la capacité d'envoyer un signal audio, ou bien que son microphone est fermé. Quand vous cliquez sur l'avant-dernière icône, un encadré apparaît sous la fenêtre, comme à la figure 8.31, qui révèle les statistiques de cette transmission.

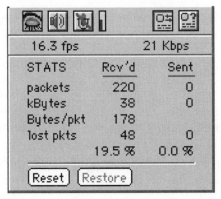

Figure 8.31
Statistiques de la transmission *CU-SeeMe*

La cinquième et dernière icône permet de connaître l'adresse (IP ou Internet) de l'utilisateur, ainsi que la version de son logiciel *CU-SeeMe*, en affichant un encadré sous la fenêtre. On peut connaître les débits minimal et maximal en kilo-octets par seconde de cet utilisateur pour la transmission et la réception. La vitesse moyenne est affichée. Un exemple de cette application est donné à la figure 8.32.

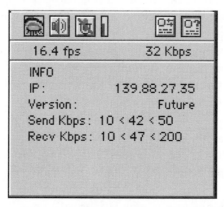

Figure 8.32
Informations sur l'utilisateur *CU-SeeMe*

Enfin, le nombre d'images par seconde et la vitesse de transmission sont affichés sous la série d'icônes.

Envoi de messages écrits
Il est possible d'inscrire des mots ou des phrases à l'intérieur de votre fenêtre vidéo. Ces mots sont diffusés avec votre image vidéo. Vous n'avez qu'à cliquer sur votre propre image vidéo et, ensuite, à taper sur le clavier le texte désiré. La touche **Backspace** efface le dernier caractère inscrit. La touche **Return** efface tous les caractères. Les mots que vous écrivez sont affichés initialement dans le bas de l'écran. Utilisez une des quatre clés fléchées pour placer le texte à l'endroit voulu.

La fenêtre audio
Votre propre système de réglage audio gère le son que vous transmettez et celui que vous recevez. Vous pouvez couper la transmis-

sion du son intrant en cliquant sur l'icône du haut-parleur, et celle du son extrant en cliquant sur l'icône du microphone. Une barre diagonale masque alors l'icône en question pour indiquer l'arrêt de la transmission. Vous pouvez régler le volume du son intrant et extrant en déplacant l'une et/ou l'autre des deux aiguilles verticales situées à droite des témoins. Ces témoins vous indiquent également les niveaux de son que vous recevez et transmettez. Un bouton, avec la mention **Push to Talk**, est situé sous les témoins. Vous devez cliquer sur ce bouton chaque fois que vous désirez parler. Le terme **Muted** peut également être inscrit si vous avez cliqué sur le microphone auparavant. Si vous cliquez sur la case **push to talk** ou **PTT**, vous entrez en mode automatique, et une transmission audio vers l'extérieur est effectuée chaque fois que le logiciel détecte des sons assez importants qui proviennent du microphone. Enfin, le bouton **Lurkers** offre la possibilité d'entendre les rôdeurs (utilisateurs qui ne peuvent transmettre de signal vidéo) présents sur le même réflecteur (serveur *CU-SeeMe*) que vous.

Joindre une personne ou participer à une conférence

Les options **Connect** ou **Connect to...** du menu déroulant **Conference** dans le cas de la version publique et l'option **Phonebook** du menu **Conference** permettent aux utilisateurs de contacter une autre personne ou de participer à une conférence par le biais d'un «**réflecteur**» *CU-SeeMe*. La figure 8.33 illustre la fenêtre utilisée pour effectuer les connexions.

Il n'y a aucune différence entre un branchement entre deux ordinateurs et un branchement pour une conférence. Vous devez inscrire l'adresse (IP ou Internet) de l'ordinateur étranger. Notez que vous ne pourrez joindre une personne si elle est déjà en contact avec quelqu'un d'autre. Vous pouvez choisir à l'avance si un signal vidéo sera diffusé et/ou reçu par votre ordinateur en cliquant sur les cases **send video** et **receive video**. Un réflecteur *CU-SeeMe* peut être l'hôte de plusieurs conférences. Si vous disposez d'un numéro de conférence, vous l'indiquez dans le champ **Conference ID**. Finalement, si un mot de passe protège la conférence en question, inscrivez-le à l'endroit approprié. Quand vous cliquez ensuite sur le bouton **CALL**,

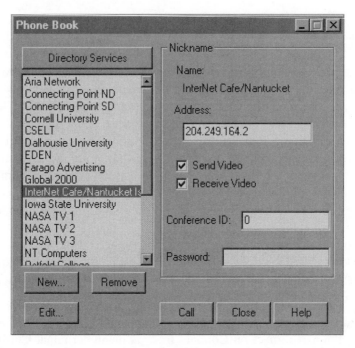

Figure 8.33
Annuaire téléphonique de la version commerciale de *CU-SeeMe*

votre ordinateur tente d'établir la communication avec un ordinateur étranger.

Si tout va bien, la liste des participants est affichée, et vous pouvez alors interagir avec le ou les autres utilisateurs en ligne. Un site peut limiter le nombre d'utilisateurs afin d'offrir de meilleures transmissions. Un message à cet effet est alors affiché, et vous devrez tenter de vous brancher à un autre moment ou à un autre site.

La liste des participants
Dès que vous êtes en communication avec une autre personne ou que vous participez à une conférence, la liste des participants s'affiche, comme à la figure 8.34.

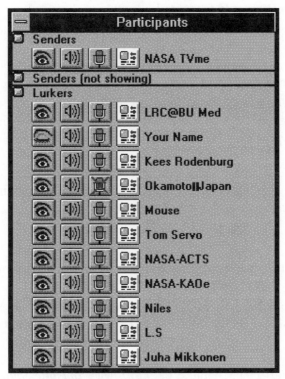

Figure 8.34
Liste des participants *CU-SeeMe*

Cette fenêtre est divisée en trois sections. La section **Senders** affiche le nom des utilisateurs qui transmettent un signal vidéo. La section **Senders (not showing)** donne la liste des noms des utilisateurs qui transmettent un signal vidéo et qui ne sont pas affichés sur votre écran. Finalement, la section **Lurkers** affiche les noms des utilisateurs qui ne peuvent transmettre de signal vidéo. On appelle ceux-ci «rôdeurs». Ils peuvent toutefois voir et entendre les autres participants, et même leur transmettre un signal audio s'ils en ont la possibilité. Les quatre icônes précédant le nom des utilisateurs reflètent l'état de leurs possibilités d'émettre en audio et/ou en vidéo comme nous l'avons vu auparavant.

C
H
A
P
I
T
R
E

8

Les réflecteurs et la façon de les trouver

Voici quelques sites réflecteurs *CU-SeeMe* qui sont actuellement en fonction. Comme c'est souvent le cas dans Internet, il se peut que ces sites ne soient plus en fonction au moment où vous tenterez de vous brancher.

Adresse Internet	Adresse IP	Endroit
cu-seeme.com	192.233.34.5	Compagnie White Pine
goliath.wpine.com	192.233.34.20	Compagnie White Pine
	204.249.164.2	Café Internet
	132.236.91.204	Université Cornell
	130.91.72.36	Université de la Pennsylvanie
cuseeme.mlink.net	Musique Plus	
	139.88.27.43	Nasa
	128.2.230.10	Nasa

Quelques sites Web offrent une grille d'horaire d'événements diffusés sur le système *CU-SeeMe*.

Sites Web offrant une grille horaire d'événements CU-SeeMe

CU-SeeMe's Event Guide	*http://www-personal.umich.edu/~johnlaue/cuseeme/default.htm*
Liste de réflecteurs publics	*http://www.indstate.edu/msattler/sci-tech/comp/CU-SeeMe*
ICU	*http://www.trey.com/cuseeme*
Pippin Central	*http://www.pippin.com/English/ChatWorld/cu-seeme.htm*

Étiquette pour les réflecteurs

• Ne restez pas branché pendant de longues périodes (heures) simplement pour animer votre écran pendant que vous faites autre chose.

• Ne laissez pas une transmission vidéo activée si vous devez vous absenter pendant quelques minutes. Il en résulte un encombrement de la bande passante dans Internet, et tous les usagers en souffrent.

• Ne passez pas de cassettes vidéo dans Internet. *CU-SeeMe* offre une chance exceptionnelle de communiquer interactivement par les sons et les images. Une cassette vidéo consomme énormément de bande passante dans Internet, et ce n'est pas la meilleure façon de véhiculer des informations dépassées.

• Ne fixez pas votre taux de transmission au-delà de 100 kilo-octets par seconde. Utilisez les valeurs par défaut.

• Ne transmettez pas d'images licencieuses; des enfants regardent ces réflecteurs. Utilisez votre bon jugement.

Comment adresser une ressource CU-SeeMe sur le Web

On peut maintenant se présenter sur un site Web et cliquer sur un lien *CU-SeeMe*. Le navigateur lancera automatiquement le logiciel *CU-SeeMe* installé sur votre ordinateur et lui refilera les bonnes coordonnées pour établir la communication. Visitez la page interactive du site de MusiquePlus à l'adresse URL *http://www. musiqueplus.com/cuseeme* pour une petite démonstration.

Il est important de noter que vous devez dire à votre navigateur où aller chercher le logiciel *CU-SeeMe* et de quelle façon il peut reconnaître un lien HTML de ce type. Vous devez sélectionner l'option *Préférences générales* du menu déroulant *Options* dans votre navigateur Web. Cliquez sur l'onglet *Utilitaires*. On doit créer un nouveau type MIME pour le *CU-SeeMe* en inscrivant les éléments suivants dans les champs appropriés:

Mime Type: application
Mime Subtype: x-cu-seeme
File extensions: .cu .csm
Action: lancer l'application: <répertoire>/cuseeme32.exe

Il ne vous reste plus qu'à valider vos renseignements en cliquant sur le bouton **OK**. La configuration de votre logiciel Web est alors terminée.

Si vous voulez écrire des liens HTML de type *CU-SeeMe* dans vos pages HTML, je vous laisse au bon soin de la FAQ distribuée dans Internet à ces deux adresses .

• *http://www.trey.com/cuseeme/web.html*

• *http://www-personal.umich.edu/~johnlaue/cuseeme/gocusmgo. htm.*

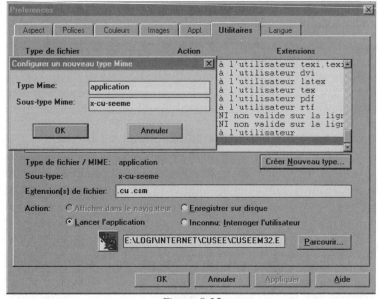

Figure 8.35
Configuration du navigateur Netscape en prévision de *CU-SeeMe*

Conclusion

La technologie présentée ci-dessus en est à ses balbutiements dans Internet. Toutefois, avec l'appui commercial de la société White Pine, elle devrait susciter un grand intérêt dans l'année à venir. La vente d'ordinateurs prêts pour le multimédia devrait également contribuer à cette croissance. Le point faible reste cependant les vitesses de transmission. Ce type de ressources ne deviendra monnaie courante que lorsque les infrastructures de télécommunications rejoindront la demande des utilisateurs. On peut penser que la situation s'améliorera effectivement durant l'année 1997. En attendant, on se contente de jouer un rôle de pionnier et de mémoriser des anecdotes pour nos petits-enfants.

«Grand-maman, vous aviez des images saccadées des autres personnes sur vos écrans d'ordinateurs! En noir et blanc par-dessus le marché?:-)»

8.3.2 *VDOLive*

Le dernier venu sur la scène de la télédiffusion Internet, assez important pour que l'on s'y arrête un peu, est le système *VDOLive* de la compagnie VDONet Inc (***http://www.vdo.net***). On peut comparer ce système à un *RealAudio* avec de la vidéo. Le système est constitué de trois composantes:

• Le lecteur *VDOLive*. Il est gratuit et convient au PowerMacintosh et au Windows en général.

• Le serveur *VDOLive*. Il permet de distribuer de la vidéo en mode continu dans Internet. Vous devez l'acheter, et il est disponible sur plusieurs plateformes.

• Les outils *VDOLive*. Ils sont gratuits et permettent de transformer un signal audio-vidéo en signal *VDOLive*.

Le signal *VDOLive* est formé d'une série continue de séquences comprimées. Dès que ces séquences sont transférées sur votre ordinateur, elles sont transmises par le lecteur et ensuite effacées de votre disque dur. Cette combinaison de fonctions demande une bonne puissance de microprocesseur.

Équipement nécessaire pour utiliser VDOLive *sur un PC*
• Microprocesseur 486 DX2 66 Mhz avec une mémoire vive de 8 méga-octets et plus;
• Standard «Vidéo pour Microsoft Windows» (il est compris dans Windows95);
• Un lien Internet d'un minimum de 28 800 bps;
• Une carte de son compatible Windows.

Équipement nécessaire pour utiliser VDOLive *sur un PC*
• Un PowerMacintosh;
• 8 méga-octets de mémoire vive;
• Un lien Internet d'un minimum de 28 800 bps.

Où dois-je me procurer le lecteur VDOLive?

Le lecteur ainsi que toutes les dernières informations sont disponibles sur le site Web de *VDOLive* à l'adresse ***http://www.vdo.net***.

C
H
A
P
I
T
R
E

8

333

Figure 8.36
Page Web du site *VDOLive*

Module externe incorporé et configuration de Netscape

Si l'installateur détecte la version 32 bits du logiciel Netscape, le module externe incorporé *VDOLive* sera également installé pour que des éléments du même type puissent être affichés à même les pages HTML. Si ce n'est pas le cas, Netscape fera démarrer *VDO-Live* comme une autre application externe et lui fournira les coordonnées du site *VDOLive*.

Pour configurer votre navigateur Web, sélectionnez l'option **Préférences générales...** du menu déroulant **Options**. Cliquez ensuite sur l'onglet **Utilitaires**. Vous devez ajouter un nouveau type MIME pour indiquer à votre navigateur comment reconnaître les éléments *VDOLive* et comment les manipuler. Inscrivez les éléments suivants dans les champs appropriés:

Mime Type: video
Mime Subtype: vdo
File extensions: vdo

Action: Lancer l'application: <répertoire>/vdo32.exe

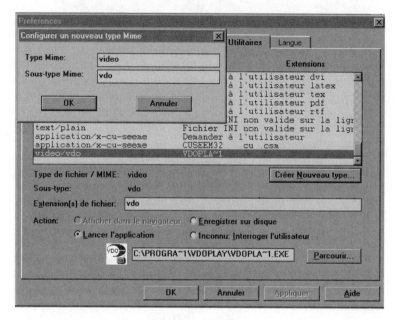

Figure 8.37
Configuration du navigateur Netscape en prévision de *VDOLive*

Un clin d'œil sur l'utilisation de VDOLive

Le lecteur *VDOLive* démarre automatiquement lorsque vous cliquez sur un lien du même type dans une page Web. Un bon exemple est le site Web de l'émission *Branché* à la Société Radio-Canada (*http://www.src-mtl.com/tv/branche*). Le lecteur se branche automatiquement sur le serveur *VDOLive* approprié, et l'image et le son sont acheminés vers votre ordinateur.

La fenêtre principale est réservée à l'animation vidéo. L'indication du temps écoulé se trouve juste au-dessus de cette fenêtre. Un indicateur montre le ratio entre le signal envoyé par le serveur et le signal capté par l'ordinateur. Ce type de transmission continu est

Figure 8.38
Interface *VDOLive*

succeptible de perdre des plumes (des paquets d'information IP) en chemin. Cliquez sur le bouton **EXIT** pour quitter l'application, cliquez sur le bouton **GO VDO!** pour accéder la page Web de la grille d'horaires *VDOLive*, et finalement cliquez sur le bouton **Setup** pour configurer votre logiciel.

On peut faire afficher les autres paramètres qui indiquent le niveau sonore et l'état de déroulement de la bande vidéo en sélectionnant l'onglet *Preferences* après avoir cliqué sur le bouton **Setup**. On peut accéder à des événements *VDOLive* sans l'aide du navigateur. On démarre le lecteur *VDOLive* et on clique sur le bouton de lecture; une fenêtre apparaît pour que l'on puisse y inscrire une adresse de type URL. Le schème d'adressage dans ce cas commence par le préfixe *vdo://* suivi de l'adresse Internet du serveur et finalement de l'emplacement du document.

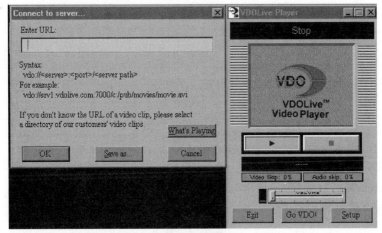

Figure 8.39
Interface avancée de *VDOLive*

La grille horaire VDOLive

La compagnie met à la disposition des internautes une grille horaire des émissions et des événements diffusés en direct et en différé sur *VDOLive*. À ce propos, consultez la page Web à l'adresse ***http://www.vdo.net/products/vdolive/gallery***.

Figure 8.40
La grille horaire de *VDOLive*

337

Un dernier mot à propos de **VDOLive**

La raison pour laquelle ce type de technologie est intéressant est que le signal se propage dans un sens, éliminant ainsi tout embouteillage sur votre modem. Il reste cependant que la télévision remplit bien ce rôle et qu'Internet est un domaine interactif. Vous trouverez de plus en plus d'émissions disponibles dans ce format. Néanmoins, c'est plus intéressant que d'attendre le transfert complet d'un fichier vidéo MPEG pour le faire jouer par la suite. Ça prend du temps et de l'espace-disque. *VDOLive* résout ce problème expertement en faisant jouer la bande vidéo immédiatement sans polluer votre disque dur. Chapeau!

8.3.3 Autres systèmes de télédiffusion

Vous trouverez d'autres systèmes de télédiffusion qui en sont à leurs balbutiements en consultant la rubrique spécialisée de *Yahoo!* à l'adresse URL suivante:

http://www.yahoo.com/Business_and_Economy/Companies/ Computers/Software/Internet/World_Wide_Web/Real_ Time_Broadcasting

Parmi les compagnies répertoriées, la compagnie Xing Technologies offre un produit assez innovateur appelé *Streamworks*. Il s'agit d'un signal vidéo en continu, un peu comme *VDOLive* vu précédemment. L'innovation réside dans le fait que le document vidéo est de format MPEG. La compagnie n'a pas créé un nouveau protocole de compression en utilisant celui-ci, qui est fort répandu dans les technologies mulitmédias propres au cédérom. Si vous êtes intéressé par cette technologie, consultez leur site Web de Xing Technologies à l'adresse URL *http://www.xingtech.com*. Cette compagnie offre également des lecteurs MPEG ainsi qu'un produit de téléphonie Internet.

8.3.4 *Multicast Backbone*

Nous complétons notre tour d'horizon de la télédiffusion Internet avec le **Multicast Backbone**. Le surnom souvent utilisé pour cette ressource est *MBone*. Plus précisément, on parle du *Virtual Internet*

Backbone for Multicast IP. Il s'agit d'un sous-réseau virtuel qui existe à l'intérieur de l'univers Internet. L'application pratique de cette technologie se résume à des vidéoconférences interactives avec possibilité d'échanger des textes et des données.

Ce sont les gurus de l'IETF (Internet Engineering Task Force), en séance à San Diego au mois de mars 1992, qui ont eu l'idée d'utiliser Internet comme véhicule de transport pour des conférences multimédias. Un protocole propre à cette ressource, nommée «IP-Multicast», a été élaboré par Steve Deering du Xerox Park Place.

La différence entre *MBone, CU-SeeMe* et *VDOLive* est que le premier utilise un équipement beaucoup plus complexe que les autres. La qualité en est meilleure. On obtient une plus grande fréquence d'images en utilisant une bande passante minimale de 1,5 méga-octet par seconde. Ce n'est pas encore de la vidéo parfaite, car les images se bousculent encore quelque peu à l'écran. La force de cette ressource réside dans l'architecture de la transmission du signal. Comme il a été mentionné, on a crée dans Internet un sous-réseau virtuel composé de routeurs situés et supportés par différentes organisations; *MBone* n'a donc pas à concurrencer directement le trafic Internet, quoiqu'il soit toujours présent. Sans entrer dans les détails techniques, disons simplement que la technologie *multicast* permet à un ordinateur d'envoyer un seul signal vers un groupe de machines, tandis que dans le modèle traditionnel on doit transmettre un signal à chacun des ordinateurs du groupe. Par exemple, un taux de transmission de 100 kilo-octets par seconde pour la transmission d'un ordinateur vers trois autres simultanément nécessite un débit de 300 kilo-octets par seconde, car on doit effectuer l'opération trois fois. Avec la technologie *MBone*, on n'envoie qu'un seul débit de 100 kilo-octets par seconde, débit qui est ensuite acheminé vers le sous-réseau virtuel, pour être enfin transmis aux ordinateurs qui en veulent bien. Ainsi, le trafic est moins important, ce qui libère l'espace pour améliorer la qualité de transmission.

Le seul problème, c'est que cette technologie exige un équipement très complexe, comme une station de travail Unix ou un mini-ordinateur. Il n'existe présentement aucun logiciel pour des plateformes conventionnelles, comme le Macintosh ou Windows.

CHAPITRE 8

Le lien minimal requis par cette technologie n'est rien de moins qu'un lien T1, soit une connexion de 1,5 méga-octet par seconde. Un aiguilleur réseau (routeur) doit être installé exclusivement pour la diffusion du signal *MBone*.

Le *MBone* se développe tout de même, et ce, même si seules les universités ou les grandes organisations de recherche en profitent. Il se peut fort bien que nous soyons témoins d'une éclosion de cette technologie au cours de la prochaine année. Je tiens à vous tenir au courant des technologies qui causeront des vagues dans Internet.

Présentement, des «vidéocentres» sont implantés dans plusieurs universités à travers le monde. Des conférences mondiales entre scientifiques se tiennent, sur une base hebdomadaire, à l'aide de cette ressource. La NASA diffuse en direct sur *MBone* les missions des navettes spatiales, mais elle le fait également sur *CU-SeeMe...* Par exemple, un concert du groupe Metallica fut transmis sur le *MBone* le 5 novembre dernier (***http://live.apple.com/metallica***).

Contrairement à ce qui se fait pour la technologie *CU-SeeMe* ou *VDOLive*, aucune entreprise ne parraine actuellement le développement commercial de la technologie *MBone*. Si vous désirez en connaître plus sur le sujet, je vous recommande les documents suivants, que vous trouverez dans Internet:

Sites Web pour MBone	
FAQ du *MBone*	***http://www.mbone.com/techinfo/mbone.faq.html***
Grille horaire des événements *MBone*	***http://www.cilea.it/MBone/agenda.html***
Centre d'informations *MBone*	***http://www.mbone.com***
Rubrique *Yahoo!* consacrée à *MBone*	***http://www.yahoo.com/Computers_and_Internet/Communications_and_Networking/MBONE***

8.4 Les mondes virtuels

Ce n'était qu'une question de temps pour que le concept de «monde virtuel» devienne réalité. La prochaine étape logique après les séances de bavardage (*Internet Relay Chat*) est ce qu'on appelle les mondes virtuels. Il s'agit d'endroits constitués d'éléctrons, à l'intérieur d'un ordinateur quelque part sur le réseau, qui donnent l'impression que vous vous y retrouvez. Vous pouvez visiter les différentes pièces, causer avec les gens que vous rencontrez, ramasser des accessoires qui traînent, etc. Nous sommes, nous les humains, représentés par des images à l'intérieur de ces pièces. Ces images sont appelées «avatar». On peut les modifier à volonté selon notre humeur et les situations.

Je vous préviens d'être patient, car ces applications sont lourdes côté graphique. Votre lien modem doit au minimum fonctionner à 28 800 bps. Vous devez utiliser un logiciel propre au fonctionnement de chacun de ces systèmes. Ce logiciel fonctionne un peu comme le navigateur Web, en ce sens qu'il interprète un protocole qui vient d'un serveur du même type. Le plus populaire de ces mondes virtuels est *The Palace*, mais il y en a d'autres qui sont tout aussi intéressants. *AlphaWorld* est un monde virtuel en trois dimensions qui ne fonctionne présentement que sur Windows95 secondé par un ordinateur très musclé. Des informations sur le Web sont disponibles dans la rubrique spécialisée de *Yahoo!* à l'adresse URL *http://www.yahoo.com/Recreation/Games/Internet_Games/Virtual_Worlds/3D_Worlds*.

8.4.1 *The Palace*

Ce système est simplement un logiciel de bavardage (*Chat*) glorifié qui offre des éléments multimédias pour agrémenter l'atmosphère de la conversation. Cet environnement est palpitant. Cependant, vous pouvez trouver que le temps pour télécharger les différentes pièces virtuelles est un peu long. Si vous êtes habitué à la vitesse du IRC (*Internet Relay Chat*), il se peut bien que vous y restiez et que vous veniez faire la causerie en trois dimensions simplement par curiosité. Le logiciel client et serveur nécessaire pour participer à ce monde est distribué par la compagnie The Palace Inc. à l'adresse URL *http://www.thepalace.com*. FranceWeb semble également avoir emboîté le pas à cette technologie: consultez leur site Web à l'adresse URL *http://www.franceweb.fr/LePalace*.

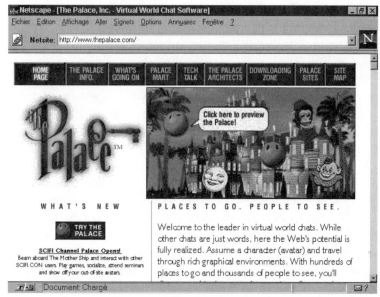

Figure 8.41
Site Web pour la compagnie The Palace

De plus, si vous possédez une carte de son dans votre PC ou si vous possédez un Macintosh, vous pourrez entendre les sons qui sont produits dans les pièces.

Mon ordinateur peut-il supporter **The Palace** *et où puis-je me le procurer?*

Vous devez en général accéder à Internet avec une vitesse minimale de 28 800 bps. Votre ordinateur devrait également avoir 8 méga-octets de mémoire vive ou plus. *The Palace* fonctionne sur le Macintosh et sur un ordinateur PC jumelé de Windows 3.1 ou de Windows95. On se procure le client à l'adresse URL ***http://www.thepalace.com/ downloads***. Le logiciel est gratuit. Cependant, vous pouvez l'enregistrer pour 25 $ US et débloquer certaines fonctions. Ces fonctions vous permettent de modifier votre avatar, de changer votre nom dans les pièces virtuelles, de créer vos propres accessoires et d'avoir accès au soutien technique de la compagnie.

Éléments nécessaires pour le Macintosh
• Système 7;
• Un écran couleur 13 pouces est fortement recommandé;
• MacTCP.

Éléments nécessaires pour le PC
• Windows 3.1 ou Windows95;
• Microprocesseur 386 mais un 486 est recommandé;
• Une carte vidéo 256 couleurs pouvant afficher 640x480 mais une résolution de 800x600 est recommandée.

Comment on se branche aux serveurs?

Une fois que votre installation est terminée, lancez l'application. L'interface principale est alors affichée.

Figure 8.42
Interface principale pour le logiciel *The Palace*

Si vous ne payez pas les frais d'inscription de 25 $ US, vous aurez toujours le nom *guest* lorsque vous entrerez dans les différentes pièces virtuelles, et votre avatar sera une binette sphéroïdale. Vous devez maintenant vous brancher sur un des serveurs *The Palace*. Sélectionnez l'option **Connect...** du menu déroulant **File**.

Figure 8.43
Interface pour se brancher à un serveur *The Palace*

Vous avez accès à une liste de serveurs simplement en déroulant la liste de serveurs. Sélectionnez un serveur et cliquez sur le bouton **OK**. Une liste de serveurs est disponible sur le serveur Web de la compagnie à l'adresse URL ***http://www.thepalace.com/announce. html***.

Un clin d'œil sur l'utilisation de **The Palace**

Vous venez de vous brancher sur un serveur, et soudainement votre interface se remplit de binettes et de dessins bizarres, le tout sur une toile de fond somptueuse. Vous êtes entré dans un royaume virtuel.

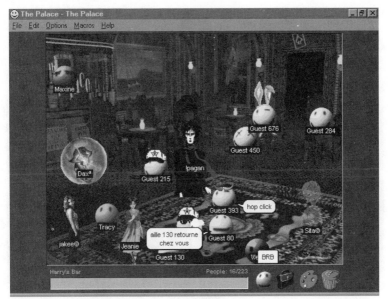

Figure 8.44
Interface *The Palace*

Chaque personne est représentée par un dessin appelé avatar. Le nom ou le pseudonyme de la personne est inscrit sous l'avatar. Comme vous pouvez le voir, ce n'est pas l'imagination qui manque. Les gens se parlent par le biais de bulles, un peu comme dans les bandes dessinées. On inscrit nos messages dans la fenêtre située sous la pièce virtuelle et on tape sur la touche **Retour**. C'est aussi simple que cela. Nos paroles peuvent être affichées à l'intérieur de différents types de bulles pour différentes situations. On modifie les bulles simplement en inscrivant un signe de ponctuation avant notre parole.

Différentes bulles pour différentes situations
- Bulle d'exclamation On inscrit un ! avant la parole
  !C'est pas vrai!!!!!!
- Bulle de réflexion On inscrit un: avant la parole
  :Ce qu'elle est jolie...

C
H
A
P
I
T
R
E

8

• Message permanent   On inscrit un ^ avant la parole
                           ^Parti manger, de retour dans 5
• Faites parler la pièce   On inscrit un @ avant la parole
                           @Je vous aime tous

Figure 8.45
Différentes bulles pour différentes situations

Vous déplacez votre avatar en cliquant à l'endroit où vous désirez le voir apparaître. Vous entrez dans les pièces en entrant par les portes virutelles. Si elle vous paraissent peu évidentes, faites-les apparaître avec la combinaison de touches **CTRL+ALT** sur le PC et **CMD+OPTION** sur le Macintosh.

Le nombre de personnes occupant actuellement la pièce se trouve à droite sous la pièce virtuelle. On y voit une expression du type «People 10/344». Le deuxième nombre représente le nombre de personnes dans toutes les pièces du serveur.

Vous pouvez parler à une personne en privé en cliquant sur son avatar. Votre texte apparaîtra alors en italique. Pour terminer votre conversation, cliquez une seconde fois sur l'avatar de votre interlocuteur.

Il est facile de perdre de vue un compagnon dans une de ces pièces. Vous pouvez le retrouver en sélectionnant l'option *Find User* du menu déroulant *Options*. Vous pouvez vous déplacer rapidement dans une autre pièce en sélectionnant l'option *Goto room...* du menu déroulant *Options*.

Il se peut que vos paroles ne soient pas affichées immédiatement. Cette situation s'appelle *lag* ou «retard» en français et elle se produit lorsque le serveur est débordé ou que le trafic est trop important sur le réseau.

Avez-vous entendu?

Des sons peuvent être entendus dans ces pièces virtuelles. Ce sont les utilisateurs qui les produisent. Si vous possédez une carte de son dans votre PC ou un Macintosh, vous pouvez entendre ces sons. Tapez une des commandes suivantes pour émettre des sons.

)amen	)applause	)belch	)boom
)crunch	)debut	)fazein	)guffaw
)kiss	)no	)ow	)pop
)teehee	)wet1	)wind	)yes

Certains serveurs proposent d'autres sons; mais ceux-ci sont disponibles partout. Il s'agit de fichiers MIDI (*Musical Interface for Digital Instruments*).

Un changement de binette?

Si on ne possède pas d'avatars personnalisés et qu'on fonctionne avec la binette standard, on peut modifier tout de même l'allure de notre petit monstre. Cliquez sur la binette en gris située à droite de la fenêtre pour inscrire les commandes. Une fenêtre apparaîtra avec des binettes différentes. Cliquez sur celle de votre choix.

Si vous désirez ajouter des accessoires à votre binette, cliquez sur la mallette située dans la partie inférieure de l'écran. Une série d'accessoires s'affichent et vous pouvez en sélectionner autant que vous le voulez. Ils seront ajoutés à votre binette.

Les déplaisants

Il existe des commandes pour se débarrasser de gens trop embêtants. Vous pouvez les utiliser en toute quiétude, car elles sont là pour régler ce type de problèmes.

'mute nom_personne	Les messages de la personne désignée n'apparaissent plus à votre écran;

'unmute nom_personne	Renverse les effets de la commande précédente;
'hidefrom nom_personne	La personne désignée ne peut pas vous retrouver avec la fonction *Find use;*
'unhidefrom nom_personne	Renverse les effets de la commande précédente;
'private on/off	Empêche ou non la réception de messages privés;
~page message d'aide	Un «magicien» du palais vient à votre aide.

Les magiciens du palais (wizards)

Ces magiciens ont pour but de rendre plus agréable l'environnement dans lequel vous vous trouvez. Ils ont le pouvoir de créer des pièces, de modifier des couleurs et d'expulser les énergumènes. On les reconnaît par l'astérisque(*) qui précède leur nom. Il arrive cependant qu'ils ne désirent pas se faire reconnaître et qu'ils cachent intentionnellement leurs insignes. Si vous les leur demandez, ils vous les montreront volontiers. Le magicien joue le rôle de l'opérateur de canal IRC pour les habitués.

Évidement, vous devenez magicien d'un palais lorsque vous installez un serveur sur votre ordinateur. Vous pouvez également le devenir si vous vous liez d'amitié avec un autre magicien et que vous semblez adopter un bon comportement dans le palais. Vous serez alors sacré magicien à l'occasion d'une cérémonie dans une des pièces virtuelles.

Les magiciens ont le pouvoir absolu sur les sujets du palais. Si vous désobéissez au code d'éthique du palais, vous pouvez être pénalisé de quatre façons:
• Être baillonné. Vous ne pouvez parler tant que vous n'avez pas passé deux heures en dehors du palais.
• Se faire interdire l'accès aux accessoires tant que vous n'avez pas passé deux heures en dehors du palais.
• Se faire coller au coin dans chaque pièce où vous allez.
• Se faire carrément interdire l'accès au palais pendant une période indéterminée.

Informations supplémentaires sur le Web
- Francenet annonce *Le Palace*
  http://www.franceweb.fr/LePalace
- Informations en français sur le palais
  http://www.asi.fr/~com-lyon/sylvain
- La cave: informations sur les scripts
  http://www.wacked.com/skeezil
- Cybertown: un palais urbain
  http://www.cybertown.com/palace.html
- Page des palacoholics
  http://www.lucasey.com/palacaholic
- Groupe Usenet sur l'architecture des palais
  news://news.thepalace.com/palace.design.groupe
- Groupe Usenet sur de nouveaux palais
  news://news.thepalace.com/palace.announcements
- Rubrique spécialisée *Yahoo!*
  http://www.yahoo.com/Recreation/Games/Internet_Games/
  Virtual_Worlds/3D_Worlds/Palace__The/

8.4.2 Et les autres mondes virtuels

Je vous propose les sites Web des autres mondes virtuels suivants qui fonctionnent sur des ordinateurs assez musclés.

- Alphaworld: un monde en trois dimensions
  http://www.worlds.net/alphaworld
- Cybercity96: ville virtuelle en 3D sur le Web
  http://ccity.iwe96.infoweb.or.jp
- Meridian59: un jeu interactif de 3DO
  http://meridian.3do.com/meridian
- The Realm: un jeu interactif de Sierra
  http://www.realmserver.com
- Worldsaway: bavardage en mode graphique
  http://www.worldsaway.com
- WorldsChat: bavardage en 3D
  http://www.worlds.net/wc

C
H
A
P
I
T
R
E

8

Gopher

Nous rendons hommage dans cette section à l'ancêtre du navigateur Web. Le valeureux Gopher vint en aide aux premiers internautes néophytes dans les grandes sciences de l'informatique. Du même coup, il déclencha la vague Internet que nous connaissons aujourd'hui. Gopher est à l'origine des premiers grands vents cybernétiques qui réussirent à atteindre les médias au début de la décennie 90.

9.1 Historique

Afin de mieux comprendre la nature de Gopher, nous devons au préalable relater les circonstances et les événements qui nous ont conduits à l'avènement de cette ressource. Nous sommes au milieu des années quatre-vingt; l'ordinateur personnel fait des ravages parmi tous les organismes importants de la planète. Personne n'est épargné. Un besoin essentiel naît de cette situation: celui de partager. Ce mot est utilisé à toutes les sauces et devient l'expression fétiche de la décennie. En effet, on veut partager des fichiers, des imprimantes, des messages électroniques, des idées, et, même si on ne le veut pas, on partage aussi des maladies électroniques…:)

Le réseau local est déclaré mission prioritaire dans nombre d'organismes majeurs. Ici même, dans mon lieu de travail, on voit apparaître des réseaux de type IBM, 3COM et DECNET. Notez qu'ils sont tous disparus avec les disquettes de format 5,25 et les Macintosh monochromiques. Tout se passe bien. Toutefois, on commence à entendre parler du réseau NSFnet, sur lequel les participants, provenant de plusieurs universités, échangent des informations. La révolution est commencée, le concept du partage des informations entre universités fait boule de neige. Les réseaux établis dans les institutions de recherche sont reliés entre eux. Diverses institutions gouvernementales se dotent de réseaux et, à leur tour, s'associent au grand réseau. Internet grandit rapidement et franchit toutes les frontières. Vers la fin des années quatre-vingt, tout organisme d'importance qui se respecte doit être relié à

Internet. Cette situation s'étend jusqu'à prendre des dimensions mondiales.

Le Réseau interordinateurs scientifique québécois (RISQ) est lui-même relié au réseau CAnadian NETwork (CA*NET), qui est lui-même le maillon canadien d'Internet.

9.1.1 S.O.S.! Nous sommes perdus!

Les échanges d'informations se multiplient entre les membres d'Internet. La diversité et la qualité de l'information augmentent également. Le profil type d'un utilisateur d'Internet devient plus flou, car de nouvelles ressources attirent maintenant les professeurs, les administrateurs, les professionnels, les étudiants et bien d'autres encore. Des publications sur des banques d'information ou des thèses de recherche de tous les horizons se retrouvent sur Internet, ce qui met la puce à l'oreille des utilisateurs.

Les responsables de réseaux locaux sont très fréquemment consultés et parfois dépassés par une vague de questions techniques sur l'accès à des ressources d'Internet. Les outils pour effectuer les connexions sont rares et parfois inadéquats dans l'univers des ordinateurs personnels. Les utilisateurs «normaux» perdent intérêt pour des «ressources indispensables» d'Internet; ils se voient répondre par le responsable de réseau qu'il faut installer un *packet driver* à l'aide des «adresses d'interruption de leur carte ethernet» afin d'établir une «communication Telnet sur le port IP 23», sans oublier d'émuler un «terminal VT-100 à 7 bits». Bref, vous comprenez l'idée... Nous en sommes toujours à la fin des années quatre-vingt, période pendant laquelle le responsable de l'informatique est encore un demi-dieu parmi ses fidèles.

Le problème est vaste. Pour les raisons suivantes, les utilisateurs ne peuvent atteindre les trésors d'informations situés le long d'un fleuve que l'on a baptisé Internet:

- Ils ignorent comment établir la communication avec la ressource en question;
- Ils ne savent pas où elle se trouve;
- Ils ne savent pas si elle existe.

9.1.2 La lumière vint de l'université du Minnesota

Devant l'ampleur du problème, une équipe d'analystes en informatique de l'université du Minnesota décide d'offrir un outil de navigation à ses utilisateurs. L'outil devra être simple à utiliser, car les analystes ne veulent pas créer davantage de problèmes. On imagine d'offrir les ressources d'Internet par une représentation de menus arborescents. L'idée est simple: on sélectionne une ressource et, comme par magie, celle-ci se retrouve à l'écran sans que l'utilisateur ait à négocier les outils de télécommunication et leurs paramètres.

L'outil en question devra également être consultable de façon universelle. C'est-à-dire que tous les systèmes d'exploitation pourront le consulter, qu'il s'agisse d'IBM, de Macintosh, des terminaux ou des stations UNIX... De plus, cet outil pourrait servir à diffuser des informations dynamiques et vitales sur l'organisation où se trouve l'utilisateur. On peut penser à la description de tous les cours donnés dans une université, par exemple.

C'est en 1991 que l'université du Minnesota lance Gopher. Le service est conçu de telle façon que, pour chaque département administratif et éducatif du campus qui possède son serveur Gopher, l'information est pertinente. En 18 mois, on passe d'un site Gopher à plus d'une centaine le long du fleuve Internet. Pour la première fois de l'histoire, des bouées de navigation indiquent le chemin aux âmes en perdition. La liste des ressources d'Internet pouvant être atteintes par un Gopher grandit sans cesse. L'association de ces sites devient plus connue sous le nom d'«Espace cybernétique» ou de *Cyberspace*, dans la langue de Shakespeare. Ce terme est tiré du roman *Neuromancer*. On vient de créer un sous-ensemble d'Internet pour les gens soucieux d'efficacité et désireux de ne pas perdre leur temps à se battre contre un réseau d'électrons.

Les utilisateurs sont satisfaits, les administrateurs peuvent vaquer à d'autres activités, et Internet devient plus convivial. Le petit Gopher continue à faire son chemin dans les universités.

9.1.3 Gopher aujourd'hui et W3

Par suite d'une prolifération mondiale de cette ressource de 1992 à 1994, les Gophers ont, depuis, cessé d'être une ressource dominante. L'arrivée sur la scène du Web (voir le chapitre 3) et des ordinateurs pouvant offrir des interfaces graphiques à couper le souffle a sonné le glas de Gopher. Les annonces de nouveaux serveurs Gopher sont inexistantes, tandis que le déclin de ceux qui sont encore en service s'accentue. On devrait voir disparaître cette ressource en 1997 ou en 1998 en Amérique du Nord. Gopher sera alors plus utilisé dans les pays en voie de développement, où la technologie des ordinateurs avec interfaces graphiques n'est pas aussi répandue. Mentionnons qu'une bonne portion du volume d'informations disponible sur les serveurs Gophers n'est pas encore accessible en format hypertexte sur le Web. Le fait qu'un navigateur Web accède de main de maître à toutes les ressources Gopher n'incite pas les administrateurs à mener ce travail à bien. Je vous présente dans les pages suivantes les notions de Gopher avec des explications de base pour trois types de clients faisant appel à cette ressource. Cependant, un logiciel comme Netscape vous permet de faire la même chose. L'avantage est certain. Vous n'avez pas besoin d'installer un logiciel précis pour les Gophers.

On fait l'adressage URL (voir section 3.4) d'un serveur Gopher en ajoutant le préfixe *gopher://* à l'adresse Internet de ce dernier. Par exemple, le serveur Gopher de l'université de Lausanne en Suisse est accessible à l'adresse internet *gopher.unil.ch*. Voici l'adresse URL que vous devez inscrire dans votre navigateur Web préféré pour visionner les informations de ce serveur: *gopher://gopher. unil.ch*.

Si vous possédez un navigateur Web, vous n'avez aucun besoin d'un navigateur Gopher, car le premier remplira ce rôle de brillante façon. Il suffit de voir la ressemblance dans les interfaces, telle que montrée dans les figures 9.1 et 9.2, pour se rendre compte de la futilité de posséder un logiciel Gopher spécialisé. Vous économisez du temps et de l'espace disque en utilisant exclusivement Netscape ou Explorer.

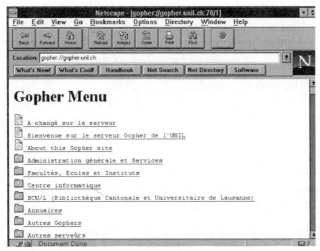

Figure 9.1
Serveur Gopher visionné à l'aide de Netscape

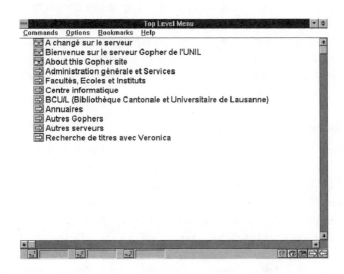

Figure 9.2
Serveur Gopher visionné à l'aide du navigateur spécialisé *Hgopher*

Les sections 9.4, 9.5 et 9.6 contiennent les directives pour utiliser des logiciels précisément conçus pour la consultation des serveurs Gopher. Vous pouvez vous passer de ces dernières si votre ordinateur est assez puissant pour utiliser un navigateur Web.

9.2 Définition et rouages du Gopher

Gopher est une ressource d'Internet mise au point par l'université du Minnesota et fonctionnant sur le mode client-serveur. Sa représentation est une arborescence de menus contenant des articles de différentes natures. Gopher possède deux caractéristiques principales: il navigue à travers les ressources d'Internet et agit comme serveur d'information. L'origine du mot Gopher se fonde sur trois concepts différents qui définissent d'ailleurs à merveille cette ressource:

GOPHER: Animal voisin de l'écureuil dont une espèce vit en Amérique du Nord, et qui se nourrit de grains. Il vit dans un terrier et est reconnu pour creuser des trous partout à la recherche de nourriture et d'abris.

GOPHER: Assistant ou homme à tout faire. En anglais, on dit à cette personne *Go for this* ou *Go for that*. Ce terme est souvent utilisé dans le monde artistique.

GOPHER: Nom de la mascotte et des équipes sportives d'excellence de l'université du Minnesota: les Golden Gophers du Minnesota.

9.2.1 Concept client-serveur

Gopher fonctionne sur le mode client-serveur. C'est-à-dire que nous avons besoin d'un logiciel client qui va accéder au serveur Gopher. Ce logiciel peut être spécialisé dans la consultation des serveurs Gopher (on peut aussi utiliser un navigateur Web). Des logiciels spécialisés ont été écrits pour la plupart des systèmes d'exploitation, entre autres Windows, DOS, Macintosh, UNIX, VMS, etc. Vous les trouverez sur le site Web ***www.shareware.com***. Lorsque vous faites démarrer votre client Gopher, il envoie une demande au serveur inscrit par défaut. Celui-ci répond en envoyant sa liste de ressources et la communication est alors rompue. Les communications se font normalement sur le port IP 70. Un serveur

Gopher possède sa propre adresse Internet. Vous lirez, par exemple, l'adresse ***gopher.organisation.domaine.*** Donnez cette adresse à votre client Gopher pour consulter le contenu du serveur. Par exemple, un collègue de travail vous informe qu'un serveur Gopher, à l'adresse ***gopher.bibl.ulaval.ca,*** est très intéressant. Vous vous empressez alors de le consulter:

```
c:\>gopher gopher.bibl.ulaval.ca
          Internet Gopher Information Client
                for DOS PC/TCP v1.01
               Root Gopher server: Gopher
-> 1.   À propos du Gopher de la bibliothèque…
   2.   Nouveautés sur le Gopher (2 Février 94).
   3.   Informations de la bibliothèque/
   4.   ARIANE (Catalogue de la bibliothèque) <TEL>
   5.   Accès aux bibliothèques d'Internet/
   6.   Publications de la bibliothèque/
   7.   Accès aux Gophers d'Internet/
   8.   Ressources d'Internet/

Press ? for Help, q to Quit, u to go up        Page: 1/1
```

Votre client interprète cette liste et la présente à l'écran sous forme de menu. La liste représentée à l'écran ne contient que les informations sommaires sur les ressources. En effet, le serveur n'a pas seulement envoyé le nom et le type de ressource, mais également son adresse IP, son port de communication et d'autres commentaires s'ils s'avèrent nécessaires. Ces paramètres sont ceux que les utilisateurs craignent le plus. Heureusement, votre client Gopher ou Web ne vous les montre pas; ils vont cependant lui servir à lancer les différentes communications à l'occasion de votre requête suivante.

Si votre prochaine demande contient un élément se retrouvant sur le serveur Gopher, le client demandera précisément cet article au serveur. L'information lui est retournée et la communication est de nouveau rompue.

Le principe de communication est simple à comprendre. Imaginez un employé dont le seul rôle serait de répondre à des demandes. Un client arrive et lui demande un article. L'employé le lui remet; le client le reçoit et s'en va. Voici un exemple du dialogue entre le client Gopher et le serveur Gopher:

<communication initiée>

CLIENT:	Salut serveur X!
SERVEUR X:	Salut! Voici mon menu et les ingrédients de chaque plat.
CLIENT:	Merci!

<communication rompue>

CLIENT:	J'affiche les articles du menu sans les ingr_dients car je ne veux pas que mon utilisateur sache ce qui est contenu dans la nourriture, hé, hé :)
UTILISATEUR:	Bon, je choisis l'item (l'élément) 2.
CLIENT:	Parfait, je te le prépare car je connais les ingrédients. *(La recette est: Contacte le serveur gopher Y à telle adresse et demande le contenu du sous-menu 2.)*

<communication initiée>

CLIENT:	Salut serveur Y! Quel est le contenu du sous-menu 2?
SERVEUR Y:	Salut, excellent choix, voici le contenu du sous-menu 2 ainsi que tous les ingrédients nécessaires.
CLIENT:	Merci mec, à la prochaine...

<communication rompue>

| CLIENT: | J'affiche maintenant les articles du sous-menu 2. |

Et ainsi de suite, tant que l'utilisateur n'a pas mangé à sa faim...

9.2.2 Les éléments

Les articles présentés dans les différents menus sont classés par types d'éléments. Dans un menu, on peut trouver des articles d'un même type ou de types différents. Une ligne de menu Gopher comprend le nom de l'article et une représentation graphique ou tex-tuelle de son type. Sous Windows, par exemple, un article de type texte est représenté de cette façon:

🕶 A propos du Gopher de la Bibliothèque...

Figure 9.3
Représentation graphique d'un élément Gopher de type texte

Une paire de lunettes précède le nom de l'élément. On reconnaît alors que l'indication «À propos du Gopher de la bibliothèque» est un fichier texte. En le sélectionnant, le fichier est affiché à l'écran. Sous DOS, cet article sera présenté ainsi:

À propos du Gopher de la bibliothèque.

Cette fois-ci, le nom de l'élément est en premier et il est suivi de la présentation du type de ce dernier, soit un point. Il représente un article de type texte dans un environnement non graphique.

Un client Gopher n'est qu'un noyau où convergent des applica-tions en tout genre pour afficher les différentes informations récupérées sur le serveur. Ainsi, le client fait appel à un logiciel de traitement de texte pour afficher un fichier texte; à un logiciel gra-phique pour afficher une image; à un logiciel de télécommunication pour des articles Telnet, etc. Voyez en page suivante le graphique représentant une interaction client Gopher et ses composantes

Voici une courte liste des types d'éléments que l'on retrouve le plus souvent. Les représentations graphiques et non graphiques de ceux-ci dans les clients Gopher seront expliquées plus loin, lors de la présentation de ces logiciels.

TEXTE   Lorsque vous sélectionnez un article de type texte, votre client Gopher transfère le fichier situé sur le ser-veur et l'affiche. Le texte est en ASCII, soit la forme la plus brute sous laquelle on peut trouver du texte. Cet article est archivable sur votre disque dur.

IMAGE   Des images sont souvent conservées sur les serveurs Gopher. Leur utilité varie selon la nature du Gopher.

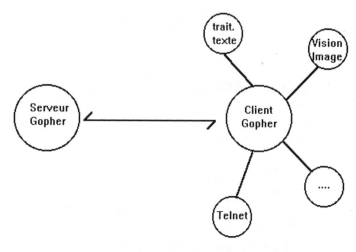

Figure 9.4
Interaction du client Gopher

JPEG et GIF sont les formats d'images les plus souvent utilisés.

TELNET
Si vous rencontrez un article de Gopher de type Telnet,
cela signifie que vous avez accès aux ressources d'un
autre ordinateur en sélectionnant ce dernier. Vous établissez une communication à distance de type Telnet
(voir le chapitre 6). Le meilleur exemple est l'élément
«*Connexion à Ariane*» sur le Gopher de la bibliothèque
de l'Université Laval, à l'adresse ***gopher.bibl.ulaval.ca***.
En sélectionnant cet article, vous établissez une communication avec le catalogue électronique de la bibliothèque. L'avantage du système est que vous n'avez pas à
appeler le logiciel de communication ou à vous soucier
d'entrer correctement l'adresse IP de l'autre machine.
Tout se fait automatiquement. Cet élément n'est pas
archivable sur le disque dur, car il s'agit là d'un fichier
de paramètres de communication. Toutefois, certains
logiciels Telnet vous offrent la possibilité de saisir le
contenu de vos écrans et, par la suite, de l'archiver.

FTP   L'action de sélectionner un élément FTP déclenche automatiquement l'opération de transfert de fichiers. Le client Gopher va préalablement vous demander à quel endroit le fichier devra être sauvegardé, puis il transfère le fichier. Ce dernier peut être un programme, un texte WordPerfect, un fichier Excel, une image, etc.

CSO   C'est un service d'annuaire qui sert à se renseigner sur les utilisateurs d'un site. Selon la qualité du service, on peut avoir accès au nom complet de l'individu, à son numéro de téléphone, à son adresse électronique, et ainsi de suite. Une fois l'élément sélectionné, le client Gopher vous demande un nom. Il envoie alors la requête au service CSO. Des réponses probables à votre demande sont affichées sous format de fichiers texte. CSO est l'abréviation de *Computing Services Office* de l'université de l'Illinois à Urbana Champaign, cette dernière étant l'organisme qui a développé cette ressource.

VERONICA   Ce service vous permet de localiser des ressources situées sur les serveurs Gopher partout dans le monde, sans avoir à en parcourir la totalité. Veronica est une ressource qui indexe les articles retrouvés sur les Gophers et permet aux utilisateurs de consulter cette base sous forme de requête. Il y a plusieurs sites Veronica à travers le monde. Étant donné qu'il s'agit d'une ressource très en demande, il arrive souvent que l'on ne puisse y avoir accès. Il faut faire plusieurs essais avant de réussir. Les Gophers sondés par Veronica sont tous ceux inscrits officiellement à l'université du Minnesota. Veronica est le sigle de *Very Easy Rodent-Oriented Netwide Index to Computerized Archives*. Par exemple, si quelqu'un désire avoir accès à des ressources concernant le sida, Veronica lui renvoie une liste des ressources disponibles sur Internet à ce sujet.

WAIS WAIS sert également à faire de la recherche. WAIS signifie *Wide Area Information Server*. Cette ressource nous permet, lorsqu'on l'a rencontrée sur Internet, de consulter des bases de données spécialisées sur un ou plusieurs sujets. L'université du Minnesota dispose d'un répertoire complet de banques WAIS. On peut consulter des banques sur la Bible, la biologie moléculaire, les tremblements de terre, etc., sans sortir de l'interface Gopher. Toutefois, pour consulter une banque WAIS dans les meilleures conditions, il est préférable d'utiliser un client WAIS spécialisé. Le protocole Z39.50 est à la base de la ressource WAIS. Le résultat des recherches est archivable sur disque. Le chapitre 3 de ce livre est consacré à cette ressource.

VIDÉO Le multimédia est à nos portes! Ce n'est plus un secret. L'animation d'une rotation de 360 ° de la molécule d'un composé chimique en est un exemple. En sélectionnant ce type d'élément, les clients Gopher qui en ont la possibilité feront appel à un visionneur d'animation *Quicktime* ou *Mpeg*. Une fois le fichier transféré sur votre ordinateur, l'animation est affichée sur votre écran. Le fichier peut être archivé sur votre disque dur.

9.2.3 Navigateur

La première caractéristique du Gopher est de permettre à l'utilisateur de naviguer sans trop de difficulté dans les grands courants d'Internet. Lors de la communication initiale avec le serveur Gopher, un menu vous est proposé, tel que montré à la section 9.2.1. La navigation se fait par sélection des articles, ces derniers nous mènent ensuite à d'autres menus, et ainsi de suite. Il arrive souvent qu'en sélectionnant un article, le client Gopher nous propulse hors des limites logiques de ce site et que l'on se retrouve ailleurs dans le monde. Si cela vous arrive, ne vous en faites pas: on revient toujours chez soi...

Selon le client Gopher utilisé, vous pouvez faire le chemin inverse. La majorité des clients conservent l'itinéraire parcouru. De la même façon, les fonctions de navigation d'un client Web permettent de se déplacer et de garder en mémoire nos allées et venues sur un serveur Gopher.

Le concept Gopher essaie de vous présenter les ressources d'Internet par catégories. Ce classement peut se faire alphabétiquement, géographiquement ou par discipline. Si vous trouvez un serveur Gopher où les informations sont présentées au hasard, évitez-le. Un des problèmes que Gopher a essayé de régler est justement la pagaille des ressources d'Internet.

Gopher permet de sauter de serveur en serveur très facilement. Au bout d'un certain temps, l'utilisateur peut se sentir un peu désorienté. Si vous ne savez pas où vous vous trouvez, essayez de lire le fichier d'information qui accompagne généralement un serveur Gopher. Ce fichier est placé en haut du menu principal d'un Gopher. Tout bon serveur en possède un.

9.2.4 Les signets

La notion de navigation dans Internet amène naturellement la question du signet. Imaginez qu'après une très longue recherche à travers Internet, vous trouviez finalement «la» ressource dont vous avez besoin, celle que vous cherchiez depuis si longtemps. Malheureusement, pour la localiser, vous avez dû traverser trois océans, franchir la cordillère des Andes, passer au travers d'un Gopher allemand peu convivial, pour finalement vous retrouver dans une université du Vermont, aux États-Unis. Afin de ne pas refaire ce parcours mouvementé chaque fois que vous désirez consulter cette ressource, vous allez recourir à un petit outil bien utile, le signet. Comme vous le feriez avec un livre, vous insérez un signet sur cette ressource pour de futures consultations. Il est ainsi possible de se créer une collection de signets ou, mieux encore, une collection de collections de signets. Une fois enregistré sur votre disque dur, le signet y demeure tant que vous ne le supprimez pas. L'espace cybernétique se compare à un immense livre contenant des milliers de chapitres. Nous examinons plus en détail le fonctionnement des signets dans le chapitre 3 où on traite du Web en détail.

9.2.5 Informateur

Grand navigateur, Gopher est également un savant qui possède la capacité de vous informer sur plusieurs sujets. Les administrateurs des serveurs Gopher en profitent pour installer des ressources informationnelles concernant leur organisation. Ces informations peuvent se présenter sous forme de texte, d'image, de son ou de vidéo. Les éléments texte et image sont toutefois les plus fréquents. Toute information utile au public est généralement susceptible d'être diffusée sur Gopher. L'avantage de ce type d'information est son dynamisme. En effet, les informations d'un organisme subissent de constantes modifications. De nouvelles informations peuvent surgir ou d'anciennes peuvent être éliminées. Les publications sur papier ne peuvent faire le point sur ces modifications. En fait, le papier est utilisé pour capter une image de l'organisation à un moment précis. Le rôle informatif du Gopher nous permet de remédier à cela. De plus, cette solution est plus écologique. Généralement, toutes ces informations sont archivables sur disque dur.

9.3 Les recoins des serveurs Gopher

Maintenant que vous comprenez un peu mieux la nature du Gopher et son fonctionnement, nous allons procéder à une exploration de ces petits recoins situés dans Internet.

9.3.1 Comment retrouver des informations sur Gopher

Si vous avez accès à Usenet, une question directe et précise dans le groupe *comp.infosystems.gopher* peut vous être très utile. De plus, il vous est permis de demander à vos collègues ou à vos amis s'ils ont déjà entendu parler d'une ressource intéressante.

Les ressources des Gophers peuvent devenir un peu moins disparates si vous demandez à Veronica de vous donner un petit coup de main. Veronica est le sigle de *Very Easy Rodent-Oriented Netwide Index to Computerized Archives.* C'est un service indexant le contenu des serveurs Gopher enregistrés officiellement à l'université du Minnesota. La majorité des Gophers de par le monde sont sondés périodiquement par Veronica afin d'indexer le contenu des menus. L'utilisateur peut donc faire une requête sur un sujet, et Veronica lui renverra une liste de sites Gopher où il trouvera des informations. Il existe plusieurs serveurs Veronica sur Internet, mais ils ne répondent pas à une forte demande. C'est pourquoi le service vous renvoie un message indiquant qu'il y a trop de connexions en cours et qu'il faudrait essayer un peu plus tard. C'est alors ce qu'il faut faire. Il est recommandé de procéder à ce type de recherche durant les heures creuses, tôt le matin ou tard le soir.

Au lieu de vous donner l'adresse de quelques sites Veronica, je vais vous indiquer comment procéder pour en obtenir une liste constamment mise à jour.

SITE GOPHER: ***gopher.tc.umn.edu***
Localisation: /Other Gophers and information servers/Search titles using Veronica

Lorsque vous tombez sur ce menu, voici un exemple de ce qui s'affiche à l'écran:

```
              Internet Gopher Information Client
                     for DOS PC/TCP v1.01
                      Recherches VERONICA
 --> 1.   How to Compose Veronica Queries - June 23, 1994.
     2.   Frequently-Asked Questions (FAQ) about Veronica -
          July 29, 1995.
     3.   About Veronica: Documents, Software, Index-Control
          Protocol/
     4.   Experimental Veronica Query Interface: Chooses
          Server for You!/
     5.   Search GopherSpace by Title word(s) (via NYSERNet)
          <?>
     6.   Search GopherSpace by Title word(s) (via University
          of Pisa) <?>
     7.   Search GopherSpace by Title word(s) (via U. of
          Manitoba) <?>
     8.   Search GopherSpace by Title word(s) (via SUNET) <?>
     9.   Search GopherSpace by Title word(s) (via UNINETT/U.
             of Bergen) <?>
    10.   Find ONLY DIRECTORIES by Title word(s) (via
          NYSERNet) <?>
    11.   Find ONLY DIRECTORIES by Title word(s) (via
          University of Pisa) <?>
```

```
12.  Find ONLY DIRECTORIES by Title word(s) (via U. of
     Manitoba) <?>
13.  Find ONLY DIRECTORIES by Title word(s) (via SUNET)
     <?>
14.  Find ONLY DIRECTORIES by Title word(s) (via UNI-
     NETT/U. of Bergen) <?>
```

On trouve généralement des informations supplémentaires sur cette ressource dans chaque menu Veronica, comme on peut le voir ici dans les quatre premiers éléments. Nous avons alors le choix entre deux types de recherches. On peut effectuer une recherche dans tous les menus et les contenus de menus avec l'option de type *Search GopherSpace by Title Word(s)*, ou uniquement dans les titres de menus, en utilisant l'option *Find Only Directories By Title Word*(s). La deuxième option est la plus rapide.

Lorsque vous sélectionnez une de ces options, votre client Gopher vous invite alors à entrer des mots clés pour la recherche, comme ceci:

```
Index word(s) to search for: Nuclear fusion
```

Vous obtenez alors comme résultat des éléments Gopher tirés des serveurs situés un peu partout sur la planète, comme ceci:

```
              Internet Gopher Information Client
                    for DOS PC/TCP v1.01
     Search GopherSpace by Title Word(s) (via PSINet): Nuclear
                            fusion

-> 1.  9407037flEffects of nuclear structure on average
       angular momentum /
   2.  Box 17 Energy - Nuclear Fusion [ 4May95, 3kb].
   3.  Box 18 Energy-Nuclear Fusion [ 4May95, 4kb].
   4.  FYI #131, 08/23/94 House Passes Fusion, High Energy,
       and Nuclear.
   5.  Cold Nuclear Fusion in Condensed Matter.
   6.  Warm Nuclear Fusion in Condensed Soup.
   7.  Thermo-nuclear fusion record set at Princeton.
   8.  Plasma Phys. for Nuclear Fusion, 1.rev-e (Miyamoto)/
   9.  Plasma Phys. for Nuclear Fusion, 1.rev-e (Miyaµmoto)/
```

Vous pouvez naviguer à travers ce menu comme vous le feriez avec un menu Gopher ordinaire. Il est également possible de sauvegarder ces éléments dans votre livre de signets.

Veronica vous offre la possibilité de mettre un peu d'ordre dans vos idées et d'éviter de perdre du temps à localiser des ressources.

9.3.2 La gare centrale des serveurs Gopher

Vous désirez connaître le meilleur endroit pour consulter le patrimoine «Gopherien» d'Internet? Ou du moins, ce qu'il en reste? Le serveur de l'université du Minnesota est le meilleur endroit pour débuter ses recherches. Il se trouve à l'adresse *gopher.tc.umn.edu*. Voici le menu principal de ce serveur:

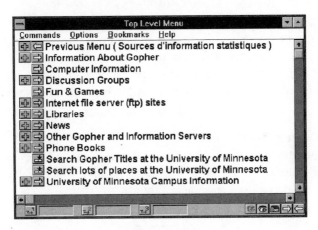

Figure 9.5
Le serveur Gopher de l'université du Minnesota

La plupart des serveurs Gopher en existence peuvent être rejoints par ce site. Sélectionnez l'option ***Other Gopher and Information Servers*** pour obtenir une liste organisée géographiquement. L'internaute doit comprendre ici l'état précaire des serveurs Gopher de par le monde. Offrir un autre site que celui-ci comme catalogue de serveurs Gopher serait dangereux. Il est toujours plus intéressant de conseiller des sites francophones mais dans ce cas-ci, nous sommes certain d'obtenir un bon service.

367

9.4 UGopher, un client Gopher pour DOS

Le client Gopher que je privilégie pour l'environnement DOS se nomme UGopher. Vous trouverez toutes les informations nécessaires ici pour utiliser ce dernier. Vous pouvez vous en procurer une copie par transfert de fichiers FTP anonyme à cet endroit:

Adresse du site FTP anonyme: *ftp.uth.tmc.edu*

Répertoire: /public/dos/misc/dosgopfer.exe

9.4.1 Démarrage

Une fois le client Gopher installé, il s'agit tout simplement de le faire démarrer en tapant:

ugopher *gopher.universite.pays* port IP

La description de l'interface se trouve dans la section suivante du présent livre. L'inscription du port IP n'est pas nécessaire si ce dernier est 70. Toutefois, il se peut qu'un serveur communique sur un port IP différent. Supposons que le serveur *gopher.utexas.edu* communique par le port 7000; on utilise alors la formulation suivante:

ugopher *gopher.utexas.edu* 7000

9.4.2 Description de l'interface

UGopher est un client basé sur l'affichage en mode texte. En utilisant le Gopher de la bibliothèque de l'Université Laval comme exemple, voici à quoi ressemble l'interface:

```
            Internet Gopher Information Client
                   for DOS PC/TCP v1.01
                 Root Gopher server: Gopher
 ->  1.   À propos du Gopher de la bibliothèque…
     2.   Nouveautés sur le Gopher (2 Février 94).
     3.   Informations de la bibliothèque/
     4.   ARIANE (Catalogue de la bibliothèque) <TEL>
     5.   Accès aux bibliothèques d'Internet/
     6.   Publications de la bibliothèque/
     7.   Accès aux Gophers d'Internet/
     8.   Ressources d'Internet/

Press ? for Help, q to Quit, u to go up        Page: 1/1
```

On trouve le nom du logiciel et de sa version dans la partie supérieure de l'écran. La ligne suivante indique le titre du menu. Cette ligne va changer chaque fois que vous accéderez à un nouveau sous-répertoire. Le contenu du Gopher est ensuite affiché. Les articles sont numérotés de 1 à *n*. Les types d'éléments sont représentés par des suffixes situés sur chaque ligne. Les définitions de ceux-ci seront présentées plus loin. Une flèche pointe vers le premier article. Elle est utilisée pour indiquer l'article sélectionné. Finalement, la dernière ligne en bas de l'écran fournit les commandes possibles et indique s'il y a d'autres pages à consulter dans ce menu (exemple: Page: 1/1), sans que ceci n'indique les sous-répertoires. Un écran peut afficher un maximum de 19 articles. Si un répertoire en contient davantage, le client vous l'indique.

9.4.3 Navigation et clés de fonctions

La flèche pointe toujours vers un article du menu en particulier. Les clés fléchées vers le haut et le bas permettent de déplacer le pointeur de haut en bas. La clé fléchée vers la droite est utilisée pour valider votre choix. Vous pouvez également appuyer sur ENTRÉE ou la clé l. Si lélément en question est un autre menu, celui-ci est affiché. Pour remonter à un menu supérieur, la clé fléchée gauche est à utiliser. Vous pouvez également appuyer sur la clé U.

Voici maintenant la description des autres clés de fonctions:

?	**Aide**	Affiche des clés de fonctions de UGopher.
l,->,Entree	**Visualisation**	Visualise l'élément en face du pointeur.
k,\<pg up\>	**Déplacement**	Déplace le pointeur vers le haut.
j,\<pg dn\>	**Déplacement**	Déplace le pointeur vers le bas.
h,u,\<-	**Déplacement**	Accède au menu supérieur.
0-9	**Déplacement**	Déplace le pointeur à la ligne *n* sans toutefois sélectionner l'élément.
m	**Maison**	Retourne au point de départ du Gopher par défaut.

=	**Renseignements**	Offre les renseignements techniques sur la ressource pointée.
O	**Options**	Modifie des options des programmes d'affichage.
/	**Recherche**	Cherche une chaîne de caractères dans le présent menu.
n	**Recherche**	Cherche la prochaine occurrence.
a	**Signet**	Ajoute l'élément pointé au livre de signets.
A	**Signet**	Ajoute le présent menu au livre de signets.
d	**Signet**	Supprime l'article pointé du livre de signets.
v	**Signet**	Affichage du livre de signets.
q	**Quitter**	Quitte le programme UGopher.
!	**Session DOS**	Ouvre une session DOS, taper **EXIT** pour revenir au Gopher.
m	**Courrier électronique**	Permet d'envoyer le présent article à un destinataire. Cette fonction est uniquement disponible lors de l'affichage d'un texte.
s	**Sauvegarde**	Permet de sauvegarder le présent article (texte ou image). Cette fonction est uniquement disponible lors de l'affichage d'un article.

9.4.4 Explication des suffixes (types d'éléments)

Chaque élément présenté dans un menu est d'un type particulier. Les types d'éléments les plus souvent rencontrés sont le texte, l'image, le son, le CSO et la connexion Telnet et Telnet 3270. Une description complète de ces derniers se trouve dans la section 9.2.2. UGopher permet à l'utilisateur de reconnaître le type d'élément en plaçant un suffixe à chaque ligne. Voici la description de chacun de ces suffixes:

SUFFIXE	DESCRIPTION DU SUFFIXE
/	Menu ou un répertoire.
.	Fichier texte.
<?>	Engin de recherche (WAIS, Veronica, Jughead...).
<CSO>	Annuaire CSO.
<TEL>	Connexion de type Telnet ou Telnet 3270.
<GIF>	Image de format Gif.
<Picture>	Image de format quelconque (Pict, jpg, bmp...).
<MIME>	Message sous format Mime, très peu utilisé...
<)	Un son.

Si l'on prend, par exemple, les quatre premiers articles de notre serveur Gopher:

```
->  1.  A propos du Gopher de la Bibliothèque...
    2.  Nouveautés sur le Gopher (2 Février 94).
    3.  Informations de la Bibliothèque/
    4.  ARIANE (Catalogue de la Bibliothèque) <TEL>
```

Regardez bien le dernier caractère de chacune de ces lignes afin de déterminer leur type. Les deux premiers articles sont de format texte à cause du point (.) à la fin; le troisième est un menu à cause de la barre oblique (/) et le dernier indique une communication de type Telnet à cause de la notation (<TEL>).

9.4.5 Utilisation des signets

La gestion des signets dans UGopher se fait à l'aide de quatre commandes distinctes. Les options de gestion possibles sont la sauvegarde de la position d'un menu ou d'un élément, la suppression de ces derniers et, finalement, l'affichage des éléments sauvegardés.

Tous les éléments sauvegardés sont archivés sur votre disque dur. Lorsque vous les affichez, ils apparaissent comme un menu Gopher. Vous pouvez naviguer dans ce menu de la même façon que dans un vrai menu Gopher.

Pour sauvegarder un élément, il faut placer le pointeur sur l'élément désiré. Ensuite, on appuie sur la clé **a**. Un message apparaît alors, demandant de confirmer l'ajout de l'élément dans votre liste de signets. Une fois la validation effectuée, cet élément se trouve archivé automatiquement sur votre disque dur.

Vous pouvez aussi sauvegarder l'ensemble du menu dans lequel vous vous trouvez. Assurez-vous d'être placé à l'endroit voulu et appuyez sur **A**. Encore une fois, un message de validation est affiché en bas de l'écran.

Lorsque vous consultez le Gopher et que vous désirez voir votre liste de signets, appuyez sur la clé **v**. Voici comment est présentée cette liste de signets:

```
              Internet Gopher Information Client
                    for DOS PC/TCP v1.01
                         Bookmarks
-->  1.   À propos du Gopher de la bibliothèque….
     2.   Atelier.
     3.   Projet Gutenberg/
     4.   Dictionnaire Webster/
     5.   Logiciels publics à l'Oak Ridge National  L a b o r a -
          tory (NETLIB)/
     6.   Génétique moléculaire/
```

Le titre de l'écran porte le nom de ***Bookmarks***. Il s'agit du terme anglais pour signet. Vous remarquerez que certains éléments sont des fichiers textes ou des menus complets de par leur suffixe («.» ou «/»). On peut voir le contenu de chacun de ces éléments en pointant sur ce dernier et en tapant sur **RETURN**.

Finalement, pour éliminer un article de votre liste, déplacez votre flèche sur l'élément désiré et appuyez sur **d**. L'article est alors supprimé de la liste et effacé de votre disque dur.

9.4.6 Sauvegarde de documents

Lors de la lecture d'un fichier quelconque, vous avez la possibilité de le sauvegarder après toute lecture de document; le logiciel demande de valider la disposition de celui-ci. Prenons le fichier «À propos du Gopher de la bibliothèque…», par exemple. Il se trouve à la première ligne du serveur Gopher de la bibliothèque de l'Université Laval tel que montré à la section 9.4.2. Afin de le sauvegarder, nous devons d'abord l'afficher, placer le pointeur dessus et appuyer sur **RETURN**. Le texte s'affiche. Une fois que vous l'avez vu / lu, le message suivant apparaît à l'écran:

```
Press <RETURN> to continue, <s> to save:
```

Vous n'avez qu'à appuyer sur **s** pour le sauvegarder. Le message suivant apparaît alors, demandant de confirmer l'endroit et le nom sous lesquels le fichier sera conservé:

```
Enter save file name: c:\apropos.txt
```

Vous pouvez sauvegarder le fichier sur votre disque dur, sur une disquette ou sur un volume de fichiers se trouvant dans le réseau.

9.5 HGopher, un client pour Windows

Le client Gopher que je vous recommande pour Windows est HGopher. C'est un logiciel du domaine public (lisez la licence d'exploitation avant de l'utiliser). Ce programme a été écrit par Martyn Hampson, de l'université de l'Illinois. Pour utiliser ce logiciel, la coquille TCP/IP Winsock doit d'abord être installée sur votre ordinateur. Si ce n'est pas le cas, demandez à votre administrateur de réseau ou au service à la clientèle de votre fournisseur Internet de vous la procurer, avec ses modalités d'installation. HGopher fonctionne dans un environnement TCP/IP, aussi, tout lien à Internet par SLIP/PPP vous permet de l'utiliser.

HGopher est disponible par transfert de fichiers FTP anonyme. Voici l'endroit où vous pouvez vous le procurer:

Adresse du site FTP anonyme: ***mirrors.aol.com***ftp.fpt
Répertoire: /pub/cica/pc/win3/winsock/ hgoph24.zip

ou encore sur le site suivant:

Adresse du site FTP anonyme: ***ftp.winsite.com***ftp.fpt
Répertoire: /pub/pc/win3/winsock/ hgoph24.zip

Si le logiciel ne s'y trouve plus, je vous encourage à consulter le site Web de la compagnie Shareware à l'adresse URL ***http:// www.shareware.com***; comme nous le conseillons au chapitre 4.

9.5.1 Description de l'interface

Voici l'icône du programme HGopher telle qu'elle apparaît à l'intérieur de Windows:

Hgopher
Figure 9.6
Icône du programme *HGopher*

Après avoir cliqué sur l'icône pour ouvrir le logiciel, son interface est affichée à l'écran avec le contenu du serveur Gopher inscrit par défaut. Nous allons utiliser, pour nos exemples, le serveur Gopher de la bibliothèque de l'Université Laval que vous trouverez à l'adresse *gopher.bibl.ulaval.ca.* Nous indiquons à la section 9.5.3 comment modifier l'adresse du Gopher par défaut à l'ouverture du logiciel.

Voici une brève description de l'interface du logiciel:

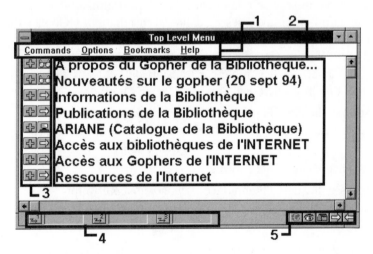

Figure 9.7
Interface de *HGopher*

Cette fenêtre comporte cinq parties principales:
1. Les commandes des menus déroulants sont placées dans la partie supérieure de la fenêtre. Quatre options s'y trouvent: ***Commands***, ***Options***, ***Bookmarks*** et ***Help***. Les descriptions de celles-ci sont données un peu plus loin.
2. Les éléments offerts par le serveur Gopher occupent la partie centrale de la fenêtre. La police de caractères ainsi que la couleur utilisées sont permutables tel qu'expliqué dans la section 9.5.9.
3. On trouve deux icônes à gauche de chacun des éléments présentés. La première icône indique si l'article provient d'un serveur exploitant le protocole Gopher+. Ce protocole, plus avancé que celui du Gopher natif, offre la possibilité aux articles d'avoir plusieurs attributs tels que la langue, le type de logiciel pour le consulter (Word, Excel, WP, MacWrite) et la taille du fichier en octets. Il se peut qu'aucun attribut ne soit offert, même si l'on s'adresse à un article Gopher+. La deuxième icône permet de connaître le type d'élément (texte, image, Telnet) de l'article. Une explication des différentes icônes est présentée à la section 9.5.2.
4. Le coin inférieur gauche est occupé par les témoins de connexion. Ces cases offrent des renseignements sur la quantité d'information transmise lors d'une requête. Elles servent également à rompre des connexions devenues inactives.
5. Finalement, on trouve, dans le coin inférieur droit, cinq outils de navigation. Ceux-ci permettent de voir les signets, de régler le mode de traitement des fichiers transférés, de revenir au serveur Gopher par défaut et enfin de parcourir l'historique de nos sauts dans l'espace cybernétique. Une description de ces outils est offerte à la section 9.5.2.

Il existe deux moyens de se déplacer dans les menus. On peut utiliser les clés fléchées du clavier pour le déplacement. Seules deux clés sont utiles, soit celles pointant vers le haut et vers le bas. En appuyant sur l'une ou l'autre de ces clés, le pointeur est déplacé dans la même direction. Pour obtenir un article, on appuie ensuite sur **ENTER**. Pour remonter à un menu supérieur, il s'agit de pointer le premier article du menu où vous vous trouvez. La deuxième façon est plus directe: il s'agit d'utiliser la souris pour pointer un élément. Pour le visualiser, on clique deux fois sur ce dernier.

9.5.2 Description des icônes

C'est le moment d'expliquer le sens des icônes que vous rencontrerez le plus souvent lors de votre navigation dans Internet. Commençons par les outils de navigation situés dans le coin inférieur droit de votre écran.

Livre de signets

 Affichage des signets en mémoire. Ce bouton change lorsqu'on l'active. Il change pour le bouton suivant.

Retour au Gopher

 En cliquant sur cette icône, vous quittez votre liste de signets pour retourner au dernier menu Gopher où vous vous trouviez.

Visionner

 Lorsque cette icône apparaît sur votre écran, le client Gopher tente d'afficher tous les fichiers transférés. Pour obtenir les modes **sauvegarder** et **sauvegarder et afficher**, on clique sur l'icône une ou deux fois selon le mode. Voici maintenant ces deux modes.

Sauvegarder

 Avec ce mode de traitement en fonction, le client Gopher enregistre tous les fichiers transférés sur votre disque dur. Vous devez valider le répertoire et le nom du fichier avant chaque transfert. Le fichier n'est pas affiché à l'écran.

Sauvegarder et afficher

 Ce mode est tout simplement la sauvegarde du fichier, suivie de l'affichage de ce dernier.

Retour au Gopher par défaut

 Cette commande est très utile. Elle permet de revenir au serveur Gopher inscrit par défaut dans les paramètres de votre logiciel. On en parle à la section 9.5.3. C'est le bouton à utiliser si vous vous égarez.

Avancer ou reculer dans l'historique de vos déplacements

 Ces boutons permettent à l'utilisateur de se déplacer dans sa liste. HGopher garde une trace de vos déplacements et c'est dans cette liste que ces deux flèches seront utiles.

Passons maintenant aux icônes représentant les types d'éléments. Elles sont situées à gauche des articles offerts par le serveur Gopher. Pour une description plus complète, consultez la section 9.2.2.

Menu

 Ce type d'élément indique qu'il y a un menu supplémentaire ayant comme titre l'article se trouvant à droite de la flèche.

Texte

 Cette icône représente un élément de type texte. En sélectionnant l'article qui y est attaché, un texte apparaît sur votre écran.

Connexion Telnet

 Cet article représente une connexion Telnet à un appareil étranger comme, par exemple, une connexion à un serveur de bases de données. En cliquant sur cet article, HGopher lance le logiciel de communication Telnet avec les paramètres de l'appareil étranger. Vous pouvez également retrouver la même icône, mais avec les lettres IBM à l'intérieur de l'ordinateur; cette icône représente une connexion TN3270, similaire à Telnet.

Image

 L'élément situé à droite de cette icône est une image. Elle peut être de format GIF, JPEG, BMP, TIFF, etc. HGopher utilise un afficheur d'images pour la faire apparaître.

Serveur CSO

 En sélectionnant ce type d'article, vous consultez un service CSO. Ce service est décrit plus haut. Il s'agit d'un

377

annuaire de noms. On en trouve un sur la plupart des serveurs institutionnels.

Recherche indexée

L'article situé à droite de cette icône est une base de données. Il est généralement indexé par WAIS. Si vous cliquez dessus, HGopher vous demande un paramètre de recherche. Le résultat est ensuite affiché. Les serveurs Veronica sont représentés de cette façon.

Fichier binaire

Un fichier binaire ne peut être affiché à l'écran. Il contient un programme sous forme codée. HGopher ne fait que transférer ce type de fichier sur votre disque dur. Ces fichiers se trouvent généralement sur des serveurs FTP anonymes, accessibles par Gopher.

Son

Cette icône représente un fichier son. HGopher tente de faire «jouer» ce fichier après l'avoir transféré. Vous devez toutefois posséder un logiciel ayant cette capacité.

Animation

Si vous disposez du logiciel *MPlayer*, vous pourrez exploiter ce type d'article. L'élément est une animation vidéo et/ou son.

9.5.3 Paramètres de HGopher

Les paramètres par défaut de HGopher peuvent être modifiés en sélectionnant l'option *Gopher Set Up...* du menu déroulant *Options*. L'écran qui est affiché est présenté à la figure 9.8.

La première section intitulée **Initial Connection** indique les paramètres de la connexion initiale au démarrage du logiciel. C'est dans le champ **Gopher Server** que vous inscrirez l'adresse Internet de votre serveur, et qui deviendra votre port d'attache. Le champ **Port** donne le numéro du port IP par défaut; vous devez normalement le laisser à 70. Vous nommerez **Selector** le sous-menu que vous voulez voir affiché par défaut.

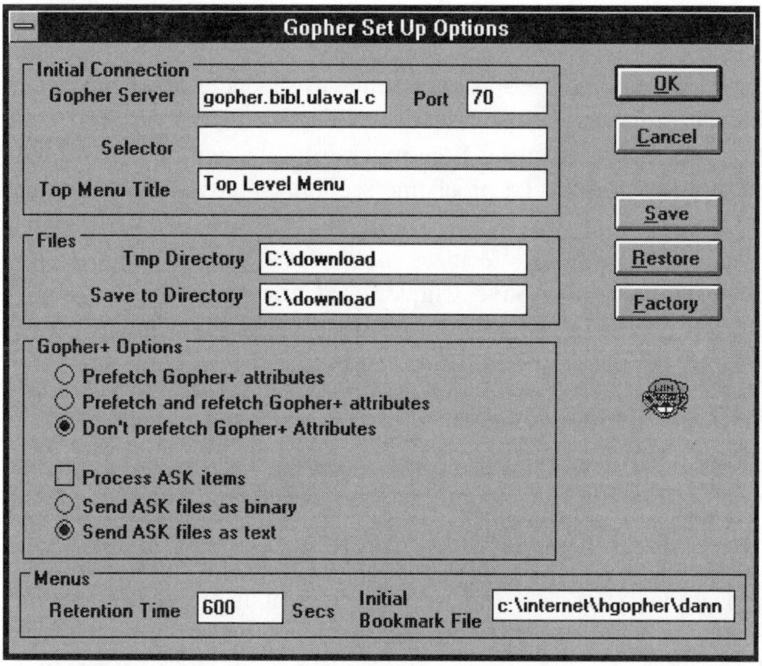

Figure 9.8
Écran pour modifier les paramètres de *HGopher*

La deuxième section intitulée **Files** est celle où l'utilisateur indique l'endroit de sauvegarde par défaut des fichiers. Le champ **TMP Directory** est l'endroit où les fichiers sont gardés temporairement, pendant l'affichage. Ensuite, si vous ne les conservez pas, ils sont supprimés. **Save to Directory** est le premier endroit proposé par HGopher lorsque vous sauvegardez des informations.

La troisième section s'appelle **Gopher + Options**. L'utilisateur devrait avoir les options *Don't Prefetch Gopher + Attributes* et *Send Ask Files As Binary* sélectionnées pour un temps de réponse optimal.

La quatrième section, intitulée **Menus**, offre deux paramètres. Le premier se nomme **Retention Time**. Le contenu des éléments d'un menu est gardé en mémoire vive pendant un certain temps dans une cellule appelée «cache-mémoire», qui permet d'éviter de rétablir une connexion au Gopher pour obtenir des éléments d'un menu exploré. Le nombre inscrit représente les secondes pendant lesquelles ces informations sont gardées en mémoire. Le deuxième paramètre porte le nom d'**Initial Bookmark File**. Il s'agit du nom du livre de signets original. La prochaine section traite de l'utilisation des signets.

Les modifications effectuées sur cet écran doivent être sauvegardées en cliquant sur **Save**. Cliquez sur **Cancel** pour que les modifications effectuées ne soient pas enregistrées. Finalement, cliquez sur **OK** pour revenir à l'environnement des menus Gopher.

9.5.4 Utilisation des signets

La sauvegarde des signets se fait en deux étapes. D'abord, on sauvegarde l'article en question dans la mémoire vive de l'ordinateur, puis on le sauvegarde sur le disque dur. C'est le même processus qu'avec un logiciel de traitement de texte.

Dans le cas de la sauvegarde d'un élément, la première étape s'effectue par la sélection de l'élément en cliquant dessus une seule fois. Ensuite, on déroule le menu *Bookmarks* et on choisit la première option *Mark Item*.

Dans le cas de la sauvegarde d'un menu complet, vous n'avez qu'à vous trouver à l'endroit désiré. Par la suite, déroulez le menu *Bookmarks* et choisissez l'option *Mark Menu*.

Dans ces deux cas, la sauvegarde ne s'est effectuée que dans la mémoire vive. Les informations ne sont pas encore enregistrées sur le disque dur. Pour y parvenir, déroulez encore une fois le menu *Bookmarks* et choisissez l'option *Save Bookmarks*. Les signets sont ajoutés à ceux qui se trouvent déjà dans le fichier de signets par défaut.

Pour avoir accès aux signets, vous pouvez cliquer sur l'icône-globe située dans le coin inférieur droit de votre interface. Vous pouvez également sélectionner l'option *Show Bookmarks* du menu *Bookmarks*.

Avant de modifier ou de supprimer un signet, vous devez d'abord le sélectionner. Certains signets portent la mention **Top Level Menu** ou un autre énoncé peu significatif. En sélectionnant l'option *Edit*

Bookmarks... du menu *Bookmarks*, vous pourrez modifier le titre et rendre son appellation plus claire. Pour supprimer un signet, utilisez l'option **Remove Bookmark** du même menu. Enfin, si vous désirez supprimer tous les signets d'un fichier, utilisez l'option *Clear All Bookmarks*. N'oubliez pas de sauvegarder vos changements avant de quitter.

Contrairement au logiciel UGopher pour l'environnement DOS, où l'on ne trouve qu'un seul fichier de signets, HGopher permet d'en sauvegarder plusieurs. La création d'un nouveau ficher est relativement simple. Il s'agit de sauvegarder des éléments et de choisir l'option *Save Bookmarks As...* du menu *Bookmarks*, et de lui donner un nouveau nom.

Pour ouvrir un fichier différent, il faut sélectionner l'option *Load Bookmarks*. Une liste de fichiers avec le suffixe .gbm est affichée pour que vous puissiez faire votre choix.

Pour revenir à l'environnement Gopher, cliquez sur l'icône-bibliothèque située dans le coin inférieur droit de l'interface. N'ayez crainte si vous oubliez de sauvegarder vos signets, HGopher vous demande de confirmer la sauvegarde de ceux-ci lorsque vous quittez le logiciel.

9.5.5 Consultation *ad hoc* d'un autre serveur Gopher

Il arrive souvent qu'un collègue de travail ou un ami vous signale, par un courrier électronique, qu'un nouveau serveur Gopher est désormais en place. Ce serveur contient peut-être des ressources intéressantes dans un domaine particulier. Comment le consulter directement, sans faire de recherches fastidieuses sur Internet? Vous n'avez qu'à inscrire l'adresse directement dans le champ **Gopher Server** de l'option *Gopher Set Up* du menu *Options*. Cet écran est présenté dans la section 9.5.3. Cliquez ensuite sur le bouton **OK**, puis sur l'icône-maison située dans le coin inférieur droit de l'interface. HGopher établit alors la connexion avec le serveur en question. Ne cliquez pas sur le bouton **Save**: vous perdriez votre configuration initiale. Ne cliquez pas non plus sur le bouton **Factory,** car il modifie tous les paramètres à la faveur des paramètres initiaux de l'auteur du programme.

Éventuellement, pour retrouver votre configuration initiale, retournez dans l'option *Gopher Set Up...* du menu *Options* et sélectionnez le bouton **Restore**.

9.5.6 Informations sur les articles

Tous les éléments offerts par un serveur Gopher possèdent des attributs. Ces derniers servent à identifier le type d'élément, sa situation et l'adresse du serveur. Il est très utile de savoir identifier ces paramètres, car c'est de cette façon que vous pourrez communiquer votre trouvaille. Pour connaître les attributs, il suffit de cliquer sur l'icône à gauche de l'article. Une boîte de dialogue fait son apparition, comme ceci:

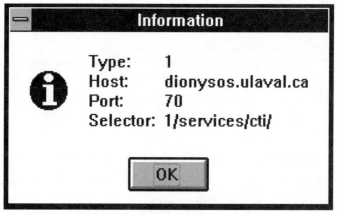

Figure 9.9
Information sur un article

Le champ **Type** indique le type d'élément. Ce peut être un numéro ou une lettre: on retrouve la définition de ces types dans le protocole Gopher. On trouve le nom Internet du serveur Gopher dans le champ **Host**. Le port de communication TCP/IP utilisé est indiqué dans le champ **Port**. Généralement, ce sera 70, mais il peut être différent. Enfin, le nom réel de l'article se trouve dans le champ **Selector**. En communiquant tous ces paramètres, vous permettez de joindre facilement cette ressource. Cliquez sur **OK** une fois l'information notée.

9.5.7 Témoins de connexion

Quatre scénarios sont possibles lorsqu'une requête est effectuée auprès d'un serveur Gopher. Le premier veut que la requête s'effectue sans heurts. Dans le deuxième scénario, le transfert de fichier «gèle» et le logiciel ne répond plus. Il y a aussi le cas où l'on effectue une requête par erreur et, finalement, celui où une requête est trop longue à compléter. Dans les trois derniers cas, on peut facilement remédier à ces situations à l'aide des témoins de connexion situés dans le coin inférieur gauche. Les voici:

Figure 9.10
Témoins de connexion

Vous trouverez là trois ensembles bouton-fenêtre. La fenêtre indique la quantité d'information transférée au cours d'une requête. De plus, à l'occasion d'une requête, un petit témoin vert apparaît à la droite de la fenêtre, indiquant l'activité de la connexion. Il y a trois témoins, car HGopher offre la possibilité d'effectuer trois requêtes l'une après l'autre. Si l'un des trois scénarios à problèmes survient, intervenez en cliquant sur le bouton situé à gauche de la fenêtre. La fenêtre suivante apparaît:

Figure 9.11
Fenêtre de terminaison de connexion

Les deux premières lignes indiquent le nom de l'article transféré ainsi que le serveur d'origine. On peut interrompre le transfert en cliquant sur le bouton **Abort**. Le bouton **End** arrête également le transfert, mais HGopher affiche ensuite l'information déjà transmise. Le bouton **Cancel** vous ramène au Gopher.

9.5.8 Cache-mémoire

HGopher possède un mécanisme de cache-mémoire. Il est utilisé automatiquement par le logiciel pour accélérer une session de travail. En effet, HGopher garde en mémoire les derniers déplacements et le contenu des derniers menus parcourus. Alors, au lieu de redemander au serveur un menu déjà parcouru, HGopher permet d'y revenir plus directement.

Mais ce mécanisme peut causer de légers problèmes. Si un message d'erreur apparaît à la suite d'une requête, HGopher associe ce message à l'article demandé. En conséquence, la prochaine fois que vous demanderez cet article, HGopher affichera le même message sans effectuer la requête. Imaginez, par exemple, une demande Veronica qui vous renvoie inlassablement un message indiquant qu'il y a trop d'utilisateurs et qu'il faut réessayer plus tard. Ce message s'affichera chaque fois que vous tenterez une requête Veronica. Pour remédier au problème, videz le cache-mémoire en sélectionnant l'option *Flush Cache* du menu *Options*.

9.5.9 Polices de caractères

Il est possible de modifier la police de caractères utilisée par HGopher pour personnaliser votre environnement de travail. L'option *Fonts* du menu *Options* permet de modifier l'affichage à son goût. Vous pouvez également modifier la couleur de la police. Une fois effectués, les changements sont automatiquement sauvegardés.

9.6 Turbo-Gopher, un client pour le Macintosh

Ce client a été conçu par les mêmes personnes qui sont à l'origine du concept Gopher, à l'université du Minnesota. Le client est disponible par transfert de fichiers FTP anonyme à l'endroit suivant:

Adresse du site FTP anonyme: ***boombox.micro.umn.edu***
Répertoire: /pub/gop/Macintosh-TurboGopher

Vous pouvez également consulter le site Web de la compagnie Netédition à l'adresse URL ***http://www.netedition.qc.ca/uti.html*** afin de vous procurer une copie de ce logiciel.

9.6.1 Description de l'interface

Le démarrage de Turbo-Gopher se fait en cliquant deux fois sur son icône:

TurboGopher

Figure 9.12
Icône *Turbo-Gopher*

Après le démarrage, le branchement au serveur par défaut est effectué. Aux fins de démonstration, nous utiliserons le contenu du serveur Gopher de la bibliothèque de l'Université Laval situé à l'adresse ***gopher.bibl.ulaval.ca***. L'écran suivant est affiché:

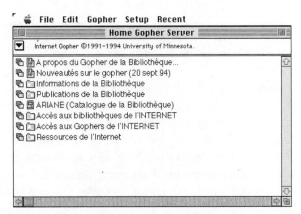

Figure 9.13
Interface de *Turbo-Gopher*

Les commandes possibles pour le logiciel se trouvent dans les menus déroulants situés dans la partie supérieure de l'écran. Les éléments du serveur couvrent la plus grande partie de la fenêtre. Encore une fois, le type des éléments est déterminé par l'icône située directement à gauche du nom de l'article. Le titre du menu où vous vous trouvez est inscrit dans la partie supérieure de la fenêtre. On verra la description de ces éléments un peu plus loin.

9.6.2 Configuration

C'est dans le menu déroulant *Setup* que l'on peut trouver tous les paramètres pour configurer correctement Turbo-Gopher. Pour que votre client Gopher effectue la connexion initiale avec votre serveur préféré lors du démarrage de l'application, choisissez l'option *Configure TurboGopher*. La fenêtre suivante apparaît:

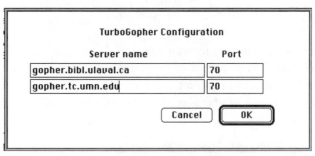

Figure 9.14
Paramètres de départ de *Turbo-Gopher*

Il suffit d'inscrire l'adresse du serveur en question et un port IP différent de 70 s'il y a lieu. Vous pouvez même ajouter une deuxième adresse au cas où le premier serveur ne serait pas en fonction lors de la communication initiale. Cliquez sur **OK** pour valider vos choix.

Nous avons vu à la section 9.2.2 qu'un client Gopher consulte d'autres applications sur votre disque dur pour vous montrer les différentes informations transférées. C'est avec l'option *Options* du menu *Setup* que vous indiquerez à votre client quelles sont les applications à faire démarrer. Voici l'écran qui est affiché:

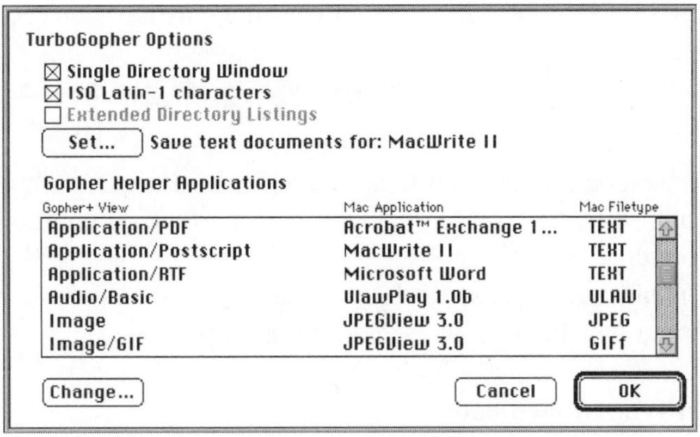

```
TurboGopher Options
   ☒ Single Directory Window
   ☒ ISO Latin-1 characters
   ☐ Extended Directory Listings
   [ Set... ]  Save text documents for: MacWrite II

Gopher Helper Applications
Gopher+ View              Mac Application          Mac Filetype
Application/PDF           Acrobat™ Exchange 1...    TEXT      ⇧
Application/Postscript    MacWrite II               TEXT
Application/RTF           Microsoft Word            TEXT
Audio/Basic              UlawPlay 1.0b              ULAW
Image                    JPEGView 3.0              JPEG
Image/GIF               JPEGView 3.0              GIFf      ⇩

[ Change... ]                  [ Cancel ]    [  OK  ]
```

Figure 9.15
Options de *Turbo-Gopher*

C'est dans la section **Gopher Helper Applications** que vous indiquerez à Turbo-Gopher quelles sont, sur votre ordinateur, les applications capables de visualiser les différents types d'éléments. S'il vous manque une application, renseignez-vous auprès de votre administrateur de réseau ou du service à la clientèle de votre fournisseur Internet afin de compléter cette grille.

En outre, vous pouvez utiliser l'option *ISO Latin-1 characters* située dans cette fenêtre afin que les caractères accentués soient affichés correctement lorsqu'ils sont disponibles sur un serveur.

Finalement, vous pouvez modifier la grandeur et la police de caractères des éléments présentés avec les options *Font* et *Size* situées dans le menu déroulant *Setup*.

9.6.3 Navigation

Il existe deux façons de se déplacer dans les menus. La plus évidente consiste à cliquer sur l'article de votre choix avec la souris. La deuxième passe par les clés fléchées du clavier pointant vers le haut et le bas, et par l'utilisation de la touche **Return** pour valider un choix. Les clés fléchées du clavier pointant vers la gauche et la droite sont utilisées pour naviguer dans l'historique des menus visités lors d'une session de travail. Turbo-Gopher garde une trace de ses déplacements et on peut donc avancer ou reculer dans cette liste.

On peut suivre la trace de nos déplacements par deux autres moyens:

* en consultant le menu déroulant *Recent*; l'historique y est indiqué; un crochet est placé à la gauche de l'article où votre client se trouve;
* en cliquant sur la petite flèche pointant vers le bas, dans le coin supérieur gauche de la fenêtre du menu Gopher.

9.6.4 Les types d'éléments

L'icône située à la gauche d'un élément annonce sa nature. Voici la présentation des icônes que vous rencontrerez le plus souvent:

Figure 9.16
Présentation des types d'éléments

9.6.5 Utilisation des signets

C'est dans le menu déroulant *Gopher* que vous trouverez les options de gestion des signets. Pour chacune des options suivantes, un raccourci existe sous la forme **Commande+lettre**. Examinons ces options:

Visualiser les signets

Il s'agit de la première option du menu déroulant *Gopher*, soit *Show Bookmarks...* ou de **Commande+K**. Une fenêtre apparaît avec votre liste de signets. Sélectionnez un de ces éléments et le client effectuera la connexion pour vous. Pour revenir à l'environnement Gopher, cliquez sur la fenêtre se trouvant sous celle des signets.

Création des signets
Il s'agit de la deuxième option du menu déroulant **Gopher**, soit *Set* ***Bookmarks...*** ou de **Commande+B**. Effectuez cette commande à l'endroit où vous désirez que le signet soit créé.

Édition d'un signet
Il s'agit de la troisième option du menu déroulant *Gopher*, soit *Edit* ***Bookmarks...*** ou de **Commande+E**. Avant de faire cette commande, placez-vous sur le signet visé par cette opération. La fenêtre suivante est alors affichée:

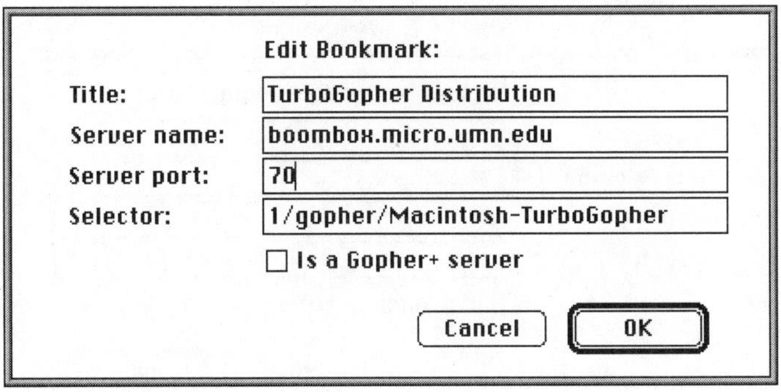

```
                 Edit Bookmark:

   Title:        TurboGopher Distribution
   Server name:  boombox.micro.umn.edu
   Server port:  70
   Selector:     1/gopher/Macintosh-TurboGopher

                 ☐ Is a Gopher+ server

                         Cancel      OK
```

Figure 9.17
Édition d'un signet

On peut modifier le nom du signet apparaissant dans la liste, l'adresse Internet du serveur, ainsi que son port IP. Le champ intitulé **Selector** est utilisé pour montrer l'emplacement de l'information sur le serveur. Finalement, on peut indiquer si le serveur exploite le protocole Gopher+. Vous pouvez transmettre l'ensemble de ces informations à des amis ou des collègues pour leur communiquer l'emplacement d'un élément sur Internet.

Suppression d'un signet

La dernière option disponible pour la gestion des signets est la suppression. Il s'agit de la cinquième option du menu déroulant **Gopher**, soit **Delete Item...** ou **Commande+D**. Avant d'effectuer cette commande, assurez-vous de pointer le bon élément dans votre liste de signets. Il n'y a pas de confirmation demandée à l'utilisateur lors de cette opération, et les modifications sont automatiquement enregistrées.

9.6.6 Consultation *ad hoc* d'un autre serveur Gopher

L'option pour consulter un serveur Gopher directement à l'aide de son adresse Internet se trouve dans le menu déroulant *File* et se nomme *Another Gopher...* ou **Commande+O**. La fenêtre suivante est alors affichée:

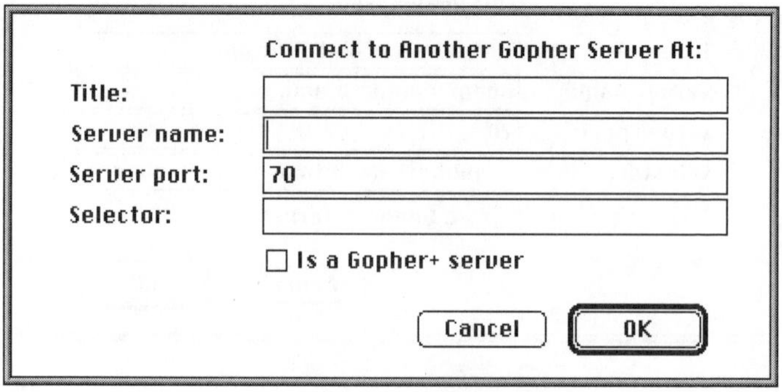

Figure 9.18
Consultation *ad hoc* d'un serveur *Gopher*

Inscrivez l'adresse Internet du serveur dans le champ **Server Name**. Si le port IP est différent de 70, inscrivez-le dans le champ **Server Port**. S'il s'agit d'un sous-menu à l'intérieur du serveur, inscrivez le chemin dans le champ **Selector**. Cliquez ensuite sur **OK** et la connexion est établie.

9.6.7 Informations sur les articles

Pour obtenir des informations sur n'importe quel article, cliquez une fois sur ce dernier puis sélectionnez l'option *Get Attribute Info* du menu déroulant *Gopher* ou **Commande+I**. Les informations sont alors affichées.

9.6.8 Annulation des requêtes

Un problème de communication peut se produire au beau milieu d'une requête. L'option *Cancel All Requests* du menu déroulant *Gopher* ou **Commande+.** (point) permet de rompre de façon sécuritaire toutes les connexions en fonction. Vous allez ainsi éviter de geler votre programme.

9.7 Conclusion

Ainsi se termine la section sur la ressource Gopher. Une liste de sites Gopher intéressants se trouve à la fin de cet ouvrage. Je vous rappelle que la liste complète est accessible par le biais du serveur Gopher de l'université du Minnesota à l'adresse *gopher.tc.umn. edu*: il s'agit de LA ressource définitive pour ce type de technologie. Un autre site intéressant est celui des «bijoux Gopher», accessible par le Web à l'adresse *http://galaxy.tradewave.com/GJ* ou par le serveur Gopher de l'Université de South California à l'adresse *cwis.usc.edu* en choisissant les options *Other_Gophers_and_ Information_Resources/Gopher-Jewels*.

Gopher a fait un peu d'ordre dans Internet et a rassuré nombre d'utilisateurs quant à leur capacité à exploiter le réseau. Gopher est cependant sur un respirateur grâce au Web. Ceux qui ont déjà utilisé Gopher de façon intensive au cours des années précédentes peuvent se compter chanceux d'avoir vu la montée et le déclin du premier système de navigation qui a permis au réseau Internet d'ouvrir ses portes à tous les types d'utilisateurs. Cela dit, utilisez un bon navigateur Web à partir de maintenant si vous en avez la chance.

Fourre-tout Internet

C e dernier chapitre est consacré aux différentes ressources et informations qui ne peuvent être catégorisées formellement dans les thèmes vus auparavant. On retrouve ici quelques logiciels utiles, des exemples de trucs bizarres trouvés sur le Web et de nouvelles technologies qui feront partie de notre technologie dans les années à venir.

10.1 Réseau PointCast

Le réseau PointCast est un système de distribution de nouvelles en tout genre. Ce qui rend ce produit digne de mention est qu'il remplace votre sauveteur d'écran traditionnel. Après un délai d'inactivité de l'ordinateur, réglé préalablement par l'utilisateur, le logiciel PointCast commence sa diffusion de nouvelles sur l'écran. Ces nouvelles sont mises à jour à une fréquence fixée par l'utilisateur. Par le

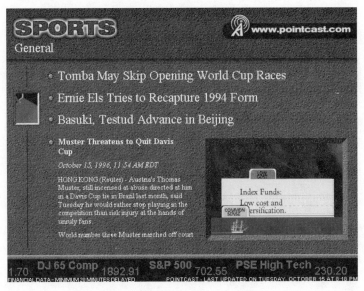

Figure 10.1
Sauveteur d'écran PointCast

biais de votre accès Internet, le logiciel contacte le serveur central PointCast et transfère les dernières actualités. Ces nouvelles proviennent de sources différentes telles des associations de presse (Reuter, Associated Press, etc.) et de différents magazines comme *Time* et *People*. Les nouvelles apparaissent dans un format dynamique haut en couleur et en animation. Vous pouvez même programmer votre logiciel PointCast pour qu'il affiche les cotes de la Bourse de votre choix et les résultats sportifs sur une bande défilante dans la partie inférieure de l'écran.

Ce n'est pas tout. Le logiciel PointCast n'est pas seulement un sauveteur d'écran. Vous pouvez lancer ce logiciel, et il devient votre pupitre de nouvelles personnel. Lisez les dernières nouvelles internationales, nationales, politiques, sportives, météorologiques, artistiques, et plus encore à partir d'une interface vraiment facile à manier.

Le système PointCast est gratuit pour tous les internautes. Vous devez vous le procurer sur le site Web de la compagnie PointCast à

Figure 10.2
Logiciel de nouvelles PointCast

l'adresse *http://www.pointcast.ca* pour le serveur canadien et *http://www.pointcast.com* pour le serveur américain. Des plans pour des serveurs européens sont déjà tracés. J'imagine qu'ils seront en place dans les premiers mois de 1997. Consultez le site américain pour suivre ce dossier. Le logiciel est gratuit, car la compagnie compte sur la vente de l'espace publicitaire qui apparaît sur chaque écran du système PointCast. La consommation volontaire de cette publicité est le seul prix que l'internaute doit «payer» pour bénéficier de cette application fantastique et fort utile.

Évidemment, ce système ne vous est pas très utile si vos visites dans Internet sont au mieux sporadiques. Par contre, les internautes branchés au travail raffoleront de ce produit. Au moment où ces lignes sont écrites, il n'existe que des versions anglophones de ce logiciel pour le Macintosh et pour Windows. La compagnie désire offrir des versions multilingues le plus tôt possible.

10.2 Logiciels de contrôle pour les enfants

Tout n'est pas rose dans Internet. La pornographie, les sites haineux ou les sites contenant des informations qui ne conviennent pas aux enfants peuplent le réseau Internet. Le réseau est le miroir de notre société. Le côté positif est que la population devient plus avertie de ce qui l'entoure, ce qui, je l'espère, contribuera à une prise de conscience collective qui aura comme résultat qu'Internet et le monde en général deviendront des endroits plus moraux.

En attendant, les jeunes accèdent en masse à Internet, et les parents craignent là une influence néfaste dont ils pourraient se passer volontiers. Ce problème peut maintenant être résolu grâce à l'installation d'un logiciel de contrôle sur l'ordinateur à la maison. Ce type de logiciel permet aux parents de contrôler les sites que les enfants visiteront dans leurs cybercroisières. Pour pallier le caractère dynamique d'Internet, certains logiciels de contrôle se ravitaillent à partir d'un serveur central d'adresses prohibées lorsque vous vous branchez au réseau, tandis que d'autres vous demanderont de payer des sommes d'argent pour obtenir une mise à jour.

L'échelle d'évaluation RSAC

Cette échelle fut créée par un consortium d'éditeurs de logiciels récréatifs en 1994 pour aider les parents à juger du contenu des jeux vidéo vendus sur le marché. Une définition de l'échelle RSAC (Recreational Software Advisory Council) est disponible sur le site Web de l'organisation responsable à l'adresse *http://www.rsac.org*. En bref, quatre degrés d'évaluation sont possibles pour les catégories «violence», «nudité», «sexe» et «langage».

Depuis peu, un appel a été lancé aux administrateurs de sites Web destinés aux adultes pour que l'évaluation RSAC soit incorporée à l'intérieur du codage HTML des documents Web. L'attribut «PICS» de l'étiquette HTML <META> est utilisée pour inscrire l'évaluation RSAC. C'est de cette façon que la plupart des logiciels de contrôle peuvent reconnaître un document Web prohibé. Utilisés au degré maximum de sécurité, certains logiciels n'accorderont même pas l'accès à un document si l'évaluation RSAC ne s'y trouve pas. Le problème est que les administrateurs de sites Web sont débordés et n'ont pas nécessairement le temps ou la volonté d'incorporer ces codes. C'est le cas pour plusieurs sites destinés aux jeunes. Cependant, le *Navigateur* de Netscape et l'*Exploreur* de Microsoft prévoient incorporer ce type de contrôle à l'intérieur de leur produit d'ici peu. On espère ainsi inciter tous les créateurs de pages à inscrire l'évaluation à l'intérieur des documents Web.

Une autre méthode utilisée par ces logiciels pour restreindre l'accès consiste à analyser mot à mot le contenu d'un document Web avant de l'afficher. En espérant se faire cibler par la réponse d'un engin de recherche sur le Web, les créateurs de documents traitant de sujets illicites incluent une série de termes comme «sexe» dans l'étiquette HTML <META>. Cela est un atout pour le parent qui utilise un logiciel de contrôle.

Un autre danger potentiel pour le jeune est l'échange d'informations personnelles au cours de séances de bavardage comme *The Palace* (chapitre 8) ou IRC (chapitre 7). Les logiciels de contrôle filtrent donc les mots envoyés par votre ordinateur dans le réseau Internet. Le contenu de phrases clés sera ainsi arrêté avant son

396

expédition. Le hic pour les francophones est que la majorité des logiciels sont présentement en anglais. Les versions francophones ne sauraient tarder.

La meilleure défense contre l'accès à des sites douteux par un jeune est de se joindre à lui lorsqu'il navigue dans Internet. C'est le même principe que pour la télévision.

Les logiciels de contrôle coûtent entre 30 et 80 $ CAN. Ils ont tous un mode d'utilisation différent, ce qui ne permet pas une description de leurs différentes fonctions dans le présent livre. Cependant, des manuels d'explication fournis avec le logiciel permettent aux parents de s'y retrouver facilement. Je ne désire pas non plus favoriser un logiciel plus qu'un autre. Je peux quand même citer une étude effectuée sur sept logiciels de contrôle publiée en septembre 1996 par la revue *Internet World*[1].

Le produit qui a remporté la palme fut *Cyber Patrol* (***http://-www. cyberpatrol.com***). Ce produit contrôle les accès par le biais de la liste de sites prohibés qu'on peut rajeunir gratuitement en examinant la présence de l'évaluation RSAC, et en contrôlant le contenu des informations demandées et envoyées. Il en existe une version Macintosh et Windows. Une version «démo» de 30 jours est disponible, et vous la trouverez sur leur site Web. Les produits *Specs for kids, InterGo* et *Net Nanny* furent également soulignés pour leur performance.

Informations à propos des logiciels de contrôle

• *Cyber Patrol*	***http://www.cyberpatrol.com***
• *Specs for kids*	***http://www.newview.com***
• *InterGo*	***http://www.intergo.com***
• *Net Nanny*	***http://www.netnanny.com***
• *SurfWatch*	***http://www.surfwatch.com***
• *Page francophone pour les jeunes*	***http://www.carrefour.net/ repertoire/Informatique_ et_Internet/Ressources/ Internet_pour_les_jeunes/***

1. Venditto, Gus (1996). «Safe computing: seven programs that filter Internet access», *Internet World*, septembre 1996, p 48-58, MeclerMedia Corporation, [ISSN 1054-3923 ***http://www.iworld.com***].

• Rubrique spécialisée *Yahoo!* *http://www.yahoo.com/*
Business_and_Economy/
Companies/Computers/
Software/Internet/
Blocking_and_Filtering

10.3 Assistant de recherche Internet

Un produit qui peut s'avérer intéressant pour les chercheurs professionnels est le *WebCompass* de la compagnie Quaterdeck
(*http://webcompass.qdeck.com*). Ce logiciel questionne pour vous
les différents engins de recherche et répertoires qui peuplent Internet. Il élimine les duplicatas et vérifie si les documents Web cités
sont toujours accessibles, éliminant ainsi la frustration du lien dis-
paru. De plus, il déterminera la pertinence des documents retrouvés
par le nombre de signalements donnés par les engins de recherche.
Vous pouvez sauvegarder vos profils de recherche et gérer les informations retrouvées à l'intérieur d'un puissant gestionnaire de
signets. Ce logiciel fonctionne de pair avec votre navigateur. Quaterdeck offre un essai gratuit de ce logiciel. Ce produit coûtera entre
40 et 100 $ CAN si vous l'achetez. Consultez leur site Web pour
plus d'informations… et un meilleur prix.

10.4 Monnaie électronique ECash

Le domaine de la monnaie électronique est tout nouveau. Tellement
nouveau, indéfinissable et large qu'il m'est impossible de vous donner une point de vue précis sur les techniques que nous utiliserons
d'ici quelques années. Ce système est légèrement différent des projets élaborés conjointement par les compagnies Netscape, Visa,
MasterCard, IBM, Microsoft, et d'autres, qui visent à en arriver à
des systèmes de cryptage hypersécuritaires qui préviendront le pira-
tage du numéro de la carte de crédit lors d'une transaction.

Ecash est un système conçu par la compagnie Digicah (*http://
www.digicash.com*). Il est basé sur un logiciel qu'on installe sur un
ordinateur Macintosh ou Windows. Ce logiciel devient un portefeuille électronique où vous pouvez conserver des «cyberbucks»
qu'on appellera «cyberdollars» dans notre cas. Cet argent peut être

échangé pour des biens et services chez n'importe quel marchand qui possède un pignon sur rue dans Internet et qui accepte les cyber-dollars.

Ce projet en est encore à ses balbutiements. Deux banques offrent ce service au moment où j'écris ces lignes. La pionnière est la Mark Twain Bank of Saint Louis, Missouri (*http://www.marktwain.com*).

Pour obtenir des cyberdollars, vous devez commencer par ouvrir un compte avec une cyberbanque comme la Mark Twain de Saint Louis. Il s'agit d'une véritable banque dont les fonds sont protégés par la FDIC américaine (Federal Deposit Insurance Corporation). Le compte est en fonds américains. Vous devez transférez des fonds qui se trouvent dans votre compte dans la cyberbanque de l'Hôtel de la cybermonnaie. Cet organisme «imprime» et émet des cyberdollars de la même façon que la banque du Canada et la US Mint des États-Unis émettent de la monnaie. Notez que une fois transférés à l'Hôtel de la cybermonnaie, les fonds ne sont plus assurés par la FDIC. Une fois émis, les cyberdollars sont transférés dans votre por-tefeuille électronique géré par le logiciel *Ecash* qui se trouve sur votre ordinateur. À partir de ce moment, vous devez considérer que les cyberdollars peuvent être perdus ou égarés tout comme le véri-table argent se trouvant dans votre vértiable portefeuille. Vous êtes maintenant prêt à échanger des cyberdollars dans n'importe quel site Web qui affiche la bannière *Ecash*.

Figure 10.3
Bannière *Ecash*

Vous pouvez également accepter des cyberdollars de marchands, d'amis ou de cybercasinos. Si vous désirez obtenir plus d'informa-tions sur ce concept novateur, consultez le site Web Ecash à l'adresse ***http://www.digicash.com/ecash***. Il reste à voir si les internautes seront enthousiastes à l'idée de transformer leurs fortunes en électrons recyclés… ;-)

10.5 Utilisations inusitées du Web

Vous savez, il arrive quelquefois qu'on rencontre des gens qui ont du temps à revendre. Cela m'est arrivé en décembre 1995. Le résultat de cette rencontre se trouve dams ma page Web (***http://www. bibl.ulaval.ca/danny***), où vous pouvez apercevoir la couverture du disque compact qui joue en ce moment sur ma station de travail Sun (figure 3.1). Jumelez des internautes et du temps libre, et vous retrouverez une liste de documents Web variés qui ne brillent pas par leur apport au patrimoine intellectuel du réseau…

Sites Web à consulter à temps perdu, mais là, vraiment perdu…

- Liste de sites Web inutiles   ***http://www.chaco.com/useless***
- La page incrémentale   ***http://www.fn.net/~jmayans/ count.html***
- Un poisson en direct   ***http://www1.netscape.com/ fishcam/fish_refresh.html***
- Le trou noir d'Internet   ***http://www.ravenna.com/ blackhole.html***
- Décompte à l'an 2000   ***http://stud.unit.no/USERBIN/ steffent/aar2000.pl***
- Requête de sites inutiles *Yahoo!* ***http://search.yahoo.com/bin/ search?p=not+best***
- Requête de caméras espions *Yahoo!* ***http://search.yahoo.com/bin/ search?p=spy+cam***
- Top 5 % de sites sans attrait   ***http://www.davesite.com/ humor/top5/winners.shtml***
- Choses étranges du réseau   ***http://www.dsmo.com/weird.htm***
- Étude sanitaire de l'Université Vanderbilt
    http://entity.vuse.vanderbilt. edu/project

Conclusion

Les outils présentés dans cet ouvrage sont dans l'état actuel des choses ce qu'il y a de mieux pour que l'utilisateur puisse s'y retrouver dans le monde Internet. Une question demeure: quelle ressource doit être utilisée et quand doit-elle l'être? À cette question, on peut donner plusieurs réponses. Je crois que tout dépend du type d'information que vous souhaitez obtenir.

Si vous désirez échanger des idées avec des gens œuvrant dans le même domaine que vous ou possédant les mêmes intérêts, les nouvelles Usenet sont idéales. Vous êtes plutôt le genre qui préfère la digestion passive d'informations? Le Web devient alors l'outil de prédilection. Si l'interactivité et le contact avec les gens sont les éléments qui vous font vibrer, sautez tête première dans les univers virtuels comme *The Palace* ou joignez-vous aux sessions de bavardage IRC. Le courrier électronique, lui, devient un de vos proches alliés afin de communiquer des informations. Si ce n'est pas suffisant, les nouvelles ressources multimédias envahissent Internet pour offrir encore plus de possibilités à l'internaute.

De plus en plus, on assiste à des recoupements de ressources Internet. Les nouvelles Usenet, les transferts de fichiers FTP, les sessions Telnet, *RealAudio* et le courrier électronique peuvent être consultés par le biais de votre logiciel Web. Alors, pourquoi toutes ces ressources et cette liste interminable de logiciels clients? Nous sommes sur le point d'abandonner cette approche traditionnelle, cette migration vers un logiciel unique a presque été menée à bien. Plus intéressants encore sont les balbutiements d'un nouveau système d'exploitation créé pour les ressources Internet et qui englobera bientôt les applications traditionnelles comme le traitement de texte et le chiffrier. Les prochaines années nous conduiront dans cette direction. Un univers où tous les fichiers pourront être partagés avec aisance.

Cet ouvrage n'est pas un livre d'informatique, il s'agit d'un livre de référence. L'apprentissage d'Internet n'est pas comparable à l'apprentissage d'un traitement de texte. Certes, il y a des commandes à apprendre lorsqu'on commence à manipuler un nouveau logiciel, mais cette notion n'est pas la plus importante. Internet est un courant électronique avec de nombreux quais où l'on peut trouver des informations et en échanger. Ce qu'il faut apprendre, c'est la façon de naviguer sur Internet. Voilà pourquoi les explications sur les logiciels dans ce livre ne sont pas forcément aussi approfondies que dans un manuel technique. Vous devez plutôt vous en remettre à votre administrateur de réseau ou au service à la clientèle de votre fournisseur Internet pour les notions d'installation et les paramètres de ces logiciels. Je vous ai mentionné beaucoup de points intéressants à explorer dans ce livre et j'ai pris soin de vous indiquer certaines règles d'éthique afin que vous tiriez le meilleur bénéfice de vos recherches. Selon moi, l'internaute veut surtout explorer, et c'est ce que je vous suggère de faire.

L'avenir nous réserve de grandes choses. Quelles sont-elles? Déjà, plusieurs utilisateurs suivent des vidéoconférences interactives directement depuis leur ordinateur. Cette nouvelle technologie se répandra à mesure que les liens de télécommunication deviendront plus rapides. J'imagine que d'ici 1998, ce genre de conférences deviendra monnaie courante sur Internet. Parlant de rapidité, la vie du modem traditionnel sera sérieusement menacée avec les venues des accès par le câble et les accès par des liens dédiés téléphoniques.

Attendez-vous également à un énorme boum commercial sur Internet avec des compagnies offrant des services et des produits à partir de «centres commerciaux électroniques», où vous pourrez visualiser les articles, les payer et les faire livrer chez vous.

Les liens Internet avec les écoles primaires et secondaires ne devraient pas tarder. Il existe déjà des initiatives dans ce sens au Québec. Les ministères sont reliés, et des informations officielles sont disponibles sur Internet.

L'Europe vivra en 1997 la même situation que l'Amérique du Nord en 1995, soit au début de la prolifération des fournisseurs Internet, car la majorité des utilisateurs communiquent sur le réseau par le biais de leurs institutions. Mis à part ce phénomène, le marché européen est mûr pour les technologies disponibles. Les sites Web

·se font de plus en plus nombreux et, sur le plan de l'originalité, ils n'ont rien à envier aux sites des autres continents.

Je souhaite qu'Internet devienne pour vous un instrument de travail élargissant vos horizons mentaux et culturels, comme cela a été le cas pour moi. Je vous offre la possibilité de communiquer avec moi si le cœur vous en dit. J'accepte tout ce qui est constructif et amusant. Je suis également ouvert à toutes les discussions portant sur les merveilleuses subtilités sociales et culturelles qu'Internet nous apporte en tant que peuple uni de la Terre, sur les Giants de New York, le golf, les pharaons de l'ancienne Égypte et tout ce qui traite de... Star Trek.:)

Votre ami d'Internet

Danny

Danny J. Sohier
Analyste de l'informatique
Bibliothèque de l'Université Laval
Courrier électronique: dsohier@bibl.ulaval.ca

C
O
N
C
L
U
S
I
O
N

Liste de fournisseurs d'accès Internet

V oici une liste de compagnies offrant des accès au réseau Internet. Les types de liens et d'abonnements peuvent varier d'une compagnie à l'autre. Cette liste n'est pas exhaustive. Aucun des fournisseurs n'est ici favorisé. Ils sont énumérés à titre d'information seulement. Assurez-vous que votre fournisseur puisse vous offrir les éléments suivants:

• Documentation et support gratuits pour le branchement initial.
• Accès garanti à une vitesse minimale de 28 800 bps.
• Ration maximum de 10 utilisateurs par modem.
• Espace gratuit pour héberger une page Web.
• Un prix raisonnable (faites le tour…)

Liste de sites Web où vous trouverez des listes de fournisseurs à jour:
• L'ultra-guide des fournisseurs Internet du Québec
   http://www.lanternette.com/hugo/net.html
• The Directory pour l'Amérique du Nord
   http://www.vni.net/thedirectory
• Page des fournisseurs français de Carrefour.Net
   http://france.carrefour.net/repertoire/Informatique_et_Internet/Services_Internet/Fournisseurs_d_acc_s

FOURNISSEURS POUR LA PROVINCE DE QUÉBEC

Advantis Canada
Dans les centres majeurs
Telephone: 1 800 IBM-CALL, Poste: 096
Télécopieur: 1 800 565-6612
Courrier électronique: *ibm_direct@ca.ibm.com*
Site Web: *http://www.can.ibm.com/globalnetwork*

CiteNet Telecom Inc.
Pour les régions de Montréal et de la Montérégie
Téléphone: (514) 861-5050
Télécopieur: (514) 861-5953
Courrier électronique: *info@citenet.net*
Site Web: *http://www.citenet.net*

Globe-Trotteur de Québec Téléphone
Pour les régions de la Côte-Nord, de la Gaspésie, de la Côte-du-Sud, de la Beauce et du comté de Portneuf
Téléphone: 1 800 463-8822
Courrier électronique: *comgengt@quebectel.com*
Site Web: *http://www.quebectel.com*

DirecPC
Pour le long de la frontière US seulement
Téléphone: (800) 619-FAST
Courrier électronique: *Info@mail.direcpc.com*
Site Web: *http://www.direcpc.comi*
STAR Internet
Pour les grands centres uniquement
Téléphone: (800) 848-6786
Courrier électronique: *sales@istar.ca*
Site Web: *http://www.istar.caInfopuq*
Réseau de l'Université du Québec
Téléphone: (418) 657-4422
Courrier électronique: *infopuq@uquebec.ca*
Site Web: *http://infopuq.uquebec.ca*
Internet Canada
Régions de Montréal, de Québec, de Hull et d'Ottawa
Téléphone: (800) 789-ICAN (789-4226)
Courrier électronique: *support@ican.net*
Site Web: *http://www.ican.net*
Internet Login
Téléphone: (800) GO LOGIN
Courrier électronique: *info@login.net*
Site Web: *http://www.login.net*

Internet Microtec
Régions de Montréal et de Québec
Téléphone: (888) TED-INTERNET
Courrier électronique: *support@microtec.net*
Site Web: *http://www.microtec.net/fr*Mlink Internet
Région de Montréal et Québec
Téléphone: (514) 231-1923 et (418) 694-3101
Courrier électronique: *Webmaster@Mlink.NET*
Site Web: *http://www.mlink.net*

netROVER
Régions de Chicoutimi, de Montréal, de Québec, de Sherbrooke, de Trois-Rivières, de Hull et 70 localités en Ontario
Téléphone: (800) 247-5529
Courrier électronique: *webmaster@netrover.com*
Site Web: *http://www.netrover.com*

Réseau interordinateurs scientifique québécois (RISQ)
Pour entreprises ou organisations uniquement
Téléphone: (514) 398-1234
Courrier électronique: *webrisq@risq.qc.ca*
Site Web: *www.risq.qc.ca*

Réseau Internet Québec
Régions de Montréal, de Québec et de Rimouski
Téléphone: (418) 650-2884 et (514) 285-5554
Courrier électronique: *info@riq.net*
Site Web: *http://www.riq.net*

Sympatico, de Bell Canada
Téléphone: (800) 773-2121
Courrier électronique: *info@sympatico.ca*
Site Web: *http://www.sympatico.ca*

Télécommunications WorldLinx (Division de Bell Canada)
Pour entreprises uniquement
Téléphone: (800) 263-9673
Courrier électronique: *webmaster@resonet.com*
Site Web: *http://www.bellglobal.com/worldlinx.html*

A
N
N
E
X
E

A

TotalNet
Pour les régions de Montréal, de Québec et de Granby
Téléphone: (514) 481-2585 ou (888) TOTAL-48
Courrier électronique: *info@total.net*
Site Web: *http://www.total.net*

UUNET Canada
Dans les grands centres uniquement
Téléphone: (800) INET-123
Courrier électronique: *webmaster@uunet.ca*
Site Web: *http://www.uunet.ca*

Vidéotron
Câblo-modems disponibles dans certains quartiers
Téléphone: (514) 288-6661 ou (888) 288-6661
Courrier électronique: *serviceclient@videotron.ca*
Site Web: *http://www.videotron.net/gvl/services/pc.htm*

WEB Networks
Dans les grands centres uniquement
Téléphone: (514) 722-8641
Courrier électronique: *outreach@web.net*
Site Web: *http://www.web.apc.org*

RÉGION DE MONTRÉAL

AEI Internet Services Inc.
3577, av. Atwater, bureau 320
Montréal (Québec) H3H 2R2
Téléphone: (514) 939-2488
Télécopieur: (514) 939-0677
Courrier électronique: *info@aei.ca*

Alpha Internet
Téléphone: (514) 525-5886

Artifax Internet
Téléphone: (514) 482-4677

Autoroute.net
Téléphone: (514) 333-3145
Courrier électronique: *info@autoroute.net*

Axess Communications
3700, rue Griffith, bureau 326
Ville Saint-Laurent (Québec)
Téléphone: (514) 731-0919
Télécopieur: (514) 731-8113
Courrier électronique: *info@axess.com*

Club Centra
8705, boul. Taschereau
Brossard (Québec) J4Y 1A4
Téléphone: (514) 443-8889
Télécopieur: (514) 443-8109
Courrier électronique: *info@centra.ca*

Communications Accessibles Montréal
Téléphone: (514) 529-3000
Courrier électronique: *info@cam.org*

Communications Inter Accès
Téléphone: (514) 367-0002
Courrier électronique: *sales@Interax.net*

Communications VIR
C.P. 628, Succursale Victoria
Montréal (Québec) H3Z 2Y7
Téléphone: (514) 933-8886
Télécopieur: (514) 630-9047
Courrier électronique: *Info@Vir.ca*

Connection MMIC
Téléphone: (514) 331-6642
Télécopieur: (514) 332-6642
Courrier électronique: *info@connectmmic.net*

ConsuLAN
Téléphone: (514) 482-4848
Courrier électronique: *info@mtlserv.consulan.com*

Darwin
Téléphone: (514) 762-0881
Courrier électronique: *info@darwin.qc.ca*

Delphi SuperNet
2055, rue Peel, bureau 710
Montreal (Québec) H3A 1V4
Téléphone: (514) 281-7500 et 1 888 SUPER-MTL
Courrier électronique: *Info@dsuper.net*
Site Web: *http://www.dsuper.net*

Discoveryland Multimedia
1970, rue Saint-Catherine Ouest
Montreal (Québec) H3H 1M4
Téléphone: (514) 932-3555
Télécopieur: (514) 932-3883
Courrier électronique: *info@discovland.net*
Site Web: *http://www.discovland.net*

Enter-Net
Téléphone: (514) 652-4230
Site Web: *http://www.enter-net.com*

FrancoMédia
3300, boul. Rosemont, bureau 218
Montréal (Québec) H1X 1K2
Téléphone: (514) 721-8216
Télécopieur: (514) 727-2164
Courrier électronique: *admin@francomedia.qc.ca*
Site Web: *http://www.francomedia.qc.ca*

Les Services génération.Net Inc.
1801, av. McGill College, bureau 555
Montréal (Québec)
Téléphone: (514) 845-5555
Courrier électonique: *webmaster@generation.net*

Libertel de Montréal
Téléphone: (514) 281-0104
Site Web: *http://libertel.montreal.qc.ca*

Interlect
Téléphone: (514) 376-3550
Courrier électronique: *Webmaster@interlect.com*

Internet Global Info-Acces
Téléphone: (514) 737-2091
Courrier électronique: *info@globale.net*

Internet Montréal
Téléphone: (514) 393-1014
Courrier électronique: *info@mtl.net*

Intégration en Technologie de l'Information (ITI) Inc.
Téléphone: (514) 895-3877
Courrier électronique: *info@iti.qc.ca*

Magnett
Téléphone: (514) 861-8622
Courrier électronique: *info@magnet.ca*

MaxMedia
1027, côte du Beaver Hall
Montréal (Québec) H2Z 1R9
Téléphone: (514) 393-9191
Télécopieur: (514) 393-9954
Courrier électronique: *info@core-net.com*

Metrix Interlink
Téléphone: (514) 875-0010
Courrier électronique: *webmaster@interlink.net*

Montréal Internet
Téléphone: (514) 337-8185
Courrier électronique: *info@montrealnet.ca*

National-com Internet
1695, boul. Laval, bureau 230
Laval (Québec) H7S 2M2
Téléphone: (514) 629-3011
Courrier électronique: *info@nationalnet.com*

Netaxis
Téléphone: (514) 482-8989
Courrier électronique: *info@netaxis.qc.ca*

411

Point Net Communication
Téléphone: (514) 524-3187
Courrier électronique: *info@sim.qc.ca*

PubNix Montréal
Téléphone: (514) 948-2492
Courrier électronique: *info@PubNIX.net*

Québec Net
Téléphone: (514) 933-0929
Télécopieur: (514) 931-5362
Courrier électronique: *info@quebec.net*

Roblyn Marketing
Téléphone: (514) 473-7375
Courrier électronique: *robinfo@roblyn.com*

SphereNet
Téléphone: (514) 685-4442
Courrier électronique: *info@spherenet.com*

Top Internet
604, rue Lauzon
Laval (Québec) H7X 2Y6
Téléphone: (514) 689-1030
Courrier électronique: *Info@top.ca*

Vircom Inc.
1600, boul. Le Corbusier
C.P. 58009
Chomedey (Québec) H7S 2M4
Téléphone: (514) 990-2532
Courrier électronique: *majortcpip@vircom.com*

RÉGION DE QUÉBEC

Accès Internet mondial
Téléphone: (418) 524-5458
Courrier électronique: *info@mercure.net*

Accès Nœud Internet Québec
3930, boul. Wildfrid-Hamel Ouest, bureau 086
Québec (Québec) G1P 2J2
Téléphone: (418) 872-6008
Télécopieur: (418) 872-6750
Courrier électronique: *info@aniq.com*

Clic.Net
Téléphone: (418) 686-2542
Courrier électronique: *Webmaster@qbc.clic.net*

Intercîme
1990, boul. Charest Ouest, bureau 255
Québec (Québec) G1N 4K8
Téléphone: (418) 687-4659
Télécopieur: (418) 687-4991
Courrier électronique: *info@intercime.qc.ca*

Le groupe Médiom-Internet
Téléphone: (418) 640-7474
Courrier électronique: *groupe@mediom.qc.ca*

Micro Logic
Téléphone: (418) 658-6624
Courrier électronique: *webmaster@mlogic.com*

Réseau Internet Québec Inc.
Téléphone: (418) 650-2884
Courrier électronique: *info@riq.qc.ca*

UPC Communications Internet
C.P. 9004
Sainte-Foy (Québec) G1V 4A8
Téléphone: (418) 656-0090
Télécopieur: (418) 656-6981
Courrier électronique: *admin@UPC.QC.CA*

Vision Internet
Téléphone: (418) 651-7999
Site Web: *http://www.vision-i.qc.ca*

RÉGION D'OTTAWA-HULL

Atréide Communications
Téléphone: (819) 772-2854
Courrier électronique: *tech@atreide.net*

Cactus Communications
Téléphone: (819) 778-0313
Téléphone: (613) 230-4976
Courrier électronique: *webmaster@cactuscom.com*
Site Web: *http://www.cactuscom.com*

Cyberplus
P.O. Box 27011
Gloucester (Ontario) K1J 9L9
Téléphone: (613) 749-8598
Courrer électronique: *info@cyberplus.ca*

Information Gateway Services (IGS)
Téléphone: 1 800 268-3715
Courrier électronique: *webmaster@igs.net*

Infoweb
100-20, Colonnade Road North
Nepean (Ontario) K2E 7M6
Téléphone: (613) 225-3354
Courrier électronique: *info@magi.com*

Internet Access (Ottawa.Net)
Téléphone: (613) 225-5595
Courrier électronique: *webmaster@ottawa.net*

Libertel de la capitale nationale
c/o Carleton University
1125, Colonel By Drive
Ottawa (Ontario) K1S 5B6
Téléphone: (613) 788-3947
Courrier électronique: *ncf@freenet.carleton.ca*
Site Web: *http://www.ncf.carleton.ca*

Synapse Internet
22, rue de Beloeil
Gatineau (Québec) J8T 7G3
Téléphone: (819) 561-1697
Courrier électronique: *info@synapse.net*

RÉGION DE TROIS-RIVIÈRES

Concepta Communications
Téléphone: (819) 378-8362

Internet Trois-Rivières
400, rue Williams
Trois-Rivières (Québec) G9A 3J2
Téléphone: (819) 379-8649
Télécopieur: (819) 379-0343
Courrier électronique: *support@itr.qc.ca*

Infoteck, Centre de l'ordinateur
Téléphone: (819) 370-3232

RÉGION DE L'ESTRIE

Accès communautaire Brome-Missisquoi
Téléphone: (514) 266-0177
Courrier électronique: *webmaster@acbm.qc.ca*
Site Web: *http://www.acbm.qc.ca*

Interlinx
1440, rue King Ouest
Sherbrooke (Québec) J1J 2C2
Téléphone: (819) 565-9779
Courrier électronique: *Webmaster@interlinx.qc.ca*
Site Web: *http://www.interlinx.qc.ca*

Internet Abacom
780, rue King Ouest, bureau 240
Sherbrooke (Québec) J1H 1R7
Téléphone: (819) 820-2929
Courrier électronique: *info@abacom.com*

A
N
N
E
X
E
A

415

Mégantic Net
Téléphone: 1 800 922-0388
Site Web: *http://www.megantic.net*

Multi-Médias Québec
40, boul. Queen Sud
Sherbrooke (Québec) J1H 3P3
Téléphone: (819) 563-4311
Courrier électronique: *webmaster@multi-medias.ca*

RÉGION DE LA MONTÉRÉGIE

Accès-Cible
Téléphone: (514) 359-6632
Courrier électronique: *info@acces-cible.qc.ca*

Groupe SigNet
Téléphone: (514) 261-0785.
Site Web: *http://www.gsig-net.qc.ca*

Internet Haute-Yamaska
147, rue Laurier
Granby (Québec) J2G 5K3
Téléphone: (514) 372-3661
Courrier électronique: *courrier@granby.mtl.net*

Internet Sorel-Tracy
807, route Marie-Victorin
Tracy (Québec) J3R 1L1
Téléphone: (514) 746-1593
Télécopieur: (514) 746-1473
Courrier électronique: *info@sorel.mtl.net*

Nouvelles Technologies de l'Information et des Communications
Téléphone: (514) 771-1080
Courrier électronique: *ventes@ntic.qc.ca*

Réseau Virtuel d'ordinateurs
CP 88, Succ. St-Hubert
St-Hubert, Qc, J3Y 5S9
Téléphone: 514-676-2526
Courrier électronique: *rvo@rvo.qc.ca*
Site Web: *http://www.rvo.qc.ca/services-ai.html*

Les services télématiques ROCLER
6, rue Cléophas
Saint-Timothée (Québec) J0S 1X0
Téléphone: (514) 377-1898
Courrier électronique: *info@rocler.qc.ca*

RÉGION DES LAURENTIDES

Internaute Laurentides
Téléphone: (819) 326-8888
Courrier électronique: *allairep@intlautentides.qc.ca*

Internet Laurentides
Téléphone: (514) 433-8889
Courrier électronique: *Info@laurentides.mtl.net*

Internet etc.
Téléphone: (514) 227-7700
Courrier électronique: *webmaster@ietc.ca*
Site Web: *http://www.ietc.ca*

Internet Mont-Laurier
Téléphone: (819) 623-4000
Courrier électronique: *admin@srv.imlaurier.qc.ca*
Site Web: *http://srv.imlaurier.qc.ca*

Inter-Réseau inc.
140, rue King
Maniwaki (Québbec) J9E 2L3
Téléphone: (819) 449-7171
Courrier électronique: *info@ireseau.com*
Site Web: *http://www.ireseau.com*

RÉGION DU GRAND-NORD

Creenet
Boîte postale 270
Wemindji (Québec) J0M 1L0
Téléphone: (819) 978-0264, poste 260
Courrier électronique: *info@creenet.com*
Site Web: *http://www.creenet.com*

Nunavik.Net
85, av. Dorval, bureau 501
Dorval (Québec), H9S 5J9
Téléphone: (514) 631-1394
Site Web: *http://nunavik.net*

RÉGION DE LANAUDIÈRE

Intermonde Internet
60, Rang Double
Saint-Charles-Borromée (Québec) J6E 7Y8
Téléphone: (514) 755-3788
Télécopieur: (514) 755-3688
Courrier électronique: *root@pandore.qc.ca*

Iway InterNet
Téléphone: (514) 759-3336
Courrier électronique: *lamont@iway.qc.ca*
Site Web: *http://www.iway.qc.ca*

Internet Lanaudière
Téléphone: (514) 752-1932
Courrier: *root@lanaudiere.mtl.net*
Site Web: *http://lanaudiere.mtl.net*

Internet Rive-Nord
Téléphone: (514) 589-2123
Site Web: *http://rive-nord.mtl.net*

RÉGION DE LA BEAUCE

Québec Téléphone (voir la section des fournisseurs pour la province)
Téléphone: 1 800 463-8822
Courrier électronique: *comgengt@quebectel.com*

Internet Chaudière-Appalaches
Téléphone: (418) 383-5700
Courrier électronique: *webmaster@belin.qc.ca*
Site Web: *http://www.belin.qc.ca*

RÉGION DES BOIS-FRANCS

Internet Victoriaville
106, boul. Bois-Francs Nord
Victoriaville (Québec) G6P 1E7
Téléphone: (819) 751-8888
Courrier électronique: *WebMaster@ivic.qc.ca*

LE 9e BIT
Téléphone: (819) 474-4724
Courrier électronique: *francis@9bit.qc.ca*

NetSite 3000
Téléphone: (819) 474-2886
Courrier électronique: *netsite@drummond.com*

RÉGION DU SAGUENAY-LAC-SAINT-JEAN

Cybernaute
391, rue Racine Est
Chicoutimi (Québec) G7H 1S8
Téléphone: (418) 543-9555
Courrier électronique: *webmaster@cybernaute.com*
Site Web: *http://www.cybernaute.com*

Digicom Technologies
Téléphone: (418) 668-WWWW
Site Web: *http://www.digicom.qc.ca*

Internet Saguenay-Lac-Saint-Jean
Téléphone: (418) 543-7777

RÉGION DU BAS-SAINT-LAURENT

Internet Communication RDL Inc
Téléphone: (418) 868-0077
Courrier électronique: ***ADMIN@ICRDL.NET***

Services Internet de l'Estuaire
Téléphone: (418) 723-7100
Courrier électronique: *info@sie.qc.ca*

RÉGION DE L'ABITIBI

Téléphone: (800) 257-9946 (Amos)
Téléphone: (819) 764-9993 (Rouyn-Noranda)
Téléphone: (819) 874-3999 (Val d'Or)
Téléphone: (819) 629-2816 (Ville-Marie)
Téléphone: (819) 257-9946 (La Sarre)
Courrier électronique: ***webmaster@cyberabitibi.qc.ca***
Site Web: ***http://www.cyberabitibi.qc.ca***

Lien Internet du Nord-Ouest
1717, 3ᵉ Avenue
Val-d'Or (Québec) J9P 1W3
Téléphone: (819) 874-5665
Courrier électronique: ***sjuteau@lino.com***

Les fournisseurs Internet en Europe

FRANCE[1]

AlexNet
Point d'accès: Cergy - (Val-d'Oise 95, région parisienne)
Téléphone: 30.73.22.57
Courrier électronique: ***alex@union-fin.fr***
Site Web: ***http://www.union-fin.fr***

---

1. La plupart des numéros de téléphone de la France ont été obtenus avant le passage de la numérotation à 10 chiffres.

Aliénor
Bordeaux
Téléphone: 56.50.51.83
Courrier électronique: *Info@alienor.fr*
Site Web: *http://www.alienor.fr*

Alpes Network
Grenoble (Alpes)
Téléphone: 76.15.37.37
Courrier électronique: *info@alpes-net.fr*
Site Web: *http://www.alpes-net.fr*

Atlantique-line
Merrignac
Téléphone: 56.47.93.60
Courrier électronique: *atlantic-line@atlantic-line.fr*
Site Web: *http://www.atlantic-line.fr*

AxNet
Dijon, Bourgogne
Courrier électronique: *sboucon@axnet.fr*
Site Web: *http://www.axnet.fr*

Bart
Montpellier
Téléphone: 04.67.41.79.82
Courrier électronique: *webmaster@bART.fr*
Site Web: *http://www.bart.fr/*

Big Bang
Amiens
Téléphone: 22.72.05.93
Courrier électronique: *nnx@neuronnexion.fr*
Site Web: *http://www.neuronnexion.fr*

Cadrus
Toulouse
Téléphone: 61.00.30.00
Courrier électronique: *info@cadus.fr*
Site Web: *http://www.cadrus.fr*

Cae
Lyon
Téléphone: 04.72.10.00.37
Courrier électronique: *cae@imaginet.fr*
Site Web: *http://www.cae.fr*

Calvacom
Vélizy, Paris
Téléphone: 34.63.19.19
Courrier électronique: *scom1@calcacom.fr*
Site Web: *http://www.calvacom.fr*

Cap Mediatel
Varhiles (Ariège)
Assistance service de base: 61.69.51.01
Téléphone: 61.69.51.00
Courrier électronique: *info@capmedia.fr*
Site Web: *http://www.capmedia.fr*

Centre Internet Européen
Paris
Téléphone: 42.25.17.00
Courrier électronique: *info@cie.fr*
Site Web: *http://www.cie.fr*

Club Internet
Paris
Téléphone: 47.45.99.00
Courrier électronique: *info@club-internet.fr*
Site Web: *http://www.club-internet.fr*

Codix
Paris
Téléphone: 45.62.97.60
Courrier électronique: *info@net.codix.fr*
Site Web: *http://www.codix.fr*

Cogito
Marseille
Courrier électronique: *webmaster@cogito.fr*
Site Web: *http://www.cogito.fr*

CRDI
Lot
Téléphone: 65.22.56.76
Courrier électronique: *crdi@crdi.fr*
Site Web: *http://www.crdi.fr*

Cré@net
Paris
Téléphone: 43.55.08.66
Courrier électronique: *info@creanet.fr*
SiteWeb: *http://www.creanet.fr*

Cybera
Rennes
Téléphone: 99.67.51.33
Courrier électronique: *www@www.anet.fr*
Site Web: *http://www.anet.fr*

Cyberforum
Grenoble
Téléphone: 76.15.37.37
Courrier électronique: *forum@alpes-net.fr*
Site Web: *http://www.alpes-net.fr/CyberForum*

Cyberhouse
Grenoble
Téléphone: 76.43.12.82
Courrier électronique: *cch@icor.fr*
Site Web: *http://ns.icor.fr/cch*

Cyberstation
Bordeaux
Téléphone: 56.01.15.15
Courrier électronique: *webmaster@cyberstation.fr*
Site Web: *http://www.cyberstation.fr*

D'Arva
Niort
Téléphone: 49.77.14.14
Courrier électronique: *webmaster@darva.fr*
Site Web: *http://www.darva.fr*

DTR
Lyon
Téléphone: 72.33.07.70
Courrier électronique: *dtr@dtr.fr*
Site Web: *http://www.dtr.fr*

DX Net
Strasbourg
Téléphone: 88.18.61.61
Courrier électronique: *info@dx-net.fr*
Site Web: *http://www.dx-net.fr*

EBCnet
Reims
Téléphone: 03.26.49.99.00
Courrier électronique: *webmaster@ebc.net*
Site Web: *http://www.ebc.net*

Eunet France
Paris, Toulouse
Téléphone: 53.81.60.60
Courrier électronique: *info@EUnet.fr*
Site Web: *http://www.EUnet.fr*

FC-Net
Franche-Comté
Courrier électronique: *phil@mail.fc-net.fr*
Site Web: *http://www.fc-net.fr*

FDN
Paris
Téléphone: 44.62.90.64
Courrier électronique: *info@fdn.fr*
Site Web: *http://www.fdn.fr*

Filnet
Paris, Normandie
Téléphone: 16 1 42.51.55.15
Téléphone: 16 31.81.51.55
Courrier électronique: *webmaster@filnet.fr*
Site Web: *http://www.filnet.fr*

FranceNet
France
Téléphone: 43.92.14.49
Courrier électronique: *support@FranceNet.fr*
Site Web: *http://www.francenet.fr*

France Pratique
Paris
Téléphone: 05.06.79.27
Courrier électronique: *infos@pratique.fr*
Site Web: *http://www.pratique.fr*

France-Teaser
France
Téléphone: 01.47.50.62.48
Courrier électronique: *sales@teaser.fr*
Site Web: *http://w3.teaser.fr*

Golden Brick
Caen
Courrier électronique: *webmaster@goldenbrick.fr*
Site Web: *http://www.goldenbrick.fr*

Groupe CX
Cote d'Azur
Téléphone: 92.94.23.69
Courrier électronique: *groupecx@iway.fr*
Site Web: *http://www.iway.fr/groupecx*

Gulliver
Marseille
Téléphone: 91.11.70.30
Courrier électronique: *info@gulliver.fr*
Site Web: *http://www.gulliver.fr*

Icare
Aquitaine
Téléphone: 05.57.92.11.80
Courrier électronique: *insat@insat.com*
Site Web: *http://www.icare.fr*

Ilink
Cocagne
Courrier électronique: *info@ilink.fr*
Site Web: *http://www.ilink.fr*

IN'NET Bordeaux-Aquitaine
Bordeaux-Aquitaine
Courrier électronique: *info@inba.fr*
Site Web: *http://www.inba.fr*

Internet Way
Paris
Site Web: *http://www.iway.fr*

K-Info
Longwy
Téléphone: 82.24.30.02
Courrier électronique: *info@k-info.fr*
Site Web: *http://www.k-info.fr*

Lituus
Nanterre
Téléphone: 41.19.73.73
Courrier électronique: *info@lituus.fr*
Site Web: *http://www.lituus.fr*

Magic On-Line
Courrier électronique: *webmaster@magic.fr*
Site Web: *http://www.bhv.fr*

Medianet
Paulhaguet
Téléphone: 04.71.76.87.57
Courrier électronique: *medianet@es-conseil.fr*
Site Web: *http://www.es-conseil.fr*

Micronet
France
Téléphone: 43.92.28.82
Courrier électronique: *Infos@MicroNet.fr*
Site Web: *http://www.MicroNet.fr*

Mnet
Montpellier
Téléphone: 67.15.01.24
Courrier électronique: *webmaster@www.mnet.fr*
Site Web: *http://www.mnet.fr*

MNS
Montpellier
Courrier électronique: *webmaster@mns.fr*
Site Web: *http://www.mns.fr*

MultiWan
Méditerrranée
Courrier électronique: *webmaster@amd.fr*
Site Web: *http://www.amd.fr*

NETINFO
Pas-de-Calais
Courrier électronique: *info@netinfo.fr*
Site Web: *http://www.netinfo.fr*

Online
Dijon
Courrier électronique: *crisci@linea.com*
Site Web: *http://www.linea.com/genindf.html*

Pacwan
Téléphone: (Aix-en-Provence) 42.93.42.93
Téléphone: (Caen) 31.38.95.55
Téléphone: (Nice) 95.58.50.00
Téléphone: (Toulon) 42.93.42.93
Téléphone: (Avignon) 90.87.22.94
Site Web: *http://www.mm-soft.fr/pacwan/sites.htm*

Pandemonium
Strasbourg
Site Web: *http://www.pandemonium.fr*

Planete PC
Saint-Mandé
Téléphone: 43.98.22.22
Courrier électronique: *info@isicom.fr*
Site Web: *http://www.isicom.fr*

@si
Lyon
Courrier électronique: *www@asi.fr*
Site Web: *http://suprastudio.asi.fr*

SkyWorld
Site Web: *http://www.sky.fr*

SYSELOG
Vélizy
Téléphone 34.65.76.10
Courrier électronique: *info@syselog.fr*
Site Web: *http://www.syselog.fr*

Unimédia
Beaucouze
Téléphone: 02.41.22.36.09
Courrier électronique: *c.gandon@unimedia.fr*
Site Web: *http://www.unimedia.fr*

Wanadoo
Site Web: *http://www.wanadoo.fr/accueil*

Wcube
Courrier électronique: *info@wcube.fr*
Site Web: *http://wcube.fr*

Web Macorbur-InterNeXT
France
Site Web: *http://www.inext.fr*

World-Net
Paris
Téléphone: 01.40.37.90.90
Courrier électronique: *info@worldnet.fr*
Site Web: *http://www.sct.fr*

BELGIQUE

Ping
Site Web: http://www.ping.be
Courrier électronique: *support@ping.be*

Arcadis
151, rue Jourdan
1060 Bruxelles
Téléphone: 32-02-534 00 11
Courrier électronique: *info@arcadis.be*
Site Web: *http://www1.arcadis.be*

Belgacom Brugge
1, rue Rijselstraat
8200 Brugge
Téléphone: 32-050 40 04 10
Site Web: *http://www.belgacom.be*

Interpac Belgium
350, avenue Louise, box 11
1050 Bruxelles
Téléphone: 32-02 646 60 00
Site Web: *http://www.interpac.be*

Belgacom Charleroi
7, boul. Tirou
6000 Charleroi
Téléphone: 32-08 001 33 60

Belgacom Gent
1, Keizer Karelstraat
9000 Gent
Téléphone: 32-09 265 31 52

Belgacom Liège
17, rue d'Harscamp
4020 Liège
Téléphone: 32-08 001 23 30

Belgacom Mons
7, rue des Fossès
7000 Mons
Téléphone: 32-065 39 11 01

Belgacom Namur
80, rue Marie-Henriette
5000 Namur
Téléphone: 32-081 72 21 11

Belgonet
154 B, Mercatorstraat
B-9100 Sint-Niklaas
Téléphone: 32-3 760 15 12
Télécopieur: 32-3 766 07 81
Courrier électronique: *Info@belgonet.be*
Site Web: *http://www.belgonet.be*

BELNet (Academic and research network)
8, Wetenschapsstraat
1040 Bruxelles
Téléphone: 32-2 238 34 70
Courrier électronique: *helpdesk@belnet.be*
Site Web: *http://www.belnet.be*

EUnet Belgium
Octogoon, Interleuvenlaan 5
B-3001 Leuven
Téléphone: 32-16 398 398
Courrier électronique: *info@belgium.Eu.net*
Site Web: *http://www.belgium.Eu.net*

INTERPAC
Interpac Belgium
350, av. Louise, C.P. 11
1050 Bruxelles
Téléphone: 32-2 646 60 00
Courrier électronique: *info@interpac.be*
Site Web: *http://www.interpac.be*

INnet
INnet BVBA
PosTéléphonearenweg 2 bus 3
2400 Mol
Téléphone: 32-14 31 99 37
Courrier électronique: *info@inbe.net*
Site Web: *http://www.inbe.net*

Netropolis
7, rue du Sceptre
1050 Bruxelles
Téléphone: 32-02 649 36 93
Courrier électronique: *info@netropolis.be*
Site Web: *http://www.netropolis.be/*

Net for All vof
Oudaan 15 W31
B-2000 Antwerpen
Téléphone: 32-3 231 57 32
Courrier électronique: *info@net4all.be*
Site Web: *http://www.net4all.be*

Ontonet
Téléphone: 32-02 721 22 77
Courrier électronique: *info@ontonet.be*
Site Web: *http://www.ontonet.be*

Perceval
Perceval Technologies sa
2, av. de l'Oree
1050 Bruxelles
Téléphone: 32-02 640 91 94
Courrier électronique: *info@perceval.net*
Site Web: *http://www.perceval.net/perceval/*

Tfi
Téléphoneecom Finland International SA
127-129, rue Col. Bourg
B-1140 Bruxelles
Téléphone: 32-2 732 39 55

Courrier électronique: *info@tfi.be*
Site web: *http://www.tfi.be*

SkyNet
10, Av. Fond'Roy
1180 Bruxelles
Téléphone: 32-02-375 86 26
Courrier électronique: *info@skynet.be*
Site Web: *http://www.skynet.be*

zone 050
United Callers
Planet & Partners - United Callers
17-19, Monnikenwerve
8000 Brugge
Téléphone: 32-50 45 45 70
Courrier électronique: *info@unicall.be*
Site Web: *http://www.unicall.be*

LUXEMBOURG

EUnet Luxembourg
Téléphone: +352 47026 13 61
Télécopieur: +352 47 02 64
Courrier électronique: *postmaster@Luxembourg.EU.net*

RESTENA
6, rue Coudenhove Kalergi
L-1359 Luxembourg
Téléphone: +352 42 44 09
Courrier électronique: *admin@restena.lu*
Site Web: *http://www.restena.lu*

SUISSE

ActiveNet
4, Eschenweg
8645 Jona
Téléphone: 41-055 24 13 42
Courrier électronique: *altorfer@active.ch*
Site Web: *http://www.active.ch*

CentralNet GmbH
7, Theaterstrasse
6003 Luzern
Téléphone: +41 41 20 30 50
Courrier électronique: *hostmaster@centralnet.ch*
Site Web: *http://www.centralnet.ch*

EUnet AG
35, Zweierstrasse
CH-8004 Zurich
Téléphone: +41-1-291 45 80 +41-22-348 80 45
Courrier électronique: *info@eunet.ch*
Site Web: *http://www.eunet.ch*

Fastnet Sarl
10, av. Dickens
C. P. 15
1001 Lausanne
Téléphone: +41-21-324 06 76
Courrier électronique: *info@fastnet.ch*
Site Web: *http://www.fastnet.ch*

Infomaniak
Téléphone: +41 22 827 4999
Courrier électronique: *info@infomaniak.ch*
Site Web: *http://www.infomaniak.ch*

Internet Access AG
Postfach
8031 Zurich
Téléphone: +41-446 33 33
Courrier électronique: *admin@access.ch*
Site Web: *http://www.access.ch/*

Internet ProLink SA
Genève, Lausanne
ICC - CP 1863
CH-1215 Genève 15
Téléphone: +41-22-788 85 55
Courrier électronique: *info@iprolink.ch*
Site Web: *http://www.iprolink.ch*

Management & Communications SA (M&C SA)
16, Grand-Places
1700 Fribourg
Téléphone: +41-37-22 06 36
Courrier électronique: *office@mcnet.ch*
Site Web: *http://www.mcnet.ch*

Ping Net Sarl
World Trade Center
2, Av. Gratta Paille
1000 Lausanne 30
Téléphone: +41-1-768 53 16 +41-21-641 13 39
Courrier électronique: *admin@ping.ch*
Site *Web:http://www.ping.ch*

Planet Communications
3, Av. des Baumettes
1020 Renens
Téléphone: +41-21-632 93 63
Courrier électronique: *info@planet.ch*
Site Web: *http://www.planet.ch*

SWITCH – Swiss Academic & Research Network
Téléphone: +41 1 268 15 15
Télécopieur: +41 1 268 15 68
Site Web: *http://www.switch.ch*

Swiss Téléphoneecom PTT
Téléphone: +41-31-338 37 07 +41-31-338 17 52
Courrier électronique: *webmaster@vptt.ch*
Site Web: *http://www.vptt.ch*

TINET
Centro Galleria 2. Via Cantonale
CH-6928 Manno-Lugano
Téléphone: +41-91-50 81 18
Courrier électronique: *info@tinet.ch*
Site Web: *http://www.tinet.ch*

Worldcom
Téléphone: +41-21-802 51 51
Courrier électronique: *info@worldcom.ch*
Site Web: *http://www.worldcom.ch*

Super-Méga-Flash-Liste de sites Web

L a liste qui suit n'est pas définitive. Nous avons recueilli quelques points de départ dans des catégories qui nous semblent intéressantes. L'internaute en herbe y trouvera son compte avant qu'il ne vole de ses propres ailes à la découverte de ses propres bijoux. Cette liste fut préparée avec la collaboration de Benoît Guérin, journaliste-chroniqueur Internet dans la région de Québec… et un bon ami. Cette liste est également consultable sur le site Web de notre livre à l'adresse *http://www.logique.com/ guide_internaute*.

Si vous désirez vraiment trouver un répertoire d'adresses en ligne, je vous propose *http://www.carrefour.net* pour les sites français et *http://www.yahoo.com* pour les sites anglais. Vous désirez un livre truffé d'adresses? Jetez un coup d'œil sur le livre de Bruno Guglielminetti, *Les 500 meilleurs sites en français de la planète*, publié aux Éditions Logiques.

Affaires et commerce

Titre: Juridex
Description: Site administré par l'Éditeur officiel du Québec et offrant une quantité d'informations d'ordre juridique.
Adresse: *http://www.sim.qc.ca/juriste*

Titre: Bourse de Montréal
Description: Que ce soit pour découvrir, explorer ou investir, un site incontournable pour prendre contact avec le monde de la Bourse.
Adresse: *http://www.bdm.org*

Titre: Banque de développement du Canada
Description: Ressource indispensable pour tous les nouveaux entrepreneurs.
Adresse: *http://www.bdc.ca*

Titre: Canada 411
Description: Tous les numéros de téléphone partout au Canada.
Adresse: *http://canada411.sympatico.ca/francais/personne.html*

Titre: Tous les répertoires téléphoniques sur le Web
Description: Canada, France, Belgique et bien d'autres.
Adresse: *http://www.c2.org/~buttle/tel*

Titre: La FNAC
Description: Le grand magasin culturel bien connu des Français.
Adresse: *http://www.fnac.fr*

Titre: Les Champs-Élysées virtuels
Description: Venez surfer sur l'une des plus prestigieuses artères commerciales du monde.
Adresse: *http://www.iway.fr/champs-elysees*

Titre: Les supermarchés IGA
Description: Désormais, vous pouvez faire vos emplettes directement à partir de votre ordinateur, et on vous livre votre achat à la maison.
Adresse: *http://www.iga.net/qc*

Titre: MégaWeb
Description: Musique, musique, musique, voici l'énorme site du Virgin Mégastore.
Adresse: *http://www.virgin.fr*

Titre: Vision Internet DICI
Description: Le plus complet des sites immobiliers québécois.
Adresse: *http://www1.dici.qc.ca/dici*

Titre: CDUniverse
Description: Le plus gros magasin de disques compacts dans Internet.
Adresse: *http://www.cduniverse.com*

Arts et culture

Titre: Le Guide de la musique online
Description: Une mégaressource pour tout ce qui touche de près ou de loin à la musique.
Adresse: *http://www.imaginet.fr/guidemusique*

Titre: L'explorateur culturel
Description: Porte d'entrée vers une foule de ressources culturelles.
Adresse: *http://www.ambafrance.org/index.html*

Titre: Conseil des arts du Canada
Description: Danse, théatre, musique, littérature et arts visuels au Canada.
Adresse: *http://www.culturenet.ucalgary.ca/cc/index-fr.html*

Titre: National Geographic Online (anglais)
Description: Site Web de l'incontournable magazine.
Adresse: *http://www.nationalgeographic.com*

Titre: MusiquePlus
Description: Ici, la musique populaire est au premier plan. Chaîne musicale québécoise.
Adresse: *http://www.musiqueplus.com*

Titre: Cyberblack
Description: Information sur les groupes québécois de musique alternative.
Adresse: *http://www.cyberblack.com*

Titre: Walt Disney (anglais)
Description: Come and visit Mickey Mouse!
Adresse: *http://www.disney.com*

Titre: Alexandrie, la bibliothèque virtuelle
Description: Les grands classiques de la littérature française et bien d'autres.
Adresse: *http://www.alexandrie.com/index.html*

Titre: Bibliothèque nationale de France
Description: Tout les trésors de la bibliothèque nationale de France à portée de souris.
Adresse: *http://www.bnf.fr*

Titre: Première
Description: Site Web du magazine français sur le cinéma.
Adresse: *http://www.premiere.fr*

Titre: The Blacklisted journalist (anglais)
Description: Les années soixante revisitées par un journaliste irrévérencieux et controversé.
Adresse: *http://www.bigmagic.com/pages/blackj/default.html*

Titre: Le Cirque du Soleil
Description: Son histoire, sa renommée, son école...
Adresse: *http://www.cirquesoleil.com*

Titre: Musée du Louvre
Description: Venez visiter virtuellement le Louvre.
Adresse: *http://www.louvre.fr*

Titre: Musée des beaux-arts de Montréal
Description: Et pourquoi pas le Musée des beaux-arts!
Adresse: *http://www.cmcc.muse.digital.ca*

Titre: Passion Céline Dion
Description: Sylvain Beauregard, le concepteur du site, est sans contredit le spécialiste en la matière sur le Web.
Adresse: *http:www.celine-dion.com/celine.html*

Titre: InfiniT
Description: Le site Web officiel du groupe Vidéotron. Riche en contenu social et culturel.
Adresse: *http://www.infiniT.net*

Titre: Diane Dufresne
Description: Venez partager les réflexions de la diva.
Adresse: *http://www.dianedufresne.com*

Titre: CDnow
Description: Achetez vos CD directement dans Internet.
Adresse: *http://cdnow.com*

Éducation

Titre: Rescol
Description: Ressource qui relie des milliers d'écoles au Québec et au Canada.
Adresse: *http://schoolnet2.carleton.ca/francais*

Titre: Cyberscol
Description: Lieu d'échange pour les enseignants québécois.
Adresse: *http://CyberScol.qc.ca*

Titre: @campus
Description: Répertoire français qui a pour but d'orienter les étudiants vers l'enseignement supérieur.
Adresse: *http://dgrt.mesr.fr/univ.html*

Titre: Ministère de l'Éducation du Québec
Description: Tout sur l'éducation au Québec.
Adresse: *http://www.gouv.qc.ca/français/minorg/medu/medu_intro.html*

Titre: Université Laval
Description: Université située dans la ville de Québec.
Adresse: *http://www.ulaval.ca*

Titre: Réseau de télématique scolaire du Québec (RTSQ)
Description: Information sur les initiatives pédagogiques régionales et locales au Québec.
Adresse: *http://rtsq.grics.qc.ca*

Gouvernement et autres organismes

Titre: Gouvernement du Canada
Description: Site officiel du Gouvernement canadien.
Adresse: *http://canada.gc.ca*

Titre: Gouvernement du Québec
Description: Site officiel du Gouvernement québécois.
Adresse: *http://www.gouv.qc.ca*

Titre: Office de la langue française
Description: Entre autres choses, on y retrouve un lexique des équivalents français des termes utilisés dans Internet.
Adresse: *http://www.olf.gouv.qc.ca*

Titre: Croix-Rouge
Description: Comité international de la Croix-Rouge.
Adresse: *http://www.icrc.org/icrcnouv*

Titre: Statistique Canada
Description: Des statistiques sur la population canadienne.
Adresse: *http://www.statcan.ca/start_f.html*

Titre: Routes Québec
Description: Historique des routes du Québec et informations démographiques concernant les municipalités qui les jalonnent.
Adresse: *http://www.transport.polymtl.ca/apaq/titre.htm*

Titre: Télé-Québec
Description: Information sur la programmation de Télé-Québec.
Adresse: http://www.gouv.qc.ca/rq

Titre: Réseau entreprendre
Description: Site Web pour les PME.
Adresse: *http://wwwcentreprendre.qc.ca*

Titre: Répertoire d'affaires latino-américaines
Description: Répertoire d'affaires latino-américaines de Montréal.
Adresse: *http://www.inter-latin-net.com*

Titre: Santé Canada
Description: Service du ministère de la Santé.
Adresse: *http://hpb1.hwc.ca/links/french.html*

Titre: Secrétariat à l'autoroute de l'information
Description: La politique du gouvernement québécois en ce qui concerne l'autoroute de l'information.
Adresse: *http://www.gouv.qc.ca/francais/minorg/sai/index.html*

Titre: Communauté urbaine de Montréal
Description: Informations sur les services de la CUM.
Adresse: *http://www.cum.qc.ca*

Internet et informatique

Titre: Les Chroniques de Cybérie
Description: Actualité Internet: tout ce que vous avez toujours voulu savoir à propos du Web, et ce, même si vous ne le saviez pas!
Adresse: *http://www.cyberie.qc.ca/chronik/*

Titre: NetNanny
Description: Logiciels de contrôle des serveurs qui permettent aux parents de restreindre l'accès à certains sites jugés non appropriés pour les enfants.
Adresse: *http://netnanny.com/netnanny*

Titre: SurfWatch
Description: Même chose que pour l'article précédent.
Adresse: *http://www.surfwatch.com*

Titre: Beaucoup (anglais)
Description: Site Web regroupant près de 350 moteurs de recherche.
Adresse: *http://www.beaucoup.com/engines.html*

Titre: L'entrefilet
Description: Site Web de la chronique d'information et d'actualité Internet de CJMF-FM 93,3 à Québec.
Adresse: *http://www.vision-i.qc.ca/cjmf*

Titre: Clnet (anglais)
Description: Actualité technologique.
Adresse: *http://www.cnet.com*

Titre: Pointcast (anglais)
Description: Économiseur d'écran branché qui fournit des informations de dernière minute incluant la météo et les cours de la Bourse.
Adresse: *http://www.pointcast.com*

Titre: Libertel de Montréal
Description: Service public gratuit d'accès à Internet pour les résidants de la région de Montréal.
Adresse: *http://www.libertel.nontreal.qc.ca*

Titre: Minitel
Description: Utilisation du minitel français à partir du site Web.
Adresse: *http://www.minitel.fr/index_fr.html*

Titre: Apple (anglais)
Description: Site officiel de la compagnie Apple computers.
Adresse: *http://www.apple.com*

Titre: Apple Computer France
Description: Pendant français du site anglophone de la compagnie.
Adresse: *http://www.france.euro.apple.com*

Titre: Microsoft
Description: Site officiel de la firme Microsoft.
Adresse: *http://www.microsoft.com*

Titre: Eudora
Description: Site Web du célèbre logiciel de courrier électronique.
Adresse: *http://www.eudora.com*

Titre: Nouveautés du Web
Description: Groupe Usenet avec toutes les nouvelles annonces.
Adresse: *news:comp.infosystems.www.announce*

Média et magazines électroniques

Titre: La Passerelle de Presse Internationale
Description: La Passerelle de Presse Internationale est le point de référence de toute personne désirant obtenir une couverture complète de quelque événement que ce soit survenu sur la planète. Elle tend une passerelle entre les plus grands quotidiens et hebdoma-

daires du monde, donnant ainsi accès à toute l'information à partir d'un seul et même site.
Adresse: *http://www.i-cor.com*

Titre: Jean-Pierre Cloutier
Description: Jean-Pierre Cloutier, auteur des Chroniques de Cybérie, de la chronique Hyperman du site de I-cor MEDIA, et de bien d'autres textes que vous trouvez sur le Web et ailleurs.
Adresse:*http://home.istar.ca/~cyberie/index.shtml*

Titre: Cable News Network
Description: Les nouvelles en direct des experts américains.
Adresse: *http://www.cnn.com*

Titre: Réseau Microsoft-NBC
Description: Le compétiteur de la chaîne CNN.
Adresse: *http://www.msnbc.com*

Titre: La francophonie canadienne
Description: Renseignements de toutes sortes concernant la francophonie canadienne.
Adresse: *http://w3.franco.ca*

Titre: Planète Québec
Description: Journal consacré à l'actualité québécoise et internationale avec, entre autres chroniqueurs, Jean Lapointe et Gilles Proulx.
Adresse: *http://planete.qc.ca*

Titre: Matinternet
Description: Journal électronique québécois offrant tout ce qu'un bon journal de papier peut offrir, excepté le plaisir de vous salir les doigts.
Adresse: *http://matin.qc.ca*

Titre: Le magazine *ELLE*
Description: À l'image de la version en papier, le site est d'une très grande qualité graphique. On y retrouve chroniques, rubriques, mode, etc.
Adresse: *http://www.elle.fr*

Titre: Paris Match
Description: Adaptation Web de la très célèbre revue française.
Adresse: *http://www.parismatch.tm.fr:80*

Titre: Voir: l'hebdo culturel
Description: Pour connaître toute l'actualité ainsi que tous les événements culturels se déroulant dans les villes de Montréal et de Québec.
Adresse: *http://www.voir.qc.ca*

Titre: The Positive Press
Description: Vous êtes déprimé, vous n'en pouvez plus de lire les mauvaises nouvelles de votre journal préféré? Qu'à cela ne tienne, The Positive Press est là pour vous sauver.
Adresse: *http://www.positivepress.com*

Titre: Radio-Canada
Description: Eh oui, la société Radio-Canada a elle aussi son site sur le Web.
Adresse: *http://www.src-mtl.com*

Titre: Cyber Namida
Description: Le phénomène des Mangas japonaises expliqué en long et en large.
Adresse: *http://w3.namida.com*

Titre: HOTWired!
Description: Magazine qui traite de la société branchée.
Adresse: *http://www.hotwired.com*

Société

Titre: The Nizkor Project (anglais)
Description: Site Web conçu pour lutter contre le fascisme et les groupes d'extrême droite. Vous y retrouvez une somme considérable d'informations sur le phénomène.
Adresse: *http://www.almanac.bc.ca/*

Titre: Socioroute
Description: Et vive la sociologie!
Adresse: *http://www.er.uquam.ca/nobel/socio/socioroute*

Titre: Le médecin de l'Internet
Description: Informations médicales données par des médecins expérimentés.
Adresse: *http://www.cyberacces.be/lfi*

Titre: Deadman Talking
Description: Chronique de la vie d'un détenu dans l'aile des condamnés à mort au pénitencier de San Quentin en Californie.
Adresse: *http://monkey.hooked.net/monkey/m/hut/dead/man/-deadman.html*

Titre: Vatican
Description: Le site officiel de la religion catholique.
Adresse: *http://www.vatican.va/F/Christus*

Titre: Alcooliques anonymes
Description: Pour en savoir plus sur ce terrible problème.
Adresse: *http://www.alcoholics-anonymous.org/french/frhpg.html*

Titre: Amnistie internationale
Description: Site officiel de l'organisme.
Adresse: *http:www.amnistie.qc.ca*

Titre: GlobalMedic
Description: Service gratuit de consultation permettant d'établir un diagnostic simple via Internet.
Adresse: *http://www.globalmedic.com/fr/index_1htm*

Titre: Élysa
Description: Pour savoir agir et comprendre en sexualité humaine. Élaboré par un regroupement d'enseignants du département de sexologie de l'Université du Québec à Montréal.
Adresse: *http://www.unites.uquam.ca/~dsexo/elysa.htm*

ANNEXE B

Sports et loisirs

Titre: F1 online
Description: Site entièrement consacré à la formule 1.
Adresse: *http://www.f1-online.com*

Titre: Expos de Montréal
Description: Un incontournable pour tous les partisans des Expos!
Adresse: *http://www.montrealexpos.com*

Titre: Football européen
Description: Pour trouver les résultats des matchs de soccer en Europe.
Adresse: *http://www.france2.fr/footeuro/footeuro.htm*

Titre: Dictionnaire de mots croisés
Description: Pour tous les cruciverbistes en herbe.
Adresse: *http://www.geocities.com/timeSquare/8472*

Titre: Le tour de France
Description: Site officiel du tour de France
Adresse: *http://www.francenet.fr/letour*

Titre: Le cybermusée de l'émission *Cosmos:1999*
Description: Tout ce que vous voulez connaître de l'émission.
Adresse: *http://www.buffnet.com/~mkulic/1999.html*

Titre: Dictionnaire usuel des joueurs de hockey
Description: Pour les amateurs de hockey.
Adresse: *http://www.odysee.net/~gagnonja/hockey.html*

Titre: Pour les fous du volant... de badminton
Description: Site québécois rempli d'informations de toutes sortes concernant le sport du volant.
Adresse: *http://www.cam.org/~slovenie/badminton.html*

Titre: Veggies Unite (anglais)
Description: Voici le site par excellence sur le végétarisme.
Adresse: *http://www.honors.indiana.edu/~veggie/recipes.cgi*

Titre: The Internet Movie Database (anglais)
Description: Un déluge d'informations sur les films, les acteurs, les réalisateurs et bien d'autres.
Adresse: *http://us.imdb.com*

Titre: Le réseau de billetterie Admission
Description: Achetez vos billets pour certains spectacles directement sur le site.
Adresse: *http://www.sim.qc.ca/admission*

Titre: World Wine Web (anglais)
Description: Une encyclopédie mondiale des vins.
Adresse: *http://www.winevin.com/vin.html*

Titre: BièreMag
Description: Guide pour mieux apprécier blondes, rousses et brunes.
Adresse: *http://www.BiereMAG.ca*

Titre: Origami
Description: Site à consulter pour tous les amateurs d'origami.
Adresse: *http://www.stud.enst.fr/~kaplanf/CP/bdp/ap.html*

Titre: VeloNet
Description: Amateur de vélo, c'est un rendez-vous.
Adresse: *http://cycling.org*

Titre: Bande dessinée Dilbert (anglais)
Description: L'ingénieur préféré des professionnels.
Adresse: *http://www.unitedmedia.com/comics/dilbert*

Titre: SONY (anglais)
Description: Films, musique et artistes dont Céline Dion.
Adresse: *http://www.sony.com*

Tourisme

Titre: Internet Travel Network (anglais)
Description: Faites vous-même vos réservations d'avions, d'hôtels et de voitures de location.
Adresse: *http://www.itn.net/cgi/get?itn/index*

Titre: Genève-Suisse
Description: Informations touristiques et culturelles.
Adresse: *http://www.infodesign.ch/Genevscope*

Titre: Tourisme en France
Description: Tout ce qu'il faut pour préparer un voyage en France.
Adresse: *http://www.tourisme.fr*

Titre: Guide touristique du Québec: *Le trotteur*
Description: Planifiez un petit voyage au Québec!
Adresse: *http://www.trotteur.qc.ca*

Titre: Mediasys
Description: Une firme de télématique française propose sur son site 80 000 images de la France d'autrefois.
Adresse: *http://www.mediasys.fr*

Titre: Bretagne, légendes et avenir
Description: Une visite au pays de Merlin.
Adresse: *http://www.bretagne.com*

Groupes Usenet
et listes de discussion

Voici quelques groupes pouvant vous intéresser. Ceci n'est pas une liste exhaustive, car il existe plus de 15 000 groupes... N'oubliez pas de consulter le site DejaNews pour retrouver des articles périmés à l'adresse *http://www.dejanews.com*, et l'adresse *http://sunsite.unc.edu/usenet-il/search.html* pour trouver le nom d'un groupe Usenet intéressant.

alt.sports.baseball.montreal-expos
Discussions sur les Expos.

alt.sports.hockey.nhl.mtl-canadiens
Discussions à propos de nos glorieux.

qc.general
qc.jobs
qc.politique
mtl.jobs
mtl.vendre-forsale
Groupes Usenet pour les Québécois.

fr.announce.divers
fr.announce.newgroups
fr.comp.divers
fr.emplois
fr.misc.droit
fr.petites-annonces.immobilier
fr.petites-annonces.vehicules
fr.petites-annonces.informatique
fr.rec.arts.sf
fr.rec.cinema
fr.rec.cuisine
Échantillon de la racine **fr.** qui comprend une cinquantaine de groupes.

soc.culture.french
soc.culture.quebec

soc.culture.canada
soc.culture.france
soc.culture.luxemburg
soc.sulture.swiss
soc.culture.belgium
Groupes qui traitent des différentes cultures de ces pays.

alt.current-events.russia
Les derniers événements en Russie. Des opinions provenant directement des gens vivant dans la nouvelle Russie.

alt.internet.services
Tous les nouveaux services d'Internet y sont annoncés.

can.francais
Discussions sur la francophonie au Canada.

can.rsc.discussion.etudiants
can.rsc.discussion.professeurs
can.rsc.math
can.rsc.sciences.humaines
Forums du réseau scolaire canadien.

comp.infosystems.wais
comp.infosystems.gopher
comp.infosystems.www
Pour discuter de ces ressources.

rec.arts.movies
Pour discuter de cinéma, des derniers films comme des classiques.

rec.sports.hockey
Pour parler de tout ce qui se passe dans le monde du hockey.

alt.music.s-mclachlan
alt.music.billy-joel
alt.music.beck
alt.music.peter-gabriel
Échantillon de plus 200 groupes consacrés aux artistes sous la racine **alt.music**.

news.answers
Publication périodique des FAQ des autres groupes Usenet.

LISTES DE DISCUSSION

Voici quelques listes de discussion auxquelles vous pouvez vous abonner par courrier électronique. Je vous donne dans certains cas l'adresse d'abonnement (où votre abonnement doit être fait) et l'adresse électronique de la liste elle-même (où vous devez envoyer vos messages). Ceci n'est qu'un extrait d'une liste contenant plus de mille autres listes de discussion. Vous pouvez obtenir cette liste de listes par FTP anonyme sur le serveur *rtfm.mit.edu* ou *ftp.uu.net* dans le répertoire */pub/usenet/news.answers/mail/mailing-lists*. Ces documents sont en ce moment gérés par Stéphanie da Sylva (*arielle@ taronga.com*). Consultez également la section 2.10.4 du présent volume pour obtenir une liste d'adresses Web qui offrent également des listes de listes. Amusez-vous bien…:)

Liste pour la cornemuse

Nom:	PIPERS-L
Abonnement:	*PIPERS-L@UAFSYSB.UARK.EDU*
Commandes:	*LISTSERV@UAFSYSB.UARK.EDU*

Liste pour les Pierrafeu

Abonnement:	listserv@netcom.com
Commande:	subscribe bedrock-list
But:	Discuter des implications culturelles et sociales de cette émission.

Liste pour le blues

Abonnement:	listserv@brownvm.brown.edu
Commande:	subscribe BLUES-L prénom nom
But:	Tout ce qui se rapporte à ce type de musique.

Liste pour les dinosaures

Abonnement:	listproc@lepomis.psych.upenn.edu
Commande:	subscribe DINOSAUR prenom nom
But:	Parler de ces animaux qui ont foulé le sol il y a des millions d'années.

ANNEXE C

Liste pour la Ligue internationale de hockey
Abonnement: info@plaidworks.com
But: Discuter des équipes de cette ligue ainsi que des
                   opérations de la nouvelle franchise de Québec.

Liste des automobiles Saab
Abonnement: saab@network.mhs.compuserve.com
But: Tout savoir sur ces automobiles.

Liste des amoureux de la science-fiction
Abonnement: sf-lovers-request@rutgers.edu
But: Entamer des discussions sur les films et les livres
                   de science-fiction.

Liste de discussion sur le terrorisme
Abonnement: terrorism-request@khijol.intele.net
Commande: add (votre adresse de courrier électronique)
But: Échanger des opinions sur les implications poli-
                   tiques des attaques terroristes à travers la planète.

Liste de discussion sur le HMS Titanic
Abonnement: titanic-request@webcom.com
Commande: subscribe
But: Parler de ce grand navire qui a sombré au large de
                   Terre-Neuve et des autres grandes tragédies
                   maritimes.

Liste de serveurs FTP anonymes et Telnet

L e serveur W3 de la compagnie Tile.net offre une liste exhaustive de sites FTP anonymes. L'adresse du site est *http://tile.net/ftp-list*. Une autre façon de trouver des logiciels ou des fichiers dans Internet est de consulter le site Web *http://wwwshareware.com*. Je vous suggère ici l'adresse de quelques sites intéressants. La présente liste n'est pas exhaustive. Pourquoi? Vous n'avez qu'à relire la première phrase de ce paragraphe... =)

Centre de recherche informatique de Montréal (CRIM)
Adresse: *ftp.crim.ca*
Login: **anonymous**
Mot de passe: votre adresse de courrier électronique
Quoi: • Logiciels du domaine public pour la consultation d'Internet
                • Documents sur Internet
                • Site d'une qualité sans pareille au Québec

America Online
Adresse: *mirror.aol.com*
Login: **anonymous**
Mot de passe: votre adresse de courrier électronique
Quoi: • Site miroir des meilleurs sites FTP anonymes du réseau Internet

FranceNet
Adresse: *ftp.francenet.fr*
Login: **anonymous**
Mot de passe: votre adresse de courrier électronique
Quoi: • Site miroir des meilleurs sites FTP anonymes du réseau Internet

Internic

Adresse: *ftp.internic.net*
Login: **anonymous**
Mot de passe: votre adresse de courrier électronique
Quoi: • Documents officiels concernant Internet

Apple

Adresse: *ftp.apple.com*
Login: **anonymous**
Mot de passe: votre adresse de courrier électronique
Quoi: • Révisions d'utilitaires

Université du Minnesota

Adresse: *boombox.micro.umn.edu*
Login: **anonymous**
Mot de passe: votre adresse de courrier électronique
Quoi: • Site pour trouver des logiciels et des utilitaires pour Gopher

LISTE DE SITES TELNET

Les éléments suivants sont en partie tirés de la base Hytelnet. Je vous suggère fortement de consulter cet outil à l'adresse Web suivante: *http://www.lights.com.*

Service télématique de l'Université de Montréal

Adresse: *UDEMATIK.UMONTREAL.CA*

Catalogue de la bibliothèque de l'Université Laval

Adresse: *ariane.ulaval.ca*
Login: **ariane**

Catalogue de la bibliothèque de l'Université de Sherbrooke

Adresse: *catalo.biblio.usherb.ca*
Login: **biblio**

Catalogue de la bibliothèque de l'École polytechnique de Montréal

Adresse: *cat.biblio.polymtl.ca*
Login: **cat <retour 2x>**

Catalogue de la bibliothèque de l'École des H.É.C.
Adresse: *biblio.hec.ca*
Login: **biblio**

Catalogue de la bibliothèque de l'Université Bishop's
Adresse: *library.ubishops.ca*
Login: **lib**
Mot de passe: bishops

Catalogue de la bibliothèque de l'Université Concordia
Adresse: *mercury.concordia.ca*
Login: **clues**

Catalogue de la bibliothèque de l'Université de Montréal
Adresse: *atrium.bib.umontreal.ca*
Login: **public**

Catalogue de la bibliothèque de l'UQAM
Adresse: *sigird.uqam.ca*

Accès à un client W3 en mode terminal
Adresse: *telnet.w3.org*

A
N
N
E
X
E

D

Glossaire

Administrateur de réseau
Cette personne est un demi-dieu pour un utilisateur novice dans Internet. C'est elle qui connaît votre environnement réseau ainsi que tous les logiciels fonctionnant sur ce dernier. Pour les particuliers transigeant par un fournisseur Internet, il s'agit alors du service à la clientèle de cette compagnie. Le premier devoir de l'internaute est de connaître le nom de cet administrateur.

Adresse Internet
Il s'agit du nom sous lequel est connu un utilisateur ou une machine dans Internet. L'adresse est de format alphanumérique séparée par des points pour déterminer le domaine de l'entité. Le format d'adresse d'une personne ressemble à *peter.monoghan@adm.utexas.edu*, tandis qu'une machine est adressée sous la forme *ibm.adm. utexas.edu*. (chapitre 1).

Adresse IP (numéro IP)
C'est l'adressage numérique sous lequel un ordinateur est connu dans Internet. Cette adresse de 32 bits est représentée par quatre champs intercalés de points, comme ceci: *132.203.250.87*. Généralement, les trois premiers champs indiquent le numéro d'un réseau utilisé pour se rendre jusqu'à l'ordinateur qui, lui, porte le numéro du dernier champ. L'adresse *132.203.250.87* peut se lire ainsi: l'ordinateur *87* situé sur le 250e réseau du réseau *203* qui, lui, se trouve sur le réseau global *132*. Ce type d'adressage est la base du protocole de communication TCP/IP (chapitre 1).

ARCHIE
Ressource d'Internet indexant le contenu des serveurs FTP anonymes. C'est un service pouvant être consulté par courrier électronique, Telnet, Gopher ou par le Web (chapitre 4).

ARPAnet

ARPAnet est l'acronyme de Advanced Research Projects Agency NETwork. Il s'agit du premier réseau d'Internet. Il a vu le jour en 1969 (chapitre 1).

Avatar

Représentation graphique d'un utilisateur à l'intérieur d'un monde virtuel (chapitre 8).

Binette (*souriant, smiley*)

Petite figure utilisée pour signifier une certaine humeur dans un texte. Si vous regardez le signe:-) la tête penchée à gauche, vous verrez une figure souriante... (annexe G).

Câblo-modem

Pièce d'équipement permettant à un ordinateur d'échanger des informations par le biais d'un réseau de câblodistribution.

CANARIE

CANARIE est l'acronyme de CAnadian Network for the Advancement of Research, Industry and Education. Il s'agit d'un projet d'autoroute électronique canadien pour améliorer les accès et les ressources d'Internet. (*http://www.canarie.ca*).

CA*NET

CA*NET est l'acronyme de CAnadian NETwork. Il s'agit de la constituante canadienne d'Internet. CA*NET regroupe l'ensemble des réseaux provinciaux comme RISQ pour le Québec.

CÉ ou Courrier électronique

Envoi de messages sous format électronique d'une personne à un ou des destinataires dans un réseau informatique (chapitre 2).

CERN

CERN est le sigle du Centre européen pour la recherche nucléaire. Cet organisme est responsable de la naissance de W3 (chapitre 6) (*http://www.cern.ch*).

CSO

CSO est le sigle de Computing Services Offices de l'université de l'Illinois. Il s'agit d'un annuaire de personnes, consultable notamment par Gopher (chapitre 9).

CU-SeeMe

Il s'agit du système de vidéoconférences Internet de l'université Cornell (chapitre 8) (*http://www.cu-seeme.com*).

DALnet

Réseau de serveurs IRC (Internent Relay Chat) (chapitre 7). Ce réseau est le plus discipliné des trois grands réseaux IRC. Les deux autres se nomment Efnet et Undernet.

DNS (Serveur de noms de domaines)

Le DNS est une base de données distribuée dans Internet pour traduire les adresses Internet comme *opal.ulaval.ca* à une adresse IP du format *132.203.250.87* et vice-versa. Le DNS est consulté par toutes les applications fonctionnant dans Internet afin de connaître les traductions d'adresses (chapitre 1).

Domaine

Le domaine est l'ensemble des utilisateurs d'un site d'Internet. Le nom de domaine est présent dans toutes les adresses Internet des entités du site. Si le domaine pour l'université du Texas est *utexas.edu*, toutes les adresses des utilisateurs et des ordinateurs auront ce suffixe. Si le domaine est un suffixe pour l'adresse Internet d'un site, le domaine est représenté par un préfixe commun pour toutes les adresses IP de ce site. Donc, si l'université du Texas est désignée comme le 45ᵉ segment du réseau global 160, toutes les adresses IP des machines de l'université du Texas commenceront par *160.45.xxx.xxx*.

EFnet

Réseau de serveurs IRC (*Internet Relay Chat*) (chapitre 7). Historiquement le premier de ces réseaux, il est également le plus gros et le plus anarchique. DALnet et Undernet sont les deux autres réseaux en importance.

FAQ (Foire aux questions)

FAQ est le sigle de Frequently Asked Questions. Il s'agit d'une liste de questions revenant assez souvent suivies des réponses. Des FAQ existent pour une multitude de sujets dans Internet, à la fois sur les ressources et le contenu de ces ressources. Une FAQ est une excellente entrée en matière lorsqu'on se joint à un nouveau groupe de discussion (chapitre 5).

Flamme (coup de feu)

Message électronique à caractère agressif.

Fil d'intérêt

Série de messages en réponse à un article publié dans un groupe de nouvelles Usenet.

FTP

FTP est le sigle de File Transfer Protocol. Il s'agit d'un protocole utilisé lors de transferts de fichiers entre deux ordinateurs sur les réseaux TCP/IP. Pour effectuer un FTP, l'utilisateur doit posséder un logiciel client FTP. Ce client interagit avec le serveur pour s'assurer que les données soient bien échangées (chapitre 4).

Gopher

Ressource permettant à l'utilisateur de naviguer dans Internet à l'aide de menus arborescents. L'utilisateur a besoin d'un logiciel client pour pouvoir consulter les ressources d'un serveur Gopher. Ce projet a été réalisé à l'université du Minnesota et a vu le jour en 1991. Plusieurs milliers de serveurs Gopher peuplent Internet aujourd'hui. Gopher donne accès à des fichiers textes, images, sons, connexions Telnet, serveurs FTP, etc. Ce type de logiciel client a été écrit pour presque toutes les plateformes (chapitre 9).

GSM

Il s'agit du sigle pour Global System for Mobile telecommunications (chapitre 8).

HTML
HTML est le sigle de HyperText Markup Language. Il s'agit du format sous lequel les documents Web sont rédigés et échangés dans Internet (chapitre 3).

HTTP
HTTP est le sigle de HyperText Transfer Protocol. Il s'agit de la façon dont se parlent un client et un serveur Web dans Internet (chapitre 3).

Internaute
Utilisateur de l'Internet.

Internet
Le plus grand réseau informatique de la planète. Il s'agit d'un réseau regroupant une multitude de réseaux régionaux, gouvernementaux et commerciaux. Tous ces réseaux se parlent en se servant du protocole de communications TCP/IP. Plusieurs ressources sont disponibles sur ce réseau tels le courrier électronique, Telnet, FTP, Gopher, les nouvelles Usenet, WWW, etc.

IRC voir Service de bavardage Internet

Java
Java est un produit de la compagnie Sun Microsystems. Il permet d'ajouter des éléments d'animation à une page Web (chapitre 6) (*http://java.sun.com*).

Lag
Terme utilisé dans des sessions de bavardage Internet (IRC ou mondes virtuels) lorsqu'une perte de synchronisation se produit entre les serveurs du réseau. Les utilisateurs subissent alors un ralentissement de transmission (chapitre 7).

Liste de distribution
Adresse Internet pointant vers une liste d'adresses Internet. Outil idéal pour acheminer du courrier électronique à des gens partageant le même intérêt. Ces services peuvent être automatisés (chapitre 2).

Listserv

Service automatisé gérant des listes de distribution par courrier électronique (chapitre 2).

Maître de poste (*Postmaster*)

Il s'agit de la personne administrant un serveur de courrier. Elle gère les messages problématiques et répond aux demandes des utilisateurs (chapitre 2).

Majordomo

Serveur intelligent de listes de distribution par courrier électronique (chapitre 2).

MIDI

Acronyme pour Musical Interface for Digital Instrument.

MIME (*Multi-Purpose Internet Mail Extensions*)

Protocole redéfinissant le type de documents échangés entre client et serveurs dans Internet. Il est utilisé dans l'univers du courrier électronique et sur le Web pour associer une application à un type de documents quelconque.

Modem

Pièce d'équipement permettant à un ordinateur d'échanger des informations par ligne téléphonique.

Module externe incorporé

voir Plugiciel.

NCSA

NCSA est le sigle de National Center for Supercomputer Applications. Ils sont responsables d'un grand nombre de logiciels clients, comme Mosaic pour le Web (*http://www.ncsa.uiuc.edu/*).

Nouvelles Usenet

voir Usenet.

NNTP (*Network News Transfer Protocol*)

Protocole d'échange de messages Usenet entre deux ordinateurs.

NSFNET
NSFNET est le sigle de la National Science Foundation NETwork. Il s'agit du segment de réseau le plus important d'Internet aux États-Unis (chapitre 1) (*http://www.nsf.gov*).

Paquet d'information
Un morceau d'information électronique circulant dans Internet. Ce morceau est composé de l'adresse de la machine d'origine et de celle de la machine destinataire, et de données (chapitre 1).

PDF
C'est le sigle de Portable Document Format. Cette technologie développée par la compagnie Adobe permet de garder la présentation initiale d'un document dans l'environnement Web (chapitre 6) (*http://www.adobe.com*).

Plugiciel (*plug-in*, module externe incorporé)
Logiciel que l'on incorpore à un navigateur Web pour pouvoir exploiter un certain type de documents (chapitre 3).

POP
C'est l'acronyme de Post Office Protocol. C'est un protocole répandu au niveau des logiciels de courrier électronique (chapitre 2).

Port IP
Un chiffre indiquant le canal logique utilisé par une transmission TCP/IP entre deux ordinateurs. Ce numéro est utilisé pour identifier le type d'application exploité. Gopher utilise le port 70, le Web utilise le 80, etc. (chapitre 1).

Racine de discussion
Branche majeure de la hiérarchie des groupes de nouvelles Usenet.

RealAudio
C'est une ressource qui permet la transmission d'un signal audio de longue durée grâce à une technique de compression de données avancée et à une diffusion continue dans un réseau TCP/IP (chapitre 8) (*http://www.realaudio.com*).

Robot

Logiciel spécialisé destiné à recueillir des informations sur les documents Web dans Internet afin de bâtir de puissants index de recherche. Il peut également s'agir d'un robot qui agit comme un utilisateur à l'intérieur d'un forum IRC pour garder le contrôle de ce dernier (chapitres 3 et 7).

RISQ

RISQ est le sigle de Réseau interordinateurs scientifique québécois. C'est la composante québécoise du réseau CA*NET qui, lui, est la composante canadienne du réseau Internet. RISQ compte parmi ses membres les grandes universités québécoises, des compagnies privées et des groupes de recherche de toutes sortes. Le RISQ est géré par le Centre de recherche informatique de Montréal (CRIM) (*http://www.risq.qc.ca*).

RNIS

Réseau numérique à intégration de services (chapitre 1).

RTP

Il s'agit du sigle représentant Real Time Protocol. C'est un protocole utilisé pour le téléphone Internet (chapitre 8).

Service de bavardage Internet (IRC)

IRC est le sigle pour Internet Relay Chat. Dans IRC, on peut discuter avec des utilisateurs en temps réel en s'échangeant des mots écrits au clavier dans un endroit appelé canal Irc (chapitre 7).

S-HTTP

C'est le sigle de Secure-HyperText Transfer Protocol (chapitre 3).

SLIP/PPP

SLIP est le sigle de Serial Line IP tandis que PPP est le sigle de Point to Point Protocol. Tous deux sont des protocoles permettant à un utilisateur d'utiliser TCP/IP sur un lien téléphonique à l'aide d'un modem (chapitre 1).

SMTP

Sigle pour Simple Mail Transfer Protocol (chapitre 3).

Source WAIS

Une source WAIS est la description d'une banque WAIS. Cette description contient l'adresse du serveur, le nom de la banque et d'autres informations utiles. Un client WAIS a besoin de cet article pour trouver une banque dans Internet.

Spam (*spamming*)

Envoi massif de courrier électronique dirigé vers un ou plusieurs utilisateurs.

TCP/IP

TCP/IP est le sigle de Transfer Control Protocol / Internet Protocol. Il s'agit du protocole de communication utilisé dans Internet. Toutes les machines membres d'Internet l'utilisent (chapitre 1).

Telnet

Telnet est une application permettant à l'utilisateur d'entrer en communication avec un ordinateur étranger dans un réseau TCP/IP. Une fois la session de travail lancée, l'utilisateur peut exploiter les ressources du second ordinateur. Un logiciel client Telnet est requis pour cela (chapitre 6).

TN3270

Une version spéciale de Telnet fonctionnant seulement avec les ordinateurs centraux IBM (chapitre 6).

URL

C'est le sigle de Uniform Resource Locator. Il s'agit d'une façon uniforme de retrouver des ressources dans Internet à partir d'un client W3 (chapitre 3).

USENET

Usenet est un ensemble de serveurs regroupant plus de 15 000 groupes de discussion. Tous les utilisateurs d'Internet ont le droit d'envoyer des articles. Un utilisateur doit posséder un logiciel appelé «lecteur de nouvelles Usenet» pour consulter ces nouvelles. Il existe de tels logiciels pour toutes les plateformes (chapitre 5).

Undernet

Réseau de serveurs IRC (Internet Relay Chat) (chapitre 7). Ce réseau se situe entre Efnet et DALnet en ce qui concerne la discipline exercée sur ses utilisateurs. Ce réseau est le plus commercial des trois.

Uuencode et Uudecode

Technique qui transforme un fichier binaire en fichier texte et vice-versa. C'est très utilisé dans le cadre des nouvelles Usenet (chapitre 5).

VAT

Il s'agit de l'acronyme pour Video Audioteleconference Tool. On utilise cet outil pour le téléphone Internet (chapitre 8).

Veronica

Veronica est le sigle de Very Easy Rodent-Oriented Netwide Index to Computerized Archives. Il s'agit d'un service d'Internet indexant les contenus des serveurs Gopher aux fins de consultation (chapitre 9).

VRML

C'est le sigle pour Virtual Reality Modelling Language. Cette nouvelle technologie permet d'ajouter des éléments de réalité virtuelle à l'environnement Web (chapitre 3).

WAIS

WAIS est le sigle de Wide Area Information System. Il s'agit d'un engin de recherche et d'indexation fonctionnant avec le protocole TCP/IP. C'est l'outil idéal dans Internet pour indexer des bases de données.

Web (*W3*, *WWW*, *World Wide Web*)

WWW est le sigle de World Wide Web. Cette ressource a été introduite en 1992. Il s'agit d'un ensemble de serveurs Internet offrant des documents sous forme d'hypertextes. Ces documents permettent de naviguer dans Internet et d'obtenir des informations provenant d'autres ressources comme Gopher, Usenet, WAIS, FTP, etc. (chapitre 3).

Lexique

Accès par ligne commutée	Dial-up access
Adresse de courrier électronique	E-mail address
Anonyme	Anonymous
Binette, souriant, émoticône	Smiley
Corps de message	Message body
Courrier électronique	E-mail
Engin de recherche	Search engine
En-tête de message	Message header
Fournisseur de services Internet	Internet services provider
Gestionnaire de messagerie électronique Listserv	LISTSERV
Utilisateur chevronné	Power-user
Groupe de nouvelles Usenet	Usenet newsgroup
Hôte	Host
Internaute, webnaute	Cybernaut, net-citizen, webnaut (particulier au Web)
Lecteur de nouvelles	Newsreader
Maître de poste	Postmaster
Navigateur, logiciel de navigation ou fureteur	Browser
Règles d'éthique du réseau	Netiquette
Nom de domaine	Domain name
Nom d'utilisateur	Username
Nouvelles Usenet	News, Usenet News
Paquet d'information	Data packet
Page de bienvenue, page d'accueil	Home page
Pirate informatique	Hacker
Protocole de transfert de fichiers	File Transfer Protocol (FTP)

Protocole HTTP	HyperText Transport Protocol (HTTP)
Protocole Mime	Multi-purpose Internet Mail Extensions (MIME)
Protocole point à point PPP	Point to Point Protocol (PPP)
Protocole POP	Post Office Protocol (POP)
Protocole Slip	Serial Line Internet Protocol (SLIP)
Protocole SMTP	Simple Mail Transfer Protocol (SMTP)
Foire aux Questions	Frequently Asked Question (FAQ)
Réseau dorsal	Backbone network
Serveur de nom de domaine	Domain Name Server (DNS)
Serveur W3	Web server
Signet	Bookmark
Site branché	Cool site

Liste de binettes :)

La voici enfin cette liste que vous attendiez tant. Il s'agit d'une petite liste de binettes jumelées à leur définition. Les binettes sont utilisées dans Internet pour signifier des états d'âme. On les met dans des textes ou des messages électroniques. Il s'agit de les regarder la tête penchée vers la gauche... :)

:-)	La binette de base utilisée pour exprimer la bonne humeur dans Internet.
;-)	Une binette clin d'œil.
:-(	Une binette malheureuse.
:-I	Une binette indifférente.
:->	Une binette plus heureuse que :-).
>:->	Une binette diabolique pour ne pas dire satanique.
>;->	Une binette clin d'œil jumelée à un petit diable.

Celles-ci sont assez standard; en voici d'autres créées dans le seul but de faire original...

(-:	Une binette gauchère.
%-)	Cette binette a regardé un ordinateur pendant 43 heures de suite.
:*)	Cette binette est ivre.
8-)	Cette binette porte des lunettes.
B:-)	Cette binette porte ses lunettes sur la tête.
:-{)	Cette binette porte une moustache.
:-{}	Cette binette porte du rouge à lèvres.
{:-)	Cette binette porte une perruque.
:-[	Cette binette est un vampire.
:-7	Cette binette est le premier ministre du Canada...
:'-(	Cette binette pleure.
:-@	Cette binette crie à tue-tête.
:-#	Cette binette porte des broches.
-:-)	Cette binette est un punk.
-:-(	Cette binette est un vrai punk, elle ne sourit pas.
+-:-)	Cette binette est le pape.

I-I	Cette binette dort.
I-O	Cette binette bâille.
:-Q	Cette binette fume.
:-X	Cette binette ne dit rien.
<I-)	Cette binette est un Chinois.
<I-(	Ce souriant est un Chinois et n'aime pas ce genre de farces.
:-/	Cette binette est pessimiste.
C=:-)	Cette binette est un chef.
:-9	Cette binette se lèche les lèvres
[:-)	Cette binette porte un walkman.
<:-I	Cette binette est un âne.
*<:-)	Cette binette porte une tuque.
	Cette binette est invisible.
.-)	Cette binette n'a qu'un œil.
X-(	Cette binette vient de mourir.
=)	Variation sur un thème déjà vu…
—<—{(@	C'est une rose ;-)

Index

A
N
N
E
X
E

H